KB134227

로마의 선택과 결정

④ 카푸트 문디

로마의 선택과 결정

④ 카푸트 문디

초판 1쇄 인쇄일 2020년 01월 13일
초판 1쇄 발행일 2020년 01월 20일

편저자 윤홍렬
펴낸이 양옥매
디자인 표지혜 송다희

펴낸곳 도서출판 책과나무
출판등록 제2012-000376
주소 서울특별시 마포구 방울내로 79 이노빌딩 302호
대표전화 02.372.1537 **팩스** 02.372.1538
이메일 booknamu2007@naver.com
홈페이지 www.booknamu.com
ISBN 979-11-5776-831-8(04920)
ISBN 979-11-5776-576-8(04920) 〈세트〉

이 도서의 국립중앙도서관 출판시도서목록(CIP)은 서지정보유통지원 시스템
홈페이지(http://seoji.nl.go.kr)와 국가자료공동목록시스템
(http://www.nl.go.kr/kolisnet)에서 이용하실 수 있습니다.
(CIP제어번호 : CIP2020000585)

로마의
선택과 결정

4

카푸트 문디

윤홍렬
편저

책과나무

신神의 검지를 위해 여백을 남긴다

Ad indicem Dei marginem relinquo

1. 이해를 돕기 위해 시대별로 통사를 앞에 두었고, 개별 서사는 뒤따르면서 요약 또는 설명을 먼저 서술하고 그다음에 내용을 붙였다.

2. 지명은 당시의 지명에 따랐으며, 필요시 현재 지명을 부기해 두었다. 다만 오히려 혼란스러울 경우에는 현재 지명으로 표기했다.

3. 기원전은 'BC', 기원후는 'AD'로 표기했으나 아무런 표기가 없는 경우 기원후다.

4. 도량형은 가능한 현대식으로 표기했고, 화폐 단위와 토지 면적 등은 단수형으로 표기했으며, 인명은 프라이노멘 · 노멘 · 코그노멘을 모두 명기한 경우에도 셋 중 일반적으로 통용되는 1개만 주로 적었다.

5. 나이는 한국식으로 적었으며, 필요시에는 만 나이를 부기해 두었다.

6. 지도의 지명이 여러 곳일 경우는 좌에서 우로, 상에서 하로 붙였다.

7. "마음에 새기는 말"은 참고한 문헌에서 말한 자의 이름을 언급한 경우에는 명시했으며, 저자의 말을 인용했을 경우에는 별도로 이름을 명시하지 않았다.

8. 용어 정리는 종교, 군사, 정치 · 행정, 사회, 시설 · 기타 등의 순서로 했다.

○ 산야가 피로 물든 잔혹한 내전을 거쳐 로마 유일의 최고 권력자로 우뚝 선 아우구스투스는 내전의 상처를 씻어 주고 시민들의 마음을 다독거리며 희망의 씨앗을 뿌렸다. 이제 로마인들은 제일인자 (princeps)가 지휘하는 세계에 눌러앉자 그의 눈치를 살펴야 했지만, 1년 임기의 집정관이 광대한 로마 세계를 통솔할 수 없다는 말에 위안을 삼았다.

○ 카이사르 죽음의 내막을 알고 있던 아우구스투스는 종신 독재관에 오르는 어리석음을 피했다. 독재관이란 위험을 자초하고 목숨을 짧게 할 지위일 뿐이란 걸 깨달았기 때문이다. 그 대신 그는 자신의 특기인 위선의 탈을 쓰기로 했다. 공화정을 선포하고 집정관을 임명하며 원로원과 타협한 것이다. 그러면서도 주위를 근위대로 둘러싸 정적들의 칼날로부터 자신을 보호하고 필요에 따라서는 위협하는 도구로 이용하기도 했다. 이처럼 근위대의 창검은 적을 향한 것이 아니라 동포를 겨누었다. 여기에 더하여 아우구스투스는 평민들의 고통을 덜어 준다는 명목으로 호민관 특권을 부여받았지만, 살펴보면 그 특권은 어떠한 방패도 뚫을 수 있는 막강한 무기였다.

○ 제일인자가 통치하는 로마 세계는 비로소 평온이 찾아오고 번영의 길로 나아갔다. 그리고 로마는 세계의 수도(caput mundi)로 변모했다. 하지만 황제가 혈연에 의해 계승된다는 원칙에 따라 종국에는 패덕한 자까지 그 지위를 배정받자, 로마의 정계가 요동치며 율리우스-클라우디우스 왕조는 마침내 문을 닫았다.

○ 많은 역사가들은 공화정이야말로 로마 정치의 절정이라며 제정에 접어들면 붓을 분질러 버리기도 한다. 하지만 로마 역사를 전체적으로 발단(도시의 창건)·전개(지중해 패권)·위기(공화정 종식)·절정(카푸트 문디)·쇠퇴(야만의 침탈)·종말(제국의 몰락)로 구분한다면 공화정 후기는 혼란스런 위기 시대였고, 제정 초중기는 국가 위상이 절정에 달하는 시대로 보는 것이 타당하다. 대개 로마의 쇠퇴는 콤모두스부터 시작된다고 인정되지만 여기서는 글의 분량에 따라 갈바 이후부터 다음 권에서 서술했음을 미리 밝힌다.

○ 이 글을 아들과 딸 그리고 그들의 아들과 딸에게 남긴다.

-2020년 1월

윤홍렬

3

제정 시대 BC 27년~AD 476년

3

제정 시대

3-1-1. 율리우스-클라우디우스 왕조(BC 27년~AD 68년)

○ 역사가들은 BC 27년을 로마의 제정이 시작된 원년으로 보고 있
다.(註. 로마에서 제정이 시작된 원년은 BC 27년 외에도 아우구스투스가
집정관직을 사퇴하고 종신 호민관 권력을 부여받은 BC 23년, 아우구스투
스가 종신 집정관이 되는 BC 19년, 국부 칭호를 받은 BC 2년 등 역사가
에 따라서 여러 가지 주장이 있다.) 그러나 BC 27년은 옥타비아누스가
원로원에서 이제 내전이 종식되고 평화가 도래했으니 로마는 공화정
으로 돌아간다고 연설한 해였다. 그가 모든 권력을 국가에 반납하고
일개 시민으로 돌아가겠다고 선언한 것이다. 그러자 원로원 의원들
은 각자의 마음속에 품은 생각이 어떠했든지 간에 옥타비아누스에게
"제발 우리를 버리지 말고 지금껏 해 왔던 대로 그 지위를 유지해 달
라."며 한목소리로 애걸복걸했다. 그러자 옥타비아누스는 마지못해
수락하는 척하며, 그렇다면 내전의 상처가 완전히 아물고 막강한 권
력을 가진 관리가 필요 없어질 것이라고 기대되는 10년간만 프로콘
술과 임페라토르를 맡겠다며 양보안을 제시했다. 이렇게 되자 10년
마다 되풀이하여 이런 희극을 연출하게 되었으며, 해가 거듭될수록
희극은 더욱 웅장하고 위엄 있는 요식에 맞추어 엄숙하게 행해졌다.
그리고 원로원은 옥타비아누스에게 아우구스투스라는 거창한 이름
도 함께 바쳤다. 결국 아우구스투스는 막강한 제왕의 권력을 옷깃에

감춘 채 공화정의 탈을 쓴 제정을 이끌어 갔다.

○ 절대 권력을 가진 통치자가 나타나자, 로마인들은 그의 제위 기간 동안 무려 55회에 걸쳐 그를 제국의 황제로 떠받들 수 있게 해 준 신들께 감사제를 올렸다. 그뿐만 아니라 5년마다 아우구스투스의 만수무강을 비는 기원을 올렸고 호사스런 향연을 벌였다. 또한 시민들이 자발적으로 모금하여 은으로 만든 아우구스투스의 상을 80군데나 세웠는데, 아우구스투스는 그 은상을 녹여 전통의 여러 로마신상을 만들도록 명령했다. 아우구스투스는 내전의 공포에서 해방시켰다는 의미로 평화의 제단(아라 파키스ara pacis)을 세웠고, 심지어 공화정 말기의 오랜 내전 기간 동안 가혹하게 당했던 수탈을 종식시킴으로써 동방의 속주민들로부터 올림푸스의 신들을 능가했다는 칭송을 받았다. 또한 파르티아와 평화 협정을 맺어 크라수스가 빼앗긴 군단기를 돌려받았으며, 더 나아가 다키아인들을 도나우(註. 당시 명칭은 '다누비우스Danuvius')강 너머로 쫓아내고 로마의 국경을 도나우강까지로 확정했다.

○ 아우구스투스는 마이케나스에게 문화와 외교를 맡겨 장려하게 했고, 아그리파를 시켜서는 미완성된 공공사업을 마무리 짓게 했다. 그리고 로마시의 행정 구역을 14개 구역으로 나누었으며, 1개 구역을 다시 4개의 동으로 나누어 100만 명에 달하는 도시를 정비했다.(註. 로마의 인구수는 밀의 소비량으로 보면 아우구스투스 때 약 100만 명으로 추정된다.) 경찰과 소방대를 조직하여 로마 시민의 치안과 안전을 도모했으며, 스스로의 안전과 권위를 위해서 근위대를 창설했다. 근위대는 9개 대대 9,000명(註. 최초에는 4,500명)으로 구성된 이탈리아 내에서의 유일한 군사력이었다. 그리고 카이사르가 갈리아인들에게

원로원 의석을 준 것은 로마 시민의 기준으로 보면 무자격자를 원로원에 끌어들여 원로원의 권위와 위엄이 추락된 것으로 보였다. 아우구스투스는 이것을 회복시켜야 했다. 이는 카이사르가 원로원 의원을 늘린 것을 다시 복원하는 방식으로 처리했다.

○ 또한 그는 집정관 또는 법무관 역임자가 총독으로 나가는 원로원 속주를 양보함으로써 원로원과 타협했다. 원로원 속주는 대체로 안정과 평화가 깃든 지역이었고, 황제가 대리인을 통해서 통치하는 황제 속주는 국경 주변이거나 새로이 속주에 편입된 지역으로 군단의 주둔이 필요한 지역이었다. 다만 이것은 반드시 일치하는 것이 아니어서 원로원 속주인 일리리쿰, 마케도니아, 아프리카에는 군단이 주둔했다. 황제가 총사령관이란 의미를 가진 '임페라토르imperator'로 불린다는 점에서 새로이 속주로 편입된 위험한 지역을 맡는 것이 타당하기도 했지만, 인간이란 본디 위험을 무릅쓰기 싫어하는 법이어서 원로원 의원들도 위험한 적들과 항상 모험을 각오해야 하는 국경 지대를 황제에게 맡겨 두기를 내심 바랐다.

○ 더하여 아우구스투스는 자신의 군대를 야심 있는 원로원 의원들에게 맡기길 꺼렸다. 그로서는 총독이 정치적 야망으로 위험한 시도를 감행할 수 있는 기반을 주어서는 안 되었기 때문일 뿐 아니라, 황제 속주라고 하더라도 황제의 대리인(註. '프라이펙투스praefectus'라고 한다.)들이 적의 위험 속에서 관할 지역을 통치한 것이었고 아우구스투스가 직접 위험한 지역에 총독으로 나아가 통치하는 것이 아니었기 때문이다. 사실 이러한 통치 방식은 카이사르가 자신의 부하에게 군단의 지휘를 맡겨 처음으로 선보인 것으로, BC 67년 폼페이우스가 가비니우스 법에 의해 지중해에 인접한 속주들의 통치권을 부여받았

을 때 자신의 대리인(註. 부사령관이란 의미로 '레가투스legatus'라고 한
다.)들을 파견하여 통치했던 방식을 따른 것이기도 했다. 이렇게 하
여 황제와 원로원이 서로 간에 불만이 없는 타협안을 성립시킨 것이
다. 그럼에도 아우구스투스는 원로원 속주들을 자신의 영향력이 미
치지 않는 곳으로 내버려 둔 것이 아니라, 자신의 권력과 권위를 이
용하여 효과적으로 장악했다. 결국 원로원 의원들은 안전을 얻은 대
신에 자유를 잃었다. 그러고 보면 자유란 위험을 감내함으로써만 얻
을 수 있는 고귀한 권리인 셈이다.

○ BC 17년에는 100년이 주기인 세기제(註. '루디 사이쿨라레스Ludi
Saeculares'라고 하며, 로마인들은 100년을 주기로 세계사의 흐름에 큰 변
혁이 이루어진다고 생각했다. 훗날 역사가 황제 클라우디우스는 BC 17년
의 세기제는 산정이 잘못되었다며 AD 48년에 다시 개최했다. 즉 로마 건
국이 BC 753년이므로 건국 800년이 되는 해가 AD 48년이었던 것이다.
하기야 서울의 역사를 600년으로 볼 것인지 아니면 2천 년으로 볼 것인
지에 대한 논쟁도 계속되고 있지 않은가?)를 개최했는데, 특히 그중에
서도 10번째 다가오는 세기제는 황금시대가 개막된다고 믿었다. 시
빌라의 신탁서를 관장하는 사제들은 BC 17년이 바로 그해라며 아우
구스투스에게 아부를 다했다. 로마는 세기제의 거행으로 내란의 상
처가 모두 치유되고 시민들에게는 기쁨과 번영만이 남았다고 선포했
다. 또한 필리피 전투에서 아우구스투스에게 지독히도 반대하여 브
루투스와 카시우스 편에서 싸웠던 호라티우스가 세기제에서 환희의
송가를 불렀다는 것은 아우구스투스의 덕망과 미래의 행복을 상징하
는 최고의 증명이었다. 게다가 아우구스투스의 주변에는 그를 지지
하는 세력들이 생겨나서 "카이사르의 친구들(아미키 카이사리스amici

caesaris)"이라고 불렸다. 이들은 공식적인 단체는 아니었으며 아우구스투스의 친구와 지지자들이었다.(註. 아미키 카이사리스는 요즘의 '노사모', '박사모' 등과 유사한 집단이었다.)

○ 아우구스투스에게 후계자 문제는 골칫거리였다. 겉으로는 원로원과 시민들의 승인과 권력을 위탁받아 후계자가 결정되지만, 실제로는 황제가 후계자를 지명하는 것이나 다름없었다. 권력이 한 사람에게 집중되어 감히 황제의 결정을 반대할 수가 없었기 때문이다. 생질인 마르켈루스에게 후계자 승계의 희망을 걸고 아들처럼 대하며 자신의 유일한 핏줄인 율리아와 결혼시켰지만 그는 20세의 젊은 나이에 요절하고 말았다.

○ 아우구스투스의 여성 편력은 대단했다. 그는 황제의 절대 권력을 무기 삼아 상대가 처녀이든 유부녀이든 가리지 않고 욕망을 채웠다. 그의 아내 리비아까지도 클라우디우스에게서 빼앗아 온 여인이었다. 리비아는 남편의 여성 편력을 시샘하거나 분노하기보다는 남편의 애인이 될 여자를 물색해 주기까지 하였으니 차라리 아우구스투스의 자손 번식에 적극 협조했다고 보아야 했다. 그럼에도 불구하고 아우구스투스는 리비아에게서뿐만 아니라 어떤 애첩에게서도 자식을 얻지 못했다. 유일한 피붙이라고는 리비아와 결혼하기 전의 아내였던 스크리보니아가 낳은 딸 율리아뿐이었다. 젊은 나이에 율리아가 남편 마르켈루스를 잃고 홀로 되자 아우구스투스는 답답한 심정으로 그녀를 자신과 동년배인 아그리파와 맺어 주었다. 아그리파는 아우구스투스의 뜻을 받들어 옥타비아의 딸 小 마르켈라와 이혼하고 율리아와 결혼한 것이다. 이 결혼으로 율리아는 3명의 아들과 2명의 딸을 낳아 아버지의 기대에 부응했다. 그중 가이우스와 루키우스를 후

계자로 삼기 위해 아우구스투스가 그들을 양아들로 입양했지만, AD 2년 동생 루키우스가 병사하고 AD 4년 형 가이우스마저 전투에서 입은 부상으로 요절하고 말았다. 그렇다고 난폭한 데다 황제의 자질이 없는 막내 아그리파 포스투무스에게 제위를 넘길 수도 없었다.

○ BC 12년 아그리파가 병으로 급작스런 죽음을 맞이하자 또다시 홀로 된 율리아는 티베리우스와 결혼했지만, BC 10년 그 둘 사이에 태어난 아이는 일찍 죽고 더 이상 아이가 없었다. 그렇게 되자 아우구스투스로서는 선택의 여지가 없게 되었고, 리비아가 전 남편에게서 낳은 티베리우스가 후계자의 위치를 굳혔다. 훗날 오직 아내밖에 몰랐던 마르쿠스 아우렐리우스 황제는 무려 15명의 자녀를 낳아 그중 5명을 성인으로 키웠다. 반면에 수많은 여자들을 탐했던 아우구스투스는 제위를 이을 아들조차 얻지 못한 것을 보면 신은 욕심 많은 자보다는 욕심 없는 자를 더욱 아낀다는 말이 꼭 들어맞았다.

○ 아우구스투스는 리비아가 데리고 온 자식 중에서 형 티베리우스보다는 동생 드루수스에게 더욱 친근감과 애정을 느꼈다. 티베리우스는 말을 천천히 하면서 더듬었을 뿐 아니라 전체적으로 우중충하고 암울한 분위기였음에 반해, 드루수스는 성격이 쾌활하고 붙임성도 있었기 때문이다. 하지만 드루수스는 게르만족과의 전투에서 낙마로 다리가 부러지는 중상을 입은 후 병세가 악화되었다. 티베리우스는 판노니아 전쟁을 위해 티키눔(註. 현재 지명 '파비아')에 있을 때 드루수스의 사고 소식을 들었다. 그는 하던 일을 중지하고 동생을 만나러 미친 듯이 달려갔다. 알프스 산맥을 넘은 후 말을 갈아타며 하루 밤낮을 쉬지 않고 전속력으로 달려 무려 300km 이상을 질주했다. 더욱 놀라운 것은 그가 겨우 몇 명의 기병과 갈리아 안내인 한 명만 데리

고 최근에 정복된 위험한 땅을 곧장 뚫고 갔다는 것이다. 티베리우스가 드루수스의 병영에 가까워지자 누군가가 그의 도착을 알렸다. 드루수스는 거의 숨이 멎을 찰나 병사들로부터 형이 도착했다는 소식을 듣고 예우를 갖추어 맞이하라고 명령했다. 두 형제가 상봉하자마자 드루수스는 형의 품속에서 마지막 숨을 거두었다. 그때가 BC 9년이었고 사고가 난 지 30일 만의 죽음이었다. 동생과 우애가 좋기로 소문이 자자했던 티베리우스는 드루수스의 죽음에 슬퍼하며 오열했다. 그는 말도 타지 않은 채 운구 행렬의 앞에서 줄곧 걸어갔다. 로마에 운구된 드루수스의 시신은 아우구스투스의 영묘에 안치되었다.

o 옥타비아가 마르켈루스의 죽음으로 모든 것을 내던져 버린 반면, 둘째 아들 드루수스를 잃은 리비아는 몹시 상심하긴 했으나 기품을 잃지 않았고 슬픔을 과장하지 않았다. 시민들은 그녀의 담대함에 존경을 보냈다. 그만큼 리비아는 옥타비아보다 자신의 감정을 억제할 줄 아는 냉정한 여자였을 뿐 아니라, 그녀에게는 아들이 드루수스 외에도 티베리우스가 있기 때문이기도 했다. 드루수스가 죽은 후 그의 아내 小 안토니아(註. 안토니우스와 옥타비아의 딸)는 재혼하라는 외삼촌 아우구스투스의 강요에도 굴하지 않고 로마의 전통적인 미덕을 지킨다며 끝까지 재혼을 거부했다. 문란한 결혼이 판치던 로마에서 그녀는 정절을 지킨 여인의 귀감으로 추앙받았다.

o 티베리우스는 어렸을 적에 아우구스투스로부터 다정함과 애정이 결핍된 생활을 경험했기 때문인지 커 가면서 본래의 기질에다 더욱 음울하고 냉소적이며 증오심을 품는 사람이 되었다. 따라서 아우구스투스는 그동안의 무공으로 보아 티베리우스가 탁월한 지휘관인 것은 인정했지만 그렇다고 후계 자리까지 물려줄 생각은 애초부터 없었

다. 하지만 그가 선택의 여지를 모두 잃어버리고 원로원에서 읽힌 유언장에서처럼 자신의 '무자비한 운명'이 티베리우스에게 제위를 넘겨줄 수밖에 없도록 정해지자 결국 운명에 복종했다. 그는 티베리우스를 양자로 맞이했을 뿐 아니라 공동 통치자의 지위에 올렸다. 그리하여 제위의 혈족 승계에 온통 정신을 쏟아부었던 아우구스투스로 인해 '왕'이란 단어를 그렇게도 싫어했던 로마인들에게 왕조의 씨앗이 뿌려졌다. 하지만 40년 이상에 걸친 치세 동안 로마 세계에 평화와 안전을 가져다주었고 자신의 주장대로 벽돌의 도시였던 로마를 인계받아 세계의 수도(註. '세계의 머리'라는 의미로 세계의 수도를 '카푸트 문디caput mundi'라고 한다.)에 걸맞게 대리석의 도시로 바꾸었던 것은 그의 업적임에 틀림없다고 모두가 온당한 평가를 내렸다.

○ 혈육에게 제위를 넘기는 데 실패한 아우구스투스는 어쩔 수 없이 티베리우스에게 호민관 권력을 주어 후계자로 삼았지만, 아우구스투스가 죽은 지 한참이 지나서도 티베리우스는 즉위하기를 주저했다. 그는 광대한 영토를 어떻게 혼자서 감당할 수 있겠느냐며 국가 통치의 어려움을 말했다. 이는 최전방 군단병들의 불온한 움직임이 그 이유일 수도 있었다. 그러나 마침내 그는 적절한 후계자가 나타날 때 사임할 수 있다는 조건으로 황제 승계를 수락했다. 로마 제국은 황제란 직책이 따로 있는 것이 아니었으며, 따라서 대관식도 없었다. 황제의 권력은 호민관 권력, 신변 불가침권, 집정관직의 연임, 거부권 등이 합쳐진 형태였다. 티베리우스는 그런 권한을 모두 받아들여 제국을 이끌겠다고 대답한 것이다. 아우구스투스는 티베리우스를 후계자로 선택할 때 게르마니쿠스를 양자로 삼도록 결정했다. 게르마니쿠스는 드루수스의 아들이므로 티베리우스에게는 조카였다. 양자가 된

다는 것은 후계자가 된다는 것을 의미했으므로 아우구스투스가 차기 황제까지 지명한 것이다. 이는 친아들이 있는 티베리우스에게 제위를 조카에게 물려주라고 강요한 것이나 다름없으니 아우구스투스의 어리석은 욕심으로 게르마니쿠스의 목숨은 위태롭게 흔들거렸다.

o 정권 교체 시기는 항상 불안하고 혼란스럽기 마련이다. 티베리우스가 황제로 즉위하던 그때도 마찬가지여서 14년 아우구스투스가 죽고 티베리우스가 집권했을 때 제국의 최전방 군단병들이 반란과 소요를 일으키자 새로운 황제는 통치력을 시험받을 처지에 놓였다. 폭동의 기세는 판노니아 군단에서 발화되어 게르마니아 군단으로 치달았다. 군단병들은 자신들의 봉급에서 장비 구입 등으로 빠져나가는 비용이 너무 많을 뿐 아니라 탐욕스런 백인대장에게 뇌물까지 가져다주어야 한다며 분통을 터뜨렸다. 게다가 군복무 기간이 애초에 16년이던 것이 이제는 20년이 되었다며 거칠게 항의했다.(註. 종전에 군복무 기간이 현역 16년, 예비역 4년이던 것이 AD 6년부터 현역 20년, 예비역 5년으로 늘어났다.) 마침내 티베리우스는 친아들인 드루수스에게 도나우 전선에서 터진 반란을 진압하도록 명령을 내려 전선으로 파견했고, 13년부터 자신의 뒤를 이어 게르마니아 전선을 맡고 있던 양자이자 조카인 게르마니쿠스에게는 게르마니아 군단의 소요를 진압하도록 지시했다. 반란이 진정되자 그는 동요를 일으킨 병사들의 요구 사항을 들어주어 군 복무 기간을 16년으로 낮추고, 예비역 기간을 4년으로 낮추었다. 하지만 이는 일시적인 변통이었을 뿐이고 곧 종전과 같이 되돌려져 군단병의 복무 기간은 현역 20년 예비역 5년으로 확정되었다.

o 게르마니아 전선을 지휘하던 게르마니쿠스는 병사들의 소요를 잠재

웠을 뿐 아니라 라인(註. 당시 명칭은 '레누스Renus')강을 넘어 게르마니아 깊숙이 진격했다. 게르마니아가 게르마니쿠스에 의해 거의 평정되어 갈 무렵, 티베리우스 황제는 갑자기 게르마니쿠스에게 동방으로 임지를 옮기도록 명했다. 이러한 결정이 티베리우스의 시기심 때문인지, 아니면 겉으로 드러난 대로 파르티아와의 협상을 위해서인지 알 수 없지만, 게르마니쿠스가 동방 전선의 총사령관으로 갈 때 시리아 총독으로 피소가 임명되었다. 피소는 동방 전선의 제2인자로서 게르마니쿠스를 충실히 보좌하는 것이 본연의 임무였지만 그는 게르마니쿠스와 사사건건 충돌했다. 그러던 중 게르마니쿠스가 병을 얻어 고열을 앓고 쓰러졌다. 몇 번의 호전과 악화를 반복하다가 병을 이기지 못하고 마침내 마지막 숨을 고를 때 그는 자신이 이렇게 죽는 것이 피소의 계략 때문이라고 말하면서 꼭 복수해 달라는 유언을 남기고 숨졌다. 남편 게르마니쿠스의 유언을 마음에 담은 아그리피나는 티베리우스가 피소를 시켜 남편을 죽게 만들었다고 믿었다. 왜냐하면 티베리우스가 게르마니쿠스와 함께 피소를 동방으로 파견할 때 게르마니쿠스를 감시하라는 특별 명령을 내렸을 것으로 생각했기 때문이다.

○ 아그리피나는 아우구스투스의 외손녀였다. 그녀는 신격 아우구스투스의 혈통을 이어받았다는 것에 대단한 자부심을 가지고 있었고, 따라서 황통을 이어 갈 자는 당연히 자신의 자손이어야 된다고 생각했다. 하지만 아그리피나의 야심은 티베리우스의 음험함과 어울릴 수 없었다. 게르마니쿠스가 죽기 전에 아내에게 티베리우스와 다투어서는 안 된다고 몇 번을 충고했건만 시아버지와 며느리 사이는 갈등과 음해 속에 충돌했고, 그로 인해 아그리피나는 불행한 죽음을 맞았

다. 게다가 그녀의 아들 중 네로 카이사르와 드루수스 카이사르까지 의심 많은 티베리우스의 그물에 걸려들어 비참하게 생을 마감했다.

○ 젊은 시절의 티베리우스는 공정하고 예리한 판단력의 소유자였지만, 나이가 들면서 의심이 많아지고 성가신 일을 피했고 암울한 성격이 폭정으로 이끌었다. 그리하여 원로원은 자유롭던 공화정 때의 위엄과 신망을 모두 날려 버린 채 오직 황제에게 아부하는 권한만이 남았으며, 숱한 사람들을 고문하고 살해한 티베리우스 황제는 항상 두려움에 떨면서 내면의 고통으로 정상과 미치광이의 경계선에까지 내몰렸다. 그러다가 티베리우스는 자신의 암울한 성격을 반영하듯 로마를 떠나 카프레아이(註. 현재 지명 '카프리')섬에 은둔 생활을 하기 시작했다. 아우구스투스도 무척 좋아했던 그곳은 깎아지른 듯한 절벽, 해식동굴 그리고 기묘한 모양의 바위들이 있어, 접근하는 것조차 쉽지 않은 곳이었다. 황제의 속마음을 알아챈 사람 가운데 누군가가 카프레아이섬에 은둔하면 세상의 성가신 일에서 벗어날 수 있다고 꼬드겼던 것이다.

○ 티베리우스가 없는 로마의 실권은 근위대장 세야누스가 휘둘렀다. 그의 존재는 벌써 일개 시민의 위치를 넘어 있었다. 게다가 티베리우스의 아들 드루수스가 시름시름 앓다가 죽자, 세야누스는 드루수스의 미망인 리비아 율리아와 결혼하겠다며 티베리우스의 허락을 구했다. 리비아 율리아는 티베리우스의 며느리이자 조카였다. 황가의 여인이 결혼한다는 것은 단순한 애정을 넘어서 권력이 요동치는 중대한 사건임을 티베리우스는 납득하고 있었다. 그는 세야누스라는 존재가 황가의 식탁 한자리를 차지하려는 데까지 나아가려 하자 이제는 위험한 지경에 이르렀다는 생각에 결국 계략을 써 세야누스를 몰

락시키고 그의 두 아들과 어린 딸까지도 모두 죽였다. 세야누스가 죽은 후 티베리우스는 자신의 하나뿐인 친아들 드루수스가 세야누스의 간계로 독살되었다는 것과 세야누스가 며느리의 간부라는 사실을 알게 되었다. 이런 이유 때문에 그는 손자 게멜루스가 며느리와 세야누스가 관계해서 낳은 자식이라고 생각했으리라. 그래서인지 그는 숨을 거둘 때까지 친손자 게멜루스를 후계자로 지명하지 않았다. 티베리우스는 죽기 직전에 카프레아이섬에서 나와 로마로 향하는 도중에 향년 79세로 삶을 마감했다.

○ 티베리우스의 공포 정치에 신물이 난 원로원 의원들과 시민들은 그가 죽자마자 친손자인 게멜루스(Tiberius Gemellus)를 제쳐 두고 게르마니쿠스의 막내아들 가이우스를 황제로 옹립했다. 가이우스는 애칭으로 칼리굴라라고 불렸는데 그는 제위에 오르자 시민들의 인기에 영합했다. 그러다가 즉위한 지 얼마 되지 않아 병으로 심하게 앓다가 다시 기력을 되찾은 적이 있었다. 시민들은 황제가 몸져누웠을 때 티베리우스의 악몽을 떠올리고 두려움에 떨었다가 다시 기운을 되찾았다는 소식에 열광했다. 그 틈에 그는 평소 꼭 하고 싶었지만 비난이 두려워 실행하지 못했던 일을 해치웠는데, 그것은 자신을 밀어내고 제위를 차지할지도 모를 티베리우스의 친손자 게멜루스를 죽인 것이다. 권력을 향한 도전자의 위치에 설 수 있는 자의 생명이란 이처럼 짧고 허망했다.

○ 황제가 되자 칼리굴라는 원로원에 대해 예의를 갖추었고 날마다 축제와 경기 대회를 열어 시민들의 호감을 샀다. 그러나 사치와 낭비는 오래가지 않는 법이다. 얼마 안 가서 티베리우스가 남긴 27억 세스테르티우스에 달했던 국가 재정은 고갈되었고 칼리굴라는 황가의 세간

까지 팔아야 할 지경이 되었다. 이처럼 그는 국가 재정을 파탄에 이르게 했을 뿐 아니라, 취임 초기의 태도와는 달리 시간이 흐르면서 자신의 명령에 거부하는 자를 잔혹하게 다루었다. 하지만 진정 어떠한 권력도 공포의 억압 아래서는 오래 지속될 수가 없다. 즉위한 지 4년째 되던 BC 41년 어느 날, 공연장에서 관람하고 나오던 칼리굴라는 좁은 통로를 지나던 도중 근위대 대대장 카이레아의 검에 목숨을 잃었다. 동시에 황후 카이소니아도 근위대 병사들에게 참혹한 죽음을 맞았으며, 또래 친구들에게 난폭하게 굴던 어린 딸은 근위대 병사에 의해 벽에 내던져져 머리통이 부서졌다. 카이레아가 황제에게 성적인 모욕을 당했다는 고대 기록이 있긴 하지만, 그가 왜 칼리굴라를 살해했는지 자세히 알려져 있지 않다. 다만 그가 칼리굴라의 삼촌인 클라우디우스를 다음 황제로 옹립했고, 황제가 된 클라우디우스의 명령을 따라 순순히 자살한 점으로 미루어 보면 권력을 탐하여 황제를 암살한 것으로 보이지는 않았다.

○ 이렇게 하여 제4대 로마 황제 클라우디우스는 얼떨결에 근위대에 의해 즉위했다고 전한다.(註. 역사가에 따라서는 클라우디우스가 엉겁결에 황제가 된 것이 아니라 황제가 되기 위해 근위대 병사들에게 하사금을 약속하는 등 기민하게 움직였다고 주장하기도 한다.) 그는 소아마비에다가 말까지 더듬었다. 그의 어머니와 할머니까지도 클라우디우스의 능력을 의심했다. 하지만 아우구스투스는 클라우디우스가 어렸을 적에 그의 재능을 정확히 꿰뚫어 보고 우수한 가정교사를 붙여 교육시켰다.

○ 황제가 된 클라우디우스는 국가 재정을 다시 건전화시켰고, 황실의 해방 노예를 등용하여 비서실을 만들었으며 그들에게 국정을 분야별

로 맡겼다. 그리고 그는 청소년에게 돈을 빌려주는 고리 대금업의 해악을 근절하고, 조폐국을 장악하여 화폐가치 하락을 방어했으며, 로마로 가기 위해 푸테올리항에서 육로로 220km를 가던 것을 오스티아항을 개항하여 운송비를 경감시켰다. 오스티아항은 카이사르가 곡물 수송을 위해 계획에만 머물렀던 것을 클라우디우스가 실행에 옮겨 이제야 빛을 보게 된 것이다. 제국의 운송비는 해로를 이용했을 때를 1로 본다면 강을 이용하면 6, 육로를 이용하면 무려 55의 비용이 소요되었으므로 로마까지 티베리스강을 이용하면 육로를 이용한 운송비의 10% 정도로 운송이 가능했다.(註. 당시 오스티아의 티베리스강 어귀는 모래가 쌓여 깊이가 낮아지면서 큰 배들이 정박할 수 없게 되자 거룻배로 부두까지 옮겨야 했고, 큰 배들은 무방비 상태로 바다 한가운데에서 위험하게 머물러 있어야 했다. 이에 클라우디우스는 오스티아 북쪽 3km 지점에 선박 200척가량을 수용할 수 있는 새로운 항구를 건설했다. 그는 오스티아항을 건설할 때 엄청난 크기의 오벨리스크를 실은 배를 침몰시켜 방파제 건립에 사용했다. 이러한 공법은 현대건설 정주영이 서산 간척지 공사에서도 유사하게 이용되었는데 그는 거대한 폐유조선을 침몰시켜 거친 조류를 막아 내고 마지막 단계의 물막이 공사를 완성할 수 있었다. 그때 정주영은 아무도 생각해 내지 못한 방법으로 공사를 마무리할 수 있었다고 격찬을 받았다.) 또한 카이사르가 갈리아인들에게 개방했던 원로원 의석을 아우구스투스가 다시 반납받았으나, 클라우디우스는 또다시 갈리아인들에게 원로원 의석을 배정하려고 했다. 야만족이라고 생각했던 갈리아인들에게 원로원 의석 배정안이 제안되자 로마의 기득권자들은 한목소리로 반대했다. 그때 황제는 후세에 전해지는 유명한 연설을 하게 된다. 이 연설로써 분위기는 반전되었고,

클라우디우스는 과거를 비추어 미래를 내다볼 줄 아는 혜안을 가진 황제였음이 증명되었다.

○ 클라우디우스의 아내는 32살이나 어린 메살리나였다. 메살리나는 사치와 낭비벽이 심하고 남성 편력 또한 황후가 지켜야 할 도리를 넘어섰다. 더군다나 예비 집정관 실리우스를 유혹하여 황제의 아내가 이중 결혼하는 전대미문의 일을 벌였다. 이 소식을 전해 들은 비서들은 수장격인 나르키수스가 주동이 되어 메살리나를 살해했다. 그들이 황후를 살해한 것은 황후의 정절이나 황제의 체면 때문이기보다는 실리우스가 황후와 결탁하여 반란이라도 일으키게 되면 자신들의 권력이 무너질까 두려워한 것이 더욱 큰 이유였다.

○ 메살리나가 죽고 난 후 小 아그리피나(註. 어머니이자 게르마니쿠스의 아내였던 大 아그리피나와 구분하기 위해 小 아그리피나라고 한다.)는 경쟁자들을 제치고 삼촌인 클라우디우스와 결혼했다. 그러나 그녀의 욕망은 황후가 되는 데 있지 않았으므로 남편은 성가신 존재일 뿐이었다. 마침내 아그리피나는 황실의 시종들과 짜고 남편을 독살했다.(註. 역사가에 따라서는 클라우디우스가 과식하는 버릇이 있어 급체로 사망하였을 것이라고 추측하기도 한다.) 아그리피나에게는 전남편으로부터 얻은 루키우스 도미티우스 아헤노바르부스라는 외아들이 있었다. 아들은 후에 네로 클라우디우스로 이름을 바꾸었으며, 그는 아그리피나의 도움으로 클라우디우스가 죽고 난 후 선황의 친아들 브리타니쿠스를 제치고 제5대 황제로 즉위했다. 아그리피나의 계략과 지혜로 제위에 오른 네로는 어머니의 권력욕과 마찰했다. 아그리피나는 아들을 앞세워 로마 제국을 자신의 치마폭에 넣어 두고 마음대로 주무르고자 했던 것이다.

○ 네로는 집권 초기에 공정하고 평화롭게 그리고 원로원과도 마찰 없이 제국을 이끌었다. 그러나 그가 악테라는 해방 노예 여자에게 빠져 그녀와 결혼하겠다고 아그리피나에게 말했을 때 아그리피나는 격노하며 반대했다. 아그리피나는 미친 듯이 발작하며 질투심에 가득 차서 "도망쳐 온 해방 노예 따위가 미래의 며느리가 되려고 한다." 며 고래고래 소리를 질렀다. 그녀가 선제의 딸 옥타비아를 네로와 결혼시켰는데 네로가 옥타비아와 이혼하고 비천한 태생의 여자와 결혼하겠다고 선언했으니 황가의 핏줄을 중히 여기는 그녀로서는 용납할 수 없는 일이었다. 그뿐만 아니라 네로가 자신의 충복이자 은밀한 연인 관계였던 해방 노예 팔라스를 파직시키자 분노가 폭발했다. 네로와의 감정이 격해지자 아그리피나는 선제의 친아들인 브리타니쿠스가 황제가 되어야 마땅한 것이 아니냐고 네로에게 퍼붓고는, 근위대를 불러 제위를 빼앗을 것이라고 협박했다.

○ 그러자 권신 세네카(註. Lucius Annaeus Seneca는 수사학자인 아버지 세네카와 구분하기 위해 흔히 小세네카로 표현한다.)와 근위대장 부루스(Sextus Afranius Burrus)는 아그리피나가 국정을 손에 넣고 주무르는 것을 막기 위해 네로의 패덕에 비위를 맞추고 말았다. 이렇게 하여 네로는 교육의 힘에 의해 억제되었던 방종이 마구 솟구쳐 나와 스승들조차 통제할 수 없는 지경이 되었다. 아그리피나는 어머니의 권위를 내세우며 내 덕분에 네가 황제가 되었으니 내 말을 어겨서는 안 된다는 식이었다. 또한 세네카를 사기 밀고자, 부루스를 손이 불구인 메스꺼운 자라며 침을 뱉었다. 그러면서 게르마니쿠스의 딸이자 아우구스투스의 피를 받은 자신에게 감히 대들지 말라고 경고했다. 하지만 그녀의 위엄으로도 네로의 패덕을 멈추지 못하고 결국 네로

는 동생 브리타니쿠스뿐 아니라 어머니 아그리피나까지 살해한 패륜
아가 되었고, 몇 년 후에는 포파이아를 차지하기 위해 아내 옥타비아
마저 살해했다.

○ 로마에서는 크고 작은 화재 사건이 자주 발생했지만 64년 대경기장
에서 시작된 불은 엄청난 대화재로 삽시간에 번졌다. 이 화재는 도
무스 아우레아(Domus Aurea, 황금 궁전)를 건립하기 위해 네로가 일
부러 불을 낸 것이라는 소문이 로마 시민들 사이에 퍼져 나갔다. 네
로는 화재를 막기 위해 동분서주하며 최선을 다했으나 소문은 좀처
럼 가라앉지 않았다. 그는 그리스도교인들에게 눈을 돌렸다. 다 같
은 일신교 중 유대교는 로마와 오랜 기간 동안 접하면서 타협점을
찾은 데다가 황후 포파이아의 사치에 아부하여 보호받고 있었다. 게
다가 그리스도교는 아직 유대교보다 소수 종교이기도 했다. 그러면
서도 그리스도교는 엄격한 유일신을 신앙으로 삼았기에 신도들은
다른 신들을 배척하고 로마의 전통 종교에서 벌이던 행사에 참여하
지도 않았다. 당시의 기준으로 보면 이것은 신성모독이며 전통신을
믿는 자들에 대한 모욕이었다. 로마 관리들은 그들이 비밀리에 결사
대를 결성하여 국가 전복을 꾀하고 있다며 두려워했다. 그것은 그리
스도교인들이 국가를 수호하는 전통신을 거부하고 신격화된 황제의
상 앞에서 의식을 갖추기를 거부했기 때문이다. 다신교였던 전통 로
마 종교를 믿는 로마인들에게 그리스도교인들의 이러한 행동은 이
해할 수 없는 파렴치한 행위였다. 잔인하게도 네로는 자신이 방화를
저질렀다는 소문을 잠재우기 위해 200~300명의 그리스도교인들에
게 죄를 뒤집어씌워 처참하게 처형했다. 그러나 그리스도교인들을
처형했다고 해서 멀어진 민심이 다시 우호적으로 바뀌지는 않는 법

이다. 아니, 오히려 시민들은 황제의 폭정이 사람의 목숨을 오락거리로 삼아 가엾은 자들로 하여금 비참한 죽음을 겪게 했다며 동정했을 뿐이었다.

○ 이렇듯 패덕을 일삼고 국가라는 배의 키잡이 노릇을 하기보다는 리라 연주에 흠뻑 빠져 스스로 위대한 예술가이기를 원했던 네로의 권력도 어느덧 기울기 시작했다. 65년 피소를 중심으로 하는 모반이 기도되었다. 하지만 그 음모는 사전에 발각되어 세네카를 포함한 수많은 자들이 목숨을 잃고 실패로 끝났다. 그 이후 68년에는 빈덱스(Gaius Julius Vindex)라는 자가 갈리아에서 반란을 일으켰지만 그 반란은 고지 게르마니아 군단 사령관 베르기니우스 루푸스가 신속히 대처하여 진압되었다. 하지만 루푸스는 부하 병사들이 자신을 옹립하려 하자 이를 거부하면서 네로에 대한 충성을 보인 것이 아니라 "원로원에 의해 선출된 자가 아니면 누구도 황제의 지위를 차지 못 하게 하겠다."고 선언하면서 애매한 태도를 보였다.

○ 갈리아에서 발생한 빈덱스의 난이 신속히 진압되긴 했지만 서방의 동요는 그치질 않았다. 마침내 히스파니아의 갈바 총독이 네로의 옛 친구 오토의 지원을 받아 제위에 도전했다. 게다가 네로의 정부 칼비아 크리스피닐라는 네로를 배신하고 아프리카로 건너가서 마케르에게 반란을 사주했다. 네로는 갈바의 반란으로 새로이 병사들을 모집하는 통에 더욱 많은 곡물이 필요했지만 마케르의 반란으로 주요 곡물 공급지였던 아프리카의 곡물 운송이 중단되자 엎친 데 덮친 격으로 로마에서는 기근이 발생했고 네로에 대한 여론이 악화되기 시작했다. 때마침 네로의 충복이었던 근위대장 티겔리누스가 중병에 걸려 사임하자, 네로는 더욱 우유부단해졌다.

o 위기의 상황에서 자신을 가장 위태롭게 하는 것은 나약함을 보이는 것과 결단력이 부족해 보이는 것이다. 원로원은 네로 황제의 처지와 현 상황을 이해하는 데 그리 오랜 시일이 걸리지 않았다. 드디어 원로원이 네로를 공공의 적으로 선포했고, 근위대도 갈바에게 충성을 맹세했다. 네로는 적들에게 쫓기다가 해방 노예의 별장에서 32세의 젊은 나이에 생을 마감했다. 생전에 네로는 전차 경기와 음악 경연에 열을 올렸을 뿐, 군대의 빈틈없는 충성을 얻어 내지도 못했고 기득권 세력인 원로원의 호의를 받아 내지도 못했다.(註. 전차 경기는 매우 인기 있는 오락이었으며 적색, 백색, 청색, 녹색으로 파를 나누어 각 파마다 3대씩 모두 12대가 경쟁했다. 시민들이 자신이 지지하는 파에 애정을 보이는 것은 상상을 초월하는 것이었으며, 심지어는 묘비에 자신이 지지했던 파의 이름을 새겨 달라고 유언을 남기는 경우도 허다했다. 전차 경기에 열정적인 시민들은 자신이 지지하는 파가 경쟁파에게 지기라도 하면 재앙이 닥친 날로 간주했다. 시민들의 호감을 사기 위해 황제들은 종종 전차 경기를 열었고, 네로 · 도미티아누스 · 콤모두스 등 몇몇의 황제는 직접 전차를 몰았으며, 티베리우스도 로도스섬에 은둔했을 때 전차 경기의 선수로 그리스의 경기 대회에 참가하여 우승했다는 기록이 있다. 전차 경기는 반시계 방향으로 7바퀴를 돌았는데 총 주행 거리가 약 5km였고 완주까지는 10분가량 걸렸다.) 결국 그는 아우구스투스와 티베리우스로부터 아무것도 배우지 못했고, 칼리굴라의 실패로부터도 깨닫지 못한 것이다.

o 네로의 죽음으로 제정의 터를 닦은 율리우스-클라우디우스 왕조는 문이 닫혔다. 로마 상류층은 네로에게 반감과 증오심을 품었지만 민중들의 기억 속에 그는 은혜를 베풀고 삶의 고단함을 달래 주

는 시혜자요 수호자로 남았다. 네로의 치세 때 민중들은 "빵과 서커스를(panem et circenses)" 다시금 맛보았기 때문이다.(註. 로마의 풍자 시인 유베날리스는 "시민들은 오직 빵과 서커스를 바란다."며 탄식했다. panem은 'panis'의 단수 대격, circenses는 'circensis'의 복수 대격.) 그래서 네로의 무덤에는 시민들이 바치는 꽃다발이 시들지 않았다. 그뿐만 아니라 소아시아 태생의 테렌티우스 막시무스란 자는 네로의 흉내를 내면서 지지자를 모으기도 했다. 그는 결국 로마군에 쫓겨 유프라테스강을 넘어 파르티아로 달아날 수밖에 없었지만 이러한 사건은 네로가 인기 없는 황제였다면 시도할 수 없는 일이었다. 이를 입증하듯 훗날 오토 황제는 자신은 네로의 정책을 계승할 것이라고 선언하며 도무스 아우레아의 완성을 위해 5천만 세스테르티우스의 국고 지출을 승인했으며, 비텔리우스 황제는 네로를 공개적으로 칭송하고 제물까지 바쳤다.

○ 하지만 원로원의 협조와 군대의 확고한 지지를 얻지 못하고 로마 시민들의 환호만으로 정권을 유지할 수 없는 법이다. 역사가 타키투스는 로마 시민 중 '건전한 자'들은 네로의 죽음을 기뻐했고, '빵과 서커스에 길들여진 미천한 평민'·'질이 나쁜 노예'·'재산을 탕진하고 네로의 못된 행동에서 생계를 유지하는 자'들은 네로의 죽음을 슬퍼했다는 기록을 남겼다. 타키투스의 판단이 옳았는지를 떠나서 생각해 보면, 당시 로마 시민들은 전자에 속한 사람보다 후자에 속한 사람이 훨씬 많았다는 것은 분명한 사실이었다.

✳ 제정을 도모한 아우구스투스의 위선(BC 27년)

≪공화정을 약속하면서 내면으로는 은밀하게 제정을 굽힐 수밖에 없었던 것이 아우구스투스가 할 수 있었던 세심하고 분별력 있는 방책이었다. 급격한 체제 변화는 기득권 세력의 반발을 불러일으키고 개혁을 추진하는 자가 위험에 빠질 수 있다는 것을, 아우구스투스는 카이사르의 죽음으로 깨닫고 있었기 때문이다. 만약 아우구스투스가 카이사르의 방법을 택했다면 그 역시 카이사르와 똑같은 최후를 맞이할 수밖에 없었으리라.

그러나 로마 최고의 지식 계층인 원로원 의원들이 세상 돌아가는 형편도 모르고 아우구스투스의 어쭙잖은 연설에 감격의 눈물을 흘리면서 잘도 속는구나 하고 생각한다면 이는 틀린 판단이다. 그들은 아우구스투스의 힘이 군대로부터 나온다는 것을 명백히 알고 있었고, 그 힘은 포기한다고 없어지는 것이 아니라는 것도 알고 있었다. 다만 아우구스투스의 연설이 적법한 절차에 따른 법치주의로 나아가겠다고 시사한 것에 감격했을 뿐이다.≫

○ 경쟁자를 모두 물리치고 유일한 로마 최고 권력자가 된 아우구스투스는 BC 29년 로마로 귀환하여 로마 시민들의 인기를 얻고 내전의 상처로 고통받은 민심을 다독이기 위해 3일 연속 개선식을 열었고 막대한 돈을 뿌렸다. 그때 그는 병사들에게 선물을 주었고 시민들에게 각각 400세스테르티우스를 성인은 물론 아이들에게까지도 나누어 주었다. 당시 엄청나게 뿌려진 돈은 물가를 올렸고 보통 연 12% 하던 금리를 연 4%로 떨어뜨렸다. 또한 다른 자들에게 빌린 빚은 아우구스투스가

즉시 다 갚았지만, 반면에 자신이 다른 자들에게 빌려준 돈은 탕감하여 주었으므로 시민들은 그동안 불쾌했던 기억을 모두 잊고 마치 내전으로 죽은 자들이 모두 외국인인 양 기뻐하며 개선식을 지켜보았다.

○ BC 27년 마침내 그는 원로원에서 이제는 공화정 체제로 돌아갈 것이며 자신이 누리고 있는 모든 공직을 사임하겠다고 선언했다. 그는 이렇게 말했던 것이다. "나는 내 자리에서 완전히 물러나 군대와 법률 및 속주에 대해 내가 가지고 있는 모든 권한을 원로원에게 되돌려줄 것입니다. 원로원이 나에게 위임한 영토뿐 아니라 내가 원로원을 위해 획득한 영토까지도 되돌려줄 것입니다." 아우구스투스의 위세에 눌려 옴짝달싹 못하던 원로원 의원들은 자신의 귀를 의심했다. 아우구스투스는 아들로서 아버지의 복수를 할 수밖에 없었다는 변명과 비열하고 부패한 동료 그리고 야만스런 이집트 여왕(註. 안토니우스와 클레오파트라 7세를 말한다.)에게 로마를 넘겨주지 않으려면 무기에 호소할 수밖에 없었다고 말했다. 그리고 모든 것이 해결된 지금 원로원과 시민이 과거에 누렸던 권리를 모두 돌려주겠다고 엄숙히 선언했을 때, 원로원 의원들은 그제야 아우구스투스가 무슨 말을 하는지 알아듣고 감격의 눈물을 흘리면서 환호했다.

▌ 아우구스투스

○ 하지만 혼란스런 감격에 젖어 있던 원로원은 아우구스투스의 공직과

권력에 대한 사임에는 동의하지 않겠다는 뜻으로 화답했다. 영악하고 위선적이기까지 한 로마 최고 권력자는 자신이 몸소 구해 낸 공화국의 존립을 저버리지 말아 달라고 간청했으며 몇 번이나 정중하게 사양하는 척하다가 원로원의 간청을 받아들여 일부 속주의 통치권과 군대의 지휘권을 가진 전직 집정관(프로콘술proconsul)과 임페라토르를 10년간만 맡겠다고 양보했다.(註. 이때 아우구스투스가 말한 속주 통치권은 황제 속주만 해당) 그러면서 10년 후에는 내전의 상처가 완전히 아물고 막강한 권력을 가진 관리가 필요 없어지길 바란다고 말했다. 결국 로마 제국의 지식과 명예이자 자존심으로 상징되는 로마 원로원 의원들은 10년에 한 번씩 '제발 아우구스투스가 로마의 최고 결정권자로 남아 달라.'고 간청드리는 우스꽝스런 희극을 성대하고 엄숙하게 되풀이해야만 했다. 이렇게 하여 평화가 도래하면 아우구스투스가 시민과 원로원으로부터 위임받은 모든 권한을 돌려준다는 형식을 갖추었지만, 원로원의 간청에 의해 속주 통치권과 군대 지휘권을 그가 손안에 틀어쥐자 국가 권력은 사실상 1인에게 장악되고 말았다. 게다가 BC 29년 아우구스투스는 50명을 자발적으로 그리고 140명을 강제로 모두 190명의 원로원 의원을 감축했다. 이때 공화파였거나 안토니우스 편에 섰던 많은 원로원 의원들이 축출되었을 것으로 추측되므로 원로원에는 한목소리로 아우구스투스에게 칭송을 바치는 자들이 많았으리라.

○ 공화정으로 돌아가겠다는 선언이 있고 3일째 되던 날 원로원에서는 회의를 소집한 다음 내전을 종식시켜 시민들의 목숨과 재산을 구한 공로를 인정하여 아우구스투스의 저택 문간 기둥에 시민관(코로나 키비카corona civica)을 걸고, 그의 네 가지 덕목 다시 말해 용기(virtus),

자비(clementia), 정의(justitia), 충의(pietas)가 새겨진 금 방패를 원로 원 의사당에 걸어 두기로 결정했다.(註. 애초에 원로원 프린켑스의 4 덕목은 '지식scientia, 정의justitia, 용기fortitudo, 절제temperantia'였다.) (註. 시민관은 아군을 구한 병사에게 떡갈나무로 만들어 수여했으며, 이 는 군인으로서 받을 수 있는 으뜸이 될 만한 명예였다.) 그러나 방패를 사용하여 공덕을 기리는 것은 헬레니즘 왕국에서 군주의 공덕을 추 앙할 때 쓰는 방식이었으니, 이로써 원로원은 타국의 관례를 빌려 아 우구스투스를 제왕으로 받드는 꼴이었다.

○ 원로원과 시민들에게 위선을 보인 아우구스투스는 허구적인 양보에 대한 보상으로 실질적이고 중요한 특권을 얻어 내어 로마 제국의 주 인으로 부상하면서 제정을 열었는데, 그중에서도 근위대의 창설이 핵심적인 권력 기반이었다. 근위대 설치는 루비콘강 이남에서 군사 력을 보유할 수 없다는 공화국의 오랜 원칙을 무너뜨린 것이며, 전시 가 아닌 평시에도 수도 로마 한복판에서 오직 한 사람을 위하여 충성 을 바치는 군사력이 진을 치고 있다는 것을 의미했다. 아우구스투스 는 근위대가 공화국 최고 행정관에게 충성한다고 주장했지만, 실제 로는 집정관이 아닌 황제에게만 충성하는 병사들임이 명백했다.(註. 당시 로마의 공식적인 최고 관직은 어디까지나 집정관이지, 황제princeps 가 아니었다.) 후방에 주둔해 있는 군대는 권력자와 체제를 수호하기 위해 동포에게 무기를 겨누는 법이기 때문이다. 근위대는 창설된 이 래로 황제 살해, 음모, 반란과 같은 무수한 악행의 근원지였지만 황 제와 권력자의 실질적인 힘의 기반이었기에 계속 존립했다. 그만큼 공화정에서는 근위대가 없어야 할 존재였지만, 1인 권력 집중 체제 인 제정에서는 필수적인 조직이었다.(註. 아우구스투스는 이탈리아에

서 유일한 군사력을 지닌 근위대장과 막대한 곡물 공급 능력을 가진 이집트 장관을 원로원 의원이 아닌 기사 계급에서 임명했다. 이는 그가 마음대로 부릴 수 있는 기사 계급에게 군사와 경제에 대한 실권을 맡겨 국가 권력을 한 손에 틀어쥐고자 한 것이다.) 312년 콘스탄티누스가 밀비우스 다리 전투를 승리로 이끌어 막센티우스를 제거하고 근위대를 해체했지만, 그것은 황제의 거처가 로마가 아니었기에 가능한 일이었다. 병사들은 아우구스투스에게 매년 자발적인 충성 서약을 했는데, 처음에는 치졸한 아부의 뜻으로 신하의 예를 갖추던 수준이었으나, 황제의 권력이 강화됨에 따라 점차 엄숙하게 충성심을 천명하는 국가 주요 행사로 변모되었다.(註. 병사들의 충성 선서는 공화정 때부터 행해졌다. 공화정 때의 충성 선서는 집정관에 의해 소집되어, 집정관의 명령 없이는 군대를 이탈하지 않을 것이며, 전투에서는 포기하지 않겠으며, 지휘관의 명령에 절대 복종하겠다는 선서였다. 선발된 병사가 이 선서를 선창하면 나머지 모든 병사들이 "나 또한 같습니다idem in me!"라고 복창했다. 아우구스투스는 이를 변형하여 사용했을 것이며 이후에도 형식과 절차가 다소 변화되기는 했으나 기본적인 의미는 변하지 않았다.)

○ 아우구스투스는 자신이 가진 절대 권력이 공화주의적 본질을 훼손하고 있음을 감추기 위해 무진 애를 썼다. 다른 보통의 공직자처럼 보이기 위해 귀족들에게 공손했고 그들의 집을 방문했으며 귀족들의 생일 잔치에 초대받았을 경우에는 빠지지 않고 참석했다. 그뿐 아니라 BC 23년 이제껏 11번이나 계속하여 취임했던 집정관직을 사퇴하고 브루투스의 열렬한 추종자인 루키우스 세스티우스가 집정관이 되도록 힘을 보태기도 했는데, 이는 자신의 반대파인 공화주의자들을 아우르고 세간의 평판을 좋게 하기 위해서였다. 세스티우스는 내전 시에 브루

투스를 위해 싸웠으며 그때까지도 브루투스의 초상화를 간직했고 그를 위해 추도 연설을 했던 자였다.(註. BC 23년에는 세스티우스뿐만 아니라 무레나 대신 보궐 집정관이 된 또 다른 집정관 피소도 공화파였다.)

○ 그럼에도 BC 22년 원로원과 귀족들의 압박이 거세지자 아우구스투스는 공화정으로 돌아가겠다는 선언을 지키겠다는 듯이 모든 것을 원로원에 맡기고 로마를 떠났다. 그때 로마 원로원은 국가의 키잡이 노릇을 하기는커녕 혼란과 위기 앞에서 방향을 잃어버리고 스스로의 무능함을 온 세상에 드러내고 말았다. 로마가 혼란과 위기의 풍랑 속에 흔들거리고 해결의 기미가 보이지 않자 시민들은 아우구스투스밖에 없다는 생각을 굳혀 갔고, 아우구스투스에 대한 시민들의 지지는 더해졌다. 마침내 이탈리아를 벗어나 외유하던 아우구스투스가 평민들의 외침이 아니라 스스로 무너져 내린 원로원의 애원으로 BC 19년 당당하게 로마에 입성했다. 그때 집정관, 법무관, 호민관들이 다른 유력자들과 함께 캄파니아까지 가서 그를 영접했고, 그가 로마로 입성하던 날을 원로원에서 축제일로 결의할 정도로 떠들썩했다. 로마에 되돌아온 그는 강화된 입지로 종신 집정관직을 부여받으며 자신의 권력을 더욱 굳게 다질 수 있었다. (註. 아우구스투스는 BC 27~24년을 히스파니아에서, BC 22~19년을 동방에서, BC 16~13년을 다시 히스파니아와 갈리아에서 보냈다.)

○ 이렇듯 공화정의 표방에도 불구하고 중요하고 실질적인 권한을 결집시켜 한 사람에게 쏟아부은 결과는 제국의 정체가 공화정이 아니라 공화정으로 위장한 제정이었다. 로마의 황제들은 지고한 권력의 정점인 황제의 자리를 장막과 어둠으로 감싸 자신들의 막강한 권력을 숨긴 채, '임페라토르'란 자리는 원로원으로부터 권한을 위임받아 행

정과 군사를 통솔하며 원로원의 명령을 집행하고 복종할 의무가 있을 뿐이라고 겸손한 척 위장했다.(註. 하지만 BC 29년 이미 아우구스투스는 동방의 속주민들에게 자신을 신의 반열에 올려 신전을 건립하고 숭배하도록 허락함으로써 동방에서는 겸손의 가면을 벗고 있었다.)

○ 아우구스투스는 로마의 통치권을 손안에 넣기 위해 20세 때부터 키케로를 '아버지pater'라고 부르며 따랐던 적이 있었다. 키케로가 원로원에 막강한 영향력을 행사했으므로 그의 후광을 입기 위해서였으리라. 그러던 그가 제2차 삼두 정치 때 안토니우스가 내민 살생부에 서명을 한 적이 있었는데 그 살생부에는 아우구스투스가 아버지라고 불렀던 키케로의 이름이 제일 위에 적혀 있었다. 이 일을 두고 많은 역사가들은 아우구스투스가 키케로를 아버지라고 부르며 따랐던 것은 정치에 입문하기 위한 위선이었고, 그 이후 한번 착용한 위선의 가면을 끝까지 벗지 않았다고 평가했다. 이처럼 제정은 공화정의 가면을 쓴 위선 속에 싹텄다.

| 알아두기 |

• 옥타비아누스의 권력

　BC 27년 옥타비아누스(註. 같은 해 그는 '아우구스투스'로 호칭되었다.)는 원로원을 가득 메운 의원들 앞에서 공화정 체제로의 복귀를 선언했다. 옥타비아누스는 필요 없는 권력을 포기하고 필요한 권력만 유지했는데, 이때 포기한 권력과 유지한 권력은 다음과 같다.
　포기한 권력은 삼두 정치 권력(註. 제2차 삼두 정치로 얻은 권력) · 이탈리아 서약(註. 안토니우스와의 결전에 임박하여 이탈리아의 모든 시민들에게 요구한 충성 서약으로 병사 모집과 임시 특별세 징수 권한이 포함됨) · 서측 로마 세계의 서약(註. 안토니우스와의 결전에 임박하여 로마 세계 서쪽 주민들에게 요구한 충성 서약)이었고, 유지한 권력은 집정관직(註. 공화정 체제에서 연임은 위법이었다.)·임페라토르 칭호(註. 군사 통수권의 종신제를 의미하므로 사실상의 제정이 된다.)와 프린켑스 칭호(註. '제일인자, 다시 말해 '시민 가운데 으뜸'이란 의미다. 즉 임페라토르가 권력이라면 프린켑스는 권위를 상징한다.)의 사용이었다. 즉 성가시고 실익이 없는 권한은 모두 포기하고 실리적인 권한만 유지했다.

그러다가 BC 23년 원로원에서 아우구스투스에게 종신 호민관 권력을 부여했다. 아우구스투스는 귀족이었으므로 호민관이 될 수 없었고 호민관 권력만 부여받았다. 아우구스투스에게 주어진 호민관 권력은 모든 호민관에게 주어진 것이 아니라, 아우구스투스에게만 주어진 특권이었다.

호민관 권력은 다음과 같다. 신변 불가침권, 평민 대표로서 평민의 권리를 지키는 지위, 평민 집회 소집권, 정책 입안권, 거부권이었다.(註. 거부권은 69년 베스파시아누스 황제 때 내전으로 인하여 열악해진 국가 재정을 감안하여 지출을 줄이자고 프리스쿠스가 제안한 것에 대하여 원로원이 표결에 붙일 때, 호민관 볼카키우스 테르툴리누스는 황제가 부재중에 그처럼 중대한 사안에 대한 결정을 내릴 수 없다는 이유로 거부권을 행사한 사건이 최후의 사례가 되었다. 거부권을 영어로 '비토'라고 하는데 이는 라틴어 '베토veto'가 '반대하다'란 의미이기 때문이다.)

※ 아우구스투스의 전설

≪권력은 아우구스투스에게 많은 신화와 기적을 낳게 해 주었다. 신과 자연은 강력한 자의 출현을 예고했으며, 유아기는 물론이거니와

태동기부터 이 세상을 놀라게 할 사건들이 아우구스투스에게 심심찮게 일어났고, 그의 남다른 명민함과 가능성을 수많은 사람들이 믿을 수 있도록 아우구스투스 편에 선 자들은 세밀하게 기록했다. 그리하여 아우구스투스의 과거는 추측과 소문과 조작에 의해 신성시되고 영웅시되었다.≫

○ 아우구스투스의 아버지 가이우스 옥타비우스는 원로원에서는 신참자(호모 노부스homo novus)였다. 요컨대 로마의 명문 집안이 아니었다란 뜻이다.(註. 아우구스투스의 증조할아버지 가이우스 옥타비우스가 BC 165년 집정관을 지낸 그나이우스 옥타비우스와 형제지간인 것으로 보면 그 집안이 아주 이름 없는 집안은 아니었다.) 그는 두 번째 결혼으로 아들이 태어나자 어느 점술가가 그 아이에 대해 불길한 예언을 하며 내다 버리라고 충고했다. 그러나 옥타비우스로서는 첫 아내에게서 얻은 딸을 포함하여 두 명의 딸이 태어난 후 어렵사리 얻은 아들이었기에 포기할 수 없었다. 하마터면 죽을 운명이었던 그 아들이 바로 훗날 로마를 제정의 틀 안에 짜 맞춘 아우구스투스였다.

○ 옥타비우스는 BC 61년 법무관을 지냈으며 그때 정중함과 단호함을 보여 키케로부터 칭송을 받기도 했다. 그는 법무관 임기를 마치고 마케도니아 총독을 맡게 되었는데, 총독으로 부임하기 전에 스파르타쿠스의 잔당들이 설치고 다니던 투리움을 토벌하라는 명령을 받았다. 명령을 받은 그는 노예들로 이루어진 스파르타쿠스 잔당들을 진압하고서 '투리누스'라는 별칭(註. 아그노멘agnomen을 말한다.)을 얻었고 이를 자신의 아들에게 주었다. 그러나 노예들에게 승리한 것은 별것도 아니었기에 그의 아들은 종종 모욕적인 놀림으로 '투리아누스

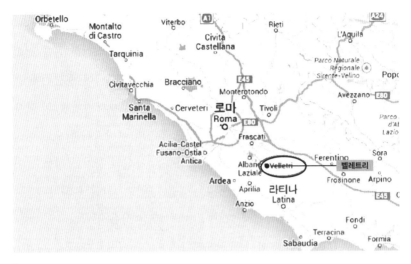

▌벨레트리 ___ 출처 : 구글 지도

(註. '작은 투리누스'란 의미)'로 불리곤 했다. 하지만 옥타비우스는 집
정관직에 출마하지도 못하고 마케도니아 총독 근무가 끝나고 로마로
돌아오던 중 숨지고 말았다.

○ 아우구스투스가 벨리트라이(註. 현재 지명 '벨레트리'이며, 로마의 남동
쪽에 위치)에서 태어나기 훨씬 전 옛날에 벨리트라이 성벽의 일부가
벼락에 맞아 파괴된 적이 있었다. 이를 보고 점술가들은 벨리트라이
사람이 언젠가 세계의 지배자가 될 것이라고 예언했다. 이 말을 그대
로 믿은 벨리트라이 사람들은 로마에 대항하여 싸웠으나, 거의 섬멸
되고 말았다. 그리고 나서 1세기가 지나서야 예언대로 벨리트라이 출
신의 사람이 세계의 지배자가 되었다. 그가 바로 아우구스투스였다.

○ 아우구스투스의 어머니 아티아는 아폴로 신전에서 열리는 신성한 자
정 예배에 참석한 적이 있었다. 여기서 아티아는 다른 사람들처럼 잠

이 들었는데, 그때 갑자기 뱀이 그녀의 몸속으로 들어갔다 나왔다. 잠에서 깨어난 아티아는 성행위를 하고 난 것처럼 스스로 몸을 정화했다. 그 뒤 그녀의 몸에는 뱀과 똑같은 모양의 자국이 생겼는데 흉측해서 지우려고 했으나 없어지지 않았다. 그로부터 9개월 후 아우구스투스가 태어났는데, 이는 아우구스투스의 아버지가 뱀으로 현신한 아폴로였음을 암시했다. 또한 아티아는 자신의 장기가 하늘 높이까지 올라가 모든 육지에 흩어지는 꿈을 꾸었고, 남편 옥타비우스는 아티아의 가랑이 사이에서 태양이 솟아오르는 꿈을 꾸었다.

○ 믿을 수 없는 이런 이야기도 전해진다. 연설가 키케로가 꿈을 꾸었는데 유피테르 신이 어느 원로원의 아들을 로마의 통치자로 지목했다. 꿈에서 카피톨리움의 유피테르 신전 앞에 수많은 아이들이 모여 있었는데 경악스럽게도 유피테르의 조각상이 갑자기 손을 뻗어 한 소년을 가리키며 이렇게 말했다고 한다. "이 소년이 너희들의 지도자가 되는 날 내전이 끝나고 평화가 찾아오리라." 키케로는 그 소년이 누군지 몰랐지만 꿈에서 본 얼굴을 뚜렷이 기억했고, 다음 날 우연히도 마르스 광장에서 나오는 젊은이와 마주쳤는데 놀랍게도 꿈에서 본 바로 그 소년이었다. 그는 그 소년이 카이사르 누나의 딸 아티아가 낳은 아들이라는 사실을 알았다. 그 소년이 훗날의 아우구스투스였고 그가 태어난 해는 우연히도 키케로가 집정관이었던 BC 63년이었다.

○ 옥타비우스는 꿈에서 자기 아들이 유피테르의 벼락과 홀을 들고 빛나는 왕관을 쓴 채 12마리의 눈부신 백마가 끄는 영광의 전차를 타고 있었다. 또한 아우구스투스가 말을 배운 지 얼마 되지 않았을 때 시골 별장에서 개구리들이 시끄럽게 울고 있었다. 아우구스투스가 개구리들에게 조용히 하라고 소리치자, 그다음부터는 개구리들이 정말로 울

지 않았다. 한번은 아피아 가도
의 잡목림에서 점심을 먹고 있을
때 독수리가 날아와 아우구스투
스 손에 있던 빵을 낚아채 갔다.
독수리는 하늘 높이까지 올라갔
다가 놀랍게도 다시 돌아와 빵을
되돌려주었다고 한다.

아피아 가도 ___ 출처 : 위키피디아

○ 이런 이야기도 전해져 내려온다.
아우구스투스가 성인식을 치르
면서 튜닉 위에 토가를 입고 있
었다.(註. 로마인들은 어렸을 적에
는 주로 튜닉만 입고 다니다가 성인이 되면 토가를 걸쳤다.) 그때 튜닉이
찢어져 발아래로 떨어지고 아우구스투스는 알몸으로 토가만 걸치고
있는 꼴이 되었다. 사람들은 이것을 불길한 징조로 생각했으나, 아
우구스투스는 이렇게 말했다고 한다. "나는 모든 원로원 의원들과 시
민들을 발아래에 두게 될 거야." 아마도 이것은 아우구스투스의 명석
함을 선전하기 위해 지어낸 이야기일 것이다.

| 마음에 새기는 말 |

　　역사 서술에서 다른 사람의 악행을 언급한 것을 보고 자신을 풍자하고
있다고 생각할 수 있고, 영광과 미덕을 기록한 것조차도 그것과 비교되
는 자신의 성격을 비난하고 있다고 여겨질 수 있다.

　– 이러한 이유로 타키투스(註. AD 1세기~2세기 역사가, 정치가)

는 역사서 서술의 어려움을 피력했다. 또한 BC 1세기 역사가 살루스티우스는 역사를 서술하면서 비난한다면 사람들은 악의가 있거나 질투심에서 그렇게 쓴 것이라고 여기게 될 것이며, 반대로 칭송한다면 그의 미덕을 아주 쉽게 이룰 수 있는 것이거나 꾸며 낸 이야기로 여기게 될 것이므로 역사를 쓰는 것이란 가장 어려운 일이라고 설파했다. 그리고 투키디데스는 역사 서술에서 정확한 사실 기록이 힘든 것은 증인이 어느 한쪽을 편들거나, 증인들이 정확히 기억하지 못해 같은 일을 두고 서로 다른 말을 할 수 있기 때문이라고 했다.

☀ '아우구스투스(Augustus)'의 유래

≪옥타비아누스에게 굴종하고 아첨하는 원로원은 그에게 최고의 찬사와 그에 걸맞는 호칭을 안겨 주었다. 그리고 그 대단한 호칭은 후세에도 황제를 의미하는 낱말로 굳어졌다.≫

○ 아우구스투스는 태어날 때의 이름이 '가이우스 옥타비우스'였다. 그러다가 카이사르가 죽고 자신이 제1상속자로 지명되었음을 알게 되자 로마로 돌아가 안토니우스와 경쟁하면서 이름을 '가이우스 율리우스 카이사르 옥타비아누스'로 고쳤다. 그러다가 로마 유일의 최고 권력자가 된 후 원로원에서 '존엄자'란 의미를 지닌 '아우구스투스'란 거창한 호칭을 붙여 주었고 민회의 결정으로 확정되었다. 이 호칭은 BC 27년 당시 집정관 루키우스 무나티우스 플란쿠스가 제안했

으며, 성소나 복점관에 의해 신에게 봉헌된 곳을 지칭한 '아우구스타(augusta)'에서 유래했고, 아우구스타는 '증대, 팽창, 성장' 등을 의미하는 '아욱투스(auctus)'에서 파생된 단어이다. 따라서 아우구스투스란 다른 사람보다 존중되어 높이 추앙되고 있다는 의미와 국토를 넓힌다는 의미가 함께 녹아든 말이었다.(註. 플란쿠스는 안토니우스 편에 섰다가 악티움 해전 직전에 옥타비아누스에게로 전향하여 안토니우스의 유언장에 관해 폭로함으로써 로마의 민심이 안토니우스로부터 멀어지게 한 자였다.) 또한 신들에게 아우구스투스라고 할 때는 형용사로 '존엄한, 신성한'의 의미를 지녔으므로 이 말은 다양한 뜻이 연상되고 신성한 의미가 풍겼다.

○ 일부 원로원 의원들이 로마의 두 번째 건국자란 의미에서 '로물루스'로 부르자고 했다. 게다가 옥타비아누스 자신도 로물루스라는 이름으로 불리기를 원했다. 하지만 로물루스는 동생을 죽인 피 묻은 손으로 권력을 잡은 왕이었고 게다가 왕을 싫어하는 로마 시민들의 기질에 맞지 않았으며, 분노한 원로원 의원들에게 살해당했다는 이야기도 있었다. 결국 BC 27년 옥타비아누스의 호칭은 전에 없던 새로운 이름인 '아우구스투스'란 듣기에도 그럴듯하며 거창하고 묵직한 칭호로 결정되었다. 이후 원로원은 8월을 의미하는 섹스틸리우스 대신에 아우구스투스를 사용하도록 결의하여 항구적인 자리를 차지하게 했으며, 이 중량감 있는 호칭은 베스파시아누스 황제 때부터 로마 황제의 공식 칭호가 되었다.

※ 그릇된 동물 애호

≪애정을 베푸는 데도 가치에 따라 순서를 두어야 하는 법이다. 인간이 지니고 있는 애정을 마음에 담을 필요가 적은 미천한 것에 낭비해 버리고, 유익하고 가치가 있는 것을 경시한다면 비난받아 마땅하다.≫

○ 말 못하는 동물을 학대하거나 괴롭혀서는 안 된다. 그러나 동물을 사랑하는 마음이 사람을 사랑하는 마음을 앞서서는 더욱 안 되는 법이다. 로마에 사는 몇몇 부유한 외국인이 강아지나 어린 원숭이를 애지중지하면서 품 안에 넣고 다니며 쓰다듬는 것을 본 로마 황제가 이렇게 말했다. "동물을 아기처럼 다루다니! 아니, 그 나라 여인들은 아이를 갖지 못한답니까?" 사람에게 있는 사랑과 애정이라는 소질을 동물에게 낭비하는 사람들에게 꾸짖는 로마 황제의 위엄 있는 쓴소리 한마디였다.

○ 개를 기르기 좋아하는 사람들이 흔히 하는 말이 있다. "우리 개는 정말 영리해요. 그리고 얼마나 순한지 몰라요." 하지만 주인이 아닌 다른 사람의 눈에는 그렇지 않은 경우가 많다. 로마에 개를 무척 좋아하는 어느 애견가가 사나운 개를 한 마리 기르고 있었다. 다만 그에게는 그 개가 아주 영리할 뿐만 아니라 순한 개였다. 하루는 그 개가 애견가의 관리가 소홀한 틈을 타 목줄이 풀린 채로 동네를 어슬렁거렸다. 그러다가 우연히 마주친 어린아이를 처참하게 물어 죽였고, 곧바로 나타난 어른들에 의해 개는 죽임을 당했다. 하지만 이 사실을 알고 급히 뛰어온 개 주인은 개의 생명을 끊으려고 하는 마을 사

람들에게 외쳤다. "그 개를 죽이려거든 차라리 나를 죽이시오!" 그러자 사람의 자식인 어린아이를 자신의 개만도 못하게 생각한 개 주인에게 마을 사람들은 격분하고 말았다. 로마 황제가 꼬집은 것은 바로 동물에 대한 이러한 빗나간 애정을 말한 것이었다.

※ 아우구스투스의 애민 정신(愛民精神)

≪권력을 잡을 때까지는 어찌했든 간에 참혹한 내전의 풍랑이 그치자, 아우구스투스는 로마 시민의 제일인자로서 짓밟힌 인권을 바로 세우고 로마의 위대함을 항구적 기반 위에 올려놓기 위해 온 힘을 다했다. 그는 황제의 목숨을 노리는 것뿐 아니라 비방하거나 모욕하는 것조차 반역죄로 처단하는 법을 부활시켰지만, 이 잔인하고 부당한 법까지도 제국의 항구적인 안정을 위해서라고 변명할 수 있었다.≫

○ 아우구스투스는 로마의 유일한 최고 권력자가 된 뒤에도 거의 변함없이 간단하고 검소한 일상생활을 보냈다. 그는 40년 이상 일 년 내내 같은 침대를 사용했으며, 매우 평범한 이불을 덮고 낮은 침대에서 잤다. 식사는 성품도 그러했지만 건강을 유지하기 위해서 검소하고 가벼웠다. 아우구스투스는 도미누스(註. dominus는 '주인님'으로 해석된다. 호격은 '도미네domine')라고 불리는 것을 무척이나 싫어했다. 도미누스는 주인님이란 뜻으로 노예가 주인에게 또는 전제 국가에서 신하가 왕에게 부르는 호칭이었다. 아우구스투스는 로마 시민들이

자신을 주인님이라고 불러서는 안 된다는 생각이었다. 제일인자란 뜻의 프린켑스(princeps)라고 불리기를 원했듯이 그는 로마 시민의 제일인자이고 싶었던 것이다. 어떤 희극 배우가 연극 도중에 '도미누스'란 말로써 아우구스투스에게 아첨을 하자, 관객들이 모두 일어나 박수를 쳤다. 그러나 아우구스투스는 이러한 행동을 중지시켰을 뿐만 아니라, 다음 날 그 배우를 엄히 나무라는 성명을 냈다. 가족에게도 자신과 이야기할 때는 농담이라도 아첨 섞인 말을 하지 말라고 지시했다.(註. 3세기 말 디오클레티아누스에 의해 전제 군주 정치가 시작되면서 간소함이 특징이었고 미덕이었던 로마 궁정은 위엄에 찬 겉치레로 전락했다. 또한 계층과 직위에 따른 위계질서가 강화되었으며, 심지어 위계질서의 권위를 무시할 경우 질서를 파괴하는 모독죄로 여겨졌다. 오만과 아첨이 난무하면서 라틴어의 순수하고 간결한 어투는 오염되어 황제조차도 신하에게 '탁월하신', '성실하신', '위대하신' 등의 호칭을 사용했다. 한 예로 디오클레티아누스는 '도미누스' 또는 '도미누스 에트 데우스dominus et deus' 즉 '주인님' 또는 '주인이시며 신이시여'란 말로 호칭되었다. '도미누스'란 말을 쓰지 말라고 했던 아우구스투스가 이를 알았다면 분개하고 기막혀 했으리라. 하지만 요즘의 세태는 마침내 아우구스투스의 선례를 버리고 말았다. 공문서에는 직함에 대한 존칭어를 쓰지 않는 것이 보편적인 방식이다. 그러나 오세훈이 서울 시정을 지휘할 때 아부하고 싶어 안달이 난 자들이 앞장서서 그랬는지 아니면 오세훈의 지시에 의해서 그랬는지는 알 수 없으나 그동안 한 번도 보지 못한 '시장님'이란 커다란 존칭어가 공문서에 붙었다. 대중 언론에서도 이에 대한 비난의 글이 올라왔다. 왜냐하면 '님'은 아우구스투스 시대의 '도미누스'와 같은 부류의 접미사였기 때문이다. 그러나 아우구스투스와는 달리 오세훈은 이 접미사가

꽤나 무거웠을 텐데도 견딜 만한지 공문서에서 없애지 않고 지휘봉을 놓는 그날까지 붙이고 다녔다.)

○ 아우구스투스는 어떤 도시를 대낮에 들어가거나 나오는 일을 피했다. 당국이 공식적인 환영 또는 환송 행사를 벌이지 않도록 하기 위해서였다. 공식적인 행사를 즐겨하면 불필요한 비용이 많이 들고, 당국의 행정력을 쓸데없이 소모시킬 수 있었기 때문이다.

○ 원로원이 회기 중이어서 의원들이 아우구스투스에게 통상적인 방문을 하지 못할 때는 원로원에 직접 가서 각각의 원로원 의원의 이름을 부르며 먼저 인사를 하곤 했다. 그리고 업무가 끝나면 의원들에게 일어나라고 요구하지 않고 보통의 원로원 의원들과 똑같은 방식으로 작별 인사를 하며 자리를 떠났다.(註. 오늘날 지도층 인사들 중에는 아우구스투스의 예를 따르는 자를 찾기가 매우 힘들다. 그들은 조금이라도 자신을 알리기 위해 필요 없는 행사를 과다하게 치르게 하여 시민의 세금을 축내고, 의전에서 조금이라도 소홀하면 관련자들을 엄히 힐책하곤 한다. 조그마한 일에도 홍보와 선전을 부추겨 침소봉대하고 시민들에게 과대 포장된 업적을 내놓고 있다. 심지어는 예전부터 해 오던 일을 새롭게 하는 것처럼 꾸몄고, 어떤 자들은 직책상 당연히 해야 하는 일을 자신이 특별히 구상하고 계획하여 수많은 노력을 기울인 끝에 이루어 낸 성과라고 조작하기도 한다. 실무자들을 실적보다는 승진과 영전이라는 당근으로 홍보 경쟁에 몰아넣은 결과다. 당연히 실무를 담당하는 자보다 홍보 관련 조직과 담당자가 늘어 갔고, 그것도 모자라 홍보를 하려면 순서를 지키라고 아우성쳤다. 그러나 정작 홍보와 선전을 지켜보며 행복하고 만족해야 할 시민들은 현재의 삶이 과거의 삶보다 달라진 것이 별로 없다는 것을 알고서 실망하고 좌절할 뿐이었다. 그러면 정책 입안자들은 시민들에게 내일은 달

라질 것이라며 불확실한 미래에 헛된 희망을 불어넣었다.)

○ BC 18년 원로원 개혁을 위해 의원 수를 줄이고자 했을 때였다.(註. BC 29년에 190명을 감축하고 BC 18년에 또다시 210명 이상을 감축하여 1,000명을 상회하던 의원수를 600명으로 줄였다. 하지만 아우구스투스는 그것도 많다며 300명이면 적정하다고 말했다.) 아우구스투스는 원로원 의원 수를 줄이겠다는 내용을 발표할 때 신변의 위협을 느껴 토가 속에 갑옷을 입었고, 품속에 무기를 숨긴 지지자들과 호위병들이 자신을 둘러싸게 해야 할 만큼 분위기가 험악했다. 예를 들면 리키니우스 레굴루스는 자기 아들도 의원이 되고 자신보다 못한 사람도 의원이 되었거늘 수많은 전투에서 국가를 위해 무공을 세운 자신이 원로원 의원이 되지 못했다며 원로원 의사당에서 옷을 벗어 전투로 생긴 상처를 보여 주며 격분하기도 했다. 상황이 이렇듯 험악해지자 아우구스투스는 원로원 의원이 면담을 요청하면 철저히 몸수색을 한 다음 반드시 한 명씩 다가오게 지시했다. 그는 의원 수를 감축하는 방법으로 먼저 재임용이 결정된 원로원 의원들에게 의원직을 재임용할 선량한 자를 추천하라고 요구했다. 그렇게 반복하여 추천받지 못한 의원들을 최종적으로 골라냈다.

○ 그때 안티스티우스 라베오라는 의원이 이미 유배형을 받아 이번에 사실상 감축 대상인 대제사장 레피두스(Marcus Aemilius Lepidus)를 추천하는 방법으로 아우구스투스에게 항의했다.(註. 제2차 삼두 정치의 일원이었던 레피두스는 옥타비아누스와 시킬리아 통치권을 놓고 경쟁하다 패배하여, 사람들을 돼지로 둔갑시키는 마녀 키르케가 살았다는 전설이 전해지는 해안 도시 키르케이로 유배되었다. 그럼에도 레피두스는 죽는 날까지 대제사장직을 유지했다.) 아우구스투스는 라베오에게 이를

지적했다. 그러자 그는 "레피두스가 유배형에 처해졌음에도 대제사장직을 지니고 있도록 당신이 용인했으므로 그러한 자를 재임용 추천하는 것은 당연하지 않겠소?" 하고 답했다. 이렇듯 자신과 의견을 달리하는 경우나 거만한 행동을 하는 경우에도 아우구스투스는 아무런 처벌을 가하지 않았다. 다만 비타협적인 자유정신을 가진 라베오는 집정관에 오르지 못하고 법무관에서 멈추었다. 아우구스투스가 고분고분한 아테이우스 카피토에게 집정관 자리를 맡겼기 때문이다. 역사가 타키투스는 일 년의 반은 제자를 가르치고 나머지 반은 집필 활동을 할 만큼 탁월한 법학자였던 라베오가 훗날 더 높은 명성을 떨쳤지만 아우구스투스는 라베오보다는 카피토의 유순함을 더욱 좋아했다는 기록을 남겼다.

○ 또한 아우구스투스는 최하층 계급인 노예들의 처우를 개선하려고 시도하기도 했다. 그의 이런 의지는 하나의 일화를 남겼다. 푸블리우스 베디우스 폴리오는 부유한 해방 노예의 아들이며, 악티움 해전 뒤에 아시아 속주의 과세 체계를 확립하는 데 도움을 준 아우구스투스의 측근이었다. 그의 대저택은 작은 도시를 합친 것보다도 더 넓을

▌ 키르케이 ___ 출처 : 텍사스 대학 도서관. 이하 같다.

만큼 광대했다. 아우구스투스가 어느 날 베디우스의 저택에 초대받아 저녁 식사를 하게 되었다. 그때 시중을 들던 어린 노예가 실수로 값비싼 크리스틸 잔을 깨뜨렸다.(註. 보통의 싼 잔은 1아스 정도였지만 값비싼 크리스틸 잔은 싼 잔의 2만 4천 배에 달하는 1,500데나리우스나 되었다. 로마에서 유리가 제작된 것은 BC 3세기 그리스에서 기술이 유입된 이후부터였다.) 화가 난 베디우스는 그 노예를 붙잡아 칠성장어의 밥으로 양어장에 던져 버리라고 소리쳤다. 그러자 자기 주인의 잔혹성을 알고 있던 그 노예는 공포에 벌벌 떨면서 옆에 있던 아우구스투스에게 무릎을 꿇고서 도와 달라고 울면서 간청했다. 어쩌면 베디우스가 어린 노예를 칠성장어의 밥으로 던지라고 한 것은 사람이 죽는 장면을 경기장에서 오락거리로 제공할 만큼 잔혹했던 로마인들의 심성에 호소하여 초대된 손님들에게 그야말로 사람이 먹히는 굉장한 볼거리를 구경시켜 주겠다는 잔인성의 발로였는지 모른다. 손님들 모두가 앞으로 벌어질 끔찍한 광경을 지켜보려고 마음의 준비를 하고 있었다.

○ 하지만 이를 지켜보던 아우구스투스는 감정이 격하게 치솟아 베디우스에게 저택에 있는 모든 크리스틸 잔을 가져오라고 요구했다. 황제의 명을 받들어 베디우스가 크리스틸 잔을 모두 모았을 때, 그는 그것들을 모조리 바닥에 내던져 깨뜨려 버렸다. 베디우스는 순간 당황하고 얼굴이 화끈거렸으나 한마디의 항의도 입 밖에 내지 못했다. 왜냐하면 황제의 그러한 행동이 무엇을 의미하는지 너무나 분명했기 때문이다. 베디우스는 어린 노예와 똑같은 죄를 저지른 아우구스투스를 처벌할 수 없었고, 노예도 죄를 용서받았다. 이것은 아우구스투스가 가장 칭송받을 만한 행동 중에 하나였다. 베디우스는 죽음이

가까이 왔을 때 에스퀼리누스 언덕에 있는 자신의 저택을 아우구스투스에게 유증했다. 하지만 아우구스투스는 유증받은 저택의 호화스러움에 유감을 표시하며 건물을 철거하고 그곳에 공공 시설물로 회랑을 건립했다.

☀ 프리무스(Primus)의 증거(BC 23년)와 마이케나스(Maecenas)

≪직위와 직책은 보좌 역할을 하는 자가 반드시 지녀야 할 요소가 아니다. 오히려 직책이 정해지면 여러 종류의 일을 처리하는 데 불편할 수 있기 때문이다. 요즘의 무임소 장관이나 정무 장관은 그런 까닭으로 생긴 자리일 것이다.

아우구스투스는 공직자의 양심과 충직을 미끼로 부정한 짓을 저질렀다. 더군다나 그것을 무마시키기 위해 많은 사람들은 또다시 부당함과 불공정을 감수해야만 했다.≫

○ 아우구스투스가 학교에 다닐 적에 야심을 가진 많은 친구들이 항상 그의 곁을 따라다녔다. 이는 아우구스투스의 능력이나 품성 때문이 아니었고, 그가 로마에서 큰 영향력이 있는 율리우스 카이사르의 친척이라는 것을 알고 있었기 때문이다. 그중에서 특히 가까운 친구로서는 아그리파(註. 원래 '아그리파agrippa'란 태아가 산모의 배 속에 거꾸로 있어 머리부터 나오지 않고 발부터 나온 아이를 지칭했다. 아그리파는 포로가 된 자신의 형을 아우구스투스에게 청탁하여 사면시킬 수 있었다.

그 이후 아그리파는 더욱더 충실한 아우구스투스의 친구가 되었다.) 외에 마이케나스(Gaius Cilnius Maecenas)가 있었다. 마이케나스(BC 67년~AD 8년)는 에트루리아 왕족 혈통이었다. 마이케나스를 에트루리아식이 아닌 로마식으로 부르자면 마이키우스(Maecius)가 된다. 그의 어머니 핏줄은 에트루리아의 아레티움(註. 현재 지명은 '아레초'. 에트루리아는 한 명의 왕에 의한 강력한 중앙 집권의 체제를 이루지 못하고, 여러 개의 도시가 느슨하게 연맹을 이루고 있는 형태였다.)을 통치했던 킬루스家에 속했다. 그러나 BC 1세기 무렵의 마이케나스는 로마의 기사 계급 정도로 추락해 있었다. 그런 그가 아우구스투스의 충직한 친구이자 보좌관이 되었다.

○ 마이케나스는 검소하고 충성스러우며 직선적인 아그리파와는 달리 나태와 사치 면에서는 거의 여자를 능가했고 미식가였으며 쾌락주의자였다. 그는 아름다우나 변덕이 심하고 자존심이 센 테렌티아와 결혼했지만 둘은 자주 싸웠고, 싸운 후에는 남편

▌ 마이케나스

이 아내에게 변치 않는 애정을 가지고 화해를 청하곤 했다. 아우구스투스와 테렌티아는 연인 관계였으며 아마 함께 잠자리를 했으리라고 추측된다. 전해지는 말에 따르면 테렌티아는 남편에게 싫증을 느껴 아우구스투스의 정부가 되었다고 한다. 마이케나스도 아내만 바라보지 않고 많은 염문을 뿌리고 다녔으며, 배우 바틸루스와 사귀었던 동성애자이기도 했다.

○ 위기의 순간이 닥쳐오면 마이케나스는 지칠 줄 모르는 정력으로 아우구스투스의 뛰어난 정치적 조력자로 변모했다. 그는 아우구스투스의 외교 등을 담당했으나 공직에 나선 적이 없고 배후에서 비공식적으로 활동하기를 좋아했다. 권력자의 뜻을 받들어 자유자재로 거침 없이 움직이려면, 고유 업무가 주어져 있는 공직을 가지는 것이 오히려 불편했으리라. 그는 아우구스투스의 치적 중에서 문예 부흥 운동에 특별한 정열을 쏟았다. 베르길리우스나 호라티우스와 같은 뛰어난 시인들의 후원자가 되어 아우구스투스 정부의 홍보 대사가 되도록 구워삶기도 했다.(註. 베르길리우스 작품은 애국심을 고취시키는 좋은 도구가 되었고 이에 따라 종교적 존경심까지 더해져 신의 뜻을 알고자 할 때는 그의 작품이 이용되기도 했다. 훗날 하드리아누스나 알렉산데르 황제의 경우는 베르길리우스의 저서를 무작위로 열어 그 면에 적힌 내용을 신의 뜻으로 받아들여 미래를 예측했다고 전한다.) 마이케나스가 끌어모은 문예 집단은 아우구스투스의 행적을 치장하여 조국을 구하고 평화를 가져다준 영웅으로 부각시켰고 신체제에 대한 홍보를 정교하고도 조직화하여 여론을 주도하는 데 큰 공을 세웠다. 후세에 이르러 그의 이러한 활동 때문에 마이케나스를 프랑스식으로 발음하여 따온 '메세나 운동'이 예술이나 문화 · 스포츠 · 과학 분야 등 다양한 분야를 지원하는 특별한 활동을 의미하게 되었다. 이 용어는 1967년 미국 기업예술후원회가 발족하면서 처음으로 사용했다.

○ BC 40년(註. 브룬디시움 협약이 체결되던 해) 마이케나스는 안토니우스와 아우구스투스의 동맹을 위해 아우구스투스의 누나 옥타비아를 안토니우스와 결혼시켰다. 그리고 다음 해 그는 섹스투스 폼페이우스와 아우구스투스(註. 당시에는 옥타비아누스로 불렸다.)의 화해를 위

해 아우구스투스를 섹스투스 폼페이우스 처고모인 스크리보니아와 결혼을 시켰으며, 이러했던 그의 권한은 대단한 신임을 얻고 있어 작성된 공문서를 아우구스투스의 인장을 사용하여 마음대로 고칠 수 있을 정도였다.(註. 브룬디시움 협약 이후 같은 해 안토니우스와 옥타비아가 결혼했으며, 미세눔 협약이 체결된 이후 같은 해 옥타비아누스와 스크리보니아가 결혼했다.)

○ 그 이후 BC 25년에서 24년까지 마케도니아 총독을 지낸 마르쿠스 프리무스가 원로원의 승인 없이 트라키아의 오드리사이족과 전쟁을 벌이다가 BC 23년 법정에 소환되었다. 오드리사이족은 삼두의 한 명인 크라수스의 손자 리키니우스 크라수스가 바스타르나이족을 정벌한 후 빼앗은 영토를 나누어 주고 로마의 보호 부족으로 지정할 만큼 친로마의 성향을 보인 부족이기도 했거니와, 총독이 승인 없이 자신의 통치 구역을 넘어서 군대를 이끌고 간다는 것은 중대한 범죄에 해당되었기에 그는 고발되어 법정에 끌려왔던 것이다.

○ 그는 법정에서 트라키아와의 전쟁은 자신이 독단으로 일으킨 것이 아니라 어느 때에는 아우구스투스의 승인을 받고, 어느 때에는 황제 후계자로 알려진 마르켈루스의 승인을 받았다고 증언했다. 마케도니아가 원로원 속주였기에 이 주장을 듣게 된 아우구스투스는 적잖이 당황했다. 그것은 이런 이유에서였다. 아우구스투스는 원로원 의원들을 회유하기 위해 대체적으로 안정된 지역을 원로원 속주로 하고, 군사적 위험이 있거나 속주로 편입된 지 얼마 되지 않은 곳은 황제 속주로 나누었다.(註. 원로원 속주는 아프리카, 아시아, 아카이아, 일리리쿰, 마케도니아, 시킬리아, 크레타, 키레나이카, 비티니아, 사르디니아, 바이티카 등이며, 황제 속주는 타라코넨시스, 루시타니아, 나르보넨시스,

루그두넨시스, 아퀴타니아, 벨기카, 게르마니아 수페리오르, 게르마니아 인페리오르, 시리아, 킬리키아, 키프로스, 이집트 등이었다. 원로원 속주에는 군단이 배치되지 않았지만 예외로 일리리쿰, 마케도니아, 아프리카는 군단이 주둔했다.) 이렇게 구분된 원로원 속주는 원로원에서 총독(註. 전직 집정관이란 의미로 '프로콘술proconsul'이라고 부른다.)을 임명하여 원로원의 통제와 명령을 받았고, 황제 속주는 황제의 대리인(註. '프라이펙투스praefectus'라고 부른다.)이 통치하면서 황제의 명령에 복종했다.(註. 원로원 속주는 콰이스토르quaestor라는 재무관이 트리부툼이라는 세금을 거둬들였으며, 황제 속주는 프로쿠라토르procurator라는 징세관이 스티펜디움이라는 세금을 거둬들였다.) 프리무스가 전쟁을 일으켰을 때 아우구스투스가 비록 집정관이긴 해도 집정관의 권한은 이탈리아와 로마시에서만 군사와 사법 등 통치권이 미쳤고, 원로원 속주에는 행정적인 지시 정도만 가능했다. 따라서 원로원 속주에 대해 아우구스투스가 전쟁 명령을 내렸다면 원로원 권한에 대한 심각한 침해였다.(註. 하지만 BC 23년 원로원 속주에도 영향력을 미칠 수 있는 상급 통치권이 아우구스투스에게 부여되었고, 훗날 BC 19년 종신 집정관 권한까지 부여됨으로써 모든 속주와 이탈리아에 아우구스투스의 통치권이 항상 인정되었다. 이로써 BC 4년 칼비시우스와 파시에누스가 집정관이던 때 원로원 의결로 통과된 법안이 아우구스투스에 의해 원로원 속주에 고시될 수 있었으며, 이는 아우구스투스가 황제 속주뿐 아니라 원로원 속주까지도 총독의 폭정과 전횡을 제재하며 자신의 통치권을 주장했다는 증거였다. 다만 학자에 따라서는 2세기 초반까지 황제의 훈령이 원로원 속주의 총독에게 미치지 못했다고 주장하기도 한다.) 프리무스가 고발된 이 소송을 이용하여 아우구스투스를 축출하고자 그의 반대파들은 똘똘 뭉쳐 합세하고 있었다. 이렇게 되자 아우구스투스는 직접 법정에 나와 자신이 원로원령 속주에게 그런 명령을 내릴 권한도 없을 뿐 아니라 실제로도 명령을 내린 적이 없다고 해명했다.

○ 마이케나스 아내인 테렌티아의 양오빠이자 당시 집정관이었던 아울루스 테렌티우스 바로 무레나는 프리무스의 변호인 중 한 명이었다. 그는 BC 23년 아우구스투스와 함께 집정관직에 있었으며, 원래부터 공화주의자였고 선조들도 폼페이우스 파에 속했다. 그가 집정관이 될 수 있었던 것은 매부 마이케나스와 이복형 프로쿨레이우스의 입김 때문이기도 했지만, BC 25년 이탈리아 북서에 거주한 살라시족과의 전투에서 승리했기 때문이다.(註. 학자에 따라서는 무레나가 원래는 아우구스투스의 지지자였지만 프리무스 재판으로 아우구스투스의 눈 밖에 났다고도 한다.) 호라티우스의 충고에 따르면 그는 성급한 성품에 나서기를 좋아했고 누구에게나 과격한 언변으로 분노를 샀던 독설가였다. 아우구스투스가 법정에 나와 변론하자, 무레나는 무례한 어투와 태도로 그에게 따졌다. "지금 여기서 무얼 하고 있는 거요? 당신은 도대체 무엇 때문에 이곳에 온 겁니까? 누가 당신을 소환했소?" 아우구스투스는 냉정하게 말했다. "내가 여기 온 것은 공익을 위해서며, 나를 소환한 자는 시민이오." 이러한 상황에서 프리무스가 유죄 선고를 받는 것은 너무나 당연했다. 그는 재산을 몰수당하고 추방형에 처해졌다.

○ 그러나 당시 많은 사람들은 프리무스가 아무런 명령을 받지 않았는데도 명령을 받았다고 주장하지는 않았을 것이란 생각을 했다. 어찌 실제로 없었던 내용을 고의로 만들어 위험하게도 최고 권력자를 모함하려 들겠는가? 또한 공직자가 서면의 명령을 받은 것이 아니라면

어찌 증거가 있겠는가? 많은 사람들은 실제로 아우구스투스가 프리무스에게 트라키아와의 전쟁을 명령하고서는 상황이 곤란해지자 발뺌한 것이라고 믿었다. 이에 대해 로마의 양심 있는 자들은 입을 다물고 있었으며, 이로써 아우구스투스가 BC 27년 원로원에서 공화국을 재건하겠다는 천명이 사실은 허위이며 아무런 효과도 없다는 증거로 작용했다.

○ 이 사건은 섹스투스 폼페이우스를 열성적으로 따랐던 판니우스 카이피오라는 공화주의 청년이 아우구스투스의 목숨을 노리는 반란으로 이어졌으며, 그 반란에는 무레나가 관련되었다고 고발되었다. 역사가 카시우스 디오는 집정관 무레나가 연루되어 있는 것은 모함이라고 주장했다. 아우구스투스가 지난번에 무레나의 폭언에 앙심을 품고 억지로 반란의 참가자로 끼워 넣었다고 생각했기 때문이다. 마이케나스는 아내 테렌티아에게 이 사실을 알려 무레나가 재빨리 피신할 수 있도록 기회를 주었다. 이 일로 마이케나스는 암살 계획자를 피신할 수 있도록 도와주었다는 이유로 처벌당하지는 않았으나, 아우구스투스와의 사이가 벌어지고 말았으며 아그리파와의 주도권 싸움에서도 밀려났다. 그러나 무레나는 도피에 성공하지 못하고 관직을 박탈당한 채 결국 처형되었다. 그의 이복형 프로쿨레이우스가 아우구스투스의 친구였고 매부 마이케나스가 아우구스투스의 측근이었지만 목숨을 지켜주지 못했던 것이다. 하지만 로마 최고 지위에 있는 집정관이 재임 기간 중에 사형 선고를 받는 것은 명백한 로마법 위반이었다.

○ 반역을 주도한 카이피오는 네아폴리스까지 도망쳤지만 결국에 붙잡혀 처형당했다. 그뿐만 아니라 아우구스투스는 반역에 가담한 자들을 모두 색출하여 마치 전쟁을 치르는 듯 토벌했고, 반역자들을 소탕

했을 때는 전쟁에서 승리한 것처럼 신에게 감사제를 지냈다. 카이피오가 붙잡히기 전 도주하기 위해 함께 데려간 두 명의 노예 중 한 명은 주인을 도왔지만 다른 한 명은 배반했다. 카이피오의 아버지는 이를 알고 자신의 아들이 붙잡힌 후 아들의 도주를 도왔던 노예는 칭송하면서 해방시켰으나, 배반한 노예는 광장으로 끌고 나가 많은 사람들이 모인 앞에서 그의 불충을 꾸짖고 그 자리에서 처형했다. 이런 행동은 아우구스투스에 대한 카이피오 아버지의 대담하고 공공연한 반발이었다.

○ 이로써 아우구스투스의 4덕목(용기, 자비, 정의, 충의)을 금 방패에 새겨 원로원 의사당에 걸어 두게 한 원로원 결의는 웃음거리에 지나지 않으며 진실과는 동떨어진 무가치한 아부였음이 입증되었고, 로마는 공화정의 허울을 쓴 제정임을 다시 한 번 만천하에 드러냈다. 더 나아가 집정관 당선자 테디우스 아페르의 경우에는 아우구스투스에게 모욕적인 몇 마디를 했는데, 아우구스투스가 이를 알고 분노했다는 소식을 듣고서 불안한 마음을 견디지 못하여 절벽에서 뛰어내려 자살하고 말았다. 이는 이제 로마가 공화국이 아니라 완전한 절대군주국임을 인정하는 증거이기도 했다.

※ 마르켈루스(Marcellus)의 요절(BC 23년)

≪아그리파의 딸 빕사니아는 리비아의 아들 티베리우스와 결혼하여 아그리파와 리비아는 사돈 간이 되었고, 아그리파는 후계자로 지목

된 마르켈루스를 못마땅하게 여겼다. 그렇다면 건강이 좋지 않았던 아우구스투스가 일찍 죽고 마르켈루스가 제위를 물려받았다면 로마의 황권은 매우 위험할 수 있다는 결론이다. 아우구스투스가 장수했기에 망정이지 만약 일찍 죽었더라면, 공화정에 호의적인 아그리파와 리비아는 아우구스투스가 구상하고 짜 놓은 제정의 구도를 흔적도 없이 지워 버렸으리라.(註. 3세기의 로마 역사가 카시우스 디오는 아그리파가 공화정을 옹호한다고 생각했다.) 사람이라면 누구나 핏줄에 연연하게 되고 자신이 가진 최고의 것을 물려주려고 한다. 그러나 그것이 제위라면 좀 더 신중한 판단이 필요한 법이다.≫

○ BC 29년 아우구스투스는 클레오파트라 7세가 다스리는 이집트를 정복하고서 이때까지 있어 온 여러 전쟁의 승리를 기념하기 위해 개선식을 거행했다. 이제까지 개선장군은 개선식에서 원로원 의원 뒤를 따랐다. 그러나 이때의 옥타비아누스는 원로원 의원들을 뒤에 두고 앞장섰다. 이것은 공화정이 지나갔음을 보여 주는 또 하나의 광경이었다. 그는 개선식에서 자신이 탄 전차의 좌우에 나이 어린 십 대 초반의 두 사내아이를 동반하고 있었다. 그들 중 오른쪽은 옥타비아의 14세 난 아들 마르켈루스(Marcus Claudius Marcellus)였고, 왼쪽은 리비아의 아들 티베리우스(Tiberius Claudius Nero)였다. 로마의 관습에 따르면 오른쪽에 있는 자가 왼쪽에 있는 자보다 더 중요한 인물로 간주되었다. 그 둘은 동갑이긴 했으나 마르켈루스가 좀더 일찍 태어난 형이었다. 마르켈루스는 매력적이고 총명했으며 사고방식이나 기질 면에서 매우 밝고 유쾌했다. 그에 반해 티베리우스는 음울한 성격의 소유자였다.(註. 마르켈루스는 옥타비아가 BC

50년 집정관이자 반카이사르 파였던 첫 남편 가이우스 클라우디우스 마르켈루스 사이에서 낳은 아들이었다. 또한 한니발과의 전쟁에서 명성을 떨쳐 '이탈리아의 검'이라고 불렸던 마르켈루스의 후손이기도 했다. 옥타비아는 남편 마르켈루스에게서 마르켈루스 외에 마르켈라라는 딸을 2명 낳았고, 두 번째 결혼한 남편 안토니우스에게서 안토니아라는 2명의 딸을 낳았다.)

○ 아우구스투스는 항상 건강이 좋지 않았다. 그는 77세까지 살았으니 장수했다고 볼 수 있으나 그건 나중 이야기이고, 30대의 젊은 나이에도 건강이 나빠 후계자 선정을 일찍부터 확정 지으려고 노력했다. 조카 마르켈루스에 대한 아우구스투스의 배려와 애정은 후계자 승계를 위해서도 나날이 커져 갔다. 하지만 아우구스투스의 후계 내정자는 성장하면서 점차로 아그리파에게 간섭하기 시작했고, 아그리파와 아우구스투스 사이에 자주 끼어들기도 했다. 마르켈루스의 이러한 행동이 강직하면서도 고지식한 아그리파의 마음을 불편하게 했으리라는 것은 충분히 생각할 수 있다.

○ 아그리파의 본성은 고집이 세고 오만하며 타협할 줄 몰랐다. 그는 BC 37년 집정관을 지냈지만 BC 33년에 집정관보다 더 낮은 조영관을 맡아 거대한 공공사업을 실행에 옮길 만큼 진득함과 고집스러움을 지녔고, 그중 수도교 공사는 조영관 임기가 만료되었지만 중단하지 않고 계속했다. 그리하여 BC 19년 마침내 '비르고 수도(Aqua Virgo)'를 완성시켰다.(註. 아그리파는 모두 3개의 수도를 건립하고 4개의 수도를 보수했다. 그가 건립한 수도 중에 율리아 수도를 BC 33년에 비르고 수도를 BC 19년에 완공했고 알시에티나 수도는 BC 2년 사후에 완공되었다.) 이런 성품을 지닌 그는 아우구스투스를 제외한 어떤 사람

에게도 굴복하지 않았으며, 설령 아우구스투스라고 하더라도 언제나 기꺼이 굴복하지는 않았다. 하지만 아그리파에 대한 아우구스투스의 신임은 매우 두터워 BC 23년 회복이 어려워 보이는 중병으로 쓰러졌을 때 마르켈루스가 있음에도 자신의 인장 반지를 아그리파에게 맡기기도 했다. 죽음을 눈앞에 둔 자가 인장 반지를 건네주는 사람은 가장 중요한 상속인으로 간주되었으므로 그의 행동은 곧 아그리파를 후계자로 내정한 것이었다.(註. 다만 이때 국가 예산과 군대 관련 문서들은 처형된 무레나 대신 보궐 집정관이 된 피소에게 넘겨주었다. 피소는 공화파 귀족이었지만 무레나의 처형에 따른 귀족들의 반감을 무마하기 위해 아우구스투스가 집정관에 앉혔다. 로마인들의 인장 반지는 서신 등에 자신을 나타내는 표시로 찍었다.)(註. BC 23년 아우구스투스가 쓰러졌을 때 그리스인 황실 의사 안토니우스 무사의 치료로 건강을 회복했다.) 어쩌면 핏줄에 연연하는 아우구스투스는 아그리파가 마르켈루스의 후견인이 되어 마르켈루스가 권력을 승계할 수 있게 도와주기를 간절히 바랐는지도 모른다.

○ 하지만 아그리파는 어린 데다 경험이 부족한 마르켈루스가 엄청난 명예를 부여받고 국가 정책에 참견하는 것을 달가워하지 않았다. 이로 인해 그가 아우구스투스와 다투고 사이가 벌어졌다는 소문이 파다하게 퍼졌고, BC 23년 때맞추어 그가 동방으로 떠났다. 그러자 사람들은 아그리파가 분노 때문에 은퇴했다고도 하고, 어떤 사람들은 아우구스투스가 그를 불명예스런 추방형에 처했다고도 주장했다. 하지만 기성세력의 반대를 거슬러 마르켈루스가 나이 어린 집정관이 되고 아우구스투스의 양자가 되어 권력을 계승하는 군주 국가임을 증명한다면, 이제야 겨우 국가의 틀을 새로이 잡아 가고 있던 아우구

스투스에게 큰 부담이 될 터였다. 따라서 지극히 정치적이었던 아우구스투스가 아그리파의 고집을 꺾으려는 위험한 일을 저지르지는 않았으리라.

○ 아우구스투스는 권력 승계의 구체적인 단계로 BC 25년 자신의 딸 율리아를 조카 마르켈루스와 결혼시켰다. 그때 아우구스투스는 로마에 없었고 몸도 아파 아그리파가 결혼식을 주관했다. 이 결혼은 사촌 간의 결혼이므로 근친결혼이었으며, 훗날에는 흔히 있던 일이었지만 당시에는 근친결혼이 흔하지 않은 일이었다.(註. 근친결혼이 흔하지는 않았지만 브루투스는 외사촌 포르키아와 결혼했고 안토니우스도 친사촌 안토니아와 결혼한 적이 있었다. 사촌 간의 결혼은 4세기 후반 그리스도교에 심취한 테오도시우스 황제 때 금지되었다.) 이것은 제위를 피붙이에게 승계하고자 했던 아우구스투스의 의지가 깊이 개입되었기 때문이다. 게다가 마르켈루스는 공식 석상에서 법무관의 대우를 받을 수 있는 영예를 받았고, BC 24년에 재무관 그리고 BC 23년에는 조영관에 임명되는 등 고속으로 승진했다. 조영관은 공공 오락과 공공사업을 담당하는 관리이며, 로마 시민들에게 자신의 이름을 각인시킬 수 있는 자리여서 아우구스투스는 유례를 찾아볼 수 없을 만큼 거액의 지원을 마르켈루스에게 베풀겠다고 약속하기도 했다.

○ 그러나 마르켈루스의 영예와 축복은 신의 질투를 받았는지 오래가지 못했다. BC 23년 아그리파가 동방으로 떠난 후 이탈리아 전역에 전염병이 돌고 수많은 사람이 목숨을 잃었는데 그때 마르켈루스도 병으로 쓰러져 숨지고 말았기 때문이다. 당시 전염병으로 농촌 지역의 피해가 특히 커서 수많은 농민들이 목숨을 잃었고 농사지을 사람이

부족해 광대한 농지가 황폐화되었으며 그 영향으로 BC 22년에 곡물 위기가 발생할 정도였다.(註. BC 22년의 곡물 위기 때 아우구스투스는 곡물공급위원이 되어 자신의 경비로 불과 며칠 만에 이를 해결했음을 업적록에 밝혔다. 하지만 BC 23년에 그는 종신 호민관 권력을 부여받았으므로 민중의 어려움을 해결하는 것은 호민관으로서 당연히 해야 할 일이기도 했다. 곡물 위기 때 기아에 허덕인 것은 호민관의 도움을 받아야 하는 민중이었고, 상류 귀족층은 어떤 경우에도 기아를 경험하지 않았다.) 게다가 BC 22년 초 티베리스강의 범람으로 로마가 물에 잠겨 3일 간이나 배를 타고 시내를 다녀야 할 판이었다.

○ 마르켈루스가 죽었을 때 그의 나이 불과 20세였고, 율리아와 결혼한 지 2년째 되던 해였다. 황실 의사는 지난번 아우구스투스가 병들어 몸져누웠을 때 치료했던 방법과 똑같은 치료법을 사용했지만 마르켈루스에게는 효과가 없었다. 그의 장례식에서 아우구스투스는 추도사를 낭독했고, 시신은 아직 건설 중이던 거대한 아우구스투스 영묘에 묻혔다.(註. 아우구스투스 영묘mausoleum augusti에 제일 처음으로 안치된 자는 마르켈루스였고, 가장 나중에 안치된 자는 네르바 황제였다. 악티움 해전이 터지기 전에 공개된 안토니우스의 유언장에 따르면 그는 자신을 알렉산드리아의 프톨레마이오스 영묘에 묻어 달라고 했다. 이에 로마 시민들은 배신감으로 격분했으며, 아우구스투스는 시민들의 분노를 정치적으로 이용하여 자신은 로마에 묻히겠다는 의미로 영묘를 착공했으리라고 추측된다. 수에토니우스는 BC 28년에 아우구스투스 영묘가 건립되었다고 했지만 규모나 외부 장식으로 보면 몇 년 전에 착공했음이 틀림없고 부대시설 공사는 BC 23년까지도 계속되었다고 추측된다.) 또한 카이사르가 기초를 세우고 훗날 아우구스투스가 완성한

▌아우구스투스 영묘

    카피톨리움 서쪽에 지어진 극장을 마르켈루스 극장이라는 이름을
붙여 그를 기렸다.

○ 아들의 죽음에 옥타비아는 충격에서 헤어나지 못했다. 그녀는 아들
의 초상화조차 가지기를 거부했고 누구든지 면전에서 아들의 이야기
를 꺼내면 용납하지 않았다. 또한 아들을 가진 모든 어머니들을 증오
했으며, 특히 자신의 아들에게 약속되었던 모든 명예와 축복을 그대
로 티베리우스가 물려받게 될 것으로 생각되자 올케 리비아를 누구
보다 더 끔찍하게 싫어하는 시누이가 되었다. 옥타비아는 점점 더 많
은 시간을 어둠과 함께 지냈고, 은둔자가 되어 남은 일생을 슬픔에
싸여 상복을 입은 채 보냈다.

○ 후세의 역사가들은 분명히 마르켈루스가 로마시 전체를 휩쓴 전염병

에 감염되어 숨졌다고 생각한다.(註. 전염병은 말라리아로 추정된다.) 하지만 그가 죽은 지 얼마 뒤에 독약으로 살해되었다는 소문이 파다하게 퍼져 갔다. 리비아가 자신의 아들 티베리우스가 후계자 승계에서 밀리게 되자 은밀히 독살했다는 것이다. 만약 리비아가 티베리우스의 제위 승계를 위해 마르켈루스를 살해했다면 그것은 실패였다. 왜냐하면 BC 21년 아우구스투스는 과부가 된 딸 율리아를 아그리파에게 다시 시집보냈기 때문이다. 만약 그 사이에 아들이 태어난다면 아우구스투스와 전혀 핏줄이 섞이지 않은 티베리우스를 제치고 틀림없이 후계자가 될 터였다.(註. 실제로 아그리파와 율리아 사이에서 3남 2녀가 태어났다.) 게다가 BC 18년 전직 집정관 권한의 연장과 5년간 호민관 권력의 부여 등 거의 아우구스투스에 버금가는 권한이 아그리파에게 주어졌다. 아그리파와 사이가 좋지 않았던 마이케나스는 언젠가 아우구스투스에게 날카로운 조언을 했다. "자네는 아그리파를 너무 강력하게 만들어 놓았네. 이제 그는 자네의 사위가 되거나 죽여야지만 안전이 도모될 걸세."(註. 아그리파와 마이케나스는 서로를 싫어했다. 평민 출신으로 엄격하고 근엄하며 질박한 성격의 아그리파는 미식가에다 사치스런 비단과 보석을 애호했던 마이케나스를 몹시도 혐오했다. 게다가 아그리파는 공화정을 옹호했으며 마이케나스는 군주정을 선호했다.) 하지만 아그리파처럼 고집 세고 우직한 오랜 친구가 반역에 뛰어들지는 않으리라는 것이 아우구스투스의 판단이었겠지만, 마이케나스의 걱정거리를 해소라도 하듯 아그리파는 정말로 아우구스투스의 사위가 된 것이다.

○ 아우구스투스는 마르켈루스를 입양하지는 않았지만 거의 아들처럼 대했다. 그렇다면 리비아가 계모 역할밖에 할 수 없었고, 계모란 따

뜻한 정보다는 냉정한 질투만이 부각되는 존재였으므로 이 때문에 억측이 난무했다. 하지만 그녀가 마르켈루스에게 악행을 저질렀다는 증거는 어디에서도 찾을 수 없다. 리비아가 익명의 소문에 맞서 할 수 있는 일은 아무것도 없었다. 그녀는 공적으로는 아무런 지위도 없었기에 중상과 비방을 침묵으로 견뎌 내야만 했다.

✸ 율리아(Julia)의 비극

≪황가의 핏줄을 잇기 위해 이 남자에서 저 남자 품으로 돌림당했던 율리아는 탄생부터 슬픔이었다. 그녀는 리비아의 장성한 두 아들로부터 자신의 어린 아들들을 지켜 내야 했고, 남편의 애정에 목말라했다. 게다가 율리아는 친아버지로부터 보살핌과 은혜를 받기보다는 황통을 잇기 위한 대리모로 이용당했고, 원치 않는 결혼을 강요당했으며, 종국에는 유배형에 처해져 그곳에서 힘겨웠던 삶을 마감했다. 냉정하게 말한다면 아우구스투스에 율리아는 어려움을 도와주고 기쁨을 나누며 함께 살아가는 가족이기보다는 핏줄을 잇기 위한 도구였다.≫

○ BC 39년 섹스투스 폼페이우스와 아우구스투스 간에 미세눔 협약이 맺어졌다. 그 이후 마이케나스가 끈질기게 노력한 결과 두 사람 간에 화해의 징표로 아우구스투스와 섹스투스 폼페이우스의 처고모인 스크리보니아가 결혼함으로써 미세눔 협약을 굳건하게 했다. 하지만

얼마 못 가 아우구스투스는 협약과 결혼의 맹세를 가차 없이 걷어찼다. 스크리보니아는 결혼하던 그다음 해에 리비아에 홀딱 빠진 남편에게 이혼을 당했던 것이다. 만삭이던 그녀가 황궁에서 쫓겨나던 날 율리아를 낳았으며, 율리아는 아우구스투스의 유일한 혈육이었다. 아우구스투스가 리비아에게서 자식을 얻을 수 있었다면 율리아는 아우구스투스의 관심에서 멀어졌을 테고, 그녀의 인생 또한 많이 달라졌으리라. 리비아가 이미 2명의 아들을 잉태한 경험이 있으므로 아우구스투스는 그녀가 자신의 자식도 낳아 줄 것이라고 기대할 만하기도 했다. 하지만 리비아가 더 이상 자녀를 낳을 수 없다는 것이 확실해지자 상황이 달라졌다. 정략결혼으로 탄생한 율리아는 BC 39년 타렌툼 협약 때 협약을 굳건히 하기 위해 풀비아와 안토니우스 사이에 난 안틸루스와 약혼을 했고 그 이후로도 끝없이 아버지에 의해 정략적으로 이용되었다.

○ 앞서 서술한 대로 아우구스투스는 황실의 대를 잇기 위해 율리아가 14세가 되었을 때 누나 옥타비아의 아들 마르켈루스와 근친결혼을 시켰다. 아우구스투스는 마르켈루스에게 제위를 계승시키려고 마음먹고 있었던 것이다. 이들의 결혼 생활이 평범하게 이어지고 아우구스투스의 뜻대로 마르켈루스가 제위를 이어받았다면 율리아의 운명이 그렇게 박복하지 않았으리라. 하지만 율리아의 행복은 그리 오래가지 않았다. 아우구스투스로부터 지극한 애정을 받았던 마르켈루스가 결혼 2년 만에 숨을 거둔 것이다. 그렇게 되자 아우구스투스는 많은 나이차에도 불구하고 자신의 절친한 친구이자 뛰어난 로마군 사령관인 43세의 아그리파와 19세의 율리아를 맺어 주었다. 아마 그는 그 둘 사이에 아기가 태어나면 자신의 대를 잇게 될 것이고, 몸

이 허약한 자신이 먼저 죽더라도 아그리파의 야심이 아들의 제위까지 넘보지는 않으리란 믿음 때문이었는지 모른다. 아그리파는 율리아와 결혼하기 전 옥타비아의 딸 小 마르켈라를 아내로 두고 있었는데 장모인 옥타비아의 제의로 小 마르켈라와 이혼하고 율리아와 결혼한 것으로 보면, 인정 많은 옥타비아가 동생의 고민을 이해한 것이었다.

○ 율리아는 아그리파 사이에 3명의 아들과 2명의 딸을 낳았다. 하지만 아그리파는 오래 살지 못했다. 판노니아를 평정하고 돌아오던 그는 무슨 이유에서인지 몸이 아파 쓰러지더니만 다시는 일어서지 못했다. 아우구스투스는 아그리파가 쓰러졌다는 소식을 듣고 즉시 로마를 출발하여 그를 만나러 갔지만, 아그리파는 그가 도착하기 전에 숨을 거두었다. 어린 시절부터 친구였고 온갖 어려움을 함께 헤쳐 나온 아그리파의 죽음으로 아우구스투스가 받은 충격은 실로 엄청났다. 더욱이 항상 건강했던 그였기에 충격은 더했다.

○ 과부가 금방 재혼하는 것은 당시 로마의 풍습이었다. 아우구스투스는 율리아의 장래를 생각하면서 리비아가 데려온 두 아들 티베리우스와 드루수스가 떠올랐다. 드루수스의 아내 小 안토니아는 누나 옥타비아와 안토니우스 사이에서 태어난 딸이었다.(註. 小 안토니아의 언니인 大 안토니아는 메살라와 결혼했다.

▌ 모군티아쿰(마인츠)의 드루수스 기념비

그녀의 외손녀가 훗날 클라우디우스 황제와 결혼한 메살리나였다.) 그에 반해 티베리우스의 아내 빕사니아는 아그리파가 첫 결혼한 폼포니아로부터 얻은 딸이었다. 그렇다면 황조의 혈통으로 보아 아무 가치가 없는 빕사니아를 이혼시키고 율리아를 티베리우스와 엮어 주는 것이 이치에 맞았다. 율리아도 티베리우스를 마음에 들어 하는 것 같았다. 그녀는 아그리파가 살아 있을 때도 티베리우스에게 추파를 던졌기 때문이다. 하지만 티베리우스는 8년 동안 함께 살아온 아내 빕사니아를 몹시도 사랑했다. 게다가 빕사니아는 얼마 전 아버지 아그리파를 여읜 충격에다 이제는 임신한 몸으로 계모에게 남편까지 빼앗기게 되었으니 티베리우스가 빕사니아를 더욱 가엾게 여기고 보듬고 싶었으리라.

○ 티베리우스는 사랑했던 빕사니아를 버리고 아우구스투스의 뜻을 따랐지만 티베리우스와 율리아의 결혼 생활은 불행했다. 둘 사이에 태어난 아이가 일찍 죽자 부부 사이는 더욱 벌어졌다. 그러다가 BC 6년 티베리우스는 아그리파와 율리아 사이에서 태어난 가이우스 카이사르와 경쟁이 되는 것이 두려웠는지 아우구스투스와 리비아의 간곡한 만류를 뿌리치고 로도스섬에 은둔해 버렸다. 티베리우스가 은둔하자 30대 후반이 된 율리아는 남편으로부터도 완전히 벗어났다. 이는 아우구스투스가 티베리우스에게 호민관 권력을 부여한 지 채 몇 달이 되지 않을 때였다.

○ 율리아는 독립심이 강하면서도 모순적인 성격을 가졌다. 그녀는 박식했고 다정하며 인간적인 성품을 지녔고 신랄한 언변과 고집스러움도 갖추었다. 이런 일화가 전해지고 있다. 한번은 그녀가 속이 보이는 옷을 입고 아우구스투스 앞에 나타났다가, 그다음 날에는 지극

히 보수적인 옷을 입고 나타났다. 그러자 아우구스투스는 "어제보다는 오늘 이 옷이 아우구스투스의 딸에게는 훨씬 어울리는구나!" 하면서 칭찬했다. 이에 율리아가 말했다. "어제는 남편 눈에 맞게 옷을 입었던 거고 오늘은 아버지 눈에 맞추어 옷을 입은 거지요." 아우구스투스는 율리아에게 소리를 질러 봐야 소용없다는 것을 알고 있었지만, 정숙한 여인이라면 달빛에 얼굴을 드러내는 것조차 부끄럽게 여겨야 한다며 딸에게 자제심을 가질 것을 되풀이했다. 생각해 보면 아우구스투스가 율리아의 옷차림을 문제 삼아 질책하고 칭찬한 것은 잘못된 것이 아니다. 성범죄가 여성의 야한 옷차림 때문에 도발된다는 것을 인정하지 않는 것이 요즘의 경향이긴 해도 3세기초 법률가 울피아누스는 노예나 매춘부처럼 옷을 입은 젊은 여자에게 같이 자자고 제안한다 하더라도 이는 크게 잘못된 일이 아니라고 했기 때문이다.

○ 그러다가 아우구스투스가 원로원으로부터 '국부(pater patriae)'라는 영광된 칭호를 부여받았던 BC 2년, 율리아가 율루스 안토니우스를 비롯한 수많은 남자들과 방종한 쾌락을 누리고 있다는 소문이 아우구스투스의 귀에 들어가자,(註. 다만 학자에 따라서는 율리아의 간통에 대해 아우구스투스가 이전부터 알고 있었다고 주장하기도 한다.) 그는 분노에 휩싸여 율루스를 처형하고 나머지 율리아와 연분이 쌓인 남자들을 모두 유배형에 처했으며, 로도스섬에 가 있던 티베리우스의 이름으로 딸에게 이혼장을 보냈다.(註. 율루스 안토니우스는 풀비아와 안토니우스 사이에서 태어났으며, 옥타비아의 딸 마르켈라와 결혼했다. 그러니까 율리아는 고종사촌의 남편과 외도를 한 것이다. 이는 이미 BC 10년 집정관을 지낸 율루스가 한 단계 더 높은 정치적 야심을 가지고

먼저 율리아에게 접근했다고 주장되기도 한다. 풀비아와 안토니우스 사이에 태어난 큰아들 안틸루스는 BC 37년 타렌툼 협약 때 율리아와 약혼까지 했지만 옥타비아누스가 이집트를 정복했을 때 살해당했다.) 그뿐만 아니라 율리아 또한 판다테리아(註. 현재 지명 '벤토테네')섬으로 유배를 보내면서, 자신이 먼저 죽은 후 그녀가 죽더라도 황제 가족 영묘에 묻지 말라는 엄명까지 내렸다.

○ 율리아가 이렇게 엄한 벌을 받은 데에는 성적 방종 이상의 무언가가 있었다. 아우구스투스가 미망인이 된 딸을 티베리우스와 맺어 준 것은 그가 무척이나 아꼈던 두 양아들 가이우스와 루키우스의 앞날을 위해 후견인 노릇을 할 만한 사람을 사위로 받아들인 것이지만, 아무리 아우구스투스가 가이우스와 루키우스를 양아들로 맞이하고 제위를 물려준다고 해도 리비아와 그의 아들이 두렵지 않을 수 없었다. 게다가 율리아는 자유분방했으며 이러한 성격은 아버지의 독재에 반대하는 반체제 행위로 비추어졌고, 실제로도 어느 정도 공화정에 대한 온건한 생각을 가질 수도 있었다. 결국 율리아와 그녀의 연인들이 모두 제거된 것은 그들이 패거리를 만들어 가이우스 카이사르와 루키우스 카이사르로 이어지는 황위 계승 구도에 도전할 위험이 있기 때문이기도 했다.

○ 율리아가 유배형에 처해졌다는 소식이 로도스섬에 은둔 생활을 하고 있던 티베리우스에게 전해지자 그는 속마음이야 어떠했는지 몰라도 인간의 도리를 지키기 위해 아버지와 딸의 화해를 설득하는 편지를 여러 번 보냈다. 아마도 티베리우스가 로마로 귀환하고자 아우구스투스에게 몇 번을 간청했지만 받아들여지지 않고 있던 상황에서 아내 율리아가 자신의 로마 귀환을 도와줄 사람이기도 했기 때문이

리라. 리비아도 율리아에게 호의를 베풀어서 2명의 노예를 유배지에 보내 시중을 들게 했다.

○ 유배지에서 율리아는 포도주를 마시는 것이 금지되었고, 사치품도 즐길 수 없었다. 그녀의 나이 든 어머니 스크리보니아는 자진해서 그녀와 유배지에서 함께 살았다. 그러나 남자는 아우구스투스가 허락하는 자가 아니면 절대 발을 들여놓을 수 없었다. 경비병은 남자였지만 경비 구역을 넘어 담장 안으로 들어갈 수 없었다. 시민들은 율리아를 동정했고, 그녀를 사면해 달라는 요구가 빗발쳤다. 시민들의 요구에 아우구스투스는 이렇게 말했다. "물과 불이 섞인다면 율리아는 사면될 수도 있소." 그러자 그 말을 듣고 있던 어떤 자가 정말로 들고 있던 횃불을 강물에 던져 넣었다. 민회에서 또다시 율리아의 사면을 요구하자, 아우구스투스는 그자들에게 잘라 말했다. "여러분들이 이 문제를 다시 꺼낸다면 신들이 여러분들의 딸이나 아내도 율리

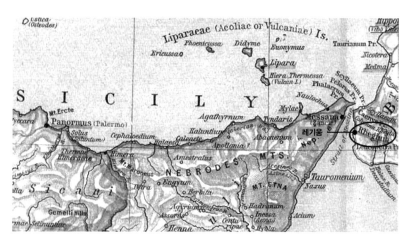

레기움

⎯⎯ 로마의 선택과 결정 ④ 카푸트 문디

아처럼 만들어 여러분들을 틀림없이 괴롭힐 것입니다.”

○ 5년 뒤 아우구스투스는 마음이 어느 정도 누그러져 율리아를 이탈리아의 '발부리'에 있는 레기움(註. 현재 지명 '레조 디 칼라브리아'. 다만 고대 로마에서는 장화 모양의 이탈리아 반도 발뒤꿈치에 해당하는 곳을 칼라브리아 지역으로 불렀다.)으로 오게 했다. 그렇더라도 그녀는 성벽 밖으로 나가는 것을 금지당했으며, 아버지가 죽은 해인 14년에 아버지를 뒤이어 유배지에서 고단했던 삶을 마감했다.

※ 아우구스투스의 악행과 기행

≪절대 권력을 가진 자가 의심하고 편협한 생각에 집착한다면 매우 위험한 일이 벌어지기 마련이다. 아우구스투스는 자제력이 매우 뛰어났다고 알려져 있지만 때에 따라서는 인간적인 잔인함과 결점을 모두 보여 주기도 했다. 개인의 성격과 업적에 지나치게 집착하면 역사는 진실에 이르지 못한다고 영국의 역사가 로널드 사임이 말했다. 하지만 아우구스투스의 영향력은 신의 아들에 걸맞게 공화정 때의 집정관을 훨씬 뛰어넘어 거의 신에 가까웠으므로 어찌 개인의 성격이라고 무시할 수 있겠는가?≫

○ 아우구스투스가 아직 옥타비아누스란 이름을 쓰고 있을 때였던 BC 42년 필리피 전투에서 마르쿠스 브루투스와 카시우스를 무찌르고 승리했다. 그리하여 브루투스와 카시우스 휘하에 있던 패잔병들은 포

로가 되어 안토니우스와 옥타비아누스에게 사면을 구하는 처지가 되었다. 포로들 가운데 누군가 자신이 처형당하면 매장만이라도 해 달라고 부탁하자, "그건 썩은 고기를 먹는 새들이 알아서 할 문제다."라며 냉혹하게 답했다. 또한 어떤 부자(父子)가 찾아와서 자비를 구하자 옥타비아누스는 둘 다 살려 둘 수는 없고 누구를 살려 줄지를 제비뽑기로 결정하겠다고 답했다. 그러자 아버지는 그렇게 할 수 없다며 아들을 위해서 자원하여 처형을 당하자, 그 아들은 슬픔을 견디지 못하고 스스로 목숨을 끊고 말았다. 그때 냉혹하게도 옥타비아누스는 두 부자의 죽음을 끝까지 지켜보았다. 게다가 안토니우스가 브루투스의 주검에 경의를 표하고 자신의 망토로 덮어 주었던 반면에 옥타비아누스는 카이사르 조각상 밑에 던져 놓기 위해 브루투스의 머리를 잘라 로마로 보내는 참혹한 짓을 했다.(註. 카시우스 디오의 기록에 따르면 브루투스의 잘린 머리를 싣고 가던 배는 풍랑을 만나 침몰되었다고 한다.) 이러한 사실이 알려지자 살아남은 포로들은 쇠사슬에 묶여 끌려가면서 안토니우스에게는 경의를 표했지만, 옥타비아누스에게는 모욕적인 비난을 퍼부었다.

○ 또한 보상을 바랐던 고참병들의 요구를 들어줄 수 없었던 아우구스투스는 마르쿠스 안토니우스의 동생인 집정관 루키우스 안토니우스의 반란을 이용했다. 그는 반란을 진압하고 반란에 가담한 기사 또는 원로원 계급에 속하는 300여 명을 카이사르가 죽은 3월 15일에 인간 제물로 바쳤다. 그리고 섬멸당한 반란 가담자들의 재산을 몰수하여 불만을 품고 있던 고참병들의 하사금으로 사용했다. 루키우스 안토니우스의 반란은 아우구스투스가 자신을 진심으로 따르지 않는 자들을 색출하고, 고참병들의 하사금을 위해 조장되었다고 전해진

다.(註. 이는 수에토니우스의 기록을 따른 것이지만, 제3권에서 서술한 바와 같이 루키우스 안토니우스가 형수 풀비아와 BC 41년 페루시아에서 반란을 일으킨 것은 그의 형 마르쿠스 안토니우스의 책략에 의해서라는 것이 더욱 설득력이 있다.)

○ 제2차 삼두 체제 때 아우구스투스가 군중 앞에서 연설을 하게 된 적이 있었다. 그때 피나리우스라는 기사 계급 인사가 자신의 연설을 받아 적는 것을 보고는 그 자리에서 그를 칼로 찔러 죽이도록 명령했다. 피나리우스가 정보를 수집하는 첩자라는 것이 그 이유였는데 그것은 오인으로 밝혀졌다. 집정관 당선자 테디우스 아페르의 경우는 아우구스투스를 험담했다가, 그가 무섭게 분노하며 위협하자 공포를 느낀 나머지 스스로 절벽에서 뛰어내려 목숨을 끊기도 했다. 또한 법무관 퀸투스 갈리우스의 경우는 아우구스투스에게 예를 표할 때 마침 옷 속에 서판을 휴대하고 있었는데 아우구스투스는 이것이 칼이라고 의심했다. 즉시 몸수색을 할 수도 있었겠지만 오해했다면 체면이 손상되는 것이 두려워 나중에 병사들을 시켜 재판정에 끌어냈다. 아우구스투스는 퀸투스 갈리우스를 노예에게 하듯 모진 고문을 가했으며, 직접 그의 눈을 도려내고 사형을 지시했다. 아우구스투스는 자신이 쓴 글에서 갈리우스가 자신을 공격했다고 주장했으며, 처분은 사형이 아니라 추방형에 처했다고 썼다. 그러나 누가 진실을 알 수 있겠는가?

○ 아우구스투스는 도박광이었다. 도박은 로마법에서 금지되었지만 모든 로마인들이 즐겼고, 특히 아우구스투스는 정도가 심했다. 심지어 단 하루 만에 20만 세스테르티우스를 잃기도 했으며 황궁에 손님들을 초대하면 도박을 할 수 있도록 은화 250데나리우스가 들어 있

는 작은 자루를 내어 주었다. 만약 손님들이 가진 돈을 몽땅 잃게 되면 계속 도박을 할 수 있도록 자신이 딴 몫을 나누어 주기도 했다. 아우구스투스가 요즘에 살았더라면 도박 중독 치료를 받아야 했으리라.(註. 고대인들의 도박은 대단했다. 게르만족의 경우 도박에서 모든 것을 다 잃고 나면 마지막으로 자신의 몸을 걸기도 했다. 그런 후 그가 만약 도박에서 진다면 노예가 되어 묶여 가는 것을 참고 견뎌 냈으며, 도박에서 지고 이기는 것을 명예에 관한 문제라고 합리화했다.)

○ 아우구스투스는 양아버지 카이사르를 흉내 내어 관용책을 펼쳤다. 그래서 그는 공화주의자인 역사가 리비우스를 놀리기는 했을지언정 처벌하지는 않았다. 또한 젊은 시절 한때 자신의 저서에 이런 내용을 쓰기도 했다. "누군가 나를 험담한다고 해도 그런 말들을 마음속에 담아 두지 말자. 사람들의 몰인정한 말들을 짧게 끝내게 하는 것으로 만족하자." 하지만 아우구스투스는 말년에 유명한 변호사 카시우스 세베루스가 부도덕한 글로 높은 신분의 사람들을 음해했다는 이유로 크레타섬에 유배시켰다. 그뿐만 아니라 어떤 역사가는 공화주의적인 역사서를 썼다는 이유로 저서가 불살라지고 자살로 몰아넣기도 했다. 클라우디우스(註. 훗날 제4대 황제로 즉위)가 아우구스투스 치세 때 그의 역사를 쓰려 하자, 할머니이자 황후인 리비아가 "너는 결코 진실을 기록할 수도 없고 기록해서도 안 된다."며 집필을 만류한 것을 보면 아우구스투스 치세가 남긴 수많은 얼룩진 내막이 감추어졌음에 틀림없다.

:: 아우구스투스 황제 가계도 ::

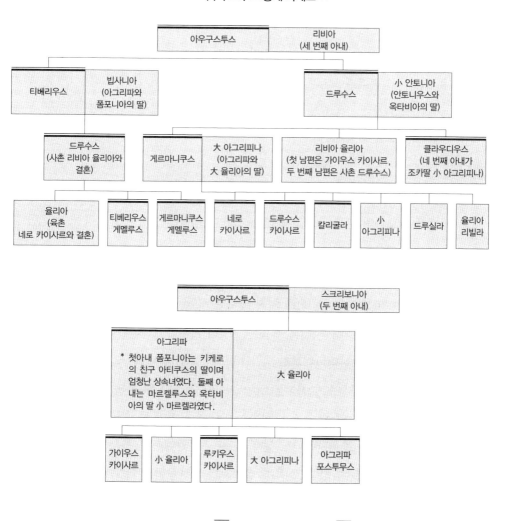

범례: ━━ 남성 / ── 여성 / [a][b] b가 데려온 자녀 / [a][b] a,b가 낳은 자녀

※ 아우구스투스는 카이사르 둘째 누나의 외손자였다. 즉 카이사르는 아우구
스투스 외할머니의 남동생이었다. 또한 大 율리아는 옥타비아의 아들 즉
고종사촌인 마르켈루스와 결혼했으나, 마르켈루스는 후손 없이 요절했다.

✳ 정절에 관한 아우구스투스의 이중성

≪정절에 관련된 법까지 제정한 아우구스투스였지만 정작 자신은 유피테르처럼 자유분방했다. 아우구스투스는 大 율리아와 小 율리아가 남성 편력이 심했던 것이 아마도 자신을 닮았다고 솔직하게 시인하지 않을 수 없으리라.≫

o 아우구스투스는 자신의 딸 大 율리아와 외손녀 小 율리아의 부정에 대해 격노하며 엄한 처벌을 내렸다. 그러나 정작 본인의 정절 문제에서는 관대하기만 했다. 친구들도 아우구스투스가 간통을 일삼았다는 것을 부정하지 않았다.

o 친구들은 아우구스투스 편에 서서 말하기를, 그가 정적들의 부인 또는 딸과 친하게 지내는 것은 이들을 통하여 정적들이 무슨 짓을 꾸미고 있는지 정보를 알아내려고 한 것이라며 허술하기 짝이 없는 주장을 했다. 안토니우스가 아우구스투스와 핏대를 세우며 싸울 때 그가 식당에서 식사 도중에 전직 집정관의 아내를 남편이 보는 앞에서 침실로 끌고 갔다고 비난하기도 했다. 이는 조선의 패덕한 군주였던 연산군과 닮은 행동이었다. 실록을 살펴보면 연산군이 연회를 베푼 자리에서 좌의정 박숭질의 젊은 아내에게 홀딱 반해 10일 넘게 궁궐에 붙잡아 두고 금지된 쾌락을 즐겼다고 전하기 때문이다.

o 아우구스투스는 쾌락의 자리를 준비할 때면 노예 상인 토라니우스(Toranius Flaccus)처럼 행동하였는데, 귀부인이나 처녀들을 시장에 나온 노예처럼 발가벗기고 몸 구석구석을 조사하기도 했다고 그의 친구들이 말했다. 친구인 마이케나스 아내 테렌티아까지 아우구스투스

와 연인 관계였다고 전해질 만큼 그의 여성 편력은 대단했다.

○ 이렇듯 아우구스투스가 자신의 성에 대해서는 더할 수 없이 관대하면서도 타인의 성도덕에는 엄격한 저울로 재었다는 것은 시인 오비디우스(Publius Ovidius Naso)의 처벌을 보면 더욱 명료했다. 아우구스투스는 오비디우스를 장래가 유망한 청년으로 생각하고 공직에 등용시키려 했지만 그는 공직을 거부하고 로마를 위해 일하려 하지 않았다. 오비디우스가 거절하는 바람에 어쩔 수 없이 게미누스라는 자가 공직에 나아가는 영예를 얻었는데 그는 파일리그니인 가운데 처음으로 로마 원로원 의원이 되었다.(註. 파일리그니는 코르피니움시를 중심으로 하며, 오비디우스는 코르피니움 남쪽의 도시 술모에서 출생했다.) 이런 이유로 아우구스투스는 오비디우스를 탐탁지 않게 생각하고 있는 데다 그의 작품이 난잡한 성애를 다루고 있어 증오하기까지 했다. 그것은 자신이 '간통 금지에 관한 율리우스 법(Lex Julia de adulteriis coercendis)'과 '계층 간의 혼인에 관한 율리우스 법(Lex Julia de maritandis ordinibus)'을 제정하여 추진하고 있던 도덕 개혁을 조롱하는 것으로 생각했기 때문이다. 아우구스투스는 이를 잊지 않고 있다가, 마침내 AD 8년 외손녀 율리아의 추문이 터지자 오비디우스가 연루된 것을 빌미 삼아 그를 제국의 끝자락인 흑해 연안의 그리스 도시 토미스(註. 현재 루마니아 '콘스탄차')로 추방했다.

○ 이로써 아우구스투스는 성에 관해 관대함과 엄격함이란 두 가지 저울을 필요에 따라 이리저리 적용하고 있음을 인정하는 꼴이 되었다. 로마에서 추방된 오비디우스는 향수에 시달리며 귀국을 향한 희망과 좌절이 수시로 오갔지만 "나의 재능은 내가 어디에 있든 나와 함께하며 나를 기쁘게 한다. 황제조차도 이에 대해서는 뭐라고 말할 권리

가 없다."며 자신의 정당함을 호소했다. 그는 아우구스투스의 용서를 받아 로마로 귀환하기를 열망했지만 모든 노력은 허사로 돌아가고 AD 17년 유배지에서 생을 마감했다.(註. 하지만 아우구스투스가 죽은 AD 14년 이후에도 오비디우스가 귀환하지 못한 것을 보면 그의 추방이 아우구스투스의 분노 때문이라고만은 볼 수 없다. 그가 추방된 이유는 지금까지 정확히 밝혀지지 않았지만, 외손녀 율리아나 리비아의 간통과 관련 있다는 설 또는 가이우스 카이사르와 관련 있다는 설 등 여러 가지 추측을 낳고 있다.)

✳ 아우구스투스의 표현 방법(BC 20년)

≪투키디데스에 따르면 역사란 과거를 통하여 미래의 유익함을 얻는 것이라고 했다. 하지만 역사는 서술하는 자에 따라 표현의 방법과 해석이 달라지게 마련이어서 승자의 기록이라는 오명을 벗을 수 없다.≫

○ 아우구스투스가 로마 세계에서 패권을 차지할 때까지 로마는 파르티아에게 쓰라린 세 번의 패전을 맛보았다. 그 패전은 BC 53년 삼두의 일원인 크라수스가 파르티아와의 전쟁에서 패배하여 군단기를 **빼앗**기고 2만 2천 명의 전사자와 1만 명의 포로가 발생했던 카르하이 전투였으며, BC 41년 페루시아 전투로 로마의 정세가 혼란스러울 때 파르티아 왕 오로데스의 아들 파코로스가 로마의 변절자 퀸투스 라

비에누스를 앞세워 시리아와 그 주변을 유린했던 것, 그리고 BC 36 년 카르하이 전투의 설욕과 알렉산드로스 왕의 영광을 재현하고자 했던 안토니우스가 파르티아 원정에서 막대한 피해를 입고 실패한 것이었다. 당시 파르티아는 로마와 적수가 될 만한 유일한 국가였다. 따라서 로마로서는 파르티아에 대해 군사적 우위를 점하여 동쪽의 안전을 도모하려는 것이 오래된 숙원이었다.

○ 아우구스투스는 파르티아와의 결전을 벌이기 전에 티베리우스를 시켜 시리아와 그 주변의 4개 군단을 이끌고 파르티아의 인접국이면서 반로마파인 아르메니아를 정복하도록 명령했다. 아르메니아가 정복되면 파르티아로서는 북쪽 국경을 마주한 국가가 적과 대치되는 상황이 되므로 압박을 받을 수밖에 없는 터였다. 아르메니아는 로마의 군사 행동에 적잖이 당황했고, 정국이 불안했던 아르메니아에서는 그 영향으로 반란이 일어나서 로마군이 도착도 하기 전에 왕이 살해되고 말았다. 티베리우스는 전투 한번 제대로 치르지 않고 아르메니아를 접수한 것이다. 아르메니아를 수중에 넣은 그는 로마에 볼모로 잡혀 있는 동안 친로마파가 되어 있었던 왕의 동생 티그라네스에게 친히 아르메니아 왕관을 씌워 주었다.

○ 이렇게 되자 파르티아의 프라아테스 5세는 로마의 강력한 압박을 받을 수밖에 없었고, 어쩔 수 없이 로마와 강화 조약을 맺게 되었다. 이 사실을 아우구스투스는 다음과 같이 자신의 업적록(Res Gestae Divi Augusti)에 기록했다. "나는 파르티아가 지난 세 차례의 전쟁에서 빼앗은 전리품과 군단기를 반환할 수밖에 없는 상태로 몰아넣었을 뿐 아니라, 파르티아 쪽에서 로마 시민들과 우호 관계 수립을 간청하도록 만들었다."

○ 그러나 이 내용을 파르티아에서 기술했다면 문맥과 태도가 많이 달라졌으리라. 아마 파르티아는 자국의 역사서에 이렇게 기록했을 것이다. "로마는 어찌어찌하여 아르메니아를 손안에 넣었지만, 유프라테스강 앞에서 파르티아의 막강한 세력을 보고 군사적 대결을 피하고자 외교적 방법을 동원하여 양국 간의 관계를 우호적으로 바꾸었다. 로마의 우호적 태도를 받아들인 파르티아는 수십 년 전 전리품으로 빼앗아 이제는 가치가 없어진 군기와 자질구레한 물품들을 로마의 요청으로 되돌려주었고, 포로까지도 귀환시키는 데 동의했다. 하지만 많은 세월이 흐른 탓에 포로들은 모두 죽고 없어 그들이 남긴 갑옷과 무기 등 낡아빠진 유품들을 로마에 넘겼다."

| 마음에 새기는 말 |

전쟁은 무기를 사용한 외교이고, 외교는 무기를 사용하지 않은 전쟁이다.

※ 루푸스(Rufus)의 소방대 설립과 죽음(BC 19년)

≪에고나티우스 루푸스가 국가의 나태함을 대신하여 시민들을 위험으로부터 구제한 것은 분명 칭송받을 행위였으므로 모든 시민들에게서 박수를 받았다. 하지만 그의 행위는 경쟁자들에게 시기심을 부추겼고 시민들의 안전을 방치한 국가는 이를 고마워하기보다는 황제에

대한 심각한 도전으로 받아들였다. 공화정에서는 시민들의 어려움을 다독거리는 다사로운 행동이 정치적 성공으로 이어졌지만, 아우구스투스가 새로이 건설한 제정의 틀 안에서는 이런 인기몰이를 하는 자는 감히 황제의 지위에 도전하는 오만불손한 행위로 간주되어 목숨을 내놓아야 했다. 왜냐하면 국가 최고의 직책인 집정관조차도 사실상 황제가 임명하는 신하에 지나지 않았기 때문이다.≫

○ BC 390년 로마는 갈리아족에 의해 도시가 파괴된 후 마음 가는 대로 재건하다 보니 제대로 도시계획 된 시가지가 아니었다. 게다가 인구가 밀집되고 건물은 다닥다닥 붙은 채로 높이 건립된 데다 건물 내부에서 난로나 등불을 피운 채로 이동하며 사용했으니 화재가 그칠 날이 없었다. 하루 동안만 해도 로마 시내에서만 무려 100여 건의 화재가 발생했다. 화재가 발생하면 인접한 건물에 금세 옮겨붙어 매우 위험했고 대규모의 재해로 번지기 십상이었다.

○ 그럼에도 국가는 빈번하고도 막대한 화재 피해를 아무런 대책 없이 방치하고 있었다. 그러다가 제1차 삼두 정치에서 삼두의 한 명인 크라수스가 사설 소방대를 조직하여 운영했지만 공익을 목적으로 소방대를 운영한 것이 아니라 자신의 축재를 위해 소방대를 이용했다는 것은 이미 제3권에서 서술했다.

○ 하지만 에그나티우스 루푸스(Egnatius Rufus)는 화재를 당한 시민들의 어려움과 불행을 보고 이것이 자신의 정치적 야망을 이루는 데 도움을 줄 것이라고 생각했다. 그는 BC 22년 조영관으로 재직할 때 자신의 재산으로 7개 부대 3천 5백 명의 소방대를 체계적으로 조직하여 큰 인기를 끌었다. 인기가 올라가자 그는 인기를 정치적으로

이용했다. 루프스가 당시 관례를 깨뜨리고 조영관에서 물러난 지 1년 만인 BC 21년에 법무관에 나서서 당선되었고, 한 발 더 나아가 BC 19년에 집정관직에 출마한 것이다. 이는 아우구스투스가 자신에게 주어진 집정관직을 거절하자 공석이 된 자리를 메꾸기 위한 보궐 선거였다. 하지만 집정관직은 법무관을 역임한 지 2년이 지나야 출마하는 것이 관례였다.(註. 루푸스는 BC 21년에 법무관에 당선되었으므로 BC 20년에 법무관을 지냈다.) 경쟁자들이 루푸스의 집정관직 출마 행위를 관례에 벗어난 무법한 행위라며 거센 비판을 일으키자, 그는 이를 타개하고자 민중을 선동했고 로마는 큰 혼란에 빠졌다. 그렇게 되자 원로원과 귀족들의 압박으로 BC 22년 로마를 떠나 속주로 나가 있던 아우구스투스에게 원로원은 속히 귀환하여 질서를 바로잡아 달라고 요청하기에 이르렀다. 그리하여 아우구스투스는 스스로 무너져 내린 원로원의 애원으로 BC 19년 당당하게 로마로 귀환할 수 있었다.

○ 아우구스투스가 원로원의 요청을 받고서 모종의 밀명을 띄웠는지 모르겠지만, 경쟁자들의 비판과 견제 속에 결국 루푸스는 BC 19년에 친아우구스투스 파인 당시 집정관 센티우스 사투르니누스에 의해 집정관 선거 입후보가 금지되었으며, 입후보에 금지당한 자에게도 표를 던질 수 있다는 규정에 따라 만약 그가 집정관에 선출되더라도 센티우스는 그의 당선을 공포하지 않을 것이라고 선언하는 등 강력하게 저지당했다. 그리고 얼마 후 루푸스는 아우구스투스 암살 음모를 꾀했다는 죄목으로 사형에 처해졌다. 진실은 모르겠지만 그에게 중죄를 꾸며 골칫거리를 제거했다고 해도 당시의 분위기상 놀랄 일이 아니었다.

○ 생각해 보면 루푸스는 참으로 창의적인 인간이었다. 로마에서 화재는 빈번했고 화재를 당한 시민들은 심각한 피해를 입었지만 국가가 방치하고 있었을 때, 그는 이를 눈여겨보고 사설 소방대를 조직한 다음 적극적인 진화 활동을 하면서도 대가와 보상을 전혀 요구하지 않았던 것이다. 당연히 루푸스의 인기는 대단했으며 그 인기로 법무관에 당선되었고 집정관에까지 도전장을 내밀었다. 하지만 당시는 이미 공화정을 지나 제정으로 가고 있었다. 루푸스가 인기는 있었지만 군사력을 가지지 못했고, 그 인기는 새로운 체제를 세운 아우구스투스에게 심각하면서도 무엄한 도전으로 받아들여졌다. 이것이 공화정의 탈을 쓴 아우구스투스의 민낯이었다. 그의 죽음에도 불구하고 소방대의 필요성과 시민들의 호응이 대단하여 AD 6년에 아우구스투스가 이를 재정비하여 운영했다.(註. 소방대는 해방 노예로 구성되었으며, 유니우스 법에 따라 해방 노예는 선거권과 피선거권이 없는 라틴 시민권을 먼저 부여받았다. 하지만 24년 비셀리우스 법에 의거 이들이 소방대에 6년간 복무하면 로마 시민권을 획득할 수 있었다. 그 이후 소방대에 근무하는 것 외에도 곡물 수송 선박을 공급하거나 방앗간에서 3년간 노동을 하는 등 로마 시민권을 부여받을 수 있는 여러 가지 방법이 생겨났다.)

아우구스투스의 다산 정책과 불륜 방지책(BC 18년)

≪삶이 힘겹기 때문에 아기를 낳지 않는 것이 아니며, 사람이 아기를

갖는 것은 미래의 희망을 잉태하고자 하는 욕망 때문이다. 전쟁의 포성이 잦아들고 수많은 사람들이 비참함과 궁핍 속에 놓였을 때 출산율이 급격히 증가하는 것도 이와 같은 이유다. 겨울 선인장은 일조량이 조금 부족할 때 꽃을 피우듯, 모든 생명체는 적절한 시련을 겪을 때 씨앗을 퍼뜨린다. 그러므로 행복은 사람의 나태한 본성에 따라 그 자리에 안주하게 만들고, 다소의 불편함은 사람의 부지런함을 일깨우게 된다.

최고 권력자 아우구스투스는 다산 정책과 더불어 인간의 애정을 법으로 통제하려 했지만 모두 실패했다. 인간의 감정이란 법의 잣대로 재거나 다스릴 수 있는 종류가 아니었기 때문이다. 훗날 콘스탄티누스 황제도 간음한 자를 화형에 처하거나 맹수들에게 던지는 가혹한 형벌에 처했으나 결국 인간이 느끼는 애정이라는 보편적인 감정을 막지는 못했다.≫

○ BC 2세기까지만 해도 로마의 지도층은 그라쿠스 형제의 어머니 코르넬리아처럼 자녀를 12명이나 낳아서 키우는 일도 드물지 않았다. 그런데 카이사르 시대에는 두세 명의 자녀를 낳는 것이 보통이었으며, 아우구스투스 시대에는 아예 결혼조차 하지 않는 사람이 늘어났으며 결혼을 하더라도 자녀를 한두 명만 낳았고 3명 이상 낳는 경우는 매우 드물었다. 게다가 이혼율이 높아지고 혼외 성관계까지 만연했다. 이런 결과로 인구가 줄어들자 인구 증가 정책은 국책 사업이 되었다. 아우구스투스는 이렇게 말했다. "결혼을 하지 않거나 결혼을 하더라도 아이를 낳지 않는다면 어떻게 국가가 유지되겠는가?"

○ 아우구스투스 시대인 BC 1세기 말의 로마가 가난하고 장래에 희망

을 가질 수 없어서 아이를 적게 낳은 것이 아니었다. 오히려 그와 반대였다. 다만 자녀를 키우는 일 외에도 쾌적하고 안락한 인생을 보낼 수 있는 방법이 많아졌을 뿐이었다. 이혼이 쉬웠고 젊은이들이 결혼하기를 꺼렸으며, 성적 방종이 만연되어 출생률이 떨어진 것이다. 독신으로 지내도 불편한 점이 전혀 없었으며, 정국이 안정되어 결혼으로 인척 관계를 강화함으로써 보신책을 마련할 필요도 없었다. 이러한 결과로 독신 풍조와 자식을 적게 낳는 경향은 가난하고 어려운 삶을 이어 가는 서민보다는 좀 더 혜택받은 상류 계층에서 더욱 뚜렷이 나타났다.(註. 문명국인 로마의 여성들이 결혼과 출산을 기피하는 경향이었던 반면에, 야만족들의 풍습은 결혼과 출산을 기피하지 않아 출산율이 매우 높았다. 훗날 게르만족의 대이동이 훈족의 채찍 때문이기도 했지만, 물이 차면 다른 곳으로 흘러내리듯 게르마니아에서 수용할 수 없을 만큼 증가한 인구가 로마 세계로 흘러든 것이다. 이런 점에서 먼 미래를 내다보았던 아우구스투스의 다산 정책은 정당성을 갖추었다.)

○ BC 18년 아우구스투스는 원로원의 반대에도 불구하고 강력한 권위를 내세워 2가지의 법안을 정책화함으로써 도덕성을 재무장시켰다.(註. 학자에 따라서는 당시 난잡했던 성도덕을 그치게 해 달라는 원로원 의원들의 강력한 요청으로 마지못해 아우구스투스가 2가지 법안을 제정했다고 주장하기도 한다. 하지만 10여 년 전에 시행하려던 이 법이 반대에 부딪혀 실패하고 BC 18년에 겨우 성공했지만, 너무 엄격하다는 항의를 받아 AD 9년 파피우스 포파이우스 법에 의해 다소 완화된 것을 보면 아우구스투스가 적극적인 의지를 가지고 시행했음에 틀림없다.) '간통 금지에 관한 율리우스 법'과 '계층 간의 혼인에 관한 율리우스 법'이 그

것이다. 결과적으로 '간통 금지법'은 상류층 여성들의 탈선을 막기 위한 법이었고, '계층 간의 혼인법'은 매춘부와 같은 하류층 여성들이 상류 사회로 진입하는 것을 막고자 하는 법이었다.

○ '간통 금지에 관한 율리우스 법(Lex Julia de adulteriis coercendis)'으로 인해 종전에는 사적인 문제이고 국가가 관여할 일이 아니었던 간통이 이제는 공적인 범죄가 되었다. 기존의 관습에 따르면 아내가 간통하면 남편이 아내를 죽이는 것을 용납했지만 흔히 선택되는 대안은 이혼이었고, 이혼을 당한 여자는 자신이 가져간 지참금의 전부 또는 일부를 잃었을 뿐이었다.(註. 지참금은 남편이 아내를 먹여 살리는 대신 아내의 아버지가 재정적으로 기여한다는 의미였다. 따라서 어떤 경우에도 아내의 지참금은 원칙적으로 반환되지 않았다. 이런 관례가 BC 1세기가 되면서 간통 등을 저질러 이혼당하는 경우가 아니면, 이혼했을 때 아내의 지참금을 아내 또는 아내의 아버지에게 반환하는 것으로 변화되었다.) 하지만 '간통 금지법'이 성립됨으로써 간통한 사람의 경우 재판에 회부되어 처벌을 받았으며, 간통한 아내와는 2개월 이내에 이혼을 해야 했다. 만약 이혼한 지 2개월이 지나도록 아내를 고소하지 않을 경우 다른 로마 시민이 그때부터 4개월 이내에 고발할 권한이 주어졌으며, 이는 나중에 5년으로 개정되었다.(註. 326년 콘스탄티누스에 의해 제3자에 의한 기소권은 4촌 이내의 친척인 경우를 제외하고는 폐지되었다.) 만약 간통한 사실을 알고서도 그 사실을 숨기거나 아무런 조치를 취하지 않은 남편이나 친정아버지는 '간통 방조죄'로 처벌되었다. 그것은 간통한 아내에 대한 기소권이 남편과 친정아버지에게 있었기 때문이다. 다만 간통죄 처벌에서도 남녀 간에 차이를 보였다. 유부녀가 불륜 관계를 맺은 경우 재산의 1/3을 몰수하고 외딴섬으로 추

방토록 규정했고, 로마 시민권자와 재혼하는 것조차 금지당했다. 남자의 경우는 불륜 상대가 안찰관(aedilis)이 작성한 창녀 명단에 없다면 간통죄로 처벌받아 재산의 절반을 몰수당하고 법정 증언 능력을 상실하게 되어 있지만 실제로는 불문에 부쳐지는 경우가 많았다. 그러나 애인을 간통죄에 몰아넣었다는 수치심과 죄의식에서는 자유롭지 못했다. 게다가 제정 후기까지 남편이 어떤 유부녀와 성관계를 가졌다고 해도 아내는 남편을 간통죄로 고소할 수 없었다. 이것은 남편의 외도보다는 아내의 외도가 가정 붕괴로 이어지기 쉬운 현실을 반영한 것이기도 했으며, 아내가 간통의 결과로 아기를 갖게 되면 가문 혈통을 교란시키기 때문이기도 했다.(註. 간통의 상대가 타인 소유의 여자 노예라면 아퀼리우스 법에 따라 주인에 대한 권리 침해로 간주되어 손해배상을 하는 정도로 끝났다. 이렇듯 간통 금지법이 아내에게는 엄격한 반면 남편에게는 부드러웠던 것을 두고, 4세기의 그리스도교 교부 그레고리우스와 히에로니무스는 천상의 뜻은 남녀가 평등한 것이라며 이 법을 강력하게 비판했다.) 따라서 이 법은 처녀나 과부가 아닌 유부녀에게 적용되었으며, 남자의 경우는 결혼 여부와 상관없이 모두에게 적용되었다.

○ 만약 친정아버지가 딸의 간통 현장을 잡고서 상대 남자를 죽이려면 반드시 딸도 함께 죽여야 했다. 이에 반해 남편이 그 현장을 잡은 다음 상대 남자를 죽였다면 아내와 이혼하는 것으로 족했다. 하지만 이혼하지 않는다면 남편은 살인죄로 처벌되었다. 전통 관례에 따르면 남편은 부정을 저지른 아내를 죽일 수 있었지만, 간통 금지법에 의하면 남편의 절대적인 권한은 사라지고 여하한 경우에도 남편이 아내를 죽일 수 없었으므로 이 점에서는 아내의 지위가 향상되었다고 볼

수 있다.

○ 하지만 '간통 금지법'은 실패했다. 법의 주창자인 아우구스투스가 유부녀들과 자주 통정하는 등 여성 편력이 심했기 때문에 의혹과 비웃음만 사고 말았다. 그렇게 되자 아우구스투스는 원로원 의원들에게 이렇게 말했다. "뭐 내가 말하고자 하는 것은 여러분의 아내는 여러분이 바람직하게 생각하는 방향으로 인도해야 된다는 의미입니다. 그리고 나는 실제로 그렇게 하고 있습니다." 그 말에 원로원 의원들은 "그러면 리비아를 어떻게 인도하고 있는지 가르쳐 달라."고 짓궂게 졸랐다. 아우구스투스는 얼굴을 붉히며 마지못해 그 방법이란 온화한 표정과 품위 있는 행동이라며 몇 마디 했지만, 자신의 방종한 성생활에 대해서는 크게 신경 쓰지 않는 태도였다. 이렇듯 그가 성도덕에 대해 시민들에게는 엄격한 잣대를 들이대면서도 자신에게는 방종을 용인하는 태도를 보이자 이를 두고 역사가 타키투스는 "로마법의 공평성이 종말을 고했다."며 비난을 퍼부었다.

○ '계층 간의 혼인에 관한 율리우스 법(Lex Julia de maritandis ordinibus)'은 원칙적으로 시민 전체에게 적용하되 상류층인 원로원 계급과 기사 계급을 주로 겨냥했으며, 정식 결혼 생활을 장려하는 것이 목적이었다. 이 법률로 만 25세부터 60세까지의 남자와 만 20세부터 50세까지의 여자는 결혼하지 않으면 독신의 불이익을 감수해야 했다. 즉 로마의 상류층에서는 친구 혹은 후원자에게 유산을 남기는 것이 관습이었지만, 결혼하지 않은 자는 친척이 아닌 자(註. 6촌까지를 친척으로 본다.)에게 재산을 상속받거나 상속할 수 있는 권리가 박탈되었고, 결혼을 했지만 자식이 없는 경우는 친척이 아닌 자에게 유산의 절반만 상속받거나 상속할 수 있게 한 것이다.(註. 이 규정은 당초

에는 없었다가 법령이 선포되던 BC 18년에서 파피우스-포파이우스 법으로 완화되던 AD 9년 사이의 어느 시점에 덧붙여졌고, 4세기 때가 되어서야 그리스도교 성직자를 위해 철폐되었다. 다만 결혼한 부부가 자녀가 없어 배우자에게 상속할 경우에는 재산의 10분의 1까지만 유산을 넘길 수 있었다.) 또한 과부인 경우에 자녀가 없으면 1년 안에 재혼해야 했고 재혼하지 않으면 독신과 같이 취급되었으며, 이혼녀의 경우는 더욱 엄격하여 6개월 안에 재혼해야 독신의 불이익을 받지 않았다. 아울러 로마 법률에 따르면 여성은 자신이 가진 재산에 대해 이론상으로만 상속과 처분의 권리를 가졌을 뿐, 실질적으로는 아버지 · 남편 · 아들 또는 남자 친척들이 후견인이 되어 승인권을 가지고 있었다. 하지만 아우구스투스는 3명 이상의 자녀를 낳은 여성에게는 이런 후견인의 속박으로부터 벗어나게 하여 자유로이 자신의 재산을 양도하거나 지참금을 설정할 수 있도록 했다. 장려되지 않은 혼인은 노인과 소녀 간의 결혼과 같이 규정 연령을 벗어난 사람들 사이의 결혼과 천한 직업을 가진 자와의 결혼 그리고 원로원 계층 사람과 해방 노예와의 결혼이었다.(註. 훗날 제국의 법령을 집대성한 유스티니아누스 법에 따르면 결혼 최소 연령을 여자는 만 12세, 남자는 만 14세로 정했으며, 약혼은 자신에게 어떤 일이 일어나고 있는지 알 수 있는 나이인 만 7세 이상이면 가능했다. 하지만 대개의 경우 초혼 연령이 여자는 만 15세, 남자는 20대 후반이었고 3세기가 되어서야 여자는 만 19세, 남자는 만 25세로 바뀌었다.) 다만 이런 혼인일지라도 법률로 금지한 것이 아니라, 정식 혼인으로만 인정되지 않았고 독신으로 간주하여 재산상의 불이익이 있었을 뿐이다. 즉 유산 상속권을 인정받지 못하고 남편 또는 아내의 유산이 국고로 귀속되었다. 만 50세가 넘은 독신 여성은 상속권을 인정받지 못했고 5만 세스테르티우스 이상의 재산을 유지할 권리가 없어, 그 이상의 재산은 다른 사람에게 양도해야 했다. 또한 2만 세스테르티우스 이상의 재산을 가진 만 50세 미만의 독신 여성은 수입의 1%를 국가에 바쳐야 했다. 이러한 직접세는 결혼 후 세 번째 아이를 낳아야지만 비로소 면제되었다. 하지만 이 조항은 너무 엄격하다는 비판을 받아 "파피우스-포파이우스 법(Lex Papia Poppaea)"에 의해 재혼만 하면 상속권이 회복되고 첫아이가 태어나면 1%의 직접세도 면제되는 것으로 개정되었다.(註. 계층 간의 혼인법은 AD 9년에 제정된 파피우스-포파이우스 법으로 개정되었다. 이 법은 결혼과 간통에 관한 기존의 법률과 칙령을 체계적으로 집대성한 법이었다.)

○ 공화정 때만 해도 과부나 이혼녀가 결혼을 하지 않는 것을 미덕으로 생각했지만 '계층 간의 혼인법'으로 종래의 관습이 무너졌다. 그럼에도 아우구스투스의 생질 小 안토니아는 남편 드루수스가 BC 9년 게르마니아 전선에서 낙마로 죽었을 때 외삼촌 아우구스투스가 재혼을 강요했지만 이를 거부하고 꿋꿋하게 예전에 칭송받던 여인의 정절을 지켰다.

○ 공직에서도 "파피우스-포파이우스 법"에 의거, 다자녀 우대 정책이 시행되었다. 선거를 통해 선발한 공직자가 획득한 표가 동일할 경우, 기혼자가 우선권을 가졌으며 기혼자 중에서도 자녀를 많이 가진 자가 우선권을 가졌다. 원로원 의석 취득도 자녀의 수가 많은 경우 우선권을 가졌으며, 총독 임명의 경우에도 결혼 여부와 자녀수가 선발 기준이 되었다. 로마법에 따르면 공직을 거친 후 다음 공직 기간까지의 휴직 기간이 설정되어 있었는데 자녀 1인당 휴직 기간이 1년

씩 단축되었다. 이 법에 따르면 독신의 남녀들은 속히 결혼하도록 장려했고, 50세 미만의 과부들과 60세 미만의 홀아비들에게는 2년 내에 재혼하도록 정했으며, 만약 이를 이행하지 않으면 경기장과 공연장의 입장을 금하는 등 많은 불이익 조치가 따랐다. 다만 이혼한 경우에는 더욱 엄격하여 1년 6개월 내에 재혼해야 불이익을 면할 수 있었다.

○ 이렇듯 혼인을 법으로 강제하여 출산을 높이고자 한 것은 BC 403년 카밀루스가 감찰관으로 있으면서 노총각세를 도입한 것이 처음이었으며, 그만큼 출산 장려는 국가의 중요한 정책이었다. BC 131년 감찰관 메텔루스 마케도니쿠스(Quintus Caecilius Metellus Macedonicus)가 출산율을 높이고 시민들의 수를 늘리기 위해서 혼인을 의무화하자는 유명한 연설을 한 적이 있었다. 아우구스투스는 메텔루스 마케도니쿠스의 주장에 동감한다는 의미로 원로원에서 그의 주장을 낭독하기도 했다.

○ 노예의 경우에도 다산을 장려했다. 한 번에 다섯 쌍둥이를 출산한 어느 여자 노예를 위해서 아우구스투스가 기념비를 건립하기도 했으며, 1세기 때 농부(농업 이론가) 콜루멜라에 따르면 세 아들을 낳은 여자 노예에게는 노동이 면제되었고 그보다 많이 낳으면 자유가 주어졌다고 했다. 또한 정식으로 결혼하여 자식을 많이 낳은 해방 노예는 옛 주인과의 고용 관계를 끊는 것까지 허용되었는데, 이는 그들이 독립된 소키에타스(societas. 회사, 단체)를 세워 그 방면의 재능을 발휘할 수 있도록 한 것이다. 하지만 노예끼리의 결혼은 성비의 불균형(註. 대규모의 파밀리아에서도 남자 노예가 여자 노예보다 2배 정도 많았다.)으로 결혼하는 경우가 드문 데다 대규모의 파밀리아

에서는 그나마 적당한 배우자를 찾기가 쉬웠겠지만 규모가 작은 경우에는 배우자를 찾기가 어려웠으며 결혼한 노예의 경우에도 15% 정도만 자녀를 낳았다. 물론 서로 다른 파밀리아에 속하는 노예끼리 결혼하는 경우도 있긴 하지만, 이 경우에는 노예 소유주 간의 합의가 있어야 하는 만큼 매우 드물었다.(註. 라틴어 '파밀리아familia'는 '가족' 외에도 '가부장이 거느린 노예 무리'란 의미가 있다.)(註. 남녀 노예의 성비는 2:1 정도였던 것으로 추정되며, 이처럼 여자 노예가 적었던 이유는 전쟁 노예의 대부분이 남자였을 것이고, 노예란 노동력을 착취당한다는 점에서 남자 노예보다 비경제적이었던 여자 노예는 어렸을 적에 유기되어 죽는 경우가 많았기 때문이다.) 노예 소유주가 노예를 결혼시키는 것은 인도주의적 동기거나 노예가 자식을 낳아 더 많은 노예를 거느리고자 하는 것이 아니었다. 노예가 낳은 어린 노예의 양육비를 부담하느니 차라리 노예 시장에서 필요한 노예를 사는 것이 저렴했지만, 공포와 억압으로 노예를 다스리기보다는 가족생활을 허용하는 등 유화적이고 인간적인 길을 열어 주어 더 효율적으로 다스리려고 했을 뿐이었다.(註. 다만 학자에 따라서는 노예가 자식을 낳는 것이 주요한 노예 공급원이며, 이에 따라 출산 연령기가 지난 나이 많은 여자 노예는 투자 가치가 없는 것으로 간주되어 매매가 거의 이루어지지 않았다고 주장하기도 한다.)

○ 그리고 다산 정책과 병행하여 이혼 억제 정책도 함께 시행되었다. 이혼의 경우에는 금지하는 것이 아니라 이혼하기 어렵게 만들었는데, 이혼을 할 때 공표를 하게 한 것이다. 즉 이혼이 성립되려면 원로원 의원을 위원장으로 하는 위원회에서 이혼을 인정한다는 결정이 있어야만 했다. 이는 가정 문제가 공적인 자리에서 승인을 받도록 하면

망설이게 되는 인간 심리를 찌른 것이었다.

○ 하지만 불륜과 출산율 저하를 막아 보자는 아우구스투스의 여러 가지 시도는 모두 실패로 돌아갔고, 아우구스투스 자신도 실패를 인정할 수밖에 없었다. 왜냐하면 법의 주창자인 아우구스투스가 성에 대해서 방종한 데다, 파피우스-포파이우스 법을 제정한 두 집정관 마르쿠스 파피우스 무틸루스와 퀸투스 포파이우스 세쿤두스가 모두 결혼을 하지 않았으므로 시민들은 그 법을 우습게 알았기 때문이다. 그러나 이 법은 320년 콘스탄티누스 황제가 아우구스투스의 관련법들을 철폐할 때까지 끈질기게 살아남아 수많은 사람들에게 범죄의 올가미를 씌운 후 재산을 몰수하여 국고를 늘렸으며, 장차 사회의 암적 존재가 될 밀고자들을 양산하는 결과를 낳았다. 이렇듯 긍정적 효과를 기대하며 제정한 법이 변질되어 다른 효과를 가지게 되더라도 그 법은 고집스럽게 남아 있기 마련이다.(註. 나태함을 가져오는 환경보다는 적절한 시련이 있어야 꽃을 피우고 열매가 잘 열리는 법이거늘, 한국의 여성가족부와 보건복지부의 저출산 해소를 위한 노력은 가진 여성들과 혜택받은 여성들에게 더욱 편중된 우대 정책일 뿐 출산의 의무를 강조하는 대책은 감히 내놓지 못했다. 결국 출산 장려 정책은 수십조 원에 달하는 막대한 국가 예산을 쏟아붓고도 출산율은 계속 떨어졌고 결혼 연령은 매년 높아지는 현상이 멈추지 않았다.)

| 마음에 새기는 말 |

상상력과 통찰력만으로 결백과 부정, 그리고 옳은 것과 잘못을 판별할 수 있는 사람은 거의 없다. 대부분의 사람들은 다른 사람들의 체험을 통해 지혜를 배우기 마련이다.

⁂ 시인 호라티우스(Horatius)

≪젊은 날에 피 끓는 열정으로 독재 타도의 기치를 내걸고 싸웠던 호라티우스에게 그가 진정으로 바라던 자유와 평화는 내전의 핏빛 그림자를 드리우며 멀어져 갔다. 하지만 전쟁의 고통에 무방비로 노출된 그에게 마이케나스는 희망의 빛을 주었고, 그는 마이케나스의 후원에 진심으로 감사하며 고마움을 무덤까지 가지고 갔다.≫

○ 아우구스투스 때의 뛰어난 서정시인 호라티우스(Quintus Horatius Flaccus)의 아버지는 해방 노예였다. 호라티우스의 아버지는 자유를 찾은 후 베누시아에서 징세업자로 일하면서 대부분의 해방 노예가 그렇듯이 유능했고 재산을 모으는 데 상당한 재주를 보였다. 그럼에도 그는 자식에 대한 교육을 중히 여겨 아들을 당시 최고의 배움터였던 아테네에 유학까지 보냈다. 하지만 아테네에서 학업에 전념해야 할 호라티우스는 23세라는 젊은 정열로 그만 정치에 마음을 빼앗겼다. 당시는 카이사르 파와 반카이사르 파가 대결을 벌이고 있었으며, 그들 중 누가 이길 것인가 하는 것이 어디서나 화제에 올라 있었다. 시인답게 정열적인 호라티우스는 여기에 온통 물들어져 "폭군"

카이사르 파의 타도를 기치로 내걸었던 브루투스 진영에 들어가 대대장으로 참전했다.

○ 그러나 필리피 전투에서 브루투스는 패배했고, 호라티우스는 겨우 목숨을 건져 귀국했지만 고향 베누시아의 농지가 옥타비아누스 군의 정착을 위해 몰수되어 패배의 고통은 계속되었다. 내전은 필리피 들판에서 끝나지 않고 폼페이우스 아들과 옥타비아누스의 대결로 이어졌으며 그 이후에도 계속하여 안토니우스와 옥타비아누스의 투쟁으로 연결되었다. 끝없이 이어지는 내전으로 바라던 평화가 멀어져만 보이자, 호라티우스는 절망하여 "이제 로마의 적은 로마인이며 언젠가는 로마도 옛날로 돌아가 잡초가 무성한 땅이 되겠구나!" 하고 비탄에 젖은 시구(詩句)를 읊조렸다.

○ 이렇듯 낙심하고 있던 호라티우스에게 베르길리우스의 소개로 마이케나스가 찾아왔다. 그는 마이케나스에게서 많은 위안을 받았으며, 8년 후인 BC 30년에는 오랜 내전도 마침내 종식되었다. 야누스 신전의 문은 전시에는 열리고 평화시에는 닫혔지만, 누마 왕의 치세가 끝나고 한번 열린 문은 제1차 포에니 전쟁이 끝난 몇 년 뒤인 BC 235년 1년간을 제외하고는 악티움 해전이 끝날 때까지 계속 열려 있었다. BC 29년 이제 그 문이 굳게 닫힌 것이다. 이제 시인의 불안은 희망으로 바뀌었으며, 신들에게 감사하고 싶은 심정이었다. 승자가 누구인가는 중요하지 않았다. 아마도 마이케나스가 호라티우스에게 옥타비아누스가 얼마나 평화를 확립하려고 노력하고 있는지에 대하여 열심히 설명했기 때문일지도 모른다. 그래서인지 옥타비아누스에 대한 호라티우스의 생각은 찬탄으로 바뀌었으며, '팍스 로마나(註. Pax Romana는 로마에 의한 평화를 의미)'는 그의 손에 의해 생동감 있게 표

현되었다. 그는 이제 인생과 타협하여 그 한계를 깨닫고 그 안에서 행복을 찾는 사람으로 바뀌었다. 그리고 격렬한 성품이었던 그가 비로소 자신의 허물을 알고 남의 허물에 대해서는 단지 충고하는 정도로 그치는 너그러운 아량을 가지게 되었다. 호라티우스는 자신의 변화된 생각을 표현하듯 서정시 1권에서 이렇게 읊조렸다. "현재를 즐겨라!(카르페 디엠Carpe diem!)"(註. 훗날 세네카 또한 현재에 최선을 다하라는 의미로 이렇게 말했다. "내일에 매달리다가 오늘을 놓쳐 버리니 이는 인생의 가장 큰 장애물일 뿐이다. 그것은 운명의 여신이 가진 것을 탐내다가 자신이 가진 것을 놓치고 마는 것이니, 그대는 무엇을 원하며 어디로 가는 것인가? 미래는 모두 불확실한 법, 그러니 현재를 살아라.") 이렇듯 강요된 것이 아닌 작가의 자연스러운 생각이 없었다면 2천 년 뒤에도 생명을 유지하는 그의 탁월한 작품은 아마도 탄생하지 못했으리라.

○ 호라티우스에게 마이케나스는 문예 후원자일 뿐 아니라 삶의 기쁨과 생활의 토대를 마련해 준 사람이었다. BC 31년 마이케나스가 티부르에서 얼마 안 떨어진 사비니 지방의 농장 한 곳을 호라티우스에게 주었는데 그곳은 호라티우스가 가장 아끼는 재산이 되었다. 한번은 아우구스투스가 마이케나스를 통하여 호라티우스를 자신의 서기로 두고 싶다는 뜻을 전했지만, 호라티우스는 건강이 허락하지 않아 마이케나스의 식탁을 떠날 수 없노라며 정중히 거절했다. 이 일로 아우구스투스는 그에게 노여워하기는커녕 오히려 이렇게 말했다. "황궁이 그대의 집인 양 언제든지 와서 어떠한 특권을 누려도 좋소. 이것이 내가 그대와 맺고 싶었던 관계지요." 그렇다고 해서 호라티우스가 아우구스투스에게 아부하지는 않았다. 아우구스투스가 호라티우스

의 『대화집』에 자신에 대한 언급이 없는 것을 알고 불쾌감을 드러내자, 호라티우스가 이렇게 둘러대었기 때문이다. "혼자서 그렇게 많은 짐을 짊어지고 있는 당신을 제가 그토록 오랫동안 대화에 붙잡아 두면, 저는 공공의 이익에 반하는 죄를 범하는 것이지요."

○ 죽음을 눈앞에 둔 마이케나스가 이를 두려워하자 호라티우스는 그를 위해 감동적인 시를 썼는데 그 시에서 "자네가 앞장서면 우리도 함께 갈 것이네. 우리 함께 모든 길이 끝나는 곳에 나설 준비가 되어 있지 않은가, 헤어질 수 없는 친구여!"라고 읊조렸다. 그는 시에서 읊조린 약속을 지켰다. 마이케나스가 죽고 2달 뒤 호라티우스가 죽었기 때문이다. 호라티우스는 죽음에 임박해서 말하기를 "내가 죽으면 에스퀼리누스 언덕에 있는 마이케나스의 무덤 옆에 묻어 달라."고 했다. 그의 유언은 그대로 실행되었다. 호라티우스에게 마이케나스는 인생의 길을 비추는 가등 같은 존재였고 진정한 격려자요 위안자였다.

※ 유벤투스(juventus)의 조직화(BC 5년)

≪후계자 선정에 골몰한 아우구스투스는 외손자를 양자로 맞아 후계 구도를 마련하고, 황태자를 보필하는 조직을 구성했다. 그런 점에서 아우구스투스는 체제를 조직화하고 기정사실화하는 데 천재성을 보였다.≫

○ 아우구스투스는 아그리파와 율리아 사이에 태어난 외손자이자 양자인 가이우스와 루키우스에게 각각 만 15세 때 전례에도 없는 예정 집정관이라는 관직을 주도록 원로원에 승인을 요청했다. 이것은 아내인 율리아와의 불화 등으로 아우구스투스의 허락도 없이 관직에서 은퇴해 버린 티베리우스의 공백을 빨리 메울 필요가 있었기 때문이다. 아우구스투스는 이들 양자에게 관직과 원로원 의석까지 주었지만 일반 시민들에게도 인정을 받아야 할 필요성을 느꼈다. 그래서 생각해 낸 것이 유벤투스(juventus소년단)의 창설이었다.

○ 하지만 소년들로 구성된 이런 종류의 단체는 아우구스투스가 처음으로 구상한 것이 아니라 예전부터 있었던 것을 아우구스투스가 좀 더 조직화하고 상설화한 것뿐이었다. 유벤투스는 신체 단련과 협동정신 습득을 목표로 내건 만 9~17세 소년들로 구성된 단체였다. 만

▌루키우스 카이사르를 기리는 비석 (루키우스 카이사르가 살아 있을 때 원로원에서 바쳤다.)

9~13세의 유베네스 미노레스와 만 14~17세의 유베네스 마요레스로 나뉘었다. 아우구스투스는 유벤투스의 총재(프린켑스 유벤투티스 princeps juventutis) 자리에 가이우스 카이사르를 앉히고, 부총재 자리에는 루키우스 카이사르를 앉혔다. 유벤투스 단원들은 아우구스투스의 비호로 가이우스와 루키우스가 유벤투스를 이끌게 되자 그들에게 둥근 방패와 투창을 수여하면서 크게 환호하며 맞았다. 이는 아우구스투스가 후계자 구도의 속마음을 드러내는 것이었다.

○ 아우구스투스가 후계자를 위한 노력은 그뿐만이 아니었다. 집정관직의 기간을 BC 5년부터 점차로 축소하더니만 BC 2년에는 마침내 6개월로 확정했다. 이는 자신이 발굴한 젊은이들이 가급적 많은 수가 집정관이 되어 두 후계자들을 보필할 수 있도록 조치한 것이다. 아우구스투스는 6개월짜리 집정관에게도 종전과 똑같은 권위가 있음을 보여 주기 위해서 BC 5년과 BC 2년에 스스로 집정관직에 오르기도 했다.

○ 하지만 양손자에 대한 아우구스투스의 정성스럽고 지극한 사랑은 오래가지 못하고 몇 년 후 멈추었다. 왜냐하면 AD 2년 루키우스가 히스파니아 원정 중에 병으로 죽고, AD 4년 가이우스마저 아르메니아를 공격하다 입은 부상이 악화되어 죽었기 때문이다. 아우구스투스로서는 황위 계승자가 시련을 견디고 강인해지기를 바랐을 터이지만 외국의 풍토는 이탈리아와는 판이했고 게다가 그곳이 전쟁터였다면 위험성은 한층 더 높았다. 물론 가이우스의 죽음 뒤에는 티베리우스가 개입되었다는 소문이 끊임없이 나돌았다.

✳ 아우구스투스에 대한 리비아(Livia)의 사랑법

≪냉철한 여인 리비아는 생사고락을 함께했던 남편 클라우디우스를 떠나 적의 품에 안겼다. 남편과 아들을 버리고 새로운 배우자를 선택한 그녀는 여간내기가 아니었다. 그녀는 새로운 남편의 뜻을 오롯이 따랐으며 여자로서의 기본적인 감정까지 보류했다. 그리고 마침내 자신의 아들이자 클라우디우스의 아들을 황위에 올렸다.≫

○ BC 39년 미세눔 협약에서 섹스투스 폼페이우스는 살생부에 이름이 나붙어 망명하고 있는 자들의 권리 회복과 안전 보장을 요구하여 이를 성립시켰다. 그리하여 아우구스투스는 미세눔 협약에 따라 많은 자들의 권리를 회복시켜 주었다. 이탈리아를 떠나 곳곳에서 피난 생활을 해야 했던 클라우디우스 네로(Tiberius Claudius Nero)도 이때 로마로 돌아와서 아우구스투스를 알현했다. 그때 아우구스투스는 클라우디우스의 아내 리비아 드루실라를 보고 한눈에 반해 버렸다. 물론 아우구스투스가 아직 옥타비아누스로 불렸던 때였다. 사랑의 늪에 빠진 아우구스투스는 가슴앓이를 하다 마침내 리비아의 남편 클라우디우스에게 당신의 아내를 사랑하니 결혼하게 해 달라는 가당찮은 청을 넣었다.

○ 자신의 아내를 달라는 최고 권력자의 요구를 클라우디우스 네로는 거절하지 못했다. 아니, 온순하게 승인했다. 클라우디우스 네로는 여러 번 변신을 거듭했으나 폼페이우스 파로 분류되어 있었고 미세눔 협약에 따라 귀국이 허용되었지만 아직은 아우구스투스의 관용이 필요했기 때문이다. 그는 원래 삼두 정치에 반대하는 자였으나

BC 49년 내전이 발발했을 때 카이사르 편에 섰고, 카이사르가 살해당하자 공화파 동료에게로 갔다. 그러다가 필리피 전투에서 공화파가 패하자 잽싸게 안토니우스의 추종자가 되었고 그 덕에 BC 41년 법무관에 선출되기도 했다. 그때의 집정관은 안토니우스 동생 루키우스였는데, 그가 페루시아에서 반란을 일으키자 루키우스를 따랐다. 페루시아가 아우구스투스 군에게 함락되어서도 그는 항복하지 않고 간신히 아내와 아이를 데리고 네아폴리스(註. 현재 지명 '나폴리')로 도망쳤다. 아우구스투스 군이 그곳까지 쳐들어오자 밤중에 어린 티베리우스를 안고서 이번에는 시킬리아에서 진영을 치고 있던 섹스투스 폼페이우스에게로 도망쳐 의탁했으나 환영받지 못했다. 아마도 클라우디우스를 받아들이면 난처한 경우가 생길 수 있다는 섹스투스의 판단 때문이었던 것 같다. 그 이후 클라우디우스 가족은 그리스의 안토니우스에게로 갔고, 안토니우스는 그들을 스파르타로 보냈다. 그러나 그곳에서도 얼마 있지 못하고 위험을 무릅쓰고 다른 곳으로 피신해야 했다. 그즈음 미세눔 협약이 체결되고 섹스투스가 권리를 회복시켜 줄 망명자의 명단에 클라우디우스의 이름을 적어 넣어 이탈리아로 돌아올 수 있었다.(註. 옥타비아누스는 양아버지 카이사르를 흉내 내어 정적들에게 관용책을 폈다. 그러면서 자신의 업적록에 이렇게 썼다. "나는 세계에서 전쟁을 벌여 승리를 거두었을 때는 사면을 청하는 모든 자에게 자비를 베풀었다." 이는 카니디우스를 비롯하여 처형된 자가 많았으므로 과장된 것이긴 해도 실로 그는 자신에게 반대하고 안토니우스를 두둔했던 BC 32년도 집정관 소시우스를 다시 등용하는 등 많은 자들에게 관용을 베풀었다. 그러나 그는 안토니우스에 대한 국가 기록을 영원히 삭제했고, 거리마다 세워진 조각상도 부수었다. 나중에 철회되기는 했지만 안토니우스 씨족은 마르쿠스라는 이름을 사용할 수 없다는 결정을 내렸고, 안토니우스의 생일은 공무를 수행할 수 없는 디에스 네파스투스dies nefastus, 즉 '불길한 날'로 정하여 사후에도 치욕을 주었다.)

○ 이러한 클라우디우스의 행동을 비판하는 것은 아주 쉬운 일이다. 그러나 당시 로마 상류층의 많은 자들이 똑같은 갈등에 직면했고 똑같은 변덕과 모순을 보여 주었다. 클라우디우스는 용서받아 이탈리아로 돌아올 수 있었지만 페루시아에서 끝까지 항거한 것을 보면 진정한 면에서 그는 아우구스투스의 적이었다.

○ 아우구스투스가 청혼을 빨리 한 만큼이나 리비아의 청혼 수락도 빨랐다. 리비아는 배 속에 있던 드루수스를 낳은 지 며칠 후에 아우구스투스와 재혼했다. 사실 클라우디우스와 리비아는 친척 간이었다. 어쩌면 아우구스투스는 유서 깊은 클라우디우스 가문의 여자와 결혼하여 자신의 가문을 한

| 리비아 드루실라

단계 올려놓고 싶었는지도 모른다. 왜냐하면 필리피 전투에서 전사한 리비아의 아버지는 호민관 리비우스 드루수스가 입양한 클라우디우스 가문의 사람이었기 때문이다. 아우구스투스의 아버지인 옥타비우스가 법무관까지 지낸 신흥 귀족이었지만 사회적으로는 아직 기사 계급의 가문으로밖에 인정받지 못했다. 사실 아우구스투스는 리

비아와 결혼 전까지만 해도 전통 귀족 가문의 사람으로서는 칼비누스(Gnaeus Domitius Calvinus)만이 적극적인 지지자였으며, 다른 귀족들은 살생부를 만들어 수많은 사람들을 죽인 아우구스투스의 행동과 권력을 향한 야망 때문에 은밀한 반감을 가지고 있었다. 하지만 리비아와 결혼을 하자마자 효과는 즉시 나타나 풀케르(Apius Claudius Pulcher)와 메살라(Marcus Valelius Messalla)가 재빨리 그의 지지자로 돌아섰다.

○ 클라우디우스는 아내를 양보했을 뿐만 아니라, 결혼식 날 아버지가 죽고 없는 리비아를 위해 신부를 신랑에게 인도하는 들러리 노릇까지 했다. 아우구스투스는 결혼과 이혼을 반복하던 당시 로마 상류층의 풍조와는 드물게 죽을 때까지 리비아와 해로했다.(註. 아우구스투스가 리비아에게 사랑을 고백했을 당시 정략결혼한 두 번째 아내 스크리보니아는 배 속에 율리아를 잉태하고 있었다. 율리아는 태어나던 날 아버지에게 이혼당한 어머니가 황궁에서 쫓겨났고, 커서는 아버지의 정책에 따라 정략결혼의 대상으로 이용당했으며, 그리고 나중에는 간통죄를 저질렀다는 이유로 아버지에 의해 16년이란 기나긴 세월 동안 유배 생활을 하다가 아버지 아우구스투스가 죽던 해에 그녀도 생을 마감했다. 율리아가 성적으로 문란했던 것은 사실이었으나, 남편인 티베리우스가 그녀에게 냉담했기 때문이다. 박식하고 다정하며 인간적인 성품을 지녔던 그녀는 평생을 애정 결핍에 괴로워한 여인이었다.)

○ BC 38년 아우구스투스와 결혼할 때 리비아는 클라우디우스의 아들인 티베리우스와 드루수스를 슬하에 두고 있었다. 그중 둘째 아들 드루수스는 아우구스투스의 사생아란 소문이 나돌기도 했다. 왜냐하면 아우구스투스가 리비아에게 청혼할 때까지만 해도 드루수스가 아직

▌아우구스투스와 리비아의 응접실

도 리비아의 배 속에서 자라고 있었기 때문이다. 그래서 아우구스투스는 임신 중인 여자와 출산 전에도 합법적으로 결혼할 수 있는지를 제사장들에게 묻기도 했다. 이런 우여곡절을 거쳐 리비아는 마침내 드루수스를 낳은 지 3일 후에 남편과 이혼하고 다음 날 아우구스투스와 결혼할 수 있었다.

○ 여러 정황으로 보면 아우구스투스는 리비아와 결혼하기 전부터 그녀와 간통하고 있었다. 훗날 어떤 자가 간통 상대였던 유부녀와 정식 결혼을 했지만 과거에 간통했던 일로 고발을 당해 아우구스투스 앞에 서서 재판을 받게 되자, 자신도 똑같은 죄를 저질렀던 그는 과거를 잊고 미래로 생각을 돌리면 이런 일이 일어나지 않으리라고 둘러댔다. 한참 나중의 일이긴 하지만 유스티니아누스의 칙법휘찬(Codex)에 따르면 224년 알렉산데르 황제의 칙령에 간통한 여자와 결

혼한 남자는 결혼 후에 자신의 아내를 기소할 수 있다고 해석했다.

○ 리비아가 아우구스투스와 결혼할 때 갓난아이였던 드루수스는 어머니와 함께 황궁에서 살았지만, 부부가 이혼할 때 자녀는 아버지의 슬하에 남는 관습에 따라 아버지 클라우디우스와 함께 살던 어린 티베리우스는 5년 후 아버지가 죽자 혼자 남게 되었다. 어린 티베리우스가 혼자 남게 되자 이를 안타깝게 여겼던 리비아는 아우구스투스의 허락을 받아 티베리우스를 황궁으로 데려올 수 있었다. 아우구스투스는 대를 이을 자손이 귀했으며 태어나더라도 쉽게 사망했다. 소문에 따르면 리비아가 독약으로 살해했다고도 한다. 아우구스투스의 피붙이들이 모두 죽자 결국은 리비아가 데려간 클라우디우스의 큰아들 티베리우스가 황위를 계승했다. 클라우디우스는 그것까지 계산하여 복수한 것인지도 모른다.

○ 리비아는 아우구스투스의 뜻에 절대로 거역하지 않았다. 그의 시간을 빼앗지도 않았으며, 그가 좋아하는 것을 제지하지도 않았다. 간통 금지법까지 입안하고 자신의 딸과 외손녀를 간통죄로 유배까지 보냈던 아우구스투스지만 자신의 여성 편력은 대단했다. 클레오파트라와 놀아난다며 그가 안토니우스를 경멸하자, 안토니우스는 자신은 오직 여왕만을 사랑하지만 아우구스투스의 침대에는 어떤 여자가 누워 있는지도 모른다고 비난할 정도였다. 리비아는 이렇듯 호색한인 남편 아우구스투스에게 여자까지 물색해 주었다고 한다. 아테네 정치가 페리클레스, 알키비아데스와 더불어 고대 서양 3대 미남 중 하나로 꼽히는 아우구스투스는 수많은 여성을 취했지만, 그는 황위를 계승할 아들조차 남기지 못하고 혈연에 대한 집착을 포기한 채 결국 티베리우스에게 제위를 물려줄 수밖에 없었다. 훗날 이를

두고 大 플리니우스는 아우구스투스가 적의 아들을 후계자로 남겼다고 빈정대었다.

✺ 바루스(Varus)의 게르마니아 통치(9년)

≪카이사르는 통치에 방해되지 않는다면 갈리아의 관습과 방식을 존중했을 뿐 아니라, 수많은 족장들의 딸과 정략결혼도 서슴지 않았다. 통치 방법은 기술이며, 설익은 체제에서 기존의 관습을 무시하는 것은 위험한 시도였음이 바루스의 실패로 입증되었다. 야만의 습성이 밴 자들에 로마의 지배 방식은 그들의 자유로운 삶을 억압하고 재물을 수탈하는 것으로만 보였을 뿐이다. 이로써 정치적으로 미숙했던 바루스는 카이사르의 성공적인 전례를 따르지 못하고 파멸했던 것이다.≫

○ 수년에 걸친 게르마니아의 정복 사업은 티베리우스의 엘베강(註. 당시 명칭 '알비스강') 재도달을 기점으로 게르마니아 정복을 종결지었다고 판단되었다. 로마는 이곳의 총독으로 아그리파의 사위이자 집정관과 시리아 및 아프리카 등 평화로운 원로원 속주의 총독을 지낸 바 있는 퀸크틸리우스 바루스(Publius Quinctilius Varus)를 임명했다. 고대 역사가들은 그의 역량을 낮추어 보는 경향이 있지만 그것은 토이토부르크 숲에서의 참변을 조명한 결과일 뿐, 사실 BC 4년 그는 헤롯 왕 사후의 유대 통치 문제를 능숙하게 처리하는 등 탁월한 행정력

을 가진 총독이었다. 따라서 바루스를 게르마니아에 파견한 것은 군사적 정복을 마치고 피정복지를 행정적으로 로마화하는 작업에 착수했다고 볼 수 있었다.(註. 학자에 따라서는 바루스가 시리아 총독으로 있을 때 예루살렘 반란의 진압을 살펴보면 그의 군사적 역량 또한 뛰어났다고 평가하기도 한다. 그가 토이토부르크 숲에서 참패한 것은 군사적 역량이 부족했기 때문이 아니라 그곳의 상황을 제대로 파악하지 못했기 때문이라는 것이다.)

(註. 바루스는 옥타비아의 딸인 小 마르켈라의 딸 클라우디아 풀크라와 결혼했다. 小 마르켈라는 한때 아그리파의 두 번째 아내였으며, 아그리파는 그녀와 이혼한 다음 율리아와 세 번째 결혼을 했던 것이다.)

▌엘베강 ___ 출처 : 두피디아

○ 그러나 로마는 게르마니아가 완전 로마화되기까지는 시간이 좀 더 걸리고 완충적인 행정이 필요하다는 사실을 간과했다. 그렇지 않았다면 정복한 지 얼마 되지도 않은 위험한 지역에 군사적 역량이 뛰어나기보다는 행정가였던 바루스를 총독에 임명했을 리가 없다. 카이사르가 갈리아를 정복하고서도 그곳의 지배층 권한을 최대로 보장하기 위하여 세금의 징수를 징세업자에게 맡기지 않고 갈리아의 지배층이 세금을 거두어 로마에 납부하게 하는 등의 방법을 택한 것

도 바로 그런 이유 때문이었다. 그로부터 24년이 지나서야 갈리아는 징세업자들에게 세금의 징수를 맡겼던 것이다.(註. 푸블리카누스 publicanus는 공무대행업자로서 세금징수 업무를 맡았으므로 곧 징세업자다. 이들은 로마 행정관 앞에서 입찰을 벌여 가장 높은 수확 예상량을 제시한 사람이 낙찰되었는데 수확 예상량의 10%는 속주세로 국가에 납부하고 0.4%는 자신들의 수입으로 가져갔다. 낙찰자는 속주세를 선불로 국가에 납부했고, 농부들에게는 세금을 지불할 날짜를 명시한 합의서에 서명을 받았다. 따라서 낙찰된 징세업자는 가장 높은 수확량을 예견한 자이므로 당연히 세금 징수에서 냉혹했고, 속주민들은 그들에게 저항감을 가질 수밖에 없었다. 학자들의 연구에 따르면 1세기 때 매년 징수된 속주세가 2억 5천만 데나리우스에 달했다고 한다. 이런 폐단을 없애기 위해 BC 47년 카이사르가 아시아 속주에서 징세업자 대신에 지방 정부에게 세금 징수를 맡겼고, 제정 초에 전체 속주가 이 방식을 따랐지만, 이때까지 갈리아에서는 징세업자가 활약한 것으로 보인다.)

○ 카이사르의 휘하에 있던 히르티우스(註.『갈리아 전쟁기』제8권과『알렉산드리아 전쟁기』를 집필했으며, BC 43년 집정관이었을 때 무티나 전투에서 사망했다.)의 기록에 따르면 카이사르는 무엇보다도 점령지의 부족들과 우호 관계를 유지하고 또다시 전쟁이 일어날 여지를 없애는 데 최선을 다했다고 전한다. 따라서 카이사르는 부족의 명예를 지켜 주고 부족의 지도 계층들을 후대했으며 무거운 부담을 주지 않았다. 그리하여 갈리아인들이 로마에게 종속된 상태를 견딜 수 있게 했고 수많은 전쟁의 상흔으로 쇠잔하고 고통받은 그들을 평화로 인도했다고 히르티우스는 서술했다. 하지만 바루스는 슬기로웠던 전례를 이해하고 따를 만큼 지혜롭지 못했다. 그는 로마화가 오

랫동안 이루어진 히스파니아나 갈리아 남부 지역처럼 게르마니아를 통치했다.

○ 그러나 게르만족은 아직 문명의 물결이 닿지 않아 사치와 화폐의 필요성을 느끼지 못했고, 야만성에 기초한 그들의 숭무 정신은 죽음을 두려할 줄 몰랐다. 게르만 병사들은 보병이든 기병이든 무기로는 창과 활로 무장했고 검으로 무장한 경우는 드물었다. 그들은 갑옷과 투구조차 없었고, 허술한 방패로 자신의 몸을 막는 정도였다. 이러한 사정은 1세기 때만 아니라 3세기까지도 거의 변함이 없었다. 타키투스에 따르면 게르만족은 평온이 길어지면 부족의 활기가 떨어진다고 생각하여 전쟁을 벌이고 있는 이웃 부족에 일부러 찾아가서 참전하기도 했다고 한다. 이러한 자들은 자신을 압도하는 군사력 앞에서만 경의를 나타내기 마련이지만 바루스는 장군 타입이 아니라 행정가였다. 바루스는 그곳에 도로와 도시를 건설하고 무역을 장려하며 로마법을 도입하여 신속히 로마화한다는 방침을 정했다. 그는 그곳에 필요한 것은 군사적 임무가 아니라 치안과 질서 유지와 같은 행정 업무라고 생각했다. 게다가 판노니아와 달마티아에서 시작된 반란으로 재정이 어려워지자 아우구스투스는 이를 메우기 위해 세금을 부과했는데 신설 속주 게르마니아에서도 예외가 아니었다. 그런데 바루스는 아우구스투스에게 잘 보이려고 그랬는지 징세업자를 통하여 게르마니아 부족들에게 과도한 세금을 매기는 실수를 저질렀다.

○ 그때까지도 게르만족의 야만성은 꺼지지 않은 불씨가 되어 그대로 남아 있었다. 힘도 없는 총독에게 자신의 권한과 권리가 침해당했다고 생각한 게르만 지배층은 항거의 깃발을 내꽂고, 바루스가 지휘하

는 로마군을 기습 공격했다. 게르만족 병사들에게 불의의 습격을 받은 로마군은 게르마니아 중부의 토이토부르크 숲(Teutoburger Wald)에서 3개 군단과 기병대 등을 포함하여 총 3만 5천 명의 병력이 섬멸되는 충격적인 패배를 안고 말았다.(註. 최근의 발굴에 따르면 로마 군단이 전멸한 곳은 독일 오스나브뤼크 근처의 칼크리제 늪지대로 밝혀졌다.)

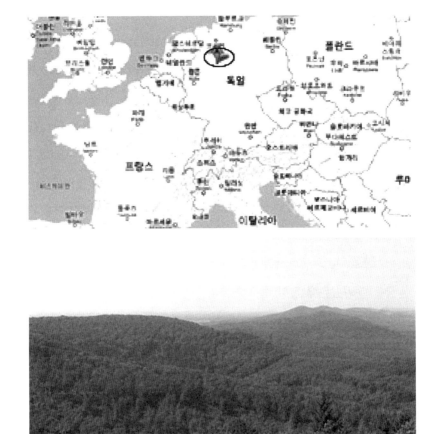

▌토이토부르크 숲

승리한 게르만족들은 미개한 야만성의 표현으로 로마법과 변호사들을 특히 혐오했으며, 어떤 자는 변호사의 혀를 자르고 입을 꿰매는 잔혹한 방법으로 경멸을 나타냈다. 이 사건 이후 아우구스투스는 이탈리아에서 소요가 일어날까 두려워 병사들이 도시를 순찰하도록 명했고, 황실 호위대에서 근무 중인 게르만족 병사들을 믿을 수 없었기에 여러 섬으로 보냈으며, 갈리아인과 게르만인 공동체를 도시에서 몰아냈다.(註. 게르만의 야만성은 베네드족의 경우 병들어 쓸모없어진 부모를 게르만 북부의 황량한 루네부르크 숲에 버리는 풍습이 있을 정도였다. 이는 게르만 판 고려장이라 할 수 있다. 그러나 궁핍으로 노인을 학대하는 것은 다른 민족에게도 있었다. 사르디니아섬에서는 가족에게 짐이 되는 노인을 독살하는 관습이 있었으며, 독을 삼킨 노인은 얼굴이 비틀어지고 입을 벌린 채 죽었는데 그 모습이 냉소적인 웃음을 띠는 것과 같았다고 한다. 심지어 로마에서도 기원전 390년 갈리아의 세노네스족에게 공격당하여 포위되었을 때 식량 부족으로 60살이 넘은 노인들을 티베리스 강에 빠뜨려 죽였다는 참혹한 이야기가 전해진다. 이와 같이 사회적 약자인 노인들에 대한 학대는 게르만의 야만성 앞에만 놓인 것이 아니라 여러 민족에게 볼 수 있는 비인간적인 폐습이었다.)

│ **마음에 새기는 말** │

공정 과세는 선정의 근간이다.

• 고대 게르마니아

고대 게르만족은 의식을 치를 때 사용하는 부호로밖에 볼 수 없는 룬 문자를 겨우 사용하는 정도여서 문자가 없던 문맹족이었다.(註. 로마 제국은 고대였다는 점을 감안하면 문맹률이 매우 낮았다. 그렇더라도 라틴어뿐 아니라 그리스어를 모두 완벽하게 구사할 수 있는 계층은 원로원 계급 정도였다.) 따라서 그 옛날 자신들의 정복사를 기록할 수 없었고,

▌ 룬 문자

그 이후 로마인들과 경쟁하면서 비로소 로마인들에 의해 그들의 존재가 기록되기 시작했으므로 게르만족에게 통치받고 있던 종족들의 역사는 기록에서 쉽게 무시되었다. 그러나 고대 게르마니아에 있는 강들의 이름을 분석해 본 결과, 갈리아족과 게르만족 외에 제3의 종족이 존재했다는 사실이 밝혀졌다. 그들 종족은 로마인들이 도착하기에 앞서 갈리아족과 게르만족의 통치를 받고 있어 게르마니아 역사에 알려지지 않았을 뿐이다.

게르만족은 로마사에 종족 이름이 거론되기 훨씬 전부터 발트해 연안에서 동서남으로 주기적인 팽창을 거듭해 왔으며, 그들의 영토 팽창은 고대 그리스 사료에도 나와 있을 만큼 큰 소동을 야기했다. 다만 로마사에 나오는 게르만족의 정복 전쟁은 로마인들뿐만 아니라 인접 종족들까지 기록이 철저했던 로마 역사가들에 의해 더 잘 알려졌을 뿐이다. 그러니까 게르마니아는 게르만족만 살고 있던 땅이 아니라 잡다한 여러 종족이 게르만족 지배하에 있었던 영토였다.

❀ 아르미니우스(Arminius)의 투쟁(9년)

≪역사는 결과에 따라 서술된다. 만약 바루스가 아르미니우스를 신뢰하지 않았고 그 결과 패전하고 말았다면, 역사가들은 휘하 참모를 신뢰하지 않는 지휘관은 승리할 수 없다고 서술했으리라. 역사로부터 배우는 것은 중요하다. 하지만 현실에서 더욱 중요한 것은 상황을 적확히 판단하는 유연성과 통찰력이다.

세게스테스는 갈파했다. "로마와 게르마니아의 이익이 똑같이 중요하고 전쟁보다는 평화가 더 소중하다." 반면에 아르미니우스는 검을 치켜들고 부르짖었다. "나는 무장한 로마군에 당당히 도전하여 그들을 섬멸하고 불명예와 예속보다는 영광과 자유로 부족을 이끌었다." 그들은 서로가 자신의 정의로움에 한 치의 의심도 그리고 양보도 없었다.≫

○ 아르미니우스(註. 독일식으로 '헤르만' 곧 '戰士'라는 뜻)는 게르만의 한 부족인 케루스키족의 족장 아들로 태어났다. 티베리우스의 게르마니아 침공기에 케루스키족도 로마에 굴복하였기에 아르미니우스는 로마의 보조 부대에 복무하여 기병대를 지휘했다. 보조 부대원이라도 지휘관은 그 직책을 맡고 있을 동안에는 로마 시민권을 주는 관례에 따라 아르미니우스도 로마 시민권을 가지고 있었다. 게다가 그는 군사적 능력을 인정받아 곧 기사 계급으로 신분이 상승했다.(註. 애초에 기병은 에퀘스eques라고 하며 사회적으로 경제적 능력이 뛰어난 자들의 계급이었다. 왜냐하면 전투에서 말을 갖출 수 있는 능력이 되려면 상당한 재산이 있어야만 했기 때문이다. 그러나 마리우스의 군제 개혁 이후

로 군단에 소속되어 실제로 전투를 담당하는 기병들은 동맹국 병사들이었다. 따라서 군대 내에서 기병은 로마 시민으로 구성된 군단병보다 신분이 낮았다. 다만 에퀘스란 말은 기사란 의미로 그대로 남아 원로원 계급 다음 가는 사람들로 불리었다. 에퀘스의 복수형은 '에퀴테스equites'.

　로마가 태동했을 때 부유한 자들은 사비를 들여 말을 마련한 후 참전했지만 BC 5세기 말 베이이와의 전쟁 중에 국가에서 공마公馬를 마련해 주고 말의 사육비까지 지급했다. 국가는 이 비용의 조달을 위해 부유한 과부와 고아들에게 3분의 2를 부담시켰는데 이는 병역 의무를 대신한 것으로 보인다. 그러나 BC 4세기 중반 국가가 말 사육비를 주어서는 안 된다는 보병들의 항의가 있자 말 사육비는 공마 보유자의 부담으로 떠넘겨졌다. 하지만 말을 유지 관리하는 것은 많은 비용이 소요되어, 훗날 공마 반환법이 제정되었을 때 이 법에 의해 공마를 반환하는 것은 뇌물을 받는 것과 같다고 비난받았다.) 신분 상승에 매우 보수적인 아우구스투스 시대에 신분이 승격했다는 것은 아르미니우스가 얼마나 눈부신 공을 세웠는가를 말해 준다.

○ 총독 바루스는 케루스키족이 불온한 움직임을 보이자 원정을 준비했다. 그러면서도 아르미니우스와 세게스테스(註. 아르미니우스와 세게스테스는 모두 로마의 기사 계급을 부여받았다.)가 서로 반목하여 분리될 것으로 예상하며 낙관했다. 이는 적들이 로마와의 항거에 집중하기보다는 내분에 휘말려 자기들끼리 싸우던 경우가 빈번하던 것을 기대하며 '분할하여 통치하라(Divide et impera).'는 지배의 원칙을 충실히 따르고자 한 것이다.

○ 세게스테스(註. 독일식으로는 '지그스토스')는 아르미니우스가 모반을 꾀할 때마다 로마군에 알려 주었지만 로마 관리들이 모반자 색출에

열의를 보이지 않자, "아르미니우스와 나 그리고 부족의 주요 인물들을 모두 가두어 두고 심문하여 모반자를 가려야 돌이킬 수 없는 파멸을 막을 수 있을 것이오." 하며 화를 내기도 했다. 아르미니우스가 부족의 독립과 자유를 위해서 그리고 세게스테스가 강대국 로마와의 불필요한 충돌을 피하고 평화를 위해서 서로 간에 의견이 충돌되었던 것은 부족의 앞날을 걱정하는 마음 외에도 사적인 감정도 있어 한층 더 불타올랐다. 왜냐하면 세게스테스는 다른 자에게 시집갈 예정이었던 자신의 딸을 아르미니우스가 강탈하여 아내로 삼았다고 생각했기 때문이다. 하지만 세게스테스의 주장과는 달리 그의 딸은 아버지보다는 아르미니우스와 뜻이 같았으며 따라서 강제로 납치된 것이 아니라, 아버지의 뜻에 반감을 품고 아르미니우스를 따라간 듯했다.

○ 혈연이나 결혼 관계로 맺어진 사이는 뜻이 같을 경우 두 사람의 사이를 더욱 가깝게 하겠지만, 서로를 증오할 경우에는 아무런 관계가 없는 사람보다도 분노가 더욱 커지게 마련이다. 경쟁하던 두 사람은 서로가 사사건건 부딪혔지만 부족민에 대한 영향력은 대개 선동가가 더 강하듯이 아르미니우스의 지배력이 세게스테스를 능가했다. 더군다나 게르마니아의 야만족들은 대담하고 저돌적인 인물일수록 더욱 더 신뢰와 존경을 받았다.(註. 이런 이유로 15년 게르마니쿠스가 게루스키족을 정벌할 때, 결국 세게스테스는 부족민의 협박과 폭력을 견디지 못하고 로마군에 사절단을 보내어 도움을 요청하기에 이르렀다. 사절단에는 세게스테스의 아들 세기문두스도 같이 보냈는데, 그는 지난날 로마에 반기를 든 것을 의식하고 처음에는 사절단의 일행으로 참가하지 않으려고 했다. 한때 세기문두스는 로마의 사제로 임명되었음에도 아버지의 뜻을 거역하고 로마에 반기를 든 무리 속에 뛰어든 적이 있었던 것이다.

그러나 세게스테스는 로마의 관용에 희망을 걸었으며, 로마군은 기대에 어긋나지 않게 아들을 흔쾌히 맞았고 호위대를 붙여 배웅까지 했다. 사절단이 돌아간 다음 게르마니쿠스는 아르미니우스를 공격해 세게스테스와 그 가족들을 구해 냈다.)

○ 상황이 이러함에도 총독 바루스는 아르미니우스를 신뢰한 나머지 아르미니우스가 뒤에서 공작을 꾸미고 있다는 세게스테스의 충고에도 귀를 기울이지 않았다. 마침내 아르미니우스는 자신에 대한 바루스의 신뢰를 이용하여 로마군을 속이기로 마음먹었다. 그는 바루스에게 카티족이 불온한 움직임을 보이고 있다고 말하면서 겨울 주

게르만 부족 분포 : 케루스키족, 카티족

둔지로 가는 안전한 길을 버리고 산림 지대로 로마군을 이동시키게 한 것이다. 그러면서 오히려 숲으로 난 길이 빠르고 안전하다고 로마군을 속였다. 이는 로마군이 넓은 평지에서는 막강한 전투력을 발휘한다는 것을 알고, 전투 대형을 짤 수 없는 숲과 늪 그리고 좁은 골짜기로 유인하여 바루스를 파멸시키기 위한 아르미니우스의 계략이었다.

○ 토벌군이라면 신속한 기동력으로 재빨리 대처해야 하는 것이 상책이지만, 바루스는 거대한 수송 마차들에다 비전투원과 병사들의 가족까지 동반하여 기나긴 행렬로 느릿느릿 움직였다. 9년 9월 9일 로마군이 출발한 지 얼마 후에 비바람이 몰아치고 나무가 빽빽한 숲속의 길을 택한 탓에 어디가 어딘지 알 수 없을 정도였다. 그때 길을 안내하던 아르미니우스가 안전을 기하기 위해서 우호적인 다른 게르만 부족을 불러오겠다며 부대를 떠났다. 그러나 얼마 후 정찰하러 갔던 로마 병사들이 매복해 있던 게르만족에게 살해당했다는 소식이 전해졌다. 바루스는 속았음을 깨달았지만 이미 때는 늦었다. 그는 최상의 방법이란 빨리 주둔지에 가는 길뿐이라고 생각하며 대부분의 마차를 불태워 버리고 꼭 필요하지 않은 짐은 모두 버리라고 명령했다. 바루스의 명령으로 조금 더 행군하여 앞으로 나아갔을 때 넓고 확 트인 장소가 나오자 모두 안심했다. 그러나 그것도 잠시뿐 또다시 깊은 숲이 나왔다. 로마군이 숲으로 들어가자 사방에서 게르만족의 공격이 시작되었다. 그들을 지휘하는 자는 아르미니우스였다. 로마군은 좁은 지형으로 인해 전투 대형을 짤 수조차 없었고, 내리는 비로 인해 활과 방패는 늘어지고 무거워졌으며, 군인 가족과 비전투원이 뒤섞여 있어 적의 공격에 무방비로 노출되었다. 게다가 게르만족은 게

▌ 퀸크틸리우스 바루스　　　　　　　▌ 아르미니우스
(독일인들은 패전하여 자결한 로마 장군과 로마에 항거한 게르만 부족장을 이렇게 표현했다.)

릴라전을 펼치고 있어 공격하려고 하면 도망갔기에 로마군은 제대로
공격 한번 시도하지 못했다.

○ 이 전투는 현재 독일의 오스나브뤼크 외곽 칼크리제에 위치한 토이
토부르크 숲에서 발생했다. 이때 3일 동안의 전투에서 로마군은 아
르미니우스가 거느린 7만 5천 명의 게르만족에게 완패했으며, 3개
군단과 동맹군 그리고 1만 명이나 되는 비전투원 모두가 전멸하고 바
루스는 전투가 벌어진 현장에서 자살했다. 만약 이때 아르미니우스
가 마르코만니 족장 마로보두스와 손을 잡았다면 로마 제국은 이들
로부터 끔찍한 위협을 당했을 것이다. 실제로 아르미니우스가 마로

보두스에게 동맹을 맺자며 바루스의 수급을 보내기도 했지만, 마로
보두스는 아르미니우스를 증오했고 설령 동맹이 성립되더라도 동맹
군 수장 자리를 내주기 싫어했다. 그 결과 두 부족 사이에 동맹이 아
닌 전쟁이 일어나 그 덕에 로마는 숨 돌릴 틈을 찾았다.

○ 토이토부르크 숲에서 로마군이 섬멸당했다는 소식을 들은 아우구스
투스는 망연자실하여 몇 달 동안을 수염도 머리도 손질하지 않고 덥
수룩한 채로 "바루스! 나에게 군단을 돌려다오."라며 넋두리를 했다
고 전한다. 이때의 충격 때문인지 그는 죽기 얼마 전 더 이상 영토를
늘리지 말고 그 대신 이미 확보된 영토를 지킬 것을 당부했다. 이는
정복이라는 국가 정책의 기본 틀을 버리라고 요구한 것이나 다름없
었다. 이런 결정이 내려지자 황제의 측근 중에 입발림으로 살아가는
자들은 로마가 이미 세계 최고의 땅을 차지했고 그 나머지 땅은 불모
지나 다름없으니 지당한 말씀이라며 아부를 떨었다.

○ 로마는 바루스의 패배로 전멸한 3개 군단 즉 19, 25, 26군단의 명칭
을 다시는 쓰지 않았다. 이제까지 아우구스투스는 28개 군단을 상비
군으로 편성하고 있었지만, 토이토부르크 숲에서 3개 군단을 잃고
난 다음 25개 군단을 유지했다. 6년 후에 게르마니쿠스의 지휘로 패
전의 현장을 다시 찾은 로마군은 시체들의 뼈로 땅이 온통 하얗게 된
것을 목격했다고 전한다.

○ 아르미니우스가 게르마니아 해방자였다는 것은 의심할 여지가 없다.
이후에도 그는 요람기의 로마가 아닌 절정기에 달한 로마 제국에 도
전하여 언제나 호각지세의 전투를 계속했으며 결정적인 패배를 맛본
적이 한 번도 없었다.(註. 하지만 되짚어 보면 바루스는 세게스테스의
고발에도 불구하고 아르미니우스에 대한 신뢰의 끈을 자르지 않았기 때문

에 패배했다. 독일인들은 아르미니우스를 영웅시하지만 영웅이란 신뢰를 배신하여 승리를 얻지 않는 법이다.) 게르마니아의 깊은 숲에서 로마군을 괴롭히던 그는 마르코만니족과의 전쟁과 세게스테스 등 동족들의 공격에 시달리다가, 16년 비수르기스(註. 현재 '베저강')강변의 이디시아비소 평원에서 게르마니쿠스의 공격을 받고 결정적인 패배를 당하자, 얼굴을 온통 피로 칠하여 적이 자신을 알아볼 수 없도록 위장한 후 겨우 도망칠 수 있었다. 아르미니우스는 도망하는 데 성공했지만 평화를 원하는 동족들로부터 위협을 받다가 19년 결국 정적들에게 살해되고 말았다. 신은 경쟁하며 살던 두 사람에게 생명의 원천을 동시에 고갈시켰는지 그가 죽은 해는 게르마니쿠스가 죽은 해와 우연히도 일치했다.

☀ 마르키아(Marcia)의 입방정(14년)

≪마르키아는 황가의 은밀한 비밀을 분별없이 모두 발설했다. 그 비밀은 황제조차도 어찌할 도리 없는 황실의 치부이자 비극이 아니었던가? 더군다나 그녀는 어쩌면 적대감을 품고 있을지도 모를 황후에게 떠벌린 결과 남편의 죽음을 재촉했다. 황후 리비아로서는 자신의 아들 티베리우스가 제위를 이어 가는 데 포스투무스가 경쟁자일 뿐이었기 때문이다.≫

○ 아우구스투스의 외손자 아그리파 포스투무스(註. 아그리파와 율리아

사이에 태어난 포스투무스는 아버지가 죽은 후 태어난 유복자였다. 포스투무스postumus는 라틴어로 '유복자'를 의미.)는 포악한 성격으로 인하여 플라나시아(註. 현재 지명 '피아노사')섬으로 추방형을 받았다. 그는 격분하여 리비아에게 소리를 지르기도 했고, 아그리파의 유산을 물려받지 못하게 한다면서 아우구스투스를 비난하기도 했다. 다른 말에 따르면 그가 추방된 것은 아우구스투스의 결단이 아니라, 황후 리비아의 농간에 의해 아우구스투스의 판단이 흐려졌기 때문이라고 했다.(註. 아우구스투스는 간통죄로 유배형을 받은 딸 율리아와 외손녀 율리아 그리고 포스투무스를 '고름이 나오는 세 개의 종기'에 비유했다.)

○ 이는 다음과 같은 소문이 진실을 뒷받침한다. 아우구스투스가 몇 명의 친구들에게만 알린 채, 파울루스 파비우스 막시무스 한 사람만 데리고 플라나시아섬으로 갔다. 그곳에서 그는 외손자 포스투무스를

▌ 플라나시아섬

만나 이별의 슬픔과 현실에 눈물을 흘리며 서로 간의 애정을 확인했다. 그렇게 되자 포스투무스는 황궁으로 되돌아갈 수 있으리라는 희망을 품게 되었다.

○ 집으로 돌아온 막시무스는 아내 마르키아에게 이 사실을 털어놓았고, 마르키아는 다시 리비아에게 이에 대해 이야기를 늘어놓았다.(註. 마르키아는 아우구스투스의 의붓아버지 필립푸스의 손녀였다.) 하지만 리비아는 자신의 친아들 티베리우스가 AD 2년 로도스섬에서 귀환하여 AD 4년 아우구스투스의 양자된 후로 아우구스투스와 사실상의 공동 통치자가 되어 후계자 수업을 받고 있는 것에 만족해하던 차였다. 만약 포스투무스가 아우구스투스의 용서를 받아 유배지에서 풀려나온다면 끔찍한 내분이 있을 것은 뻔했다. 마르키아가 속닥거리며 아우구스투스의 비밀스런 행동을 털어놓았을 때 리비아가 어떻게 처신했을지는 쉽게 짐작할 수 있는 일이다.

○ 결국 아우구스투스는 자신이 남몰래 했던 행위가 다른 사람들에게까지 알려졌다는 것을 알았고, 그 후 얼마 안 되어 막시무스가 죽었다. 확인된 것은 아니지만 막시무스는 강압에 의해 자살했다고 소문났다. 왜냐하면 막시무스의 장례식 때에 마르키아가 남편이 죽을 수밖에 없었던 것이 자기 때문이라고 통곡하며 울부짖었기 때문이다.

○ 비밀스런 이 이야기에는 또 하나의 어두운 소문이 나돌았다. 포스투무스가 유배지에서 풀려나와 티베리우스의 경쟁자가 되는 것을 막기 위해 리비아가 모종의 조치를 실행했다는 것이다. 그녀는 아우구스투스가 무화과를 좋아했기에 두 개의 큼지막한 무화과 열매를 따서 그중 한 개는 자신이 먹고 다른 한 개에는 은밀히 독약을 묻혀 아우구스투스에게 건넸다는 소문이 있었다. 그 이후 아우구스투스는 심

각한 병을 얻어 마침내 죽음에 이르렀다고 한다. 그러나 이는 권력의 주변과 황궁에서 흔히 있는 암울하고 음습한 소문일 뿐 확인된 사실은 아니었다.

※ 황제의 신격화

≪통치에 도움이 된다면 신의 반열에 오르는 것조차 거절하지 않는 것이 로마 황제의 덕목이었다. 그러나 신비와 전설이 결여된 현세의 신은 오래가지 못하고 곧 잊혔다. 결국 죽은 선제를 신격화하는 것은 죽은 황제를 위해서라기보다는 현세의 황제를 위한 것이었다. 즉 아버지가 신이라면 아들도 신성한 신의 피를 이어받은 것이기 때문이다. 그럼에도 칼리굴라, 도미티아누스, 엘라가발루스 등 몇몇을 제외하고 대부분의 황제는 스스로를 신으로 생각하는 우행을 범하지 않았다.≫

○ 아우구스투스는 죽은 후 양아버지 카이사르처럼 신격화되었다.(註. 카이사르는 죽은 지 2년이 지난 BC 42년 원로원의 공식적인 결의에 의해서 신격화되었다. 하지만 이미 BC 44년에 카이사르와 여신 클레멘티아가 공동으로 소유하는 신전을 건립하게 하고 신관으로 안토니우스를 임명했으므로 사실상 그는 생전에 신격화되었으며, 사후에 이를 다시 한 번 확인한 것에 지나지 않았다.) 살아서 신이 되기를 거부했던 그는 죽어서는 원로원에 의해 어쩔 수 없이 신이 되었던 것이다. 그는 14년 일리

리쿰으로 떠나는 티베리우스를 베네벤툼까지 마중하고 돌아오는 도중 캄파니아의 놀라에 들렀을 때 건강 악화로 죽음을 맞으면서 그리스의 희곡을 인용했다고 한다.(註. 티베리우스는 아우구스투스가 위독하다는 소식을 듣고 서둘러 돌아왔다.) "어떠한가? 내 배역을 잘 수행했지? 그렇다면 박수를 쳐서 나를 무대에서 내려오게 해 주게." 이것은 그가 스스로 평범한 인간임을 자인한 말이었다. 부모의 기쁨은 자식이 부모의 뜻을 바르게 이해하고 따르는 것이라면, 신의 기쁨은 인간이 신의 의지를 거스르지 않고 주어진 배역에 따라 운명의 파도를 순조롭게 헤쳐 나가는 것이기 때문이다. 그럼에도 후세의 로마인들은 아우구스투스가 운이 좋은 자라고 평했다. 그것은 그들이 신임 황제에게 이러한 인사말을 전한 것을 보면 알 수 있다. "아우구스투스보다 운이 좋고, 트라야누스보다 탁월하게 되시기를!(펠리키오르 아우구스토, 메리오르 트라야노Felicior Augusto, melior Trajano!)" 4세기의 역사가 에우트로피우스에 의하면 이 말은 원로원이 황제에게 바칠 수 있는 최상의 찬사라고 했다.

○ 절제와 당위성에 근거를 두며 살았던 로마인이 이를 넘어서는 오만과 추종 세력의 아첨이 뒤섞인 유일한 예는 황제의 신격화였다. 권력자에 대한 신격화는 아시아계 그리스인들이 비굴하고 불경스런 아첨을 통해 처음으로 개발하여 알렉산드로스 대왕의 후계자들에게 최초로 적용된 이래 아시아 속주의 총독에게로 자연스럽게 넘어갔다. 이렇듯 속주의 총독조차 그 지역의 수호신으로 경배되고 있었기에 황제라고 거절할 이유가 없었다.

○ 속주들이 총독이나 황제에게 이러한 아첨을 보여 준 것은 로마적이라기보다는 동방의 통치 방법인 전제주의를 보여 주는 것이었다. 정

복자인 로마 황제도 동방을 모방하여 자신의 우상 숭배를 허용하기는 했지만, 생전에는 인간으로서 원로원과 시민의 존경과 위엄의 한 가운데 존재하는 것으로 만족했고, 공적인 신격화는 사후에 후계자가 결정할 수 있도록 남겨 두는 현명함을 보였다. 따라서 폭정을 일삼았던 칼리굴라와 도미티아누스가 살아 있을 때 스스로를 신격화하긴 했어도 대부분의 황제들은 생전에 신이 되고 싶다는 위험한 야심을 가슴에 품지 않았다.

○ 사망한 황제의 장례식은 원로원의 승인에 따라 신격화 의식과 동시에 거행되었다. 현대의 그리스도교적 관점에서 보면 죽은 황제가 신이 된다는 것은 신성모독이겠지만, 모두 30만에 달하는 신들을 섬긴 당시 로마의 다신교 문화에서는 전혀 문제될 것이 없었고, 이를 종교적 제도라기보다는 정치적 제도로 간주될 정도였다. 로마의 신이 수십만 가지가 된 이유는 언어 그 자체가 신이었기 때문이다. 싹을 틔우는 신은 프로세르피나, 줄기의 마디를 맺게 하는 신은 노도투스, 이삭을 열리게 하는 신은 볼룬티나, 꽃을 피우는 신은 플로라, 곡물을 땅에서 수확하는 신은 룬키나, 해안으로 밀려오는 파도의 신은 베닐리아, 바다로 돌아가는 파도의 신은 살라키아, 행복을 관장하는 신은 펠리키타스, 행운을 관장하는 신은 포르투나와 같이 로마의 신들은 이런 식이었다.

○ 신격화된 황제들은 문명의 세계에 살았기에 충실하고 정확한 기록들로 인해 신들에게 있을 법한 신비함과 전설이 끼어들 여지가 없었다. 이것은 죽은 황제가 법률에 의해 신의 반열에 올라서기는 했으나, 사람들 사이에서 곧 망각 속으로 사라지고 황제의 명성과 후계자의 위엄에도 도움이 되지 않는 이유였다.

✵ 티베리우스(Tiberius)의 굴욕감(14년)

> ≪아우구스투스는 자신의 핏줄에게 제위를 승계시키려고 무던히도
> 애를 썼다. 그러나 그의 후손들은 모두 병들거나 사고로 죽었고, 살
> 아 있는 자는 아그리파 포스투무스처럼 후계자의 자질이 부족했다.
> 그렇게 되자 아우구스투스는 어쩔 수 없이 의붓아들 티베리우스에게
> 제위를 넘겼지만 유언장에는 후계자의 자존심을 여지없이 꺾어 놓았
> 다.≫

○ 14년 9월 사실상 아우구스투스의 공동 통치자였던 티베리우스는 황
제 즉위와 아우구스투스의 장례를 위해 원로원을 소집했다. 베스타
여제사장에게 맡겨진 아우구스투스의 유언장은 관례에 따라 법무관
이 원로원들 앞에서 낭독했다.

○ "무자비한 운명이 나에게서 가이우스와 루키우스라는 두 아들마저 앗
아가 버린 이상, 티베리우스에게 유산의 2분의 1과 6분의 1을 물려줄
것을 여기에 언명하노라." 아우구스투스는 이처럼 10년도 넘은 지난
일을 유언장의 첫마디에 남겨 놓았다. 선제로서 후계자를 지명했다면
당연히 후계자의 정당함과 자질의 훌륭함과 재능의 탁월함을 밝히고,
귀족과 평민들에게는 후계자를 도와 국가를 반석 위에 올려놓고 번영
을 도모하도록 부탁해야 했거늘 서두부터 명쾌하지 못한 승계의 이유
와 원인만을 밝히고 있었다. 아우구스투스에게 티베리우스는 다음 단
계의 황제로 지명된 게르마니쿠스의 징검다리일 뿐이었다.(註. 아우
구스투스는 티베리우스에게 조카 게르마니쿠스를 양자로 들이게 했다. 이
는 티베리우스 다음 후계자로 게르마니쿠스를 지명한 것이다.)

○ 원로원 의원들은 낭랑하게 울려 퍼지며 유언장을 읽어 가는 법무관의 낭독을 티베리우스가 어떤 기분으로 받아들일까 생각하면서 그를 힐끔힐끔 쳐다보았을 것이다. 티베리우스는 공화정 초창기에 5천 가구의 클리엔스를 이끌고 로마로 이주한 이후 집정관·법무관을 포함하여 수많은 인재를 배출한 유서 깊은 클라우디우스 가문의 직계였다.(註. 클라우수스는 푸블리우스 발레리우스 푸블리콜라가 집정관이었을 때 일족과 친구들을 포함하는 5천 가구의 사비니족을 이끌고 로마로 왔다. 로마는 클라우수스에게 원로원 의석을 주었고 그의 후손들은 클라우디우스 가문으로 번성했다.) 이에 비해 선조들이 무얼 했는지조차 제대로 알 수 없는 아우구스투스가 핏줄에 연연하여 유언장에 핏줄에 대한 애착을 암시한 것이다. 티베리우스가 양자로 들어간 율리우스 가문도 전통적 명문이긴 했지만 건국 이래로 인재 배출에 있어서는 클라우디우스 가문에 한참을 못 미치니, 아우구스투스가 혈족의 우수성을 논한다면 가소로울 뿐이었다.

⁂ 아르미니우스 형제의 언쟁(16년)

≪한 어머니로부터 태어난 형제간에도 가치관이 다르다면 갈등이 쌓이게 마련이다. 게다가 가까운 사람일수록 신뢰를 저버렸다는 배신감에서 서로에게 더욱더 분노하며 돌이킬 수 없는 비극을 잉태한다.

　부족의 자유와 독립을 위해서 로마와 맞섰던 아르미니우스의 견해는 설명이 필요 없을 만큼 당위성이 있으니 놓아두고, 굳이 플라부스의 견해를 살펴본다면 4~5세기에 활동한 성직자 아우구스티누스의 말이 무게 있게 다가온다. "정복당한 자들은 권력이나 심지어 자유까지도 단념하고서 어떻게든 살아남기 위해 정복자의 뜻을 따르기 마련이다. 그리고 자연의 목소리 또한 패배한 민족은 말살당하기보다는 승리자에게 복종하라고 역설하고 있다."

아우구스티누스의 이 말은 승자에게 굴종하며 만족하고 살라는 의미가 아니다. 승자에게 항거하다 전멸되느니 차라리 승자에게 복종하며 미래를 기약하라는 의미리라. 훗날 게르만족은 로마 문명을 이어받은 것을 자랑스럽게 생각했지만 마침내 로마인들을 몰아내고 세계를 제패하지 않았던가?≫

○ 아르미니우스가 로마에 입힌 타격은 깊은 상처를 남겼다. 바루스가 죽은 다음 게르마니아 군을 지휘한 티베리우스는 이를 만회하기 위해 군사력을 강화하는 작업에 박차를 가했다. 그는 게르마니아의 거친 숲에 뛰어들어 창검을 휘두르기보다는 군사 기지를 개량하고 이탈리아에서 징집된 병사들을 전선에 골고루 배치하는 등 후방의 안전과 방어를 견고하게 구축했다. 그러다가 13년 아우구스투스의 명령으로 그는 로마로 돌아왔고, 게르마니아 전선의 지휘권은 그의 양아들 게르마니쿠스에게 주어졌다. 아우구스투스가 죽고 전선의 병사들이 동요할 때, 게르마니쿠스는 티베리우스와는 달리 적극적인 공세에 나섰다. 병사들이란 전투에 나서면 병영 내의 불만도 잦아드는 법이어서 이러한 적극적인 공세는 판노니아 군단으로부터 번진 병사들의 소요를 잠재우기 위한 방안이기도 했다.

○ 게르마니쿠스가 거친 야만의 황무지와 숲에서 게르만족을 몰아붙이

며 공격의 고삐를 조이고 있을 때였다. 로마군은 게르만 연합군의 총 사령관 격인 아르미니우스와 비수르기스강(註. 현재 명칭은 '베저강') 에서 서로 대치했다. 맞은편 강변에 지휘관들을 거느리고 나타난 아 르미니우스는 게르마니쿠스에게 직접 로마군을 이끌고 왔는지를 묻 고는 자신의 동생과 대화를 나눌 수 있도록 해 달라고 요청했다. 로 마군 진영에는 플라부스라고 불리는 아르미니우스의 동생이 동맹군 으로 참전하고 있었는데 고지식하고 의리가 두터웠다. 그는 몇 해 전 에 티베리우스의 휘하에서 싸우다 부상으로 한쪽 눈을 잃었다.

○ 게르마니쿠스는 아르미니우스의 요청을 허락했다. 플라부스는 강변 으로 나가 맞은편 강변에 있던 형과 인사를 나누었다. 아르미니우스 가 서로 간의 수행원과 병사들을 물리치고 대화하자고 제의했다. 주 변의 사람들이 모두 물러나자 아르미니우스는 "언제 부상을 입어 한 쪽 눈을 잃게 되었느냐? 보상은 충분히 받았느냐?"를 물어 왔다. 플 라부스가 전투의 상황에 대해 자세히 설명하고 "그 보상으로 급료도 오르고 여러 가지 무공 훈장도 받았다."고 대답했다. 그러자 아르미 니우스는 답하는 동생의 본심을 읽어 내며 답변을 거꾸로 이해해야 한다는 것을 알아채고 비웃었다. "노예의 신분과 같으니 보상조차도 얼마 받지 못했군."

○ 그리고 나서 형제간의 언쟁은 시작되었다. 플라부스는 로마의 장엄 함과 부, 패배자가 받게 될 무서운 형벌, 투항자에게 베풀어질 관용, 로마군에 붙잡혀 억류되어 있던 아르미니우스의 아내와 자식에게 포 로와 같은 비참한 대우를 하지 않고 있다는 사실 등을 납득할 수 있 도록 분명하게 말했다. 그러나 아르미니우스는 동생을 향해 조국에 대한 신성한 의무와 게르만족이 오랫동안 지켜 온 자유를 말하며,

"어머니도 나와 마찬가지로 네가 가족과 친척 그리고 동포를 배반하지 않고 너의 병사들을 지휘하기를 바라고 계시다."고 했다. 의견이 대립되던 두 형제는 점차로 언성이 높아지고 말투에는 독을 품기 시작했다.

○ 플라부스는 분노로 얼굴이 시뻘게져 뒤에서 지켜보고 있던 병사들에게 무기와 말을 내어 달라고 소리쳤다. 그때 어떤 지휘관이 급히 만류했기에 망정이지, 그렇지 않았다면 둘 사이에 가로놓여 있는 강을 건너 검을 들고 형제간에 혈투가 벌어질 뻔했다. 강 건너편의 아르미니우스도 격분하여 위협적인 폭언을 퍼부으며 동생과 결투를 벌이겠다고 외치는 것을 들을 수 있었다.

○ 이후 플라부스는 게르마니쿠스를 따라 계속 아르미니우스의 병사들과 싸우다 장렬하게 전사했다. 그에게는 이탈리쿠스라는 아들이 있었다. 아들은 로마에서 성장했고 교육받아 기사 계급에 올랐으며, 훗날 클라우디우스 황제 치세 때 케루스키족의 요청에 의해 그들의 왕으로 옹립되었다. 그것은 케루스키족이 전란으로 왕가의 혈통을 이어받을 사람들이 모두 죽고 이탈리쿠스밖에 남지 않아 부족의 왕으로 모시고자 하니 돌려 달라고 로마에 부탁했기 때문이다. 그러나 왕이 된 이탈리쿠스에게 일부 부족민들이 게르마니아를 배반하고 로마 편에 선 배신자의 아들이라고 욕하자 그는 이렇게 선언했다. "나는 결코 아버지를 부끄럽게 여긴 적이 없다. 아버지는 부족민의 양해와 합의를 이끌어 낸 뒤 로마의 동맹국이 되었고, 동맹국으로서 한 번도 배신하지 않았기 때문이다." 이는 아르미니우스의 정신이 영광스럽고 고귀하긴 했지만, 부족의 존망 앞에서 플라부스가 더 현명하고 정의로웠다는 말이었다.

정치가가 내세우는 자유라는 단어는 개인으로서 타락하고 국가에는 치명적인 그리고 내란으로밖에 야심을 실현할 수 없는 무리가 사람들의 눈을 속이기 위해 간판으로 삼는 것이다.

_ 게루스키족 왕 이탈리쿠스

– 게르만의 케루스키족 왕 이탈리쿠스는 로마의 동맹자로서 끝까지 신의를 지켰던 플라부스의 아들이었고, 로마에 대항한 아르미니우스의 조카였다. 그가 부족민들에게 부족의 자유를 저버리고 로마 편에 선 플라부스의 아들이라는 욕설을 듣자, 정치가란 자유를 어떤 의미로 사용하는가를 말하면서.

☀ 리보 드루수스(Libo Drusus)의 마법과 죽음(16년)

≪파멸한 동료와 친구들의 잔해를 뜯어먹는 고발자들이 황제의 보호와 권위 아래 활개 쳤다. 그들은 공공의 안전과 평화를 도모한다는 명분 아래 오직 한 사람에게만 복종했으며 함정과 속임수도 마다하지 않았다.≫

○ 리보는 스크리보니우스 씨족이었으며, 그의 친한 친구 중에 카투스라는 원로원 의원이 있었다. 카투스는 악의적인 마음을 품고, 신빙성 없는 말을 쉽게 믿어 버리는 리보를 함정에 빠뜨리기로 마음먹었다. 왜냐하면 그가 친구를 고발하여 파멸시키면 파멸된 친구 재산의

일부를 포상금으로 받았기 때문이다. 아니면 그것 외에도 질투나 시기 등과 같은 사적인 감정이 포함되어 있었는지 모른다. 카투스는 우선 리보를 치켜세우며 현실이 부당하다고 느끼게 했다. 즉 폼페이우스 마그누스의 증손이며 한때 아우구스투스의 아내였던 스크리보니아의 종손자라는 것, 집안에는 황가의 6촌 형제 되는 사람이 몇 명 있다는 것, 그의 저택이 뛰어난 업적을 세운 선조들의 흉상으로 가득 차 있다는 것 등을 상기시키면서 현실을 탓하게 만든 것이다. 그러면서 카투스는 리보가 점성술사의 예언이나 마법사의 비밀 의식, 해몽 등에 흥미를 가지게 만들었다. 또한 리보로 하여금 사치를 부리거나 빚을 지도록 방탕과 낭비를 조장하여 반란과 파탄의 길로 안내했다.

○ 그리고 나서 리보의 금지된 행위(註. 마법과 같은 것은 당시 금지된 범죄 행위였다.)를 증언해 줄 수 있는 증거와 증인을 충분히 확보하자마자, 카투스는 리보의 범죄 행위를 알리기 위해 티베리우스 황제의 알현을 청했다. 티베리우스는 기사 계급인 플라쿠스를 통해 리보에 관한 것을 이미 알고 있었기에, 카투스의 밀고를 무시하지는 않았지만 "이미 플라쿠스로부터 정보를 받고 있다."고 말하며 면담을 거절했다.

○ 그리고 티베리우스는 음험하게도 리보를 법무관에 임명하고, 분노나 적의, 혐오 등 속마음을 전혀 드러내지 않은 채 자주 향연에 초대하기까지 했다. 사실 그는 리보의 범죄 행위를 즉시 중단시킬 수 있었음에도 완전한 증거를 잡을 때까지 기다린 것이다. 마침내 트리오라는 자가 "리보가 마법사를 시켜 주문으로 지옥의 망령을 불러냈다."는 결정적인 정보를 얻었다. 트리오는 고발자들 중에서도 능력을 크게 인정받고 있으며, 그 분야에서 지독한 악명을 크게 떨치고 있던 자였다. 그는 곧 집정관을 찾아가 리보의 범죄에 대해 원로원의 심리를 요청했다.

○ 그렇게 되자 리보는 피고의 복장(註. 당시에는 피고의 복장은 상복과 같았다.)을 하고서 집집마다 다니며 친척들의 도움을 청하고 위험한 처지를 벗어날 수 있도록 변호해 달라고 간청했다. 그러나 리보의 도움을 요청받은 그들은 도와주기는커녕 혹시라도 이 사건에 연루될까 하나같이 두려움에 떨고 있었다. 결국 리보는 자신의 사건을 심리하기 위해 정작 원로원이 개최되는 날 공포와 심리적인 고통에 지쳐 버렸다. 그는 원로원에서 티베리우스에게 손을 내밀며 자비를 베풀어 달라고 애원했지만 티베리우스는 무표정한 얼굴로 그를 맞이하면서 고발장과 고발자의 이름을 소리 내어 읽었다. 티베리우스는 감정을 극도로 죽였으며, 정상을 참작한다거나 가중 처벌을 해야 한다든가 하는 기색을 전혀 보이지 않았다.

○ 카투스와 트리오 외에도 폰테이우스와 비비우스가 고발자로 가담했다. 고발자들은 먹이를 발견한 맹수처럼 서로에게 으르렁거리며 경쟁했다. 그들 네 사람은 누가 정식으로 피고에 대한 논고를 발표할 것인지를 놓고서 서로 다투었다. 마침내 비비우스가 자신은 리보의 죄상을 열거하는 것으로 만족하겠다며 근거도 없는 엉터리 같은 증거 문서를 몇 개 제출했다. 그 내용은 아무리 너그럽게 봐준다 해도 경멸스럽고 치사하기 짝이 없는 것들이었다. 그러나 그중 한 문서에 비비우스가 주장하듯 황제의 친인척 이름이나 원로원 의원들 이름 옆에 이상야릇하며 불길한 느낌의 부호가 리보에 의해 기입되어 있었다.(註. 이처럼 아부와 출세욕이 넘쳐났던 비비우스는 바이티카 속주 총독을 지낼 때 속주민을 가혹하게 다스렸다는 죄목으로 23년 추방형에 처해졌다.) 리보가 그것이 자신의 필적이 아니라고 주장하자, 결국 재판정에서는 노예들을 고문해 자백을 받아 내기로 결정했다.

○ 그러자 리보는 다음 날까지 재판을 연기해 달라고 요청하고 집으로 돌아갔다. 저택으로 돌아간 그는 티베리우스 황제에게 보내는 마지막 탄원서를 자신의 친척인 퀴리누스에게 부탁했다. 그 탄원서를 받아 든 티베리우스는 "탄원은 내게 할 것이 아니라, 원로원에서 호소해야 한다."며 리보의 청을 냉혹하게 거절했다. 그러는 사이 리보의 저택은 그를 감시하는 병사들로 포위되었다. 그때 리보는 마지막이라고 생각하며 연회를 베풀고 있었는데, 그것은 그가 저택을 둘러싼 병사들을 보고 티베리우스가 자신의 자살을 강요하고 있다고 여겼기 때문이다. 그는 향연 중에 계속 번민하고 망설이다가 갑자기 "누구 나를 죽여 줄 사람 없는가?"라며 소리쳤다. 그러면서 노예들에게 칼을 주며 목숨을 끊게 해 달라고 부탁했다. 리보의 갑작스런 행동에 모두들 부들부들 떨며 그를 피해 이리저리 도망치다가 식탁의 촛대를 쓰러뜨렸다. 결국 사방이 칠흑 같은 어둠 속에서 리보는 스스로 배를 찔러 자살할 수 있었다. 저택 주변에서 감시하던 병사들은 그가 죽은 것을 확인한 후 포위를 풀고 물러갔다. 이렇듯 로마에서 사형 집행보다 자살이 많았던 이유는 죄를 선고받으면 재산을 몰수당하고 장례식도 허용되지 않았지만, 선고 전에 자살하면 매장도 되고 재산의 상속에 관한 유언도 유효한 것이 되었기 때문이다.

○ 리보의 죽음을 보고받은 티베리우스는 신에게 맹세하며 말했다. "그가 서둘러 자살하지 않았으면 설령 죄를 지었다 할지라도 내가 주선해 목숨만은 구해 주었을 텐데." 이것은 스스로가 "탄원은 원로원에 호소해야 한다."고 했던 것을 망각한 듯한 발언이었다.

○ 그럼에도 원로원의 소추는 계속되었으며, 반역죄를 저지른 자의 재산은 몰수되고 그중 25%는 고발한 자에게 보상금으로 주어진다는 법에

따라, 리보 재산의 25%는 고발자들에게 분배되었다. 이는 유죄 선고 전에 자살한 경우 죄를 묻지 않는다는 관례를 헌신짝 버리듯 내던지고 죽은 자의 용기와 마지막 소망을 태연하게 짓밟는 행위였다. 그리고 고발자들에게는 특별히 그 공로로 법무관직이 수여되었다. 아부하고 싶어 하는 자들은 기회를 놓치지 않고 다음과 같이 제안하고 의결했다. "앞으로 스크리보니우스 씨족은 드루수스라는 가문의 이름을 사용해서는 안 된다.(註. '드루수스'라는 이름의 기원은 클라우디우스 家의 장군이 드라우수스라는 적군 족장과 일대일 전투를 벌여 적군 족장을 전사시키는 승리를 거둠으로써 얻었다.) 티베리우스가 리보의 저주에서 모면할 수 있게 된 것을 감사드리기 위해 감사제를 열기로 한다. 리보가 자살한 9월 13일은 경축할 날이므로 휴일로 지정한다." 이런 종류의 아첨은 그 이후로도 오랫동안 계속하여 로마 제국에 존재했다.

○ 이 사건 이후로 원로원에서는 리보라는 이름을 자식에게 물려줄 수 없도록 조치했고 점성가와 마법사들을 이탈리아에서 추방토록 결의했다. 점성가 중 피투아니우스는 타르페이아 절벽에서 떠밀려 죽었고, 마르키우스는 에스퀼리아 문 밖에서 발가벗겨진 뒤 목에 칼이 채워진 채 채찍으로 죽을 때까지 맞다가 목이 잘리는 등 참혹한 행위가 곳곳에서 잇따랐다.

☀ 소환당한 아르켈라우스(Archelaus)(17년)

≪권력 분쟁이 생긴다면 주변 사람들이 처신하기란 쉽지 않다. 그러

나 여러 가지 이유를 만들어서라도 불행한 자를 다독거리기 또한 어렵지 않을 것이다. 이 점에서 티베리우스는 아르켈라우스의 어리석음을 지적하고자 했으리라. 이에 반해 퀴리니우스는 아르메니아에 파견된 가이우스 카이사르의 보좌관으로 있으면서 로도스섬에 있는 티베리우스를 예방하고 경의를 표했다. 티베리우스는 어려울 때 베풀어 준 고마움을 잊지 않고 퀴리니우스가 살아 있을 때뿐 아니라 죽은 후에도 그에게 은혜를 베풀었다.≫

○ 카파도키아 왕 아르켈라우스는 50년간 왕으로서 국가를 통치했다. 하지만 아르켈라우스는 티베리우스가 로도스섬에 자의 반 타의 반으로 은둔 생활을 하고 있을 때 예방하여 경의를 표한 적이 한 번도 없었다.(註. 티베리우스와 율리아는 아우구스투스의 강권으로 어쩔 수 없이 결혼했지만 서로 간에 너무나 성격이 맞지 않았다. 율리아는 아그리파의 아내였을 때 티베리우스에게 추파를 던지기도 했을 만큼 그를 좋아했다. 하지만 결혼 후에 티베리우스는 율리아의 방종한 행동이 끔찍하게 싫었고, 율리아는 티베리우스의 무뚝뚝하고 근엄한 태도에 질려 버렸다. 티베리우스는 아내 율리아와의 사이가 벌어지고 후계자 경쟁에서도 밀리게 되자 자진해서 로도스섬에 은둔했다. 아우구스투스와 리비아가 은둔하려는 티베리우스의 마음을 돌리려고 무진 애를 썼으나 소용없었다. 티베리우스는 자신의 확고한 결심을 보여 주려고 4일간이나 단식 투쟁을 했다. 마침내 아우구스투스는 분노하는 마음으로 티베리우스의 은둔을 허락하고 다시는 이탈리아에 발을 들여놓지 못하게 하리라고 마음먹었다. 그러나 티베리우스는 BC 6년에 은둔 생활을 시작해서 AD 2년에 다시 복귀할 수 있었다.) 그러나 사실 아르켈라우스는 불손한 마음에서 그러한 것

은 아니었고, 아우구스투스의 심복들이 전하는 은밀한 충고를 따랐을 뿐이다. 당시 아우구스투스는 티베리우스를 억누르고 외손자들(註. '가이우스 카이사르'와 '루키우스 카이사르'를 말한다.)에게 제위를 계승하고자 힘을 실어 주고 있었으며, 또한 가이우스 카이사르는 티베리우스가 위험한 경쟁자가 될 수 있다고 생각했기 때문이다. 즉 아르켈라우스는 그 당시에 아우구스투스의 외손자이자 양아들이었던 가이우스 카이사르가 동방에 파견되어 세력을 떨치고 있었으므로 티베리우스와의 친분을 가진다는 것은 위험하다는 충고를 받아들였던 것이다.

○ 아우구스투스가 죽고 티베리우스가 황제에 오르자, 티베리우스는 리비아에게 편지를 쓰도록 당부하여 아르켈라우스를 로마로 소환했다. 그녀는 편지에서 티베리우스가 분개하고 있음을 감추지 않았다. 그러면서도 로마에 오면 황제에게 관용을 베풀도록 부탁하겠노라고 약속했다. 아르켈라우스는 황제의 소환에 응하지 않는다면 강제로 끌려갈지 모른다는 두려움에서인지 서둘러 로마로 달려갔다. 로마에서 그는 익숙지 않은 매정하고 냉혹한 대접을 받고 절망했다. 카파도키아 왕으로서 50년 동안 경멸은커녕 비슷한 대우조차도 받은 적이 없었기 때문이다. 결국 그는 정신적 충격과 힘든 여정으로 생명이 단축되었는지 얼마 후 죽고 말았다.

○ 이에 반해 퀴리니우스(Publius Sulpicius Quirinius)는 미래의 가능성에 대해 세심하게 보험을 들어 두었다. 황태자 가이우스가 동방에 파견되었을 때 아직 경험이 없고 젊은 가이우스를 보좌하기 위해 마르쿠스 폴리우스가 함께 왔다. 16년 전 폴리우스는 게르만족과 싸워 승리한 영광을 티베리우스에게 빼앗겨 분노하고 있던 차였으므로 동방

에 왔을 때 로도스섬에 은둔하고 있던 티베리우스에게 은근히 위협을 가했다. 하지만 그는 동방의 왕들로부터 뇌물을 받았다는 비난에 휘말리자 이를 견디지 못하고 자살하고 말았으며, 그 자리를 퀴리니우스가 이어받았다. 가이우스의 보좌관이 되자, 퀴리니우스는 누구나가 가이우스의 눈치를 보느라 티베리우스와 거리를 두었지만 이에 개의하지 않고 로도스섬에 은둔하고 있는 그에게 조용히 경의를 표했다. 아마도 그는 혹시 있을지도 모를 티베리우스의 불온한 행동을 살피기 위해 가이우스의 보좌관 자격으로 방문하겠다고 둘러댈 수 있었으리라. 티베리우스는 자신이 위험에 처하고 외로웠을 때 호의를 보여 준 그를 깊이 기억했다. 그리고 자신이 황제가 되었을 때 이에 보답했으며, 그가 죽었을 때도 원로원에 그의 죽음을 국장으로 치를 것을 제안했다.

○ 다만 여기에는 스파르타의 유리클레스가 또 다른 가르침을 준다. 그는 악티움 해전에서 아우구스투스 편에 선 공로를 인정받아 스파르타의 지배권을 얻었지만, 티베리우스가 로도스섬에 은둔 중일 때 그를 찾아가 경의를 표했다. 그렇지 않아도 그리스 전역의 지배자로 행동하고 유대의 헤롯 가문을 간섭하여 혼란에 빠뜨린 유리클레스를 못마땅하게 여기던 아우구스투스는 이런 일까지 생기자 그와 완전히 결별하고 그에 대한 호의를 거두었다. 결국 유리클레스는 정적들의 공격으로 법정에서 유죄 선고를 받고 스파르타에서 영향력을 잃어버린 채 죽음을 맞았다. 물론 아우구스투스가 서거하고 티베리우스가 황제가 되자 유리클레스 가문은 다시금 종전의 권한을 회복했지만, 아우구스투스 생전에 유리클레스의 행동과 처신은 신중하지 못했다고 볼 수밖에 없다.

※ 황제 승계의 수락(17년)

≪티베리우스는 마음속 깊이 간직했던 내밀한 야심을 가린 후 원로원이 그에게 제위를 받아 달라고 애걸복걸하며 무릎에 매달리게 했다. 그의 음험함에 원로원 의원들은 아연실색했으나 모두가 굴복하고 말았다.

하지만 티베리우스가 한때 로도스섬에 은둔했다는 점 그리고 제위 승계를 몇 번이고 거절하면서 조심성을 보였다는 점 등을 고려하면, 그는 권력의 정점이 얼마나 위험한지를 깊이 깨달은 자였다.≫

○ 로마 황제는 동방의 왕과 달라서 대관식이 없었다. 따라서 황제로 추대받은 자는 집정관 앞에 나아가 국법에 충성할 것을 서약하고 똑같은 내용을 로마 광장 연단에서 시민들 앞에 다시 한 번 서약함으로써, 원로원과 시민들에게 권한을 위임받았음을 나타내는 형식을 갖추었다. 그리고 원로원에서 제일인자, 로마군 최고 사령관, 거부권을 행사할 수 있는 호민관 권력, 대제사장, 카이사르와 아우구스투스 이름의 계승과 같은 권위와 권한을 부여받음으로써 황제로서의 실질적인 권한을 가졌다.(註. 로마 시민들이 '임페라토르, 카이사르, 아우구스투스, 프린켑스' 등으로 부른 황제는 사실상 세습 절대 군주였지만 그들은 군주제를 지극히 혐오했으므로 황제가 곧 군주라는 개념이 로마 시민들의 마음속에 자리 잡지 못했다. 그들에게 황제란 어디까지나 원로원의 승인과 시민의 동의로 여러 가지 강력한 권한을 부여받아 국가를 운영하는 자였다. 따라서 황제가 될 권리가 출생으로 주어지는 것이 아니라는 생각과 함께 그 지위의 유지를 위해서는 역량이 요구되었다. 그중 '제

국의 안전'과 '시민의 식량'을 보장하는 것이 가장 중요했다. 학자들은 아우구스투스 때부터 '제정 원수정pricipatus'으로, 3세기 말 디오클레티아누스 때부터 '전제 군주정dominatus'으로 본다.)

○ 아우구스투스가 생존했을 당시부터 티베리우스는 사실상 공동 통치자였지만 아우구스투스가 죽은 지 한참이 지나도록 티베리우스는 아우구스투스의 권력과 권위의 승계를 수락하지 않았다. 17년 9월 17일 원로원에서 회의가 시작되자마자 티베리우스에게 '프린켑스 세나투스(註. princeps senatus는 '원로원 제일인자'로 해석된다.) 칭호', '호민관 권력의 종신 인정', '국가를 지키는 데 필요한 군사적 권력'을 부여하자고 제안했고 가결되었다.(註. 아우구스투스는 14년 8월 19일 서거했다.) 그러나 발언을 요구받고 일어선 티베리우스는 이를 수락하지 않고 제국의 광대함과 민족의 다양성에서 통치의 어려움을 언급하며 자신에게는 역량이 부족하다고 했다. 또한 아우구스투스의 단독 통치가 가능했던 것은 아우구스투스였기 때문이었지만 한 사람에게 모든 권력을 위탁하는 것은 최선책이 아니니, 재능이 풍부한 사람들이 힘을 결집하여 제국을 통치하는 것이 좋다고도 말했다.

○ 내용으로만 보면 매우 겸허한 티베리우스의 이 연설은 겸손과 진실보다는 오히려 거만함으로 덧칠되었다. 그는 평소에도 불명확하고 애매모호한 말을 자주 사용했지만, 이때는 자신의 속마음을 숨기려고 했기 때문에 더욱 그러했다. 원로원 의원들은 혹시나 티베리우스가 자신의 마음속을 꿰뚫어 보지 않을까 전전긍긍하면서 쉴 새 없이 눈물 섞인 목소리로 제위에 올라 주기를 간청했다. 급기야 그들은 티베리우스 무릎에 매달리기도 했다.

○ 황제 수락을 머뭇거린 것은 티베리우스가 위선을 보인 것이지만, 자

신을 반대하는 세력들이 두려웠던 것도 사실이었다. 왜냐하면 제거된 아우구스투스의 셋째 양자인 포스투무스의 클레멘스라는 노예 (註. 이 노예는 아우구스투스가 죽자 어떻게 해서든 자신의 주인인 포스투무스를 권좌에 앉히려고 배를 타고 플라나시아섬으로 왔으나, 이미 포스투무스가 살해된 후였다. 하지만 그는 주인의 유골을 훔친 후 에트루리아로 숨어들어 자신이 포스투무스인 양 행세하면서 반란의 세력을 키웠다. 그는 나이와 외양이 포스투무스와 비슷했던 것을 이용한 것이다.), 리보, 판노니아 군단, 게르마니아 군단 등이 각각 반란을 꾀하며 동요하고 있었기 때문이다.

○ 이같이 원로원 의원들이 머리를 조아리고 황송해하면서 더없이 비굴한 태도로 간청하고 있을 때, 티베리우스가 말하기를 "나는 국정 전반을 맡을 수는 없지만 일부를 떠맡게 되면 최선을 다해 일할 각오가 되어 있소."라며 약간의 양보를 보였다. 그러자 아니시우스 갈루스가 "그렇다면 국정의 어느 부분을 위임받고 싶습니까?"라며 추가 질문을 했다.(註. 갈루스는 티베리우스의 전처인 빕사니아의 남편이며, 안토니우스와의 결전에 참전하라는 옥타비아누스의 요구에 안토니우스와의 우정을 이유로 불응한 폴리오의 아들이다. 티베리우스는 아우구스투스의 명령으로 사랑했던 빕사니아와 어쩔 수 없이 이혼하고 아우구스투스의 딸 율리아와 결혼했다. 티베리우스와 빕사니아는 그 당시 상류 계층의 사람으로서는 드물게 연애결혼을 했었다. 그래서인지 티베리우스는 빕사니아와 이혼한 후에도 그녀를 못 잊어 했다. 그는 언젠가 우연히 빕사니아를 멀리서 본 적이 있었는데, 멀어져 가는 그녀를 끝까지 바라보며 눈물을 글썽거렸다고 한다. 이 사실을 알게 된 아우구스투스는 또다시 이런 일이 일어나지 않도록 모종의 조치를 취했다.) 티베리우스는 말했다. "나는

국정 전반의 책임에 벗어나고 싶다고 말한 것이오. 내가 국정의 어느 부분을 택하거나 거부한다면 나의 겸허함에 어울리지 않을 것이오." 그는 이렇듯이 도대체 어떻게 하겠다는 것인지 의원들이 갈피를 잡을 수 없는 말을 했다. 그렇지만 갈루스는 티베리우스가 불쾌한 안색을 보이고 있음을 얼른 알아차리고 이렇게 둘러댔다. "제가 물어본 것은 국가는 유기적 통일체이므로 임의로 나눌 수 없으며, 한 사람에게 지배되어야 한다는 것을 확인하고 싶었기 때문입니다." 그리고 그것도 부족했다고 생각했는지 계속해서 아우구스투스를 찬양하고, 티베리우스의 공적과 무훈을 상기시키며 치켜세웠다. 그럼에도 그는 티베리우스의 분노를 진정시키지 못했다. 왜냐하면 언젠가 티베리우스는 "갈루스가 일개 시민에 만족하지 않고 오만하게도 무언가 큰 꿈을 이루려는 야심을 갖고 있다."며 적의를 품은 말을 했기 때문이다.(註. 티베리우스가 아우구스투스의 임종 시에 마지막 대화를 나누면서 황제의 자리에 오르고 싶어 열망하는 자와 황제가 될 인물됨이 충분한데도 거부하는 자, 그리고 실력과 야심을 모두 겸비한 자가 누구인가에 대해 이야깃거리가 되었다. 그때 아우구스투스는 "아시니우스 갈루스는 그 자리를 탐내고 있지만 적합한 그릇이 못 되고, 아이밀리우스 레피두스는 실력은 갖추었지만 그 지위를 경멸하고 있으므로 안중에 없다. 그러나 루키우스 아룬티우스는 재능과 실력을 겸비하고 있고 기회가 주어지면 틀림없이 모험을 할 것이다."라고 말했던 적이 있었다. 훗날 아이밀리우스 레피두스를 제외한 나머지 2명 모두 티베리우스의 계략에 말려들어 처형당했다.)

○ 그러다가 마침내 의원들 중에 하테리우스가 "당신은 언제까지 국가를 머리 없는 상태로 방치해 둘 작정입니까?"라며 따졌고, 스카우루스는 "황제의 권리를 가질 것을 요구한 집정관의 제안을 호민관 권

리로 거부한 적이 없기 때문에 원로원의 탄원도 무위가 되지 않겠지요?"라고 했다. 결국 티베리우스는 조금씩 양보했고 노예처럼 비참하고 부담스런 짐이라도 되는 듯이 불평하면서, 훗날 이 늙은이에게 쉽게 해 주는 것이 좋겠다고 여겨지고 적절한 후계자가 나타났을 때 사임할 권리를 보장받는다는 조건으로 '프린켑스'라고 불리는 제위의 승계를 수락했다. 이것은 얼핏 보면 티베리우스가 마음에도 없는 제위를 어쩔 수 없이 승계받은 것처럼 보이나, 실제로는 아우구스투스조차 10년마다 권한의 연장을 받았지만 티베리우스는 '늙은이를 쉽게 해 주는 것이 좋겠다고 여겨질 때' 그리고 '적절한 후계자가 나타났을 때'와 같은 매우 불명확한 표현을 사용함으로써 항구적인 권한을 보장받은 것이다.

○ 이후 하테리우스는 자신의 잘못에 대해 용서를 구하기 위해 팔라티

▌ 팔라티누스 언덕의 유적

누스 언덕에 있는 황궁으로 찾아갔다. 그곳에서 그는 산책을 하고 있던 티베리우스 발치에 엎드려 용서를 빌다가, 빌고 있던 자신의 두 손에 티베리우스가 발이 걸려 꼴사납게 넘어졌다. 그때 하테리우스는 분노한 호위병들에게 하마터면 목숨을 잃을 뻔했다. 하지만 하테리우스는 리비아에게 애원하여 겨우 티베리우스의 표적에서 벗어날 수 있었다.(註. 서슬 퍼런 박정희가 시찰 중에 담배 한 개비를 피우기 위해 입에 문 적이 있었다. 그 옆에 배석한 어느 장관이 아부하고 싶은 마음이 들었는지 박정희가 물고 있는 담배에 라이터를 가까이 대어 불을 켰다. 그러나 라이터의 불이 너무 강하여 박정희는 깜짝 놀라고 말았다. 이를 지켜본 경호실장 차지철이 그 자리에서 장관의 무릎과 정강이를 발로 차고 뺨을 갈겼다고 한다. 이렇듯 아부를 하거나 용서를 구하는 것도 실수하면 도리어 해를 입게 되는 법이다.)

○ 티베리우스가 제위에 오르기를 몇 번이나 거절했던 이 사건은 훗날 원로원에서 황제로 내정된 자에게 황제가 되기를 청하면, 황제 내정자는 자신의 역량이 부족하다는 이유를 들어 거절했다가, 다시 한 번 황제가 되기를 요구받으면 그제야 마지못해 황제 승계를 수락하는 형태의 요식 행위로 굳어졌다. 그렇게도 군주정을 꺼리고 왕이란 호칭조차 싫어했던 로마 시민들은 티베리우스로 권력이 계승된 이후에야 자신들은 더 이상 자유로운 공화국의 시민이 아니라 세습 전제 군주의 백성임을 깨달았다.

╏┅┅┅┅┆ **마음에 새기는 말** ┆┅┅┅┅┅┅┅┅┅┅┅┅┅┅┅┅┅┅┅┅

군중은 아무리 근거가 없어도 어떻게든 특정 인물에게 책임을 돌리려고 한다.

- 티베리우스 황제 초기 게르마니아 군단에서 반란이 일어나자, 티베리우스는 조카이자 양아들인 게르마니쿠스에게 해결하도록 명령했다. 반란을 잠재우러 간 게르마니쿠스는 병사들의 요구 중 일부를 들어주고 폭동을 잠재웠다. 그러는 사이에 로마 원로원으로부터 사절단이 병영으로 찾아왔는데 병사들은 겨우 획득한 권리를 그들이 무효화시킬까 두려워 폭동을 일으켰다. 이때 병사들은 수석사절 플란쿠스가 자신들이 획득한 권리를 원로원 의결로써 무효화시키려는 주도자라며 근거 없이 지목하고 비난을 퍼부은 것에 대하여.

※ 프라아테스(Phraates) 4세의 예견과 보노네스(Vonones) 1세의 실패(7~19년)

≪파르티아 왕가의 피를 이어받은 보노네스는 혈통주의에 근거하여 왕위에 올랐지만 몸에 밴 로마의 관습을 버리지 못했다. 그는 현실을 받아들이지도 못했고 파르티아를 로마화시키지도 못했으며, 그렇다고 로마가 국익을 저버리면서까지 자신을 도와주는 동맹국도 아니었다. 이렇게 되자 결국에 그는 파멸하고 말았다. 조국이 아닌 다른 문화 속에서 자란 자가 왕가의 후손이라는 혈통만 내걸고 국가를 통치하기에는 위험할 뿐이었다. 관료들은 걸핏하면 조상의 순수성을 논란거리로 삼지만, 게르만의 게루스키족 왕으로 추대된 이탈리쿠스의 경우에도 부족의 이익과 명예를 손상시켰다며 왕이 자라 온 곳에 대해 부족민들이 비난과 공격을 퍼붓지 아니했던가?≫

○ 파르티아 왕 프라아테스 4세는 로마군에 굴복하지 않았음에도 평화 조약을 맺고 아우구스투스에게 경의와 예의를 표하며 우의를 다지기 위해 자식들 중 일부를 로마에 인질로 보냈다. 그가 자식들을 로마로 보낸 것은 로마의 군사력이 무서웠기 때문이 아니었다. 오히려 자신이 통치하는 파르티아 신하들의 충성심을 의심했기 때문이다. 프라아테스의 예견은 그가 죽자 피비린내 나는 내전이 터졌기에 옳았다는 것이 증명되었다.(註. 5세기 초 동로마 황제 아르카디우스는 나이 어린 아들 테오도시우스 2세를 어쩌면 적이 될 수도 있는 페르시아 왕 야즈데게르드에게 의탁한 적이 있었다. 그는 탐욕과 불충에 젖은 제국의 관료들이 어린 후계자를 농락하여 무력화시키거나 제위를 찬탈할 수도 있으리라 생각한 것이다. 아르카디우스의 선택은 매우 지혜로운 결정이었고, 야즈데게르드는 동로마 황제에게 신의를 지켰다.) 마침내 파르티아는 대표단을 로마에 보내 인질로 억류되어 있던 왕자들 중 가장 나이가 많은 보노네스 1세를 파르티아 왕으로 옹립하고자 하니 귀국을 허락해 달라고 요청했다.

○ 로마 황제 티베리우스는 파르티아의 요청을 로마로서는 영광이라 생각하고 받아들였다. 그뿐만 아니라 보노네스를 떠나보낼 때 많은 재물을 선물로 주기도 했다. 파르티아에서는 보노네스를 기쁘게 맞아들였지만, 로마의 관습에 길들여진 왕에 대해 점차로 혐오하게 되었다. 급기야 그들은 파르티아가 로마의 속주 취급을 받으며 왕의 옥좌가 로마에 의해 배당되고 있다고 생각하기에 이르렀다. 또한 "크라수스를 죽이고 안토니우스의 간담을 서늘하게 만들었던 파르티아의 영광은 어디로 사라지고, 이제는 로마 황제 밑에서 노예와 같이 오랫동안 예속당해 길들여진 보노네스를 왕으로 맞이하게 되었구나!" 하며

개탄하는 목소리가 퍼져 나갔다. 하지만 보노네스는 주변의 이런 불만에도 아랑곳하지 않고 파르티아의 관습에 대해 전혀 관심을 기울이지 않았다. 그는 사냥하는 일도 드물고 말을 사육하는 일도 게을리했으며, 외출을 할 때는 로마인들의 습관인 침상 가마를 타고 다녔다. 또한 파르티아 전통의 연회도 경멸했으며 그리스인들을 측근으로 곁에 두었고 로마인들이 흔히 하듯 모든 가구에는 다 날인하여 보관함으로써 파르티아인들의 비웃음을 샀다. 일이 이렇게 되자 그가 가진 미덕조차도 악덕으로 여겨졌다. 즉 왕궁을 모든 사람들에게 개방하고 선선히 사람들을 만나 주며 상냥하게 응대하는 것도 로마에게서 배운 굴욕의 증거라고 생각하게 된 것이다.

○ 결국 파르티아인들은 아르타바누스를 불러들여 왕으로 옹립했다. 아르타바누스는 성년 때까지 다하에족 속에서 자랐지만 아르사케스 왕조의 피를 이어받은 것은 사실이었다.(註. 당시 파르티아 왕은 아르사케스 왕조였으며, 아르사케스 왕조가 파르티아를 세웠다.) 그는 병력을 규합해 무력으로 보노네스를 쫓아내고 왕위를 차지했다. 왕위에서 내몰린 보노네스는 당시 무정부 상태에 있던 아르메니아로 피신했으며, 다행히 아르메니아인들은 그를 왕으로 받아들였다.

○ 그러나 파르티아 왕이 된 아르타바누스는 아르메니아 왕이 된 보노네스를 계속 위협했고, 아르메니아인들은 파르티아의 위협 속에서 군사력으로 맞설 힘이 없었다. 이렇게 되자 친로마파인 보노네스는 로마군에 지원을 요청하기에 이르렀다. 하지만 파르티아와의 전쟁을 기피한 로마는 당시 시리아 총독 실라누스를 시켜 보노네스를 시리아의 안티오키아로 피신시킨 뒤 로마군의 감시하에 두었다. 사실상 로마군에게 감금된 상태가 되어 버린 보노네스는 게르마니쿠스가 동

방에 파견되었을 때 아르타바누스의 요청에 의해 킬리키아의 폼페이오폴리스로 옮겨지게 되었다. 하지만 그가 이렇게 옮겨지게 된 진짜 속내는 보노네스가 게르마니쿠스의 정적인 시리아 총독 피소의 아내 플란키나에게 친절과 선물로 환심을 사고 있어 피소가 보노네스를 좋아했기 때문이다. 피소는 동방의 총사령관인 게르마니쿠스를 도와야 할 신분임에도 오히려 게르마니쿠스와 경쟁하며 사사건건 부딪히고 있었다. 그러한 까닭으로 게르마니쿠스는 보노네스의 거주지를 피소의 통치 지역인 시리아에서 벗어나 킬리키아로 옮겼던 것이다.

○ 하지만 킬리키아에서 연금 상태로 있던 보노네스는 그곳에서 탈주했다. 그가 도망칠 수 있었던 것은 그곳의 감시 대장으로 근무하던 퇴역병 레미우스를 매수할 수 있었기 때문이다. 보노네스는 킬리키아를 탈출하여 아르메니아로 도주하려 했으나 기병대장 프론토에게 강가에서 붙잡히고 말았다. 그 직후 레미우스는 탈주에 실패한 보노네스가 모든 것을 자백할까 두려워 무참히 살해했다. 그는 탈주를 공모했다는 의혹의 위험에서 벗어나고자 갑자기 발작이 일어난 것처럼 꾸며 보노네스를 칼로 찔렀던 것이다. 이로써 타고난 핏줄보다는 자라 온 환경에 더 크게 지배된다는 것을 보노네스는 뒤늦게 깨달았지만 부왕의 지위를 계승하려 했던 그의 꿈은 물거품이 되었다.

※ 게르마니쿠스(Germanicus)의 죽음(19년)

≪칼푸르니우스 피소는 경쟁하며 다투었던 게르마니쿠스가 죽자 위

험에 처해졌다. 더군다나 게르마니쿠스는 분노와 고통 속에서 숨을 거둘 때 자신의 죽음이 피소의 음해 때문이라고 의심하며 억울한 죽음을 밝혀내고 반드시 복수해 달라고 부탁하기를 잊지 않았다. 게르마니쿠스의 복수심과 피해 의식은 피소의 경솔한 행동으로 말미암았고, 이로 인해 피소는 종국에 스스로를 위험 속에 빠뜨렸다.

내면의 진실이야 어떠했든 게르마니쿠스의 장례식 때 티베리우스가 양아들의 죽음에 애도하는 모습을 보이지 않은 것은 양아버지로서의 의무를 다하지 못한 것이라고 시민들은 여겼다. 이렇듯 티베리우스가 미심쩍은 태도를 보이자 그렇지 않아도 의심하고 있던 시민들은 더욱 더 티베리우스를 의혹의 눈으로 바라보았고, 티베리우스와 아그리피나 사이도 멀어져 갔다. ≫

○ 권력을 넘겨받은 티베리우스는 차기 대권자인 양아들 게르마니쿠스를 제거할 필요가 있었으리라고 추측되고 있다. 왜냐하면 게르마니쿠스는 조카이자 양아들이었지만, 티베리우스에게는 게르마니쿠스보다 2살 아래의 친아들 드루수스가 있었기 때문이다. 아마도 그는 양아들보다는 친아들에게 더욱 애정을 느꼈으리라. 게다가 14년 게르마니아 군단이 폭동을 일으켰을 때 게르마니쿠스를 황제로 옹립하려 했다는 기억이 사라지지 않았다. 게다가 선제인 아우구스투스는 티베리우스 다음 황제로 게르마니쿠스를 즉위시킬 것을 예고해 놓았을 뿐 아니라, 게르마니쿠스는 라인강 전선의 총사령관으로서 병사들에게도 그리고 시민들에게도 명망을 얻고 있었다.

○ 상황이 그렇게 되자 몇 번에 걸친 공격으로 게르마니아의 드넓은 땅이 거의 로마에 편입될 즈음, 티베리우스는 동방의 안정을 위한다는

구실로 게르마니쿠스의 임지를 동방으로 옮겼다. 이는 게르마니쿠스의 명성이 높아질 것을 우려한 조치였다고밖에 볼 수 없다. 티베리우스 스스로도 이제 제국이 안정되어 무공을 세울 수 있는 곳이라곤 게르마니아 전선뿐이니, 동생인 드루수스에게도 무공을 뽐낼 수 있는 기회를 주어야 하지 않겠느냐고 게르마니쿠스를 설득한 적이 있었다.

○ 로마에는 인재가 넘쳐 아르메니아의 권력 투쟁에 따른 동방의 불온한 정세를 평정할 사람이 넘쳐났다. 그럼에도 굳이 게르마니쿠스의 임지를 동방으로 정함으로써 라인강 전선으로부터 떼어 놓은 것이다. 그리고 게르마니쿠스의 장남 네로 카이사르가 시리아 총독 실라누스의 딸과 약혼했기에 사돈 간에 동방의 통치를 나눈다는 것은 좋지 않다는 이유로 실라누스를 시리아 총독직에서 해임했다. 그 자리에 게르마니쿠스를 배후에서 감찰하도록 밀명을 받은 것으로 추측되는 그나이우스 칼푸르니우스 피소(Gnaeus Calpurnius Piso)가 임명되었다. 피소와 티베리우스는 한때 전우가 되어 전쟁에 함께 참전하는 등 수십 년간을 친구라고 부를 만큼 가깝게 지낸 사이였다. 티베리우스는 젊은 게르마니쿠스가 청년의 호전적인 기질 때문에 충동적으로 파르티아와 전면전을 벌일지 모른다는 걱정에서 감시자 역할을 겸하도록 피소에게 비밀스런 임무를 준 것으로 알려졌다. 그렇다면 드러나지 않게 조용히 그 임무를 수행하는 것이 도리이건만, 피소는 성격이 거칠고 복종심이 없으며 선천적으로 오만했다. 게다가 그는 시리아 총독으로 부임하여 군대의 충성과 지지를 다짐받으려고 병영을 순찰할 때 자신의 성격을 반영하듯 규율을 엄격히 지키는 지휘관들을 모두 내쫓고 그 자리에 자신에게 빚이 있거나 대가를 주면 마음대로 움직일 만한 자들을 앉혔다.

○ 피소에 대해서는 이런 이야기가 전해져 오고 있다. 그가 시리아 총독으로 있을 때 휘하에 있던 두 명의 병사가 휴가를 갔다가 한 명만 제때에 귀대하고 다른 한 명은 귀대하지 않았다. 그러자 피소는 귀대한 병사가 같이 갔던 동료 병사를 살해한 것이 틀림없다며 그를 살인죄로 몰아 사형을 선고했다. 그 병사는 자신의 결백을 주장하며 자세히 조사하면 무죄가 드러날 것이라고 항의했으나 소용없었다. 어쩔 수 없이 사형을 집행하려던 백인대장은 사형 집행자가 검을 쳐든 순간 귀대하지 못한 병사가 부대에 막 도착했다는 소식을 듣고 즉시 집행을 멈추었다. 주위에 있던 동료 병사들도 안도의 숨을 쉬며 모두들 환호했다. 그러나 피소의 판단은 달랐다. 그는 이렇게 말했다. "두 병사 모두 사형에 처하라. 한 명은 제때에 귀대하지 않은 병사를 죽이지 않은 죄이며, 다른 한 명은 귀대에 늦었음에도 처벌을 피한 죄다." 그러면서 피소는 덧붙여 말했다. "백인대장도 처형하라. 그는 내 명령에 불복종했기 때문이다." 백인대장은 노예나 처형할 때 쓰는 십자가형에 처해졌다. 이것이 전해져 내려오는 그의 성품이다. 피소의 아버지는 내전 중에 카이사르에게 대항했으며 그 후에도 브루투스와 카시우스를 지지했다. 그럼에도 아우구스투스의 관용 정책으로 용서받아 로마로의 귀국이 허용되었으며, 처음에는 일절 관직에 취임하려 하지 않았으나, 결국 아우구스투스의 간청을 받아들여 집정관에 올랐던 자였다.

○ 게르마니쿠스는 동방 사령관으로 부임한 후 이집트의 알렉산드리아를 방문했다. 이집트는 외할아버지인 안토니우스가 옥타비아누스에게 패하고 자살할 때까지 머물렀던 곳이기에 게르마니쿠스는 감회가 깊었으리라. 하지만 원로원 의원급 이상의 신분을 가진 자가 사전 승인 없이 이집트를 방문해서는 안 되었다. 이집트는 황제의 직속령으

로 기사 계급 한 사람이 황제를 대신하여 다스렸고, 아우구스투스는 원로원 의원들의 이집트 방문을 금지함으로써 불순한 결과를 사전에 방비하고자 했던 것이다. 게르마니쿠스는 자신을 감시하는 자가 있으므로 행동을 조신해야 했지만 법을 어기고 이집트를 방문하는 경솔함을 저질렀다. 게다가 이집트의 알렉산드리아에는 때마침 기근이 발생하였는데, 게르마니쿠스는 로마 제국 제2인자 권한으로 곡물 창고를 열게 하고 빈민을 구제했으며, 이집트로부터 신의 칭호까지 받았던 것이다. 권력의 속성을 제대로 이해하지 못했다고밖에 볼 수 없는 이러한 게르마니쿠스의 방종한 행동은 형식과 원칙을 중요시하는 티베리우스의 의심과 분노를 사게 되었고, 티베리우스는 원로원에서 격렬하게 게르마니쿠스의 비행을 성토했다.

○ 그리고 피소는 동방 전선의 제2인자로서 게르마니쿠스가 실책을 하지 않도록 감찰하여야 할 신분임에도 게르마니쿠스와 사사건건 부딪쳤다. 피소로서는 티베리우스를 적으로 택하든 아니면 게르마니쿠스를 적으로 택하든 선택해야 했겠지만, 결국 그는 티베리우스의 명에 따라 게르마니쿠스를 적으로 삼은 것이라고 볼 수 있었다. 그의 아내 플란키나(Flancina)에게는 모후 리비아가 여성 특유의 질투심에서 "아그리피나를 넌지시 비방하라."는 암시를 주었다는 말이 나돌았다. 그러나 시킨다고 해서 그대로 행하는 데에는 별도의 현명함이 필요한 법이다.

○ 피소는 게르마니쿠스의 명령에 불복종했다. 군단의 일부를 아르메니아로 이끌고 오라는 명령을 받는데도 이를 무시한 것이다. 두 사람은 마침내 키루스에 있는 군단 동계 진영에서 만나 회의를 가졌으나, 게르마니쿠스는 자신을 무시하는 피소를 향해 분노가 은근히 묻어나

는 말투였으며, 피소는 게르마니쿠스를 깔보는 어투로 불복종에 대한 여러 가지 책임을 회피했다. 결국 두 사람은 적의만 드러내고 헤어졌으며, 이후로 피소는 게르마니쿠스가 주재하는 회의에 거의 나가지 않고, 설령 참석한다고 하더라도 못마땅한 듯 부루퉁한 얼굴로 게르마니쿠스에게 공공연히 대들었다. 어느 날 나바타이족 왕이 주연을 베풀어 금관을 증정했을 때, 피소는 자신에게 증정된 금관이 게르마니쿠스에게 증정된 금관보다 가볍다는 이유로 분노가 치밀어 올랐다. 서열로 보아도 게르마니쿠스 아래였음을 망각하고 마침내 피소는 자신의 금관을 땅바닥에 패대기치면서 "이 연회는 로마 황제의 아들을 위해 열린 것인가?" 하고 말하더니 동방의 사치스러움을 한참 동안 비난한 뒤 연회장을 박차고 나갔다. 게르마니쿠스는 피소의 무분별한 행동에 분노가 끓었지만 꾹 참았다.

○ 그러한 갈등 속에서 결국 게르마니쿠스는 피소를 시리아 총독 자리에서 추방한 다음, 파르티아 왕 아르타바누스와 강화 협정을 맺었다. 그 이후 그는 열병으로 쓰러져 증세가 몇 번 호전되고 악화되기를 반복하다가 급기야 목숨을 잃고 말았다. 숨을 거두면서 자신이 천수를 다하지 못하고 죽게 된 것에 대해 신들에게 원망스럽다고 그는 말했다. 그러면서 아내와 자식들을 걱정했고, 아내인 大 아그리피나에게는 로마로 가거든 자식을 위해서 자존심을 버리고 잔혹한 운명에 순종하며 권력 다툼을 절대로 하지 말라는 간절한 유언을 남겼다.(註. 남편의 간절한 유언에도 불구하고 아그리피나는 로마의 권좌를 놓고 시아버지인 티베리우스 황제와 무던히도 신경전을 벌였다. 한번은 그녀의 6촌 자매인 풀크라가 음란죄를 이유로 고발당했을 때 아우구스투스 신전에서 제례를 올리고 있던 티베리우스를 찾아가 항의했다. "풀크라

「게르마니쿠스의 죽음」, 니 푸생 作

가 고발당한 유일한 이유는 어리석게도 저를 따랐기 때문일 것입니다."
이 말을 듣고 좀처럼 마음속을 내비치지 않던 티베리우스가 아그리피나
를 잡고서는 짧게 내뱉었다. "집권할 수 없다고 해서 그렇게 화낼 것은 없
다." 결국 아그리피나는 티베리우스에게 치욕적인 처벌을 당하고 굶어 죽
었다.) 또한 자신이 죽는 것은 피소가 독약을 먹였기 때문이므로 반
드시 복수해 달라고 부탁했다.

○ 너그럽고 상냥한 게르마니쿠스는 로마인뿐만 아니라, 외국인조차도
진심으로 슬퍼하는 가운데 숨을 거둔 안티오키아에서 화장되었다.
현대의 역사가에 따라서는 게르마니쿠스가 제위에 오르지 못하고 요
절했기에 좋은 점만 부각된 것일 뿐이며, 사실 황제 후계자로서는 진
중하지 못하고 경솔한 면이 있었다고 비판하기도 한다. 하지만 당시
의 로마 시민들은 게르마니쿠스가 왕의 권한을 가지고 있었더라면
관대함과 중용 그리고 군사적 명성에서도 알렉산드로스 대왕과 견주

었으리라고 여겼다. 그의 아내 아그리피나와 일행들이 로마로 돌아왔을 때, 모두들 깊은 슬픔에 빠졌으며 피소에 대해 분노했다.

○ 티베리우스와 리비아는 게르마니쿠스의 유골이 본국 이탈리아 브룬디시움항에 도착했을 때는 물론이거니와 로마 시내에 왔을 때도 마중 나오지 않았다. 이는 티베리우스의 동생이자 게르마니쿠스의 아버지인 드루수스가 라인강 전선에서 낙마의 후유증으로 죽었을 때 아우구스투스가 멀리 북이탈리아의 티키눔까지 유해를 마중 나갔던 것과 비교되었다. 게르마니쿠스의 어머니 小 안토니아도 마중을 나오지 않았는데, 이것은 티베리우스와 리비아가 마중을 나오지 않은 이유가 친어머니의 예를 따른 것뿐이며 진실로 슬퍼하고 있는 것이라고 변명하기 위해 小 안토니아를 감금했다는 소문이 파다하게 퍼졌다.(註. 2007년의 일이었다. 평택 해군 제2함대 사령부에 있는 서해교전 추모비를 안내하던 어느 장교가 탄식하며 말하기를 2002년 서해교전이 벌어졌던 당시에 군통수권자였던 김대중은 이 추모비에 한 번도 오지 않았다며 분노했다. 김대중은 서해교전이 있던 다음 날 월드컵 경기를 참관하러 일본에 갔고, 전사한 병사들의 영결식에 참석하지 않았으며, 추모비에 한 번도 배례와 경의를 표하지 않은 것에 대해 분명 이유를 말할 수 있으리라. 그럼에도 그가 야당 지도자였다면 이야깃거리조차 되지 않았을 것이다. 하지만 자유를 위해 독재의 칼날에 맞섰던 그는 당시 국가 최고의 자리에 있었고 게다가 군통수권자였으며 죽은 자들은 조국을 위해 목숨을 바친 병사들이었다. 티베리우스도 게르마니쿠스의 시신을 마중하지 않은 것에 대해 이유를 말할 수 있었다. 그러나 시민들은 납득하지 않았고 의심했다. 카이사르는 이렇게 말했다. "지도층 계급이라면 의심받을 행동조차 용납되지 않는다." 플라톤도 소크라테스의 입을 빌려 오직 국가

「게르마니쿠스의 유해를 가지고 브룬디시움에 온 아그리피나」, 벤자민 웨스트 作

통치자만이 국가의 이익을 위해 자신의 철학과 어긋나는 거짓 언행을 행할 자격이 있다고 주장할 만큼 지고한 자리는 자신의 철학대로 살아가기가 힘든 법이다. 마르쿠스 아우렐리우스 황제는 도덕적 양식을 가진 스토아 철학자였지만 황제의 지위에 오르자마자 투구와 갑옷을 갖추어 국경을 침범한 적들을 향해 거침없이 진격했으므로 당시는 물론 후세에까지 존경받을 수 있었기 때문이다.)

○ 게르마니쿠스의 죽음에 대한 피소는 세 가지 죄목으로 고발되었다. 게르마니쿠스 살인, 상급자에 대한 불복종 그리고 추방 명령을 받은 속주를 무력으로 되찾으려고 한 반란이 그것이었다. 피소는 살인 혐의에 대해서는 무죄 선고를 받았으나, 뒤의 두 가지에 대해서는 유죄판결을 받았다. 피소가 고발되자 이에 대한 티베리우스의 연설은 냉정했다. 그는 "피소가 과연 살인죄를 저질렀을까? 반란의 의도를 가지고 병사들을 매수했을까? 모든 이야기들이 고발자들이 과대하게

추측한 거짓이 아닐까?" 그러면서 "나의 개인적인 아픔이 있다는 이유만으로 피고의 죄가 입증되어서는 안 되며, 피소의 변호인들은 열성을 다해 뛰어난 연설로 피소를 변호하라."고 말했다. 티베리우스의 이 같은 발언은 매우 정당하고 이성적인 생각인 것은 사실이다. 그러나 이를 듣고 있던 시민들의 생각은 달랐다. 사람들은 그가 게르마니쿠스의 주검을 마중하지 않았다는 사실과 함께 과연 양아들의 죽음에 대해 진정으로 슬퍼했는지 의심을 품었다.

○ 피소는 스스로 목숨을 끊은 자는 재산 몰수를 피하고 상속자들에게 자신의 재산을 줄 수 있는 규정을 염두에 두고 재판이 끝나기도 전에 자살을 선택했다. 그리고 아그리피나와 경쟁하고 어리석게도 게르마니쿠스가 죽었다는 소식에 기쁨을 폭발했던 피소의 아내 플란키나는 모후 리비아의 탄원으로 죄가 불문에 부쳐졌다.(註. 게르마니쿠스가 죽었다는 소식을 접하고 피소도 기뻐했지만, 그의 아내 플란키나는 너무나 기쁜 나머지 자매를 잃었을 때 입은 상복을 그제야 벗고 화려한 의상으로 갈아입었다고 전한다.) 원로원은 황제의 어머니께서 왜 플란키나가 용서받기를 원하는지에 대해 황제에게 전한 이유들이 매우 정당한 것이었으므로 황제의 커다란 효심을 위해서 플란키나의 처벌은 면제되어야 한다고 결정했던 것이다. 그녀는 미래가 어떻게 될지 불확실할 때는 "나는 어떤 운명이 닥쳐오더라도 당신과 함께할 거예요. 필요하면 같이 죽더라도." 하고 남편에게 맹세했다. 그러나 리비아의 보호로 면죄가 확실해지자 점차 남편과 거리를 두었을 뿐 아니라, 변호도 별도로 맡겼다. 피소는 이것이 자신에게 치명이라는 것을 직감했다. 하지만 플란키나의 죄는 완전히 면죄되지 못하고, "사람의 재앙을 기뻐하는 자는 형벌을 면치 못한다.(註. 구약성서 잠언 17장 5

절)"는 진리를 입증했다. 왜냐하면 훗날 아그리피나가 티베리우스에게 미움을 받아 추방형을 당한 후 그곳에서 굶어 죽고 리비아도 죽었을 때, 그제야 플란키나에게 법의 올가미가 조여져 왔기 때문이다. 결국 그녀는 범죄의 추궁을 받고 견디다 못해 스스로 목숨을 끊었다.

○ 무엇보다도 피소를 절망으로 몰아간 것은 티베리우스의 태도였다. 티베리우스는 연민이나 분노의 기색조차 숨기고 어떤 감정도 내비치지 않으려고 마음의 문을 단단히 걸어 잠그고 있는 것 같았다. 피소는 티베리우스에게 몇 마디의 편지를 쓰고 봉인한 뒤 해방 노예에게 맡겼다. 그 편지에는 아들에 대한 변호가 적혀 있었다. 그는 다음 날 동틀 무렵 스스로 목을 찌르고 죽음을 맞은 모습으로 발견되었다. 티베리우스에게 전한 피소의 편지에는 다음과 같이 쓰여 있었다. "저는 평생토록 당신에게 충성을 바쳤습니다. 또한 당신의 어머님에게도 경애심을 품어 왔습니다. 그래서 두 분께 간청드립니다. 제 자식들에 대해서는 정상 참작해 주십시오. 큰아들인 그나이우스 피소는 내내 로마에만 있었기에 제가 한 일의 옳고 그름에 상관없이 일절 관여하지 않았습니다. 또한 둘째 아들 마르쿠스 피소는 제가 시리아로 돌아가는 것을 만류했습니다.(註. 게르마니쿠스가 죽고 난 후 피소측은 시리아로 돌아가서 총독의 지휘권을 되찾자는 의견과 로마로 가자는 의견으로 나뉘었다. 그때 피소의 둘째 아들 마르쿠스 피소는 시리아로 가는 것을 반대했다. 왜냐하면 시리아로 가는 것은 당시 시리아 총독 행세를 했던 센티우스와의 내전을 의미했기 때문이다. 하지만 피소는 시리아로 갈 기회를 놓쳐서는 안 된다는 친구의 건의를 받아들여, 티베리우스에게 게르마니쿠스를 비난하는 서신을 보내고 황제로부터 임명받은 시리아 총독은 바로 자신뿐이라고 주장했다. 결국 시리아로 돌아간 피소와 센티우

스 간에 무력 충돌이 일어났고 전투에서 피소는 패배했다. 고발자들은 조국의 군대를 향해 검을 겨누는 것은 반란죄라고 주장했다.) 그러므로 무고한 자식이 애비의 잘못으로 벌을 받지 않도록 자비를 베풀어 주십시오." 그러나 피소는 아내 플란키나에 대해서는 어떠한 선처도 부탁하지 않았다.

○ 결국 피소와 동행한 둘째 아들은 원심에서 유죄 선고를 받았지만 상소심에서 황제의 권한을 행사한 티베리우스가 아들은 아버지의 뜻을 거역할 수 없다는 이유를 들어 원심을 철회했다.(註. 그 후 피소의 반란죄는 잊히고 연좌제의 악습이 없던 로마이었기에 피소의 손자는 네로 때 집정관을 지냈으며, 베스파시아누스 때는 아프리카 총독을 역임했다.) 이 같은 게르마니쿠스 사후의 처리로 인하여, 미망인 아그리피나는 억울한 죽음에 대해 복수해 달라는 남편의 유언을 제대로 지키지 못했다고 생각하고 시아버지 티베리우스에게 깊은 원한을 가졌고 앙숙 지간이 되었다. 그리고 원로원은 로마 시민뿐 아니라 외국인조차 게르마니쿠스의 죽음을 애도하고 있건만, 피소는 망자에 대해서는 더 이상 미워하지 않는다는 예절도 망각한 채 감히 게르마니쿠스를 비난하는 문서를 훌륭하시고 자비로운 황제에게 보내는 파렴치함을 보였다며 아부를 떨었다.

※ 연장자에 대한 예절(21년)

≪나이 많은 자에 대한 경로사상은 동서고금을 막론하고 미풍양속

이었다. 원로원과 코르불로는 그 점을 지적했다. 유대 왕 헤롯의 말에 따르면 존경이란 기쁨보다는 고통이 더 큰 법이다. 왜냐하면 나이에 걸맞지 않게 존경받지 못하는 고통은 나이에 걸맞게 존경받는 기쁨보다 더 크기 때문이다. 키케로는 연장자에 대한 예절이란 아침에 인사받는 것, 예방을 받는 것, 길을 양보받는 것, 다가가면 사람들이 일어서는 것, 광장을 오갈 때 호위를 받는 것, 조언을 부탁받는 것 등과 같이 얼핏 보면 무척이나 사소한 것들이라고 단언했다.≫

○ BC 1세기 때 테렌티우스 바로는 농업론(De Re Rustica)에서 "목동들의 감독을 맡은 자는 다른 목동보다 나이가 더 많아야 하는데, 왜냐하면 사람이란 자신보다 나이가 많은 사람에게 복종할 마음이 생기기 때문이다."라고 피력했다. 이는 인간사에서 남보다 위에 서려면 연륜이 중요함을 말한 것으로, 인간이란 시간이 흘러 경험·사색 그리고 관조가 켜켜이 쌓였을 때 비로소 그 의미를 깨달을 수 있는 지혜가 찾아들기 때문에 대개의 경우 나이를 헛되이 먹는 경우가 없으므로 복종과 존경을 이끌어 내기가 수월하다는 의미다. 하지만 이런 인간적인 감정에 대한 이해가 부족하여 말썽은 언제 어디서나 생겨났다.

○ 원로원 회의에서 코르불로(註. 동방 사령관이 되어 명성을 떨치다가 네로에게 자살을 선고받은 로마 장군 코르불로의 아버지이다.)는 불만을 터뜨렸다. 젊은 귀족인 술라가 검투사 경기장의 관중석에서 연장자인 자신에게 자리를 양보하지 않았다는 것이다. 코르불로의 역정에 동조하는 사람들은 대부분 나이가 든 사람들이었는데 그들은 그의 나이, 예로부터의 미풍양속을 내세우며 편들었다. 또한 젊은이의 불

손함을 엄중히 나무란 선조들의 예도 거론했다.(註. 로마의 검투사 경기장에서 좌석 배치는 사회적 신분에 따라 무대 앞부터 배치되었다. BC 194년부터 원로원 의원의 경우는 제일 앞 몇 개 열을 할당하고 기사 계급에게는 그다음 열부터 할당했으나, 독재관 술라 때 기사 계급을 위한 자리를 폐지시켰다. 그러다가 BC 67년 호민관 로스키우스가 제안한 법에 의해 무대 앞의 반원형 귀빈석에 원로원 의원 좌석을 배치하고 기사 계급은 다음 열부터 제1단에서 제14단까지 앉도록 정했다. 민중들은 그 법이 자신들의 명예를 깎아내리는 것이라고 생각하여 로스키우스가 극장에 나타났을 때 야유를 보냈고, 반면 기사들은 그를 향해 크게 박수를 쳤다. 그렇게 되자 서로 간에 욕설을 퍼붓고 극장 안은 소란으로 어수선했다. 하지만 이 법은 제대로 지켜지지 않았다. 푸테올리에서 열린 검투사 경기에서 늦게 입장한 어느 원로원 의원에게 아무도 자리를 양보하지 않은 일이 발생했다. 그 자리에서 이를 보고 있던 아우구스투스는 그 원로원 의원이 당한 모욕에 격분하여 공적인 구경거리가 어느 곳에서 개최되든지 간에 첫 번째 열은 원로원 의원들에게 배정되어야 한다는 '율리우스 극장법Lex Julia theatralis'을 제정했다.)

○ 그러나 술라 측도 가만있지 않았다. 스타우루스와 아룬티우스를 비롯한 그의 친척들이 코르불로의 발언에 이의를 제기했다. 양쪽은 서로 조금도 양보하지 않으며 누가 더 정당한지를 놓고 치열하게 논쟁했다. 논쟁이 과열되자 마침내 당시 집정관이었던 티베리우스 황제의 아들 드루수스가 양쪽이 흥분을 가라앉힐 수 있도록 시의적절한 연설을 했다.(註. 당시만 하더라도 황제는 로마 제국의 공식 직위는 아니었다. 어디까지나 로마의 최고 관직은 집정관이었으며, 이 일이 벌어졌을 때 드루수스는 아버지인 티베리우스 황제의 동료 집정관에 취임하고

있었다.)

○ 드루수스는 이 연설로 많은 사람들의 호응을 얻고 칭찬을 받았다. 또한 코르불로는 버릇없이 행동했던 술라의 숙부이자 의붓아버지이기도 한 당대 최고의 웅변가 마메르쿠스의 사과도 받아 냈다. 로마의 문화에 막대한 영향을 미친 그리스의 경우 연장자에 대한 예절은 아테네인보다는 스파르타인으로부터 배울 점이 있다.

○ 전래되는 이야기에 따르면 어느 노인이 아테네에서 연극이 공연되는 중에 극장에 갔었는데 관중 가운데 어느 시민도 그 노인에게 자리를 양보하지 않았다. 하지만 마침 아테네에 사절로 온 스파르타인들이 자신들에게 마련된 예약석에 앉았다가 그 노인이 다가오자 모두들 일어서며 자신의 자리를 노인에게 권했다고 한다. 또한 스파르타의 젊은이들은 길에서 연장자를 만나면 옆으로 비켰다. 이는 스파르타인들이 아테네인보다 권위에 대한 복종심과 도덕성이 높았기 때문이다. 규정과 권위에 대한 복종심이 결여된 난잡한 폭력배는 난폭하기만 할 뿐 결코 뛰어난 군인이 될 수 없다. 스파르타인들이 용맹스럽고 훌륭한 군인이었던 데는 그러한 정신이 토대가 되었다. 헤로도토스는 이 두 가지 점이 이집트와 스파르타에게 공통적으로 일치하는 관습이었다고 했다. (註. 스파르타를 호칭할 때 도리아식 그리스어로는 '스파르타', 아티케식 그리스어로는 '스파르테'라고 하며, '스파르타'는 수도를, '라코니케'는 스파르타가 통치하는 주변 지역을, '라케다이몬'은 수도와 주변 지역 모두를 일컫지만 이와 같은 용어는 대개 같은 말로 쓰인다. 또한 '라코니아'라고 하는 것은 '라코니케'의 라틴식 발음이다.)

원로원 의원들의 아부

≪국가 권력이 한 사람에게 집중되자 이제는 유일한 권력자에게 서로가 아부심을 경쟁하며 승부를 다투었다. 공화정 때의 자유롭고 정의로운 정신은 모두 사라지고 속박의 끈이 그것을 대신했으며, 원로원 의원들이 이렇듯 퇴보된 정신을 보이자 양식 있는 사람들은 할 말을 잃고 말았다.

공화정 시대에 훌륭한 정쟁의 무기였던 연설은 황제 1인으로 권력이 집중되자 더 이상 찬란한 생명력을 유지할 수 없었다. 공화정에서 자유는 필연적으로 시민 사이의 불화를 수반했고, 위대한 연설은 그 불화 속에서 정쟁 수단으로 배양되었기 때문이다. 황제의 절대 권력은 마침내 그 정쟁을 잠재웠지만, 동시에 연설의 필요성과 자유를 잃게 만들었고 그 자리에 분별력을 잃은 아부로 채워 넣었다.≫

○ 티베리우스가 원로원에 자신의 아들 드루수스에게 호민관 권력을 수여하도록 요청했다. 그러자 원로원은 언젠가는 이런 요청이 있을 거라고 생각하고서 아부를 다했다. 한 발 더 나아가 유니우스 실라누스는 황제에게 아첨하기 위해 집정관의 권위까지 모독했다. 그는 자신이 발언할 순서가 되자 "이후로는 모든 기념물에 연대를 기록하기 위해 집정관의 이름이 아니라 호민관 권력을 행사하는 사람의 이름을 새겨야 한다."고 제안했던 것이다.(註. 당시 로마에서는 연대를 나타낼 경우 '누구와 누구가 집정관이었을 때'로 표시했으며, 제정 시대에 호민관 권력을 행사하는 사람이란 곧 황제를 의미했다. 또 다른 방법은 로마 건국 원년으로부터 몇 년이란 의미로 A.U.C.를 사용했다. A.U.C.는 ab urbe condita의 약자.) 이에 질세라 퀸투스 하테리우스는 "오늘의 원로원 의결을 황금판에 새겨 의사당에 걸어 두어야 한다."고 아부하여 원로원 의원들의 비웃음을 샀다. 이 나이 많은 의원은 이와 같은 비난받을 아부로 인해 동료들로부터 아첨꾼이라는 불명예를 얻었다. 티베리우스조차도 그 같은 원로원 의결을 황금판에 새기는 것은 전래의 관례에 어긋난다며 거부했다.

○ 로마의 권력이 1인에게 모아지자, 지도적 위치에 있는 사람들은 명성과 지위를 유지하기 위해 황제에게 아부를 다하는 것 외에는 다른 것을 알지 못했으며, 정책 결정은 연설보다는 여인들의 귓속말과 황실 해방 노예들의 쑥덕공론을 따랐다. 종래에는 의견을 달리하는 사람들 간에 연단에서 치열하게 공방을 벌였지만 이제는 옛이야기가 되었다. 표현의 자유가 박탈당하자 정쟁의 무기인 연설이 사라지고 연설가의 필수 교과목이었던 수사학은 몰락의 길을 걸었다. 그들은 동료들과 치열한 정쟁을 벌일 필요가 없었으며 오직 한 사람에게만

아부를 다하면 미래가 보장되고 평온한 삶을 누리다가 안락하게 생을 마감할 수 있었기 때문이다. 진실로 그들이 원한 것은 자유가 아니라 너그러운 주인이었다.

○ 따라서 원로원 의원들은 의사당에서 다투어 가며 기립해 구역질나는 그리고 터무니없는 내용들을 제안했고 가결시켰다. 티베리우스는 이러한 현실에 눈살을 찌푸리며 원로원에 갈 때마다 그리스어로 중얼거리면서 그들을 멸시했다. "이곳은 언제든지 노예가 될 태세를 갖추고 있는 사람들로 가득하구나!" 이렇듯 그는 굴종적인 원로원 의원들의 태도를 평생 혐오하고 경멸했지만, 이율배반적으로 자신의 통치를 위해 그들이 언제까지나 고개를 숙이고 복종하는 자세를 보이길 원했다.

※ 레스쿠포리스(Rhescuporis)의 야심과 파멸

≪절대 권력자의 눈 밖에 벗어난 자는 목숨을 유지하기가 힘든 법이다. 자신의 야심을 만족시키기 위해 정당한 명분 없이 전쟁을 일으켜 파멸한 자가 레스쿠포리스만이 아니었다. BC 2세기 말 누미디아 왕 유구르타도 그러했기 때문이다.≫

○ 티베리우스 황제 때 트라키아 왕 레스쿠포리스는 자신의 야심을 절제하지 못하고 규정을 어기며 말썽을 일으켰다. 트라키아는 본래 로에메탈케스의 통치하에 있었으나, 그가 죽자 아우구스투스는 트라키아의 절반은 동생 레스쿠포리스에게 나머지 절반은 아들 코티스에게

다스리게 했다. 분할된 국토 가운데 비옥한 땅과 그리스에 가까운 번성한 도시는 코티스가 다스리게 되었고, 황무지와 적이 인접한 지역은 레스쿠포리스가 통치하는 결과를 낳았다.

○ 두 왕의 성격을 살펴보면 코티스는 온화하고 다정다감한 반면에 레스쿠포리스는 음험한 야심가였다. 그렇지만 아우구스투스가 살아 있을 때에는 두 왕이 그런대로 화목하게 지냈다. 왜냐하면 아우구스투스의 분할 통치 명령을 어기게 되면 보복당하지 않을까 두려웠기 때문이다. 그러나 황제가 티베리우스로 바뀌고 제국의 여기저기서 반란의 기미가 있는 등 정세가 불안하자, 레스쿠포리스는 자신의 경계를 넘어 코티스에게 할당된 지역으로 병사들을 보내어 전쟁을 도발하고 정복된 지역을 병합했다.

▍트라키아

○ 티베리우스는 성격상 일단 결정된 문제가 다시 교란되는 것을 무척 싫어했다. 따라서 로마는 사절을 보내어 무력으로 분쟁을 일으키지 말라고 권고하자, 코티스는 레스쿠포리스에 대항해 징집했던 군대를 해산했다. 레스쿠포리스도 로마의 권고를 따르는 척하면서 대화를 통해 문제들을 해결하자고 코티스에게 제안했다. 곧이어 회담 날짜와 장소가 정해졌다. 코티스는 순수한 마음에서 레스쿠포리스는 음흉한 마음에서 많은 것을 양보한 결과 회담이 이루어진 것이다.

○ 회담장에서 레스쿠포리스는 "동맹 조약의 비준을 위하여!"라고 건배를 되풀이하면서 주연을 베풀었다. 밤늦게까지 이어진 향연에서 술에 취해 완전히 방심하게 되었을 때야 코티스는 자신이 덫에 걸렸다는 것을 알았다. 그는 왕위의 위험과 왕가의 신들에 대한 경배, 환대의 규칙에 대해 외치고 호소했지만 쇠사슬에 묶여 포로가 되고 말았다.(註. 의심스런 적이 연회를 벌려 놓고서 배신한 경우는 허다했다. 5세기 말 오도아케르는 테오도리크에게, 4세기 말 아르메니아 왕 파라는 동로마 제국 발렌스 황제의 명령을 받은 트라야누스에게 같은 방법으로 당했다.)

○ 그러고 나서 레스쿠포리스는 티베리우스 황제에게 "코티스가 나에게 음모를 꾸몄지만 선수를 쳐 음모자들을 제압했다."고 거짓을 써 보냈다. 편지를 받은 티베리우스는 회유하는 답신을 보냈다. 티베리우스의 답신에는 만약 보내온 편지에 거짓이 없다면 레스쿠포리스의 무죄는 확신해도 좋을 것이나, 원로원과 함께 이 문제를 심리하기 위해 먼저 코티스를 인도하고 직접 로마로 와서 자신이 받고 있는 의심을 벗으라고 요구하고 있었다. 모이시아 총독 판두사가 코티스를 인계받기 위한 병사들을 이끌고 와서는 이 편지를 레스쿠포리스에게 내

밀었다. 레스쿠포리스는 공포와 분노 속에 갈등을 하다가 마침내 코티스를 죽이고는 자살했다고 거짓말을 했다.

○ 그러나 티베리우스는 정해진 방침을 쉽게 바꾸지 않는 성격이었다. 마침 레스쿠포리스와 적대적인 판두사가 사망하자, 오랜 군 경력과 레스쿠포리스와 우정이 깊은 플라쿠스를 모이시아 총독에 임명했다. 그 이유는 레스쿠포리스를 속이는 데 가장 적합한 인물이었기 때문이다.

○ 플라쿠스는 트라키아에 도착하자 반신반의하는 레스쿠포리스를 꾀어내어 로마의 전초 부대가 있는 데까지 끌어내는 데 성공했다. 처음에는 그에게 트라키아 왕으로서의 경의를 표하는 것처럼 다수의 병사들이 주위를 둘러싸고 지휘관들이 설득과 권유를 섞어 가며 로마 진영 쪽으로 이동시켰다. 점차 트라키아에서 멀어지자 로마 병사들의 호위는 감시로 변했고 마침내 그는 피할 수 없는 운명이라고 체념하고서 로마에 끌려갔다.

○ 레스쿠포리스는 코티스의 아내에 의해 로마 원로원에 고소되어 유죄 판결을 받고 트라키아 출입을 금지당했다. 트라키아는 레스쿠포리스의 정책에 반대했던 그의 아들과 코티스의 아들에게 분할되었다. 다만 코티스의 아들은 어렸기 때문에 전직 법무관 루푸스가 후견인을 맡아 다스렸다. 그리고 레스쿠포리스는 이집트의 알렉산드리아로 이송되었다. 이런 상황에서 누구나가 예견하겠지만 레스쿠포리스는 그곳에서 탈주를 시도했다는 죄목으로 결국 처형되었다. 레스쿠포리스가 탈주를 시도했다는 것은 그의 기질에 비추어 사실일 수도 있겠지만, 로마가 그의 목숨을 앗아가려고 마음먹었다면 없는 죄를 뒤집어 씌울 수도 있을 것이니 진실이야 어떻게 알 수 있겠는가?

※ 아내들의 월권

≪권력자의 아내와 친족들의 횡포는 로마 시대나 요즘이나 늘 있어 왔던 부조리다. 또한 그 부조리를 권력자들이 어떻게 대처하느냐는 항상 어려운 문제였다.≫

○ BC 215년 제2차 포에니 전쟁 중에 제정된 오피우스 법에 따르면 남편의 임지에 아내가 따라가지 못하게 되어 있었다.(註. 오피우스 법은 화려한 옷과 값비싼 보석의 소유를 금하고 시내에 마차를 타고 산책하는 것을 금하는 등 사치 금지에 관한 법이었다. BC 215년에 호민관 오피우스가 제안하여 통과된 이 법은 BC 195년 폐지되었다. 이 법의 존폐를 놓고 논의하는 중에 수많은 부유한 귀족 출신의 여성들이 회의 장소로 찾아와 남편들에게 압력을 가했고, 양식 있는 원로원 의원들의 반대에도 불구하고 마침내 사라지는 운명을 맞았다.) 그러한 법이 생겨난 이유는 여자가 곁에 있으면 평시에는 사치를 전시에는 공포를 조장하고, 로마군이 이동하는 것이 야만족 왕이 행차하는 것과 비슷한 모양새가 된다고 보았기 때문이다. 그리고 아내의 야심과 악덕이 쉽게 남편에게 전달되어 직책 수행을 어렵게 한다는 관점이었다. 그러다가 1세기 때에는 총독만이 아니라, 고관들까지도 아내를 임지로 데려가는 것이 상례가 되었다. 그 결과 기회만 주어지면 책략을 꾸미고 권력을 부리기 좋아하는 여자 특유의 성향 때문에, 속주의 군단 기지에서도 총독이 재판장을 맡은 법정에서도 여자들이 주인 행세를 했다.

○ 게다가 사람들은 공식적인 문서를 보내거나 발언을 할 수 있는 자보다는 총독에게 사적으로 속삭일 수 있는 아내가 훨씬 강력한 영향력

을 줄 수 있다고 생각했다. 군단에서는 사령관의 아내라는 것을 뻐기며 백인대장을 턱짓으로 부리는가 하면, 심지어 군사 훈련까지 참관하여 군사적인 문제에 참견하는 사례도 있었다.

○ 이에 세베루스라는 원로원 의원이 총독으로 속주에 부임할 때 아내를 동반하지 못하게 하는 법안을 제출했다. 그는 원로원 회의에서 이렇게 발언했다. "저 같은 경우는 자녀를 6명이나 낳을 만큼 아내와 사이가 좋다는 것을 먼저 말씀드립니다. 하지만 제가 수십 년간 이곳저곳의 속주를 돌아다니며 근무할 때 단 한 번도 아내를 임지에 동반하지 않고 고향집에 머물게 했습니다. 이미 제가 제안한 법안을 몸소 실천한 것이지요. 아내들은 조금만 흐트러진 구석이 보이면 기고만장해져 음모를 꾸미고 병사들 사이를 휘젓고 다니며 지휘관들에게 이래라저래라 명령하려 들지요. 그러고서 그녀들 주위에 온갖 악당들을 끌어모은 후 지배자 노릇을 하며 횡포에 가까운 명령을 내리곤 합니다. 따라서 이런 병폐를 막으려면 과거의 정신과 법을 되살려 속주로 부임하는 자가 아내를 임지에 데려가는 것을 막아야 합니다." 하지만 원로원에서 이 문제를 제기했던 세베루스는 메살리누스에게 반박당하고 말았다. 메살리누스는 옛 시대와는 달리 지금은 여성들이 뽐내는 다소간의 사치가 속주에 부담을 주는 경우는 거의 없고, 전쟁과 통치는 남편이 하겠지만 녹초가 되어 집에 돌아왔을 때 아내 곁에서 편안하게 쉬는 것도 더 나은 다음 날을 위해 필요하다고 주장했던 것이다.

○ 아내의 패덕으로 남편이 종종 부패되기는 했지만, 만약 그렇다면 독신자는 모두 완벽해야 한다는 모순이 생긴다. 결국 원로원은 아내가 적당한 범위를 넘어 행동하는 것은 남편의 잘못이기 때문에 우둔한

몇몇의 남편으로 인해 전체 남편에게 아내를 빼앗을 수 없다고 결론 지었다. 티베리우스 황제의 아들 드루수스도 "아우구스투스 황제도 멀리 나갈 때면 항상 아내 리비아를 대동했다."며 법안에 반대했다.

※ 세야누스(Sejanus)의 드루수스(Drusus) 살해(23년)

≪권력이 정점에 오른 세야누스는 자신을 의심하고 있는 황제의 외아들을 제거하기로 마음먹었다. 그것이 두려움을 해소하기 위해 어쩔 수 없었다고 할지라도 방법과 수단이 비열하고 음험했다.≫

○ 티베리우스 황제의 근위대장 세야누스(Lucius Aelius Sejanus)는 강인한 육체와 대담한 정신력을 소유한 자였다. 그의 아버지 세이우스 스트라보는 에트루리아의 볼시니 사람으로 근위대장과 이집트 장관을 역임했다. 또한 그의 할머니는 마이케나스의 아내 테렌티아와 자매였고, 따라서 아우구스투스에게 대들다가 처형당한 BC 23년 집정관 아울루스 테렌티우스 바로 무레나와는 남매 사이였다. 세야누스는 사치를 부리며 유흥을 즐길 때도 있었지만 부지런히 일하며 밤을 새울 때가 많았다. 하지만 부지런함이 올바른 정신에 기초하지 않고, 권력을 목표로 삼아 위선적인 행동을 취할 경우는 게으름보다 더욱 위험하다.

○ 그는 3개 대대가 로마 근처에 주둔해 있고 나머지 6개 대대는 이탈리아 전역에 산재해 있던 근위대의 각 대대를 한 병영에 집결시켜 동시

에 명령을 내리고, 그 머릿수와 힘을 보고 근위대 병사들 스스로도 자신감을 갖게 함으로써 자신의 힘을 강화시켰다. 이렇게 할 수 있었던 것은 그가 티베리우스에게 근위대 병사들이 한데 모여 있으면 전체적인 통일된 행동과 명령으로 더 큰 효과를 발휘한다고 설득했기 때문이다.(註. 1979년 12월 12일 쿠데타가 터졌을 때 서울 수도경비사령부의 부대원들은 여기저기 흩어져 주둔하고 있었다. 쿠데타 군과 결전을 벌이려고 수도경비사령부 지휘관들이 소속 병사들을 모았을 때 겨우 몇백 명이었고 그들조차도 주로 행정병이었다. 전투의 결과는 뻔했다. 엄격한 군기와 막강한 전투력으로 소문났던 수도경비사령부가 정작 위기에 닥쳤을 때는 전혀 쓸모없는 낱알들이었음이 드러난 것이다. 이는 그들이 세야누스의 지혜에도 미치지 못했기 때문이다.) 또한 세야누스는 근위대 병사들의 이름을 불러 가며 병사 한 사람 한 사람과 이야기를 나누는 등 환심을 샀다. 그리고 그가 가진 임면권은 사병들에게서만 한정되어 있음에도 백인대장이나 부장을 직접 선택하고 자기 세력을 관료로 나아가게 하려고 원로원을 상대로 일을 꾸몄다. 티베리우스의 신임 또한 각별하여 티베리우스가 사적인 대화를 나눌 때나 원로원 또는 시민들 앞에서 세야누스를 자신의 직무 협력자로 격찬했고 세야누스의 조각상을 극장이나 광장 그리고 각 군단 사령부에도 세우게 했다. 이렇듯 그가 티베리우스 황제의 총애를 받게 되자 모든 권력을 집중시켜 자신을 거치지 않고서는 황제를 알현하지 못하게 했으며 만약 이를 어길 시에는 목숨을 내놓아야 했다.

○ 그러나 세야누스는 티베리우스 황제의 아들 드루수스와의 관계가 껄끄러웠다. 드루수스는 성격이 거칠어 상당히 화를 잘 내는 편이었다. 한번은 사소한 일로 세야누스와 언쟁이 벌어졌고, 급기야 세야

누스의 얼굴을 주먹으로 후려갈기고 말았다. 이 일로 세야누스는 자신이 위험에 처할 수 있다는 것을 직감하자, 복수심을 실어 어떤 대비책을 마련하기로 마음먹었다. 결국 그는 드루수스의 아내 리비아 율리아를 유혹했다.(註. 리비아 율리아는 아그리파와 율리아가 낳은 큰 아들 가이우스 카이사르와 결혼했지만, 남편이 일찍 죽자 티베리우스의 아들 드루수스와 재혼했다.) 리비아를 유혹하는 데 성공하자 그녀에게 "남편을 죽인 뒤 나와 결혼하여 황제의 권력을 나누어 갖자."고 부추겼다. 그러면서 리비아의 신뢰를 얻기 위해 이미 3명의 자녀를 낳아준 아내 아피카타를 쫓아냈다.

○ 드루수스는 자신에 대한 음모를 눈치채지 못했지만 종종 세야누스를 향해 이렇게 불만을 터뜨렸다. "황제의 아들이 건재한데 다른 사람이 벌써 통수권의 보좌 행세를 하고 있다. 보라! 근위대 막사를 새로 건립하고 병사들은 그에게 완전히 장악되어 있다. 또한 그의 조각상은 폼페이우스 극장에 전시되어 모두가 숭배하고 있다. 머지않아 예정된 그의 딸과 클라우디우스 아들과의 결혼이 성사되면 황가의 피를 잇는 손자도 볼 것이다. 그 사람 스스로 겸손과 제어를 기대하는 것 외에는 무슨 도리가 있겠는가?" 이러한 말에 세야누스는 두려움을 느끼고 즉각 행동에 나섰다.

○ 그는 리비아의 친구이자 황실 의사인 에우데무스와 시종 리그두스를 모의에 끌어들였다. 에우데무스는 자연스런 병으로 속일 수 있도록 효과가 느리게 나타나는 독약을 구했고, 리그두스가 이것을 드루수스에게 투여하자 그는 시름시름 앓기 시작했다. 티베리우스는 아들이 알 수 없는 병으로 앓고 있는 중에도 원로원 회의에 꼭 참석했다. 극진한 간호와 아스쿨라피우스 신전의 기도도 소용없이 마침내

아들이 병을 이기지 못하고 죽음에 이르자 원로원 의원들은 모두 황제에게 애도를 표했다.(註. 티베리스강 한가운데는 섬이 있어 로마의 환자들이 그곳에 건립된 아스쿨라피우스 신전에 머무르며 치료를 했는데 그 유래는 이러했다. 타르퀴니우스 왕가가 몰락하자 시민들은 그의 농지에서 자란 곡식을 저주하며 티베리스강으로 내던졌다. 던져진 곡식은 그 양이 엄청나서 강물에 떠내려가지 못하고 주변에 토사가 쌓였고 마침내 섬이 형성되었으나, 저주를 받은 섬인지라 아무도 돌보지 않고 모두가 꺼렸다. 그러다가 BC 3세기 로마가 전염병으로 신음할 때 로마 지도층은 의술의 신 아스쿨라피우스 신상을 모셔 왔다. 그때 신성한 뱀을 함께 배에 태웠는데, 배가 로마에 닿았을 때 그 뱀이 티베리스강에 있는 섬으로 헤엄쳐 가자 이는 바로 신의 계시라고 해석되었다. 결국 티베리스강의 섬은 저주받은 섬에서 아스쿨라피우스를 모시는 신성한 섬으로 바뀌었고 병자들은 그곳의 신전에서 치유를 위한 기도를 드렸다.) 그러자 티베리우스는 냉정하게 이렇게 말하며 슬픔을 숨겼다. "바라건대 나에게 위로를 하려면 엄숙하게 해 주시오. 나의 가슴속에는 오직 국가만이 자리 잡고 있습니다. 나의 고통 때문에 원로원 의원들에게 무례하게 대하거나 국정을 소홀히 한다면 비난받아 마땅할 것이오. 하지만 나는 국정에 매진함으로써 아들을 잃은 슬픔을 잊고 힘과 위안을 받고 있소이다." 하지만 훗날 세야누스가 반역죄로 처형된 뒤 자녀들까지 모두 살해당하자 이혼한 그의 아내 아피카타가 드루수스의 죽음에 깔린 비밀을 티베리우스에게 모두 폭로하면서 진실이 밝혀졌다. 세야누스의 죽음에 대해서는 뒤에 가서 상세히 다루어진다.

❋ 클루토리우스(Clutorius)의 애가

≪애사를 미리 예측하고 영광과 축재의 발판으로 삼는 것은 비열하기보다는 오히려 어리석은 짓이다. 레피두스가 이 점을 지적하며 클루토리우스를 변호했으나, 클루토리우스는 단 한 번의 실수로 드리워진 죽음의 그림자를 벗어날 수 없었다.≫

○ 기사 계급인 클루토리우스는 게르마니쿠스가 죽었을 때 죽음에 관한 유명한 애가를 지어 티베리우스로부터 사례금을 받은 적이 있었다. 그런데 이번에 그는 티베리우스의 아들 드루수스가 병을 앓고 있다는 소식을 들었다.(註. 앞서 서술한 대로 BC 23년 드루수스는 근위대장 세야누스의 계략으로 독약을 먹어 병을 얻었으며 얼마 후 결국 죽음을 맞았다.) 그러자 클루토리우스는 지난번보다 더 많은 사례금을 챙길 욕심이 나서 드루수스가 죽었을 때 발표할 시를 미리 써 두었다. 그러고 나서 페트로니우스의 저택에서 페트로니우스의 장모 비텔리아와 몇몇의 귀부인들 앞에서 그 시를 낭독하는 연회를 가졌다. 하지만 비극이란 미리 예측하여 슬퍼해서는 안 되는 법이다. 황가의 비극을 미리 예견하고 애도를 연습했다는 사실을 알게 된 밀고자들이 병에 걸린 드루수스가 죽기를 바라는 의도에서 죽음의 애가를 지었다며 클루토리우스를 반역죄로 고발했다.

○ 시 낭독회에 참석했던 대부분의 여인들은 겁을 집어먹고 고발 내용을 인정하고 말았지만 비텔리아만은 "나는 고발 내용과 같은 사실을 모른다."며 끝까지 버텼다. 그러나 고발당한 자의 파멸을 초래하는 증언이 더 신뢰를 얻었고, 예정 집정관 하테리우스 아그리파는 피고

를 사형에 처한다는 판결을 내렸다.

○ 그러자 하테리우스의 판결에 아이밀리우스 레피두스가 반박하며 변호했다. "그가 행한 것이 불경하기 그지없는 행위로 극형을 받아 마땅하나, 아무리 통탄스럽고 파렴치한 범죄라도 황제의 관용과 로마의 관례가 징벌에 제한을 두고 있다면, 또한 범행의 동기가 허영심이었는지 악의였는지 분간해야 한다면, 관용과 엄격함 사이에 후회 없는 판별을 내려야 할 것입니다. 그의 시들은 어리석음으로 가득 차 있고 하찮고 덧없습니다. 자신의 수치스런 면을 드러내고 단순하고 소박한 여자의 마음에 슬며시 호소하는 자가 무슨 놀랍고도 중대한 죄를 짓겠습니까?" 이 의견에 찬성한 자는 원로원에서 단 한 명뿐이었다. 결국 클루토리우스는 감옥으로 연행된 후 곧 처형되었다.

※ 관용과 처벌에 대한 크레무티우스(Cremutius)의 연설(24년)

≪관용이란 덕목은 제정으로 나아가는 암울한 길목에서 사라졌다. 이제는 유일한 최고 권력자와 황가에 대한 조그마한 비난도 목숨을 걸어야 하는 시대가 도래했다. 로마 지식인들에서 자유로운 정신이란 흔적만 남겨진 지나간 영예였고, 티베리우스 황제의 말을 인용하자면 그들 모두가 '언제든지 노예가 될 태세를 갖추고 있는 자들'로 변해 있었다.≫

○ 원로원 의원이자 역사가인 크레무티우스(Aulus Cremutinus Cordus)

는 역사서를 출판한 후 고발당했다. 책 속에서 마르쿠스 브루투스를 칭찬하고 가이우스 카시우스를 '최후의 로마인'으로 불렀기 때문이다.(註. 브루투스와 카시우스 두 사람은 모두 카이사르의 암살자이며 제정을 반대하고 공화정을 도모한 자들이었다.) 더군다나 고발자가 막강한 권력자인 근위대장 세야누스의 부하들이었기에 더욱 치명적이었다. 이들은 22년 폼페이우스 극장에 세야누스 조각상을 건립할 것인지에 대해 원로원에 상정되자 크레무티우스가 유일하게 반대한 원로원 의원이었다는 것을 잊지 않고 있었다. 그뿐만 아니라 재판정에 앉았던 티베리우스 황제도 크레무티우스의 변론을 들으면서 오만상을 찌푸리며 듣기 싫어하는 기색을 비추었다.

○ 절망한 크레무티우스는 목숨을 버릴 각오로 이렇게 연설했다.

"내 행위는 결백합니다. 여러분도 인정하다시피 리비우스는 문장과 공평한 저술로 보아 최고의 역사가입니다. 그런 그가 아우구스투스로부터 폼페이우스 당이라고 놀림을 받을 정도로 폼페이우스를 지나치게 격찬했지만, 그 둘의 우정은 조금도 변하지 않았습니다. 키케로가 책을 통해 카토를 극구 칭송했을 때, 카이사르는 반역자로 고발한 것이 아니라 반박하는 변론서를 저술했을 뿐입니다. 지금도 널리 읽히고 있는 안토니우스의 서한이나 브루투스의 연설에서는 아우구스투스에 대한 비난으로 가득 차 있습니다. 비바쿨루스나 카툴루스의 시에는 카이사르 파에 대한 신랄한 비방이 들어 있습니다. 그러나 카이사르와 아우구스투스는 이런 비난자들을 고발하거나 재판에 세우지 않고 견뎌 냈습니다. 그것은 아마 묵살하면 어느 틈엔가 잊혀버리지만, 화를 내면 사람들은 인정하는 것으로 보기 때문일 것입니다. 다시 한 번 말씀드리지만 나는 죄가 없으며, 내 말조차 황제 또는 황가를 겨냥한 반역죄에 해당되지 않습니다."

그러자 세야누스의 부하들은 크레무티우스가 더 이상 연설을 이어가지 못하도록 고함을 질렀다.

○ 자유와 저항으로 정의될 수밖에 없는 이 같은 변론 후에 티베리우스의 분노와 원로원의 분위기는 크레무티우스로 하여금 식음을 전폐하고 스스로 굶어 죽게 만들었다. 그런 후 원로원은 안찰관을 시켜 그의 저작들을 모두 불태워 버리게 했다. 하지만 은밀히 보존된 그의 저작이 다음 황제(칼리굴라) 때 다시 출판된 것을 보면, 결국 현재의 권력이 다음 세대의 명성까지 말살시킬 수는 없었던 것이다. 이는 팍스 로마나를 외친 로마가 사실은 자유를 잃어버린 굴레 속의 평화임을 입증한 사건이며 역사가가 당한 필화였다. 크레무티우스가 쓴 역사서는 아쉽게도 현재 소실되어 전해지지 않지만, 타키투스가 쓴 불후의 명작인 『연대기(Annales)』의 바탕이 되었다.

| 마음에 새기는 말 |

악행을 행하여야 하는 경우에는 단숨에 해치워야 한다.

_ 마키아벨리

– 한 국가를 탈취한 정복자는 실행할 필요가 있는 모든 가해 행위들을 단번에 실행하고 매일 거듭하지 않도록 해야 된다. 마키아벨리는 단언했다. "사람들은 사소한 피해를 입었을 경우에는 보복을 꾀하지만 막대한 피해를 입었을 때는 감히 복수를 생각하지 못한다. 따라서 사람들을 가혹하게 다루어야 한다면 복수를 걱정할 필요조차 없을 정도로 확실하게 해야 한다." 결국 악행을 범하려고 마음먹었으면 단숨에 그리고 확실하게 해야 한다는 논리다.

✸ 티베리우스의 전설

≪폭군이라고 알려진 티베리우스에게도 황제가 될 징조가 있었다고 사람들은 전하고 있다. 티베리우스는 아우구스투스의 딸이자 아내인 율리아와 사이가 벌어지고, 게다가 황태자로 지목된 황제의 외손자 가이우스와 루키우스의 경쟁자로 인식되어 목숨이 위험해지기도 했다.

그가 자신이 아무리 야심 없는 결백한 사람이라고 주장하더라도 그것을 믿는 사람은 드물고, 권력이란 한번 발을 들여놓으면 쉽게 뺄 수 없는 법이다. 야심에 대한 의심이란 결백성을 놓고 벌이는 진실 게임이 아니라 의심을 받을 수 있는 위치인가 아닌가의 문제이기 때문이다. 일이 이렇게 되자 티베리우스는 스스로 로도스섬에 들어가서 유배 생활을 했지만, 그곳을 빠져나오기 위해서는 어머니 리비아의 도움을 받아야 했다. 리비아의 간청으로 마음이 약해진 아우구스투스는 그를 다시 로마로 불러들였다.≫

○ 티베리우스의 경우도 여느 다른 황제처럼 황제가 될 징조가 여러 번 나타났다고 역사가들은 기록하고 있다. 리비아는 티베리우스 탄생 전에 남아인지 여아인지 알아보려고 했다. 즉 암탉이 품고 있는 알을 꺼내 리비아의 손과 다른 여자의 손에 번갈아 쥐어 가며 부화시킨 것이다. 계란에서는 수평아리가 태어났다. 그것도 벌써 멋진 볏까지 나 있는 수평아리였다.

○ 점성가 스크리보니우스는 티베리우스가 아직 아기였을 때, 아기가 찬란한 생애를 살고 왕관 없는 왕의 자리에 오를 것이라고 예언했다. 물론 그때는 사람들이 로마가 제정으로 국가 체제가 바뀌는 것을 아

무도 몰랐을 때였다. 왜냐하면 티베리우스는 BC 42년에 태어났고, 후세의 사람들은 BC 27년부터 아우구스투스가 황제가 되어 제정 시대가 시작되었다고 보기 때문이다.

○ 티베리우스가 BC 20년 처음으로 군대를 지휘할 때였다. 그는 마케도니아를 지나 시리아로 행군하고 있었는데 22년 전 옥타비아누스와 안토니우스의 병사들이 필리피 전투에서 승리를 거두고 세운 제단에서 갑자기 왕관 모양의 불길이 저절로 일어났다. 게리온의 신탁소에서는 아포누스의 분수에 금주사위를 던져 보라는 충고가 나왔다. 티베리우스는 충고대로 했고, 그 결과 주사위의 가장 높은 수가 나왔다.

○ 티베리우스는 자신이 한때 로도스섬으로 은퇴한 까닭이 아우구스투스의 양아들인 가이우스와 루키우스의 경쟁자가 되기 싫어서였다고 주장했다. 하지만 그의 말을 곧이곧대로 받아들이는 사람들은 적었다. 더군다나 티베리우스가 로도스섬에 은둔하고 있을 때 그의 휘하에 있던 백인대장 몇이서 정변을 일으키기 위해 선동하는 내용의 글을 유포하는 등 불순한 행동을 보이고 있다는 소문까지 있었다. 게다가 이 내용이 아우구스투스에게 알려졌다. 아우구스투스는 로도스섬의 티베리우스에게 심한 질책을 담은 편지를 보냈고, 티베리우스는 그것은 잘못된 혐의이니 의심이 가면 누구든 로도스섬으로 파견시켜 자신이 무엇을 하고 있는지 감시하게 해 달라며 거듭 요구하기도 했다.

○ 사실 가이우스 카이사르가 아르메니아 문제를 해결하기 위해 동방 사령관으로 파견되었을 때 티베리우스는 자신의 거만함을 꺾고 사모스섬으로 가이우스 카이사르를 찾아가 발아래 엎드렸다. 그렇지만 그는 냉대를 받았고 역모에 대한 의심은 지워지지 않았다. 어느 날 가이우스 카이사르가 베푸는 만찬 중에 티베리우스의 이름이 거론되

자 아부하고자 안달이 난 어떤 자가 명령만 내린다면 당장 로도스섬으로 달려가 티베리우스의 목을 가져오겠다고 장담했다. 누군가가 이런 내용을 티베리우스에게 일러바쳤다. 이 보고를 받은 티베리우스는 자신의 목숨이 위험 속에 놓인 것을 깨닫고 하루빨리 로마로 돌아가려고 애썼다.

○ 이제 티베리우스는 몸이 달아 귀환의 허락을 구하는 처지가 되어 편지를 아우구스투스에게 보냈다. 아우구스투스는 처음에는 티베리우스의 귀환을 반대했다. 그토록 말렸건만 고집을 피우며 로도스섬으로 간 티베리우스를 용서할 마음이 없었던 것이다. 하지만 리비아의 수차례 간곡한 요청에 아우구스투스는 겨우 마음을 돌리고, 가이우스 카이사르의 승인을 받는다는 조건과 로마의 정치에 일절 개입하지 않겠다는 다짐을 받은 후에야 티베리우스의 귀환을 승인했다. 이렇듯 티베리우스가 로마로 귀환하기 위해 마음을 졸이고 있을 때, 그는 친근하게 지내던 점성가 트라실루스에게 자신의 포부와 속마음을 내비치기도 했다. 일이 뜻대로 되지 않자 그는 트라실루스에게 비밀을 성급히 털어놓은 것을 후회했다고 한다. 왜냐하면 비밀을 알고 있는 트라실루스를 절벽에서 밀어뜨려 살해할까도 생각했다고 알려졌기 때문이다.

○ 은둔하고 있었던 로도스섬에서 나오라는 편지가 도착하기 며칠 전, 여태껏 그 섬에서 볼 수 없었던 독수리 한 마리가 날아와 티베리우스가 기거하고 있는 건물의 지붕 위에 앉았다. 또한 편지가 도착하기 전날에는 갈아입으려는 튜닉에서 환한 빛이 났으며, 점성가 트라실루스와 해안 절벽을 걷고 있을 때 트라실루스는 멀리서 오는 저 배가 좋은 소식을 가지고 올 것이라고 예언했다. 배가 싣고 온 소식은 예

언한 대로 티베리우스가 로마로 와도 좋다는 편지였다.

○ 티베리우스와 트라실루스의 인연과 점성술에 관해서는 이런 이야기가 전해져 온다. 티베리우스는 점성술에 재주가 있었다.(註. 로마 황제 중에는 점성술에 관심을 가진 자가 많았다. 그것은 당시의 점성술이 종교와 혼합되어 사람들의 심중을 파고들었기 때문이다. 훗날 하드리아누스 황제의 경우에는 자신이 죽을 날과 시간 등 지극히 세부적인 사항까지 예측하는 점성술의 대가였다.) 그는 로도스섬에 은둔하고 있을 때 트라실루스로부터 배웠다고 한다. 애초부터 티베리우스는 점성술에 관심이 있어 점성술사가 사기꾼이라는 의심이 조금이라도 들면 해방노예를 시켜 절벽 아래의 바다로 밀어 떨어뜨렸다. 트라실루스도 티베리우스를 알현하고 여러 질문을 받았으며, 정권 변화와 미래의 일 등을 훌륭하게 예언했다. 그러자 티베리우스는 "너는 천체의 배치를 보고 오늘 너의 운명도 알고 있는가?"라고 물었다. 트라실루스는 자신의 미래를 살펴보고는 창백한 얼굴로 깜짝 놀라며 경악과 공포로 심하게 몸을 떨면서 말했다. "저의 운명을 살펴본 바, 죽음에 이를 수 있는 위기가 다가오고 있습니다." 티베리우스는 그를 포옹하고는 스스로의 위험을 예견한 것을 칭찬하며 그의 안전을 보장했다. 그 후 트라실루스는 티베리우스의 심복이 되었고 티베리우스는 그가 말하는 것을 신탁으로 생각할 만큼 신뢰했다.

○ 훗날 티베리우스는 당시 집정관이던 갈바에게 "너도 언젠가는 권력을 한번 맛볼 것이네."라고 말하며 갈바가 잠시 동안이지만 황제가 될 것이라고 예언하기도 했다. 점성술에 뛰어난 그였지만 후계자 문제만은 고심하면서 어떤 결정도 내리지 못하고 운명에 맡겼다. 그는 미래를 이렇게 예언했다. "칼리굴라는 술라의 악덕은 다 갖추어도 미덕은 하

나도 가지지 못할 것이다." 티베리우스는 칼리굴라와 카프레아이섬에 함께 살면서 이렇게 말하곤 했다. "나는 로마 시민들을 위해 독사를 키우고 있다." 그러면서 나이 어린 친손자 게멜루스(Tiberius Gemellus)를 꼭 껴안고 칼리굴라를 보면서 말했다. "네가 이 애를 죽일 것이다. 그리고 누군가가 너를 죽일 것이다." 훗날 이 예언은 적중했다. 로마인들의 가족애가 남달리 돈독했다고 해도 황가의 사람들이란 아버지와 아들이, 형과 동생이 그리고 삼촌과 조카가 서로에게 적의를 품고 무기를 겨누며 싸우기 마련이다. 티베리우스는 미래를 내다보는 혜안을 가지고 그 점을 예견한 것이다. 어쩌면 그는 칼리굴라의 병적이고도 광적인 정신을 눈여겨보았는지도 모른다.

○ 티베리우스가 죽기 며칠 전에 카프레아이섬의 등대가 지진으로 파괴되었으며, 미세눔에서는 식당 화로의 죽은 불씨가 초저녁에 갑자기 활활 타올라 그날 밤 늦게까지 꺼지지 않았다고 전해져 내려온다.

☀ 티베리우스가 펼친 선정

≪흔히 정치인들이 주권재민을 외치며 민중에게 허리를 굽혀 자신을 공복이라고 서슴없이 말하듯, 집권 초기의 티베리우스는 스스로를 원로원과 민중의 하인으로 여기며 선정이란 무엇인지 명확히 이해하고 행동으로 옮겼다. 하지만 나이가 들면 어쩔 수 없이 인내심은 줄어들고 의심이 늘기 때문인지 그의 공명정대함은 말년에 접어들면서 퇴색하고 변색되어 공포 정치로 바뀌었다.≫

○ 아우구스투스 밑에서 군사령관으로 근무할 때 티베리우스는 엄격한 군율과 검약한 정신으로 일관했으며 스스로도 거친 음식과 불편한 잠자리를 마다하지 않았고 명령에 의문을 품는 지휘관이 있으면 언제라도 자신을 찾아오라고 할 만큼 매사에 적극적인 사람이었다. 그는 변방의 불안이 해소되고 황제의 권력 기반이 확실하게 굳어지자 겸손하게 국가를 다스렸으며, 자신의 이름으로 신전에 봉헌하거나 사제들이 기리는 것을 아부하는 자들이 거듭 청해도 거부했다. 또한 상속을 통해 얻은 권리임에도 외국의 군주나 왕에게 보내는 편지를 제외하고는 '아우구스투스'란 명칭의 사용을 삼갔다. 자신의 이름 앞에 '임페라토르'나 '국부'라는 호칭을 붙이는 것도 거절했고, 시민관(코로나 키비카corona civica)을 황궁 위에 걸어 두는 것도 원하지 않았다.(註. '임페라토르'란 호칭을 아우구스투스는 사용했지만, 티베리우스·칼리굴라·클라우디우스는 사용하기를 거절했다. 그러다가 베스파시아누스 황제 때부터 로마 황제의 공식 표준 칭호가 되었다.) BC 27년 아우구스투스가 국가의 체제를 공화정으로 되돌리겠다고 선언했을 때 원로원 의원들은 감격하며 그에게 시민관을 수여하고 궁궐에 걸어 놓게 한 적이 있었다. 하지만 티베리우스는 자신이 아우구스투스처럼 시민관을 수여받을 수 없다고 판단했다. 왜냐하면 아우구스투스는 내전을 종식시켜 시민들의 생명을 구한 것이므로 시민관을 수여받을 자격이 있지만 자신은 그만한 공적을 이루지 못했으므로 자격이 없다고 생각했기 때문이다.(註. 시민관은 동료 병사를 구한 군인에게 주어지는 상이었으며, 유피테르 신을 상징하는 떡갈나무로 만들었다. 내전을 종식시킨 것이 시민의 생명을 구한 이유는 로마 병사는 곧 로마 시민권자였기 때문이다.)

○ 티베리우스가 아첨꾼을 매우 싫어하는 것은 아우구스투스와 같았으며, '도미누스(註. dominus는 '주인님'으로 해석된다.)'란 말을 쓰며 아첨하는 사람에게 자신 앞에서 다시는 그런 모욕적인 말을 하지 말라고 경고하기도 했다. 게다가 자신에 대한 욕이나 비방·조롱을 대수롭지 않게 생각했고, 스스로 원하는 대로 말하고 생각하는 자유가 자유 국가의 척도라고 말하곤 했다.

○ 그는 원로원 의원들에게 과하다고 싶을 만큼 예의를 갖추었다. 원로원에서 퀸투스 하테리우스와 언쟁이 벌어졌을 때 "나처럼 여러분들로부터 지고의 권력을 부여받은 자가 올바른 정신과 진실한 마음을 가진 정치가라면, 자신을 원로원과 민중의 하인으로 때로는 시민 개개인의 하인으로 여겨야 합니다. 왜냐하면 여러분을 관대하고 공정하며 선한 주인으로 생각하기 때문입니다."라고 말했다. 또한 BC 14년 그는 원로원을 존중하는 마음에서 집정관과 법무관의 선출 권한을 켄투리아회에서 원로원으로 옮겼다.(註. 다음 황제였던 칼리굴라는 시민들의 호의를 얻기 위해 이를 다시 켄투리아회에서 선출하도록 되돌렸다. 그리고 그다음 황제 클라우디우스는 또다시 원로원으로 돌려놓았다. 그러다가 3세기 말이 되면 아예 황제가 임명했다.)

○ 나아가 모든 국가적·사적 업무를 원로원과 의논했고, 자신이 원하지 않은 법령들이 통과되더라도 불만을 나타내지 않았다. 공무에 따른 권한은 많은 부분을 관리들에게 맡겼으며, 정상적인 법절차가 이루어지도록 했다. 따라서 집정관들은 다시금 중요한 역할을 할 수 있었다. 티베리우스는 집정관들이 나타나면 자리에 일어섰으며, 거리에서는 그들을 위해 길을 비켜 주기도 했다.

○ 한번은 아우렐리우스 피우스라는 원로원 의원이 도로와 수도 공사로

인하여 자신의 저택 지반이 약해져 피해를 보았으니 보수하기 위한 지원금을 달라고 원로원에 요청했다. 담당 법무관이 이유 없다며 이를 거절하자, 티베리우스는 그 의원의 저택 값에 해당하는 돈을 주며 도움의 손길을 내밀었다.

○ 로마에서는 가난한 자보다는 부유한 자가 뇌물에 유혹될 경우가 적다고 생각했다. 따라서 부유함은 공직자가 선행을 행할 수 있는 보증으로 보았으며, 이에 따라 원로원 의원이 되려면 100만 세르테르티우스의 재산을 가지고 있어야 했다.(註. 아우구스투스는 원로원 의원이 될 수 있는 재산 기준을 처음에는 80만 세스테르티우스로 정했다가 나중에 100만 세스테르티우스로 올렸다. 1~2세기 역사가 수에토니우스는 이 기준이 120만 세스테르티우스라고도 했다.) 하지만 원로원 의원인 프로페르티우스 켈레르는 원로원 계급을 유지할 수 있는 100만 세스테르티우스의 재산이 없어 스스로 의원직을 사퇴하겠다고 말했다. 그러자 티베리우스는 빈곤을 이유로 의원직을 사퇴하는 것을 안타깝게 생각하며 그에게 100만 세스테르티우스를 희사하여 의원직을 유지할 수 있도록 했다. 티베리우스가 켈레르를 도운 것은 그가 사치와 낭비로 가난해진 것이 아니라, 빈곤을 물려받은 것이 분명했기 때문이다. 이와 같이 티베리우스는 좋은 목적을 위해서라면 흔쾌히 자신의 금고를 열었다. 그는 결백한 사람들의 청빈은 구제했지만 사치와 방탕으로 재산을 탕진해 버린 자들은 원로원에서 추방하거나 자발적인 사퇴를 유도했다.(註. 학자에 따라서는 원로원 의원을 유지할 수 있는 100만 세스테르티우스를 1년 동안의 수입이라고 주장하기도 한다. 하지만 티베리우스가 켈레르에게 겨우 1년간만 의원직을 유지하라고 100만 세스테르티우스를 준 것으로는 볼 수 없다. 따라서 100만 세르테르티우

스란 원로원 의원의 재산 기준이라고 보는 것이 타당하다.)

○ 티베리우스 황제는 자신이 상속자로 지정될 만큼 친분이 있거나 그 사람에게 은혜를 베풀지 않았다면, 그 어느 누구의 유산이 되었든지 절대로 받아들이지 않았다. 일면식도 없는 사람의 유산이거나 유산을 남기는 사람이 어느 누구에게도 상속하기 싫어 황제를 상속인으로 지정하는 경우에는 끝까지 거부했다.(註. 로마에서는 자식뿐만 아니라 평소 은혜를 입은 자에게도 유산을 남기는 관습이 있었다.)

○ 관리를 임명할 때도 각각의 전문적인 지식이나 업적 그리고 혈통을 고려했으며, 그가 선발한 관료는 명백하게 최적의 사람이었음을 모두가 인정했다. 또한 집정관과 법무관과 같은 고위 관리뿐 아니라 하급 관리들도 각자에게 주어진 재량을 자유롭게 행사할 수 있도록 했다. 속주에 나가 있는 총독들이 원로원에 보내야 할 보고서를 황제인 자신에게 보냈을 경우 질책했으며, 중요한 시민들의 장례식에는 필히 참석했고, 자신의 지위를 배경으로 낮은 신분의 사람들에게 가혹하게 군 적이 결코 없었다.

○ 속주의 세금을 높이자는 일부 총독의 요구에 그는 이렇게 말했다. "훌륭한 양치기는 양털은 깎아도 가죽을 벗기지는 않는다." 이렇듯 티베리우스는 속주민의 어려움을 생각하여 세금을 높이는 데 반대했을 뿐 아니라, 조공과 세금을 낮출 수 있는 데까지 낮추고 엄격한 긴축 재정을 펴 국가 재정을 건실하게 했다. 또한 잘못된 악습을 멈추게 하고 국익 증대에 도움이 되고자 상당한 노력을 기울였으며, 배심원들에게는 법의 존엄성을 지킬 것을 요구하고 나쁜 행실로 공중도덕이 무너지는 것을 막았다.

○ 티베리우스는 배우들의 봉급을 깎고 검투사 시합을 줄이는 등 대중

행사 비용을 절감했으며(註. 검투사 시합에 민중이 열광하는 것과는 달리 대부분의 귀족들은 잔인하다고 생각하여 꺼리는 경우가 많았다. 그래선지 아우구스투스는 검투사 경기를 기분 좋게 구경했지만 티베리우스는 잔인하다는 이유로 싫어했다. 그뿐만 아니라 티베리우스는 대중오락 행사를 축소함으로써 인기가 떨어졌다. 로마 황제는 '빵과 서커스panem et circenses'의 통치로 인기를 유지하곤 했기 때문이다.), 폭등하는 물가를 잡기 위해 가격에 상한선을 두고 시장 물건의 가격을 원로원에서 조절하자는 제안도 했다. 스스로 근검절약하는 모습을 보이기 위해 공식적인 만찬에서 전날 먹다 남은 음식을 다시 사용하기도 했다.

○ 게르마니쿠스(註. 게르마니쿠스는 티베리우스의 조카이자 양아들이다.)가 로마에 없을 때, 티베리우스의 아들 드루수스는 형 게르마니쿠스와 공동 명의로 검투사 경기를 개최한 적이 있었다. 드루수스는 경기장에 가서는 검투사들이 피 흘리는 모습을 보고 병적으로 기뻐했다. 시민들은 황제의 아들이 피를 보고 기뻐하는 모습에 뭐라고 말할 수 없는 불안감을 느꼈다. 티베리우스는 이 일로 드루수스를 크게 꾸짖었다.

○ 티베리우스는 스스로도 점성술을 했고 트라실루스와 같은 점성가를 측근으로 두기도 했으나, 점성가들을 포함한 과도한 미신적인 신앙을 배척했다. 그리고 그는 군사기지 간의 거리를 줄여 산적이나 강도로부터 국가와 시민의 안전을 보호했다. 이렇듯 선정이란 공포를 막아 주고 재산을 지켜 준다는 점에서 예나 지금이나 큰 차이가 없다.

법은 기정사실을 바탕에 두고 제정해야 한다. 왜냐하면 미래를 예측하고 법을 만들 수 없기 때문이다.

_ 티베리우스 황제의 원로원 연설에서

– 코르넬리우스 돌라벨라가 생활 태도에 결점이 많고 악명이 높은 사람들에게는 속주 통치를 맡기지 말자고 제안했다. 그러자 티베리우스 황제는 미리 그자의 소문으로 판단해서는 안 되며, 많은 통치자가 자신에게 주어진 중대한 사명감으로 평소의 태도를 버리고 분발해 훌륭한 통치를 보여 주었다고 연설하면서.

※ 권력자에 대한 아첨

≪1인에 의한 국가 권력이 시작된 지 얼마 되지도 않았건만 원로원 의원들은 황제의 권력에 완전히 굴복했다. 그들은 서로 간에 경쟁적으로 아첨하기 바빴으며, 이미 그곳에는 과거의 정의롭고 자유로운 정신은 흔적도 없이 사라졌다.≫

○ 최고 권력자의 주변이 대개가 그렇듯 티베리우스도 아첨하고픈 자들에게 둘러싸여 그들이 퍼붓는 공세에서 벗어날 수 없었다. 어느 날 원로원 회의에서 7월이 율리우스, 8월이 아우구스투스라고 명명된 것을 따라 9월을 티베리우스, 10월을 리비아라고 부르자며 제안한 의원이 있었다. 티베리우스는 다음과 같은 말을 화살같이 내쏘아 제안을 물

리쳤다. "나를 포함하여 앞으로 프린켑스가 10명이 넘어서면 그때는 어떻게 할 것인가?"(註. 로마 황제는 원로원에서 제일인자princeps로 불리었다.) 티베리우스가 이렇게 거절했지만, 훗날 로마 원로원은 네로 황제 때 4월은 네로 달, 5월은 클라우디우스 달, 6월은 게르마니쿠스 달로 헌정하는 아부를 했다. 그 이후 베스파시아누스 황제가 자신의 공정함을 발휘하여 이를 다시금 원상태로 복원했다.

○ 아우구스투스가 사망한 지 얼마 후, 메살라 메살리누스는 티베리우스에 대한 충성의 맹세를 매년 갱신할 것을 제안했다. 이때 티베리우스는 자신이 이런 제안을 부추긴 것이 아님을 명백하게 밝히기 위해 "스스로 그런 제안을 했는가?"라고 물었다. 메살라 메살리누스는 "당연히 제가 스스로 제안한 것이며, 앞으로도 국가의 중대한 일이라면 다른 사람들의 반감을 살 일이 있더라도 언제든지 제 판단에 맡길 것입니다."라고 답했다. 게다가 아우구스투스 장례식 때 원로원 의원들은 "저희들이 아우구스투스의 유해를 어깨에 메고 화장터로 운구하겠으니 시켜 주십시오!"라고 입을 모아 외치며 아첨을 겨루었다. 그러자 티베리우스는 관대한 체 생색을 내면서 의원들이 자진한 수고스런 이 노역을 할 필요가 없다며 면제해 주었다. 제정이 시작된 지 40년 남짓한 그 시점에서도 이미 이런 종류의 아첨이 성행하고 있었다.(註. 2011년 양천구청장이 선거법 위반으로 이제학에서 추재엽으로 바뀌게 되었다. 이제학은 간부들을 모아 놓고 조용히 자신의 억울함을 토로했고, 그간 성심껏 보좌해 준 그들에게 고마움을 표시했다. 그러자 한 간부가 감정이 솟구쳐 눈물을 뿌리고 법의 부당함을 언급하며 이제학을 동정했다. 그리고 얼마 후 추재엽이 취임했다. 문제의 그 간부는 얼마 전에 흘렸던 눈물을 완전히 잊은 듯 폴짝폴짝 뛸 듯이 기쁘게 박수치

며 신임 구청장에게 축하의 말을 전했다. 그때 측근으로부터 이미 내용을 전해 들은 추재엽은 그 간부에게 뜻밖이라는 듯 슬머시 다가가 이렇게 말했다. "아니, 그대는 얼마 전에 울었다며!" 하지만 본디 아첨이란 그런 특성을 보이는 게 아닌가?)

| 마음에 새기는 말 |

정신적인 행복에만 한정하여 생각한다면, 서로 간에 의사 · 감정 · 생각의 소통이 충분하다고 느끼게 해야 한다.

☼ 최고 권력자에 대한 호위

≪최고 권력자의 호위를 외국인에게 맡길 만큼 로마인들의 생각은 개방적이었다. 비록 그것이 권력 주변에서 수시로 터지는 분쟁의 씨앗을 제거하기 위해서라고 할지라도 종주국인 로마가 속국의 병사들에게 권력의 정점을 보호하도록 한 것은 이례적인 조치였다. 훗날 황제의 호위를 로마군이 맡게 된 이후로 황제 살해와 반란은 항상 측근과 근위대를 중심으로 기도되었기에 로마인들의 걱정은 사실로 증명되었다.≫

○ 한때 술라를 피해 히스파니아에서 세력을 떨쳤던 세르토리우스는 로마군이 아닌 히스파니아인에게 자신의 호위를 맡겼다. 그는 무기와 식량 그리고 명예를 주는 대가로 자신이 전사한다면 함께 죽겠다는

선서를 호위대에게 요구했다. 이는 히스파니아·갈리아·게르만에서 일반적인 관행이었으며, 그들 부족민들이 다른 부족장에게 맹목적인 충성을 맹세하며 호위대원이 되는 관습은 매우 보편적이어서 이를 로마 장군에게 적용하는 것이 특이한 것은 아니었다.

○ 부족민들의 이런 관행은 로마의 정치 상황과 맞아떨어졌다. 따라서 공화정 시대의 총사령관이었던 집정관의 호위는 로마군이 아니라, 동맹국의 병사들이 맡았다. 또한 제정 시대의 황제에 대한 호위는 카이사르 때부터 라인강 서쪽의 게르만 병사들이 맡는 것이 상례로 되었다.

○ 이러함은 로마군보다 동맹국 병사들이 우수한 호위 능력을 가졌다거나 믿을 만한 존재였기에 총사령관 또는 황제를 근접하여 신변 보호하도록 한 것이 아니었다. 권력의 주변은 항상 복잡하게 얽혀 있어 주도권 분쟁이 일어날 수 있는 경우가 상존한다. 따라서 자국의 병사들이 총사령관이나 황제의 반대파들과 내통하여 반란을 꾀할 위험성을 우려하여 이러한 여지를 차단하기 위한 방안이었다.

○ 카이사르가 제10군단을 자신의 근위대로 삼은 이유도 이들이 대부분 히스파니아 출신으로 구성되어 있어 히스파니아의 험준한 지형에 단련된 강인한 체력을 지니고 있는 데다, 로마나 이탈리아와 인연이 멀어 정치 분쟁에 휘말리는 위험이 적었으므로 신뢰할 수 있었기 때문이다.

※ 아틸리우스(Atilius)의 부실 공사(27년)

≪부실 공사는 건립 자금을 아끼는 데서 비롯되기 마련이다. 구조

물이란 어느 시대나 그 시대의 기술과 재료를 사용하여 건립 가능한 방식과 형태다. 콜로세움도 피라미드도 만리장성도 엄청난 규모였지만 고대의 기술로써 세워지는 데 무리가 없었다. 그러나 적정하지 못한 공법과 재료는 과거뿐 아니라 기술이 발달한 요즘도 구조물의 붕괴를 초래하여 비극을 낳고 있다.≫

○ 아틸리우스라는 해방 노예가 검투사 경기를 개최하기 위해 피데나이에 원형 경기장을 건립했다.(註. 경기장은 모래를 의미하는 라틴어 '아레나arena'라고 하는데 이는 경기장 바닥에 모래가 깔려 있었던 데서 유래했다.) 그러나 이 경기장은 단단한 지반 위에 기초를 하지 않았고, 목구조 부분에서는 충분히 힘을 받을 만한 꺾쇠를 사용하지도 않았다. 또한 아틸리우스는 막대한 재산가도 아니었고 시민들의 환심을 사려

| 피데나이

는 것도 아니었으며, 다만 그 경기를 개최하려는 이유는 검투사 시합
에서 얻어지는 하찮은 입장료 수입 때문이었다.

○ 티베리우스 황제 때에는 검투사 경기와 같은 유흥과 오락거리가 성
행하지 않았다. 아마도 티베리우스가 잔인한 오락이라며 검투사 경
기를 싫어했기 때문일 것이다.(註. 로마의 귀족 중에는 검투사 경기를
싫어한 사람들이 많았으며, 훗날 카라칼라 황제도 자신의 성마른 기질과
폭력적인 성향에도 불구하고 검투사 경기에 대해 "우리는 죽은 자들을 만
족시키려고 산 자들을 희생시키고 있다."며 개탄했다. 이렇게 말한 이유
는 애초에 검투사 경기가 죽은 자의 영혼을 기리기 위해 개최했기 때문이
다.) 그래서 시민들은 그런 구경거리에 굶주려 있었으며, 더군다나
경기장의 위치가 로마에서 멀지 않아 많은 사람들이 떼 지어 몰려와
혼잡이 극심했다.

○ 건물의 붕괴는 사람이 가득 찬 순간에 벌어졌다. 구름 같은 먼지를
일으키며 순식간에 무너져 내린 건물의 잔해는 장내뿐 아니라 장외
에 있던 사람들까지 덮쳐 산 채로 먼지와 잔해 속에 묻었다. 사고 즉
시 숨이 끊어진 사람들은 고통의 순간이 짧은 것이 그나마 행운이었
다. 비참한 것은 붕괴의 충격으로 몸의 일부가 떨어져 나갔는데도 아
직 목숨이 남아 있는 자들이었다. 그들의 울부짖는 소리를 듣고 있으
면서도 어떻게 손쓸 도리가 없었다. 여기저기서 도움의 손길이 도착
하여 건물의 잔해가 치워지기 시작하자 비로소 시신을 거둘 수 있었
다. 시신 중에는 훼손이 심하여 얼굴을 구별할 수 없는 경우가 많아
체형이나 연령이 비슷하면 걸치고 있는 옷가지와 장신구를 보고서
가족과 친구를 찾아내기도 했다. 그래서 시신을 두고 서로 자신의 가
족이라며 비참한 말다툼이 벌어졌다. 이때의 참사로 불구자가 되거

나 사망한 자가 5만 명이었다고 전해진다.(註. 거대한 원형 극장 콜로세움의 경우에도 총 5만 명이 동시에 입장할 수 있었다는 것으로 미루어 보면 조금 과장된 것으로 보인다.) 인명 피해로만 본다면 실로 한차례 전쟁을 치른 것과 같았다.

○ 원로원은 사고 재발 방지를 위해 다음과 같이 의결했다. "연수입이 40만 세스테르티우스 이하인 자는 검투사 경기를 개최할 수 없고, 견고한 지반임을 검증받지 못하면 원형 경기장을 지을 수 없다." 그리고 아틸리우스는 죄의 대가로 추방형에 처해졌다.(註. 아틸리우스가 추방형을 받은 이후에도 경기장이 무너지는 사고가 그치지 않자, 급기야 3세기 초에는 개인이든 공공이든 경기장을 건립하려면 황제의 승인을 받도록 했다. 오늘날에도 다중이용시설물은 안전을 강화하기 위해 건축법과 소방법에서 특별하게 다루어진다.)

○ 하지만 이후에도 시설물 붕괴는 적지 않게 발생했다. 이는 로마의 시설물이 정확한 구조 계산과 역학에 의하지 않고 경험과 눈대중으로 건립되었기 때문이다. 훗날 안토니누스 피우스 황제 때는 로마의 대경기장(Circus Maximus) 관중석이 무너져 황제가 직접 희생자들에게 보상금을 주기도 했다.

✻ 라티아리스(Latiaris)의 파렴치한 배반(28년)

≪게르마니쿠스의 의리 있는 친구 사비누스는 게르마니쿠스가 죽은 후에도 의리를 저버리지 않고 친구의 가족들을 돌보았다. 하지만 우

○ 티티우스 사비누스는 기사 계급으로서 게르마니쿠스의 친구였다. 그는 게르마니쿠스가 죽고 난 후에도 변함없이 미망인과 자식들을 진심으로 돌보며 혼자서도 미망인 아그리피나의 저택을 방문하고 외출할 때도 동행했다. 그런데 라티아리스, 카토, 루푸스, 옵시우스 등 법무관급 4명은 집정관이 되고자 하는 야심을 품고 있었고, 이는 근위대장 세야누스의 지원이 없으면 불가능한 일이었다. 하지만 세야누스는 동료와 친구를 모함하거나 고발하는 등 인간으로서의 도리를 벗어난 악랄한 범죄 행위를 자행해야지만 겨우 지원의 혜택을 주는 자였다.

○ 집정관이 되고자 하는 자 중에서 라티아리스는 사비누스와 약간의 친분이 있는 사이였다. 그래서 그가 먼저 사비누스에게 접근하여 함정을 파고 나머지 세 사람은 증인으로 그를 도와주며, 마지막에는 4명 모두 고발 절차를 밟는다는 비열하고 천박한 계략을 꾸몄다. 라티아누스는 사비누스를 만나 처음에는 그저 시시한 잡담을 나누다가 이윽고 그의 지조를 높이 치켜세웠다. 사비누스가 게르마니쿠스 가문이 번영했을 때와 마찬가지로 쇠락한 지금에도 가족들과 친하게 지내며 관계를 끊지 않고 있다며 칭찬했던 것이다. 그러면서 라티아리스는 게르마니쿠스를 칭송하고 아그리피나를 동정했다. 이런 이야기가 오고 가자 사비누스는 자신도 모르게 눈물을 흘리며 푸념을 늘어놓다가 점차 대담해져 세야누스에게 욕을 퍼붓고 그의 잔혹함과 오

만함과 야심에 대해 분노했다. 드디어는 티베리우스 황제에게까지 비난의 화살을 돌렸다. 그들 두 사람은 반역죄를 넘나드는 내용을 화제 삼아 마음을 터놓고 비밀리에 대화를 나눔으로써 우정이 굳게 맺어진 것처럼 보였다. 그런 일이 있고 난 후 이제는 사비누스가 라티아리스와 친분을 쌓고 싶어 그의 집을 자주 찾아가 더없이 신뢰하는 친구를 대하듯 마음속에 담긴 슬픔과 분노를 호소했다.

○ 이윽고 모의한 4명은 그들 모두가 사비누스의 분노와 비난을 듣고자 했다. 그래서 세 사람은 라티아리스의 저택에 먼저 들어가 지붕과 천장 사이에 숨어 그들의 비열하기 짝이 없는 계략에 못지않은 추악한 곳에서 귀를 갖다 대고 엿듣기로 했다. 그러는 동안 라티아리스는 사비누스를 만나 새로운 정보가 있는 척하며 자신의 저택으로 안내하고 세 사람이 엿듣고 있는 방으로 끌어들였다. 라티아누스는 지치지도 않고 이런저런 이야기를 하면서 사비누스의 분노와 비난의 감정이 세차게 흘러나오도록 유도했다. 사비누스는 대화를 하면서 끓어오르는 마음을 억제하지 못했다. 분노의 감정이란 일단 배출구를 찾아 흘러나오면 그것이 격렬할수록 중단하기가 더욱 어려운 법이다.

○ 이 모든 것을 확인한 음모자 4명은 고발 절차에 들어갔다. 티베리우스에게도 편지를 보내 사건의 전말과 반역의 내용에 대해 상세하게 보고했다. 그러나 로마 시민들이 이 사실을 알았을 때, 반역자가 잡혔다는 안도감이 아니라 놀라움과 두려움에 몸서리쳤다. 이제 시민들은 친구도 믿지 못했고, 친구들과 모임에서 대화하기도 꺼렸으며 서로 간에 모두 의심하고 피했기 때문이다. 지붕이나 벽과 같이 말 못하는 물체조차 의심의 눈초리로 유심히 보게 되었다.

▍카프레아이섬의 티베리우스 은신처

○ 로마를 떠나 카프레아이(註. 현재 지명 '카프리')섬에서 은둔 생활을 하
고 있던 티베리우스는 신년 1월 1일 원로원에 편지를 보내 관례적인
인사말을 늘어놓은 뒤 사비누스가 자신을 암살하려 했다고 주장했
다. 그러면서 평소와는 다르게 명확한 말로 사비누스의 처형을 요구
했다. 원로원은 즉시 유죄 판결을 내렸다. 사비누스는 목을 밧줄로
묶인 채 감옥으로 끌려가서는 처형되었다.

○ 티베리우스는 국가의 흉악한 범죄자가 처벌받도록 결의한 데 감사드
린다는 편지를 원로원에 보냈다. 그러면서 자신의 목숨이 위협받고
있으니 적개심을 지닌 자들에게 경계심을 늦추어서는 안 된다고 했
다. 그 사람들의 이름은 거론하지 않았지만, 훗날의 결과를 보면 아
마도 티베리우스는 아그리피나와 네로 카이사르를 염두에 두고 한
말임에 틀림없었다.(註. AD 30년 아그리피나는 감옥에 감금되자 3년
후 스스로 굶어 죽었고, 그녀의 큰아들 네로 카이사르는 어머니가 감금되
던 같은 해 폰티아이섬으로 유배된 다음 얼마 후 처형되었다.)

✵ "부모와 자식 관계"에 대하여

≪부모란 고생과 난관 속에서 어렵사리 자녀들을 돌보아 성장시키기 마련이다. 그러므로 성장한 자식들이 부모가 겪어 온 지난날의 어려움을 이해하여 준다면 부모로서는 행복하겠지만, 인간의 기억은 많은 양을 싣지 못하는 쇠잔한 선박과 같아서 대개의 자식들은 보살핌 속에 자랐던 과거가 기억의 저장고에서 사라지곤 한다. 이렇듯 부모의 은혜를 잊어버린 자식들에게 지난날의 기억을 깨닫도록 강요한다면 불행의 싹을 틔울 뿐이다. 성장한 자녀들의 인생은 부모의 것이 아니며, 세상에 태어난 아이들은 모두 달라서 하나하나 다르게 다뤄야 하기 때문이다. 리비아가 이 점을 충분히 납득하고 욕망을 내던졌더라면 티베리우스와 감정의 날을 세워 다투는 대신 좀 더 행복한 노후를 보냈으리라.≫

○ 티베리우스의 소년기와 청년기는 고난과 역경으로 점철되어 왔다. 아버지인 클라우디우스 네로는 옥타비아누스와 안토니우스가 작성한 살생부에 올라와 있었으며, 이들의 추적을 피해 아내 리비아와 어린 티베리우스를 데리고 이곳저곳으로 도망쳐 다녔기 때문이다. 그 이후 페루시아 반란에 실패하여 네아폴리스에서 몰래 항구로 도망칠 때, 어린 티베리우스가 울음을 터뜨려 일행을 거의 죽음으로 몰아넣을 뻔한 적도 있었다. 어린 티베리우스는 유모의 가슴에 안겼다가 다시 리비아의 품에 안겼다가 하면서 도피 생활을 했다.

○ 우여곡절 끝에 살아남아 최고의 권좌에까지 오른 티베리우스는 어머니 리비아가 정치에 너무 많이 관여한다고 불만을 터뜨리곤 했다. 티베리

우스는 이따금 필요한 대로 리비아의 충고를 따르기는 했지만, 리비아에게 여자가 나랏일에 끼어들어서는 안 된다고 자주 경고했다. 그만큼 로마에서 정치란 남자의 몫이지 여자의 간섭거리가 아니기도 했다.

○ 그 뒤 티베리우스는 공개적으로 리비아와 언쟁을 벌였다. 리비아가 배심원 명단에 한 남자의 이름을 올려 달라고 티베리우스에게 계속 재촉했을 때였다. 티베리우스는 그것이 공정하지 못한 요청이라고 생각했는지 "황제가 그의 어머니의 강요에 못 이겨"라고 명단에 명확히 기재하는 조건으로 수락했다. 이에 리비아는 이성을 잃고 금고에 넣어 두었던 아우구스투스의 편지들을 꺼내어 여러 사람 앞에서 읽어 내려갔다. 그 편지는 아우구스투스가 티베리우스의 삐뚤어지고 완고한 성품을 이야기하는 내용이었다. 티베리우스는 격노했다. 이런 오래된 편지를 가지고 있다가 면전에서 모욕을 준 것이 27년 티베리우스가 갑자기 카프레아이섬으로 칩거하게 된 이유였다는 말도 있다.(註. 또 다른 말에 의하면 근위대장 세야누스가 황제를 방문하는 사람들의 호소로 판단이 흐려질 염려도 없고, 싫증이나 반감을 가질 필요 없이 국정에 전념할 수 있으므로 로마를 떠나 쾌적한 곳에 지내도록 설득했다고 한다. 물론 세야누스가 이렇게 말한 이유는 황제가 자리를 비운 로마에서 자신의 권한과 권력을 강화시키려는 의도에서였다. 황제에게 전달되는 모든 서신은 근위대장인 자신의 감시하에 놓이기 때문이다.)

○ 이 사건으로 티베리우스와 리비아의 갈등이 표면화되었다. 티베리우스는 리비아가 숨을 거두기 전까지 불과 한 차례만 어머니를 방문했을 뿐이며 그것도 얼굴을 마주한 것은 한두 시간이었다. 29년 리비아가 숨을 거두었을 때도 장례식에 참석하여 애도할 것이라고 말은 했지만 실제로는 참석조차하지 않았다. 티베리우스는 리비아가 원하지

않았다는 이유를 들어 그녀의 신격화를 반대했고, 그녀의 유언도 무효화했다.(註. 리비아가 아직 살아 있던 25년 히스파니아 울테리오르에서 리비아에게 바치는 제단을 세우도록 허락해 달라고 요청했지만 티베리우스가 이를 거부하기도 했다. 이는 리비아에 대한 앙심 때문이겠지만, 명예를 남발하고 속주민에게 부담을 주는 행위는 타락의 징표라는 티베리우스의 고집스런 생각 때문이기도 했다.) 그리고 훗날 리비아의 친구와 지인들에게 복수의 칼을 들이대었다. 다만 티베리우스가 반대했던 리비아의 신격화는 훗날 그녀의 손자인 클라우디우스 황제에 의해 이루어졌다.

| 마음에 새기는 말 |

채찍이 육체를 잡아 찢듯이 잔학함과 정욕 그리고 간책도 정신을 갈기갈기 찢어 버린다.

_ 티베리우스

– 티베리우스 황제가 자신이 저지른 죄악과 파렴치한 행위의 결과가 그 자신에게 고통이 되어 되돌아오고 있다고 말하면서.

※ 티베리우스에 의한 세야누스 제거(31년)

≪권력의 꼭대기에 있는 자들은 쉼 없는 도전의 풍랑 속을 헤쳐 나가기 마련이지만, 특히 제2인자는 항상 제1인자의 의심과 응징의 화

살에 노출되어 있다. 막강했던 세야누스는 권력이 정점에 오르자 황제의 의심을 받았고, 게다가 황제의 정적까지 사라지자 더욱 위험한 상황에 처해졌다.

그는 티베리우스의 권력을 확고하게 다진 공신이며 황제를 의심하지 않았다는 점에서 충성스런 근위대장임에 틀림없다. 하지만 황제의 위광에 판단력을 잃었는지 티베리우스의 기질뿐 아니라, 자신이 지닌 힘조차 제대로 이해하지 못했다. 카이사르는 자신이 가진 힘의 원천이 군 지휘권에 있음을 알고서 이를 놓지 않으려고 루비콘강을 건넜다. 하지만 세야누스는 카이사르의 전례를 따르지 못하고 자신을 무장 해제된 채로 방치하는 어리석음을 범하고 말았다.≫

○ 23년 티베리우스의 아들 드루수스가 병을 앓다가 죽었다. 리비아 율리아는 남편 드루수스가 죽고 난 후 사전에 약속한 대로 세야누스에게 결혼하자고 재촉했다.(註. 세야누스는 드루수스의 아내 리비아를 유혹했다. 그는 리비아에게 남편을 죽인 뒤 리비아와 결혼하겠다고 약속하면서 자신의 아내를 버렸다.) 마침내 세야누스는 티베리우스에게 죽은 아들 드루수스의 미망인이자 황제의 질녀인 리비아와 결혼하고 싶다며 청혼장을 보냈다. 청혼은 당시의 관습에 따라 서면으로 이루어졌다. 살펴보면 이 청혼은 세야누스가 단순히 미망인과의 결혼을 원하는 것이 아니라, 황실의 일원이 되고자 하는 야망을 드러낸 것이었다. 물론 그는 황제의 신변 안전과 호위에만 관심이 있고 승진과 황가의 일원이 됨으로써 생기는 권력에는 관심이 없다고 정중하게 편지를 써 보냈다.

○ 티베리우스는 우선 세야누스의 충정심과 호의에 고마움을 표시하고

답신했다. 답신에서 그는 만약 세야누스가 미망인이 된 리비아와 결혼한다면 지금도 경쟁심에 불타고 있는 아그리피나와의 다툼이 더 심해질 것이란 말을 했다. 게다가 리비아가 기사 계급 출신의 남편에게 평생토록 만족할 것인가에 대해서도 의문을 제기했다. 또한 티베리우스는 세상 사람들이 세야누스가 이미 기사 계급의 지위를 뛰어넘었다고 말하고 있으며, 스스로 그 지위에 머물고 싶어도 그렇게 되지 않는 것이 세상 이치임을 설명하면서, 세야누스에 대한 시기와 질투가 더욱 심해질 것을 염려했다. 그러면서도 결혼에 반대하지는 않는다고 하면서 당분간은 입을 다물고 있겠지만 언젠가는 원로원과 시민들 앞에서 의사를 밝히겠노라고 그럴싸하게 답신을 보냈다.

○ 몇 년이 지난 30년 세야누스는 티베리우스의 뜻을 받들어 아그리피나 일파의 제거에 공을 세웠다. 사실 그는 티베리우스의 강력한 신임에 힘입어 15년간 근위대장에 있었으며, 이제는 아그리피나 일파의 제거에 세운 공으로 티베리우스와 공동 집정관 자리에까지 올랐으니 세야누스의 권력은 정점에 달하고 있었다. 더군다나 27년 카프레아 이섬에 은둔한 티베리우스를 제외하고는 근위대 9천 명의 군사력을 보유하고 집정관의 자리에 앉아 있는 세야누스의 독주를 막을 사람이 로마 세계에는 없었다.

○ 하지만 세야누스의 활약으로 아그리피나 일파가 제거되자, 티베리우스에게 세야누스는 거추장스런 부하밖에 되지 않았다. 필요할 때는 쓰고 필요 없을 때는 야박하게 버린다는 원칙이 세야누스에게 적용되고 있었던 것이다. 게다가 칼리굴라의 할머니인 小 안토니아(註. 안토니우스와 옥타비아 사이에 태어난 2명의 딸에 대해 언니를 大 안토니아, 동생을 小 안토니아로 편의상 구분해 불렀다.)가 세야누스 몰래 해

방 노예 팔라스를 은밀히 티베리우스에게 보내자, 어떤 위험을 알아차린 티베리우스는 즉시 칼리굴라를 자신의 은둔지인 카프레아이섬으로 불러들였다.(註. 이렇듯 小 안토니아는 칼리굴라를 세야누스의 위협으로부터 구출해 주었고, 칼리굴라는 그 보답으로 제위에 올랐을 때 할머니 안토니아에게 리비아가 누렸던 모든 명예와 특권을 부여했다. 하지만 몇 달 후 안토니아는 칼리굴라와 관계가 틀어지고 자살을 강요당해 죽었다는 소문이 파다했다. 안토니아는 티베리우스의 제수였고, 팔라스는 훗날 小 아그리피나를 클라우디우스의 황후로 추천한 자이며, 小 아그리피나의 은밀한 연인이었다.) 아마 안토니아는 세야누스가 황족의 일원을 하나씩 제거하고 있다고 티베리우스에게 암시했을 것이다.

○ 그즈음 티베리우스의 편지 속에는 간간히 세야누스에 대한 비난이 섞여 있었다. 세야누스는 자신에게 닥쳐올 어두운 그림자를 직감하고 티베리우스에게 알현을 요청했다. 그러나 카프레아이섬에 은둔하고 있던 티베리우스는 자신이 로마로 가겠다며 거절했을 뿐만 아니라, 음험한 방법으로 세야누스를 척결하기로 마음먹었다. 아니, 로마에서 유일하게 근위대 병력을 손아귀에 쥐고 있는 세야누스를 제거하려면 그 방법밖에 없었는지 모른다. 실패하면 도리어 세야누스에게 역공을 당하여 카프레아이섬에 유폐된 다음, 티베리우스 자신이 제거될지 모른다는 불길한 예감이 들었기 때문이다.

○ 티베리우스는 새로운 근위대장으로 마크로를 은밀하게 임명했다. 마크로는 로마로 돌아가서 집정관 레굴루스와 소방대장 라코에게 근위대장 임명장을 조용히 보여 주었다.(註. 애초에 31년 집정관은 티베리우스 황제와 세야누스였지만, 티베리우스가 먼저 사임하자 세야누스도 따라 사임하지 않을 수 없었다. 그 후 보결 집정관이 임명되었지만 이들

도 얼마 후 각각 사임했고, 세야누스 부하인 트리오와 티베리우스의 신뢰가 두터운 레굴루스가 보결 집정관이 되었다.) 그러면서 자신이 맡은 소임을 알려 주었다. 레굴루스는 아침이 되자마자 원로원 회의를 소집했다. 세야누스는 근위대 병사들을 이끌고 회의에 참석했다. 왜냐하면 그는 원로원 의원 신분으로 격상되어 기사 계급이 맡아야 되는 근위대장의 직책을 가질 자격이 없어졌지만 여전히 근위대장의 지위를 유지하고 있었기 때문이다. 마크로는 세야누스에게 자신이 새로운 근위대장으로 임명된 증명서를 보여 주며, 세야누스가 무엇이라고 의견을 말하기도 전에 원로원 회의석상에서 집정관이 낭독할 티베리우스 서한에는 세야누스에게 호민관 권력을 주라는 요청이 있다고 거짓말을 했다.(註. 호민관 권력은 황제에게 주어지는 것이므로 자신을 공동 통치자로 여긴다는 의미로 해석되었다.) 그러고는 바깥에 늘어선 근위대 병사들에게는 지금부터는 내가 근위대장이며, 황제의 이름으로 하사금을 수여할 것이니 병영으로 돌아가 있으라고 설득했다. 이처럼 마크로가 쉽사리 근위대를 장악할 수 있었던 것은 아무리 막강한 세야누스일지라도 티베리우스의 우산 아래서 권력을 위임받아 행사한다는 것을 근위대 병사들이 이해하고 있었기 때문이다. 그러는 동안에 라코는 부하들을 동원해 원로원 회의 주변의 도로를 장악했다. 호민관 권력이라는 말에 분별력을 잃을 만큼 좋아한 세야누스는 자신이 가지고 있는 진정한 힘인 근위대장에 해임된 것이 어떤 결과를 초래할 수 있다는 것까지 잊어버렸다.

○ 마크로가 집정관 레굴루스에게 전달한 티베리우스의 서한은 원로원에서 읽혔다. 티베리우스 서한은 조용하게 시작하여 나중에는 세야누스 머리 위로 무자비하게 쏟아지는 탄핵으로 치달았고, 마지막

에 가서는 세야누스의 사형을 선고하면서 즉시 집행할 것을 요구하는 것으로 끝났다. 도대체 방금 무슨 일이 일어났는지조차 납득되지 않았던 세야누스는, 사형을 선고하기 위해 집정관이 이름을 세 번이나 불렀을 때서야 겨우 알아듣고 답할 정도로 망연자실했다. 그리고 그는 그날로 당장 참수되었다. 그러자 세야누스의 권력에 숨을 죽이고 있었던 자들은 오랫동안 참아 온 분노를 폭발시키며 환호성을 질렀다. 사실 로마에서 세야누스의 권력은 막강했으므로 티베리우스는 세야누스 제거에 실패할 경우를 대비해서 속주의 군대로 피신할 함선까지 준비해 두었고, 세야누스 제거에 성공했다는 소식을 들을 때까지 파멸을 생각하면서 긴장과 두려움에 떨고 있었다.

○ 게모니아이 계단(註. gemoniae는 '애도의 계단'으로 해석되며, 중죄인이 처형되기 전 마지막으로 걸었던 카피톨리움에서 로마 광장으로 내려가는 길이었다. 이곳에 처형된 시신이 잠시 전시되기도 했다.)에 버려진 세야누스의 시체는 시민들로부터 모욕을 당하고 짓밟힌 뒤 티베리스강에 내던져졌다. 여기에서 그치지 않고 인간성이 상실된 잔인한 보복 행위가 노골적으로 행해졌다. 왜냐하면 세야누스의 맏아들뿐 아니라 어린 자녀들도 공모자라는 이유로 처형당했기 때문이다. 어린 자녀들은 처형장으로 끌려가면서 오빠였던 11살 된 아들은 그나마 끌려가는 이유와 위험을 알고 있었지만 그보다 나이가 더 어렸던 딸은 사정을 잘 몰랐다. "내가 무슨 잘못을 저질렀어요? 어디로 끌고 가는 거예요? 이제 다시는 나쁜 짓을 하지 않을게요!"라고 연신 말할 정도였다. 사형 집행인들은 그 어린 딸을 밧줄에 매달아 교수형에 처하기 전에 강제로 순결을 더럽히는 만행을 저질렀다. 이는 순결한 처녀를 사형에 처하지 못하도록 법으로 규정되어 있었기 때문이다. 그런 다

■ 게모니아이 계단

음 무자비하게도 어린애에 지나지 않은 오누이는 교살되어 게모니아이 계단에 내던져졌다.(註. 비록 적이더라도 그의 어린아이들을 살해한다면 요즘의 기준으로는 비열하고도 잔혹한 악행으로 규정되겠지만, 구약성서에서도 정복자 바벨론에 대해 분노에 가득 찬 독기를 뿜고 있다. "네 어린것들을 반석에 메어치는 자는 유복하리로다." 시편 137편 9절)

○ 세야누스의 이혼한 아내 아피카타는 자녀들이 비참하게 처형당하자 정신을 잃었고 절망하여 자살했다. 그녀는 죽기 직전에 티베리우스에게 한 통의 편지를 보냈는데 그 편지에는 세야누스와 리비아가 예전부터 애인 사이였으며, 티베리우스의 아들인 드루수스도 이 두 사람이 공모하여 독살했다고 적혀 있었다. 이들이 드루수스를 독살한 것은 결혼하는 데 성가신 존재를 없애기 위해서이기도 했지만, 드루

수스가 아내의 간통을 눈치채지 못했음에도 세야누스에게 적개심을 보이는 위험한 존재였기 때문이라는 내용도 있었다. 이 편지가 카프레아이섬에서 로마를 지켜보고 있는 티베리우스의 마음을 어떻게 흔들었는지 기록된 것은 없으나 예측은 할 수 있으리라.

○ 드루수스는 티베리우스가 오직 사랑했던 여자 아그리파의 딸인 빕사니아와의 사이에서 태어난 첫아들이었다. 티베리우스는 권력을 위해 사랑했던 여자를 포기할 수밖에 없었고, 그 사이에서 태어난 드루수스도 잃은 것이다. 리비아 율리아는 원로원에 소환당해 심문을 받자 아무 말도 하지 않았다. 변명조차 하지 않은 것은 죄를 인정한 것으로 간주되었다. 사형이 확정되자 어머니 小 안토니아가 달려와서는 딸이 처형당하고 시신이 길거리에 전시되어 놀림감이 되는 꼴을 차마 볼 수 없으니 자신이 딸을 죽일 수 있도록 해 달라고 간청했다. 간청은 받아들여져 안토니아는 딸을 골방에 가두고 굶어 죽어 가는 비참한 광경을 견뎌 내야 했다. 이는 황제의 심복이 일으킨 불충이 황가에까지 영향을 미친 비극이었다.

☀ 테렌티우스(Terentius)의 변론(32년)

《반역죄를 저지른 자와 친분을 나누었다면 의심받아 마땅하다. 그러나 그가 한때 충직한 관리였다면 그때의 우정과 친분을 이유로 처벌해서는 안 되는 법이다. 테렌티우스는 티베리우스 황제와 원로원 의원들에게 이 점을 일깨워 주며 비굴한 변명조차 하지 않았다. 누구나가 부당함을 알고 있다 하더라도 그 부당함을 지적하려면 용기를 필요로 한다. 테렌티우스는 바로 그러한 용기를 가진 자였다.≫

○ 근위대장 세야누스가 처형된 후 그의 자식뿐 아니라 그와 우호적인 관계에 있던 모든 사람들도 고발자의 표적에서 벗어날 수 없었다. 여인조차도 그녀들이 흘린 눈물이 법의 올가미에 걸려들었으며 아들의 죽음 앞에서도 눈물을 보여서는 안 되었다. 푸피우스 게미누스의 늙은 어머니 비티아는 아들의 죽음을 슬퍼하며 울었다는 이유로 처형당했기 때문이다. 티베리우스 황제의 폭정을 예로 들면 이런 일도 있었다. 폼페이아 마크리나의 경우는 남편과 시아버지가 그리스의 유력자였으나 이미 티베리우스의 잔혹함에 희생되어 있었다. 그뿐만 아니라 친정아버지와 오라비까지도 단죄를 위협받고 스스로 목숨을 끊었다. 그들이 범죄자가 된 것은 미틸레네 사람이었던 그녀의 증조할아버지 테오파네스가 미트라다테스 전쟁 시에 폼페이우스를 도와주었고, 그 공로로 레스보스섬의 미틸레네가 자유시의 특권이 부여되어 이에 대한 감사의 표시로 하나의 달을 폼페이우스 달로 헌정하고 폼페이우스를 사후에 신격화시켰다는 이유에서였다.(註. 테오파네스는 폼페이우스가 보호하던 문인이었다. 공화파인 폼페이우스를 신격화시킨다는 것은 제정을 반대한다는 것이므로 황제가 통치하는 현 체제를 전복하고자 하는 의도가 있다고 보았다. 하지만 미틸레네는 카이사르가 파르살루스 전투에서 승리했을 때 살아 있는 그를 신격화시키기도 했다.) 집권 후반기의 티베리우스 황제는 모두가 이런 식이었다. 그래서 지도층의 영향력 있는 사람들은 공포에 떨며 숨을 죽이고 살았다.

○ 그런데 기사 계급 마르쿠스 테렌티우스는 달랐다. 그는 세야누스와

의 우정을 이유로 고발당하자 그것을 인정하면서 대담하게도 원로원에서 이렇게 변명했다.

"내 입장에서는 죄를 인정하기보다는 부정하는 것이 더 유리할 것입니다. 그러나 나는 세야누스의 동료였고, 그의 친구가 되려고 애썼으며 그 목적을 이루고는 기뻐했음을 고백합니다. 우리는 줄곧 보아 왔습니다. 세야누스와 사이가 깊어질수록 자신의 평가가 더욱 좋아졌고, 세야누스의 미움을 받는 자는 신변의 위험으로 구명 활동을 하지 않으면 안 되었습니다. 그리고 우리가 경의를 표한 세야누스는 음모와 반란을 주도한 자가 아니라, 황가의 구성원으로서의 세야누스였습니다. 황제시여, 우리는 세야누스를 당신의 가족 일원으로서 당신의 집정관 동료로서 당신의 국정 담당 대리자로서 존경해 왔던 것입니다. 우리는 눈앞에서 일어나는 것을 바라볼 뿐입니다. 황제로부터 엄청난 부와 명예를 부여받고 강력한 권력을 행사한 사람은 누구였습니까? 바로 세야누스였습니다. 이것은 누구도 부인할 수 없으며, 우리에게는 음모자의 내밀한 감정을 그리고 은밀한 계획을 꼬치꼬치 캐물을 수 있는 것이 허락되지 않았습니다. 세야누스 일파의 음모를 캐낸다는 것은 위험할 뿐 아니라 아예 불가능했습니다. 의원 여러분, 우리는 한동안 세야누스의 해방 노예나 문지기들이 자신의 얼굴을 알아보는 것조차 영광으로 여겼습니다. 국가에 대한 반역과 황제에 대한 암살 계획은 처벌받아 마땅합니다. 그러나 세야누스와의 우정에 관해서는 우리도 황제와 같은 시기에 그 관계를 끊었기에 황제와 마찬가지로 용서받아야 하지 않겠습니까?"

○ 테렌티우스의 의연한 변론은 누구나 마음속으로 생각하고 있었던 것을 연설로써 표현해 준 사람이 나타났다는 점에서 모두들 감격했다.

그 때문에 테렌티우스는 무죄판결을 받았을 뿐 아니라, 원로원은 그를 고발한 자들에게 과거의 범죄를 추적해 유배형이나 사형까지 처하기에 이르렀다.

| 마음에 새기는 말 |

인간의 욕망과 소유야말로 전제 정치를 허용하는 가장 강력한 원인이다.

- 게르만족이 야만 상태로 있을 때 가난했지만, 결과적으로 가난을 수긍한 것이 자유를 확보하게 했고 전제 정치를 불가능하게 했다는 것에서.

☀ 티베리우스의 악행과 기행

≪젊은 날의 티베리우스는 건장하고 반듯하며, 정의로운 판단과 겸손함 그리고 단호한 결단력으로 민중의 지지를 받았다. 하지만 노년의 욕망과 처신이 젊은 날의 영광과 미덕을 욕되게 하고 말았다. 이를 보면 "권력을 행사할 수 있는 가장 적절한 나이는 중년이다."고 말한 아리스토텔레스의 결론에 끄덕여진다.

로마 시민권자뿐만 아니라, 속주민들로부터도 추앙받던 게르마니쿠스였지만 아내와 아들들의 최후는 비참했다. 죽은 게르마니쿠스가 천상에서 아내와 아들들의 비참한 최후를 보고 있었다면, 아마도 권력이란 어떤 것인가를 뼛속 깊이 느끼며 몸서리쳤으리라. 생각해 보건대 티베리우스가 네로 카이사르와 드루수스 카이사르를 제거한 것은 자신의 진짜 친손자인 게멜루스에게 제위를 물려주려는 계략이었던 것은 아니었다. 왜냐하면 티베리우스는 며느리 리비아 율리아가 세야누스와 부정한 관계를 하여 게멜루스를 낳았을지도 모른다고 의심했고, 훗날 게르마니쿠스의 셋째 아들인 칼리굴라를 카프레아이섬으로 불러 함께 기거하기도 했기 때문이다. ≫

○ 카프레아이섬에 은둔한 티베리우스는 매춘굴을 만들어 놓고 온갖 변태 성행위를 일삼았다고 당시의 시민들로부터 전해진다. 여기에는 추잡하고 외설적인 그림과 조각상들 그리고 이집트의 도색 서적들이 배치되었다고 한다. 서적뿐만 아니라 자신의 성적 욕망을 충족시키기 위해 어린 소년과 소녀들이 동원되었으며, 심지어는 아직 젖을 떼지도 않은 아기가 이용되기도 했다고 한다. 물론 이러한 소문은 소문일 뿐 확인된 사실이 아니지만, 늙은 권력자가 혼자서 외부인이 접근하기 힘든 섬에 스스로 유폐되어 온갖 심술을 부리고 있다는 사실만 가지고서도 당시 사람들의 상상력을 자극할 수 있었다.

○ 티베리우스는 지체 높은 가문의 여성에게도 마수를 뻗쳤는데 말로니아의 경우에는 그가 침실로 끌어들이려고 하자, 그녀는 단호하게 거절했다. 그러자 티베리우스는 사람들을 시켜 말로니아의 뒤를 밟게 하고 그녀를 재판정에 끌어냈으며, 재판이 진행되는 중에도 말로니아에게 자신의 욕망을 들어주면 재판을 거두어 주겠다고 유혹했지만, 말로니아는 재판정에서 집으로 돌아와서는 티베리우스를 향해 "더러운 입을 가진 냄새나는 털북숭이 늙은이"라고 하면서 신랄한 비난의 글을 남긴 뒤 자결했다고 전한다.

○ 또한 파르티아 왕 보노네스는 백성에 의해 퇴위당한 후 로마가 자신을 보호해 줄 거라고 믿고 많은 보물과 함께 로마 제국의 안티오키아로 피신했다. 하지만 티베리우스는 보노네스의 보물을 빼앗은 후 그를 죽음으로 몰아넣었다.(註. 이 내용은 수에토니우스의 기록

▌ 티베리우스

을 따랐지만, 앞서 서술한 대로 보노네스는 게르마니쿠스와 피소 간의 알력으로 희생되었다고 보는 것이 타당하다.) 그 외에도 그의 패덕은 부자인 그나이우스 렌툴루스 아우구르에게 자신을 유일한 상속자로 정하게 한 다음, 그의 정신 불안을 이용하여 자살하도록 강요했다.

○ 그가 저지른 악행 중에 로마의 귀부인을 처형한 일도 있었다. 아이밀리아 레피다는 퀴리니우스의 전처였는데, 부자인 전남편의 아들을 낳았다고 거짓 신고를 하고 20년 전에 남편을 독살하려 했다는 이유로 전남편 퀴리니우스에게 고발되어 있었다. 티베리우스는 퀴리니우스를 만족시켜 주기 위해 고귀한 귀족 가문의 레피다를 처형했다. 티베리우스가 퀴리니우스에게 호의를 보인 것에는 다음과 같은 이유가 있었다. 퀴리니우스가 아르메니아에 파견된 가이우스 카이사르의 보좌관으로 있을 때 로도스섬에 은둔하고 있는 티베리우스에게 경의를 표한 적이 있었기 때문이다. 누구나가 가이우스 카이사르의 눈치를 보느라 티베리우스와 거리를 두었던 시절 그만은 예외였던 것이다. 이에 대한 이야기는 앞서 서술했다. 티베리우스는 언제까지나 이것

을 기억하고 있었으며, 퀴리니우스가 죽었을 때도 원로원에 그의 장례를 국장으로 치르자고 주장했다.(註. 타키투스는 티베리우스를 가증스럽게 여겨 그를 나쁘게 서술하는 경향이 있고 그렇더라도 그것이 사실과 소문에 근거하고 있겠지만, 레피다가 민중의 응원을 받고 있음에도 처형된 것은 티베리우스가 거짓으로 타인을 곤경에 처하게 하는 것을 매우 증오했기 때문이다.)

○ 양아들이자 조카 게르마니쿠스의 아내인 대(大) 아그리피나는 시아버지 티베리우스와 사이가 무척 나빴다. 티베리우스의 종복이었던 근위대장 세야누스는 아그리피나를 계략에 빠뜨리기 위해 시아버지가 그녀를 독살하려는 음모를 품고 있다고 속닥였다. 그 말을 곧이곧대로 믿은 아그리피나는 만찬에서 티베리우스가 권하는 사과조차 독이 들어 있을지 모른다는 의심을 품고 먹지 않았다. 그러자 티베리우스는 아그리피나가 평범한 사과를 독이 든 사과로 의심하여 먹지 않는 것은 바로 나에게 위험한 불만을 품고 있다는 것을 알 수 있는 것이라며 비난했다. 이러했던 두 사람의 갈등은 리비아가 죽고 난 후 파국으로 치달았다. 리비아가 아그리피나 가족들에게 애정을 가진 것은 아니었다 하더라도 최소한 그동안은 리비아의 보호막이 아그리피나와 그녀의 자식들을 보호해 주었기 때문이다.(註. 리비아와 티베리우스는 서로 간에 친밀감이 없었다. 티베리우스는 어릴 때 자신을 데리고 적들을 피해 도망 다니던 어머니 리비아의 말을 거역하지는 않았으나 제위에 오른 후 마음에서 우러나오는 존경심이 없었다. 이는 리비아의 정치적 욕망이 컸던 것도 한 가지 이유였다. 티베리우스는 리비아의 장례식에도 중대한 일이 있다는 핑계로 카프레아이섬에 은둔한 채 참석하지 않았고, 어머니가 원하지 않는다는 이유를 들어 리비아의 신격화도 거부했다.

리비아를 향한 수많은 영예도 많은 부분을 삭감했으며, 그녀의 유언조차 다음 황제인 칼리굴라가 이행했다.) 티베리우스가 원로원에 아그리피나의 오만함과 반항심 그리고 그녀의 큰아들 네로 카이사르의 음행을 비난하는 편지를 보낸 것으로 공격의 포성이 시작되었다. 결국 티베리우스의 의도에 순종하던 원로원은 반역을 도모하고 있다는 죄목으로 아그리피나를 판다테리아(註. 현재 지명 '벤토테네'. 이 섬은 아우구스투스의 외동딸 율리아가 유배당한 곳이며, 훗날 아그리피나의 딸 율리아 리빌라, 네로의 아내 옥타비아도 이곳에 유배되었다.)섬으로, 큰아들 네로 카이사르를 폰티아이(註. 현재 지명 '폰차')섬으로 추방형을 결정했다.

○ 사실 네로 카이사르가 이렇게 된 데에는 이유가 있었다. 원래 그는 겸손한 청년이었으나 해방 노예와 부하들이 위험스런 행동을 부추겼다. "높은 지위에 어울리게 자신감을 가지고 행동하세요. 시민들도 그리고 병사들도 그것을 원하고 있습니다." 이 같은 말에 네로 카이사르는 행동을 조신하게 해야 한다는 사실을 잊어버리고 종종 방종과 오만의 늪에 빠지곤 했다. 친구들은 네로의 위험한 언행에 말허리를 꺾곤 하며 인사만 하고 일찌감치 곁을 떠났으나, 네로에게 접근한 세야누스의 부하들은 끈덕지게 붙어 다니며 위험 수위를 넘나드는 그의 언행을 주워 모았다. 마침내 세야누스의 그물에 걸려든 아그리피나와 네로는 쇠사슬에 묶여 외부와 차단된 채 유배지로 향했다. 폰티아이섬으로 유배된 큰아들 네로 카이사르는 얼마 후 그곳에서 죽었다. 그는 처형 집행자가 원로원의 승인장을 가져왔다면서 목을 매달 올가미와 시체를 티베리스강까지 끌고 갈 갈고리를 보여 주자 공포와 절망에 휩싸여 자살하고 말았던 것이다.

○ 아그리피나는 자신의 어머니 율리아가 감금되었던 같은 감옥에 갇혔다. 추방형에 항의했던 그녀는 그곳에서 티베리우스의 명령을 받은 백인대장에게 모진 채찍질을 받았으며, 이로 인해 한쪽 눈이 실명되었다. 아그리피나는 현실에 절망하여 죽기로 결심하고 모든 음식을 거부했다. 티베리우스가 억지로 아그리피나의 입을 열고 음식을 집어넣으려 하는 등 잔혹하게 굴었으나, 마침내 그녀는 자신이 바라는 대로 굶어 죽을 수 있었다. 하지만 티베리우스는 분노를 삭이지 못하고 자신이 아그리피나의 목을 조르고 게모니아이 계단에 시체를 내팽개치지 않은 것만으로도 대단한 관용을 베풀었다고 뇌까렸다. 티베리우스의 이 대단한 관용을 기념하기 위해 원로원은 카피톨리움의 유피테르 신전에 기념 선물을 봉헌하는 법안을 통과시켰다.(註. 아그리피나와 티베리우스의 갈등은 유명했다. 티베리우스가 게르마니쿠스의 운구를 마중 나오지 않은 것, 정적 피소의 가족들에게 엄격한 처벌을 하지 않았다는 것, 그리고 6촌 풀크라를 비롯한 피붙이와 지지자들에게 엄한 처벌을 내린 것 등으로 감정의 골은 깊어만 갔다. 아그리피나가 나이 40세쯤 되었을 때 병이 든 적이 있었다. 그녀는 병문안을 온 티베리우스에게 한동안 아무 말도 하지 않고 눈물만 흘리고 있었다. 그러다가 시아버지 티베리우스에게 말했다. "저의 외로움을 구제할 남편을 주세요. 저는 아직 젊고, 로마에는 게르마니쿠스의 아내와 자식을 받아들일 만한 인물이 있을 겁니다." 그러나 티베리우스는 황녀의 결혼이란 정치적으로 크나큰 변동을 일으킬 수 있다는 것을 알고 있었다. 그래서 그는 미망인이 된 며느리의 재촉에도 불구하고 아무런 대답 없이 자리를 떠났다. 이 내용은 아그리피나의 딸이자 네로 황제의 어머니인 小아그리피나가 자신의 가족들이 얼마나 큰 불행을 겪었는지 기록한 『회상록Memoriae』에 적혀 있

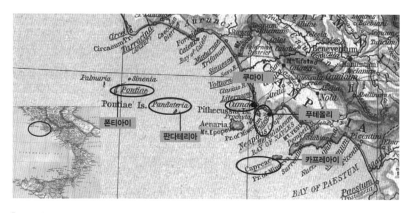

┃ 폰티아이, 판다테리아, 쿠마이, 푸테올리, 카프레아이

다고 전한다.)

○ 게르마니쿠스에게는 3명의 아들이 있었는데 네로 카이사르 · 드루수스 카이사르 · 칼리굴라였다. 티베리우스는 이 중 네로 카이사르와 드루수스 카이사르를 원로원에 추천하고 로마 시민에게 막대한 선물을 함으로써 그들의 성인식을 축하했었다. 그러나 어떤 이유에서인지(註. 아마 어머니 아그리피나와 같이 반란을 도모했다는 이유일 것이다.) 두 손자에 대한 증오는 깊어 갔고 온갖 혐의로 그들을 옭아매어 갔다. 결국 앞서 언급한 대로 아그리피나와 네로 카이사르가 추방형을 받은 후, 둘째 아들 드루수스 카이사르도 공공의 적으로 선포되어 황궁 지하실에 유폐되었다. 이렇게 된 것은 근위대장 세야누스가 드루수스 카이사르의 성격이 경솔하고 무분별하다는 것을 알아채고 이를 이용했기 때문이다. 그는 친절의 가면을 쓰고 드루수스 카이사르에게 접근하여 "형이 이미 몰락하고 있으니 황제의 자리는 당신 것입니다." 하며 희망적인 말로 무장 해제시킨 후 파멸시켰던 것이다.

○ 지하실에 유폐된 마지막 9일 동안 그는 생존하기 위한 최소한의 음식을 달라고 비참하게 구걸했다. 하지만 얻어먹기는커녕 백인대장에게 채찍으로 얻어맞고 해방 노예에게 구타당하며 굶주림을 참다못해 침대 속에 들어 있는 것을 뜯어 먹기까지 하다가, 결국 33년 어머니 아그리피나가 죽은 해에 숨을 거두었다. 티베리우스는 지하실에 유폐된 드루수스 카이사르가 절규하면서 외친 저주의 말들을 기록하여 그가 죽고 난 뒤 원로원에서 낭독하게 했다. 드루수스 카이사르의 시체는 갈가리 찢겨져 장례식을 치르기 위해 수거하는 데도 큰 어려움을 겪었다고 전한다.

○ 이렇듯 아그리피나의 일가족이 갖은 모욕과 학대를 당한 것은 아마도 티베리우스의 편집적인 성격 탓도 있겠지만, 경쟁과 권력에 집착한 나머지 인생의 막바지에 접어든 노인의 분노를 제대로 이해하지 못한 것이 비극의 원인이 아닌가 한다. 따라서 피로 물든 폭군이자 변태 성욕자란 비난이 쑤군거리는 로마의 거리와 술집을 벗어나면, 도도한 알렉산드리아의 철학자들까지도 티베리우스가 지혜와 학식 면에서 당대의 지식인들을 압도하여 드넓은 로마 세계에 안정과 평화를 지켰다고 칭송했다.

| 마음에 새기는 말 |

미움의 감정은 이유가 부당할수록 한층 더 뿌리가 깊다.

- 티베리우스는 은근히 게르마니쿠스를 미워하고 있었다. 그는 게르마니쿠스가 조카이면서 양아들이기도 했지만, 로마 시민들과 병사들이 게르마니쿠스의 아버지인 드루수스를 그

리워하며 그의 아들에게 호의적인 감정을 가지고 자신의 오만함과 비교하고 있다고 생각했다. 이는 매우 부당했지만 게르마니쿠스는 티베리우스에게 깊은 증오를 받았다.

※ 본디오 빌라도의 결정(33년)

≪빌라도는 티베리우스 황제에게 무죄에다 많은 사람들에게 추앙받아 숭고하다고 여겨지는 사람을 부당하게도 자신이 사형 선고한 사실을 알렸다. 이에 티베리우스는 즉시 그 유대인을 로마신의 반열에 넣도록 했지만, 원로원은 이 명령을 거부했다. 그러자 티베리우스는 그리스도교를 유대교의 분파라고 생각하고 가혹한 법으로부터 보호하는 것에 만족했다고 전한다. 이는 로마인들이 다신교였고, 카이사르 이후 로마 황제들이 유대인의 종교에 관대했기 때문이다.≫

○ 헤롯 왕은 죽기 얼마 전 병마가 온몸에 번졌을 때 유언장을 수정하여 왕위 계승자를 안티파스에서 아르켈라오스로 정했다. 헤롯이 죽자 야심에 찬 안티파스는 병마로 정신이 없던 헤롯 왕이 유언장을 수정한 것은 무효라는 이유를 내세워 아르켈라오스의 계승에 문제를 제기했다. 이러한 분쟁은 로마 황제 앞에서 논쟁을 거듭한 끝에 결론이 났다. 유대 왕국은 삼분되어 왕국의 북부는 필립포스에게, 남부는 안티파스에게, 수도였던 예루살렘을 중심으로 하는 중부는 아르켈라오스에게 각각 다스리게 한 것이다. 다른 곳에서는 문제가 없었지만

예루살렘에서는 제사장들의 신권 통치를 부활하고 헤롯이 임명한 대제사장을 면직하라는 봉기가 일어났다.

o 그러나 젊고 통치에 미숙한 아르켈라오스는 폭동을 진압하지 못했다. 로마로서도 노력을 했지만 결국은 아르켈라오스에 의한 통치를 단념할 수밖에 없었다. 로마는 유대 왕국을 장관이 다스리는 속주로 편성했으며, 이는 직속상관이 로마 황제가 아니라, 시리아 속주 총독인 2류 속주였다. 즉 빌라도(註. 라틴어로는 '폰티우스 필라투스 Pontius Pilatus')가 유대 장관이었을 때 직속상관은 시리아 속주 총독 퀴리누스였던 것이다. 유대를 2류 속주로 만든 이유는 이 지역을 경시했기 때문이 아니라, 적당한 후계자가 나타나면 다시금 독립 왕국으로 되돌려 놓기 위해서였다. 따라서 유대의 통치는 유대인에게 맡긴다는 생각이었으며, 이는 카이사르 이후부터 계속된 로마의 유대 통치 방법이었다.

o 유대인은 신권 통치를 원했으며, 신권 통치의 가장 큰 특징은 종교인이 사법까지 개입하는 데 있다. 유대인의 요구를 수용한 로마는 유대 중부를 직할 통치하더라도 예루살렘에서는 제사장들이 사법을 맡는 것을 인정했다. 물론 로마 시민권자는 로마법에 따라 재판을 받았고 유대인들은 유대법에 따라 재판을 받았다. 다만 사형 판결이 났을 경우에는 황제의 대리인인 유대장관의 승인이 있어야지만 사형을 집행할 수 있도록 했다.

o 예수 그리스도(註. '그리스도'는 라틴명으로 '크레스투스Chrestus', 그리스어로는 '크리스토스Χριστοσ', 히브리어로 '메시아messiah'이다. 이는 '기름 부음을 받은 자'란 의미이며, 이 같은 의식을 받은 자는 선지자이거나 왕 또는 제사장이었다.) 사형 선고도 예루살렘 제사장들과 장로들로

구성된 법정(註. '산헤드린'을 일컫는다.)에서 선고했으며, 다만 당시 유대 장관이었던 빌라도에게는 집행 승인만을 받은 것이다. 빌라도가 유대인들에게 우호적인 감정을 가지지 않았을 수는 있다. 그를 폭정과 탐욕에 찬 통치자라고 유대인 역사가 요세푸스는 기록했다. 하지만 지식인의 양심에 비추어 그가 죄 없는 젊은이를 죽이고 싶어 하지는 않았을 것이며, 유대 제사장의 압력에 굴하지 않고 조국의 법률인 로마법을 구현하고자 했다면 추방형 정도로 처벌되었을 것이다. 신약성서에는 다음과 같이 기록되어 있다. "빌라도가 세 번째 말하되 이 사람이 무슨 악을 하였느냐. 나는 그 죽일 죄를 찾지 못하였나니 때려서 놓으리라.(註. 누가복음 23장 22절)" 빌라도는 그리스도를 사형시킬 죄목을 찾지 못했으므로 태형에 처한 다음 풀어 주고자 했다는 의미이리라. 다신교였던 로마는 신의 이름을 간단히 올리는 것도 죄가 되지 않았으며, 사회 불안의 원인을 제공했다는 이유더라도 사형죄가 성립되지 않았기 때문이다.

○ 심지어 로마인들은 각 도시마다 수호신이 있다고 믿었으며, 전쟁 시에는 적국 수호신의 도움 없이는 함락시킬 수 없다고 생각해서 일정한 의식과 예를 갖추고 적국의 신을 불러내어 도움을 청하는 의식을 행했다.(註. 신을 불러내는 의식을 '에보카티오evocatio'라고 한다.) 적국의 신이 도시의 함락을 허락하면 그 신에게 더 나은 대우로 숭배하고 더 훌륭한 신전을 지어 주겠다고 약속하는 등 여러 가지 회유책을 써 로마 편이 되어 주기를 간청했던 것이다. 카밀루스가 베이이를 정복할 때 베이이의 수호신 유노가 베이이를 버리고 로마 편이 되어 주기를 청하자 여신이 이를 동의하여 마침내 베이이를 점령할 수 있었다고 한다. 또한 제3차 포에니 전쟁 시에 스키피오 아이밀리아누스가

카르타고를 함락하기 전에 이러한 의식을 거행하여 카르타고의 수호신이 도시에서 빠져나와 로마 편이 되었다고 전한다. 아우구스투스는 BC 30년 태양신을 숭배하는 이집트를 정복했을 때 이는 태양신의 도움을 받은 것으로 생각하여 태양신 아폴로를 가장 숭배했으며, BC 28년 팔라티누스 언덕의 황궁 안에 아폴로 신전을 건립하기도 했다.(註. 로물루스가 마르스를 수호신으로 삼았던 반면에 아우구스투스는 아폴로를 수호신으로 숭배했다.) 훗날 팔미라의 제노비아 여왕과 싸웠던 아우렐리아누스 황제는 팔미라를 정복하자 그 도시의 수호신이 도움을 주어 승리했다며 팔미라 수호신의 신전을 건립했으며, 율리아누스도 페르시아 원정 시에 적국의 신 미트라에게 자신의 수호신이 되어 달라고 간청했던 것이다.

○ 게다가 로마인들은 도시를 정복한 다음 그곳에 신이 없다면 다시는 로마에 항거하지 못할 것이라고 믿고서 때때로 정복한 도시의 수호신을 로마로 옮겨 오기도 했다. 그러므로 로마인들이 자신들 고유의 신이 아니라고 멸시하거나 포로로 여겨 학대한다는 것은 생각할 수 없었다. 하지만 구세주를 자처하는 유대 젊은이의 죽음을 강력하게 바라며 고발한 자들은 예루살렘을 좌지우지할 만큼 유대 사회에 강력한 영향력을 갖고 있던 유대교 제사장들과 장로들이었다.

○ 빌라도가 고발자들에게 그 젊은이가 무슨 악한 죄를 저질렀냐며 반문하자, 유대인 고발자들은 "저자를 십자가에 못 박게 하소서. 저자를 십자가에 못 박게 하소서!"라며 거듭 소리 높여 외쳤고, 만약 빌라도가 끝까지 처형하기를 거부한다면 민란이 일어날 듯한 기세였다. 그가 자신의 사면 권한을 들어 바라바와 예수 중 누구를 사면하면 좋겠느냐는 물음에도 고발자들은 한결같이 바라바의 사면과 예수

의 처형을 원했다. 마침내 빌라도는 그 유대 젊은이를 처형하지 말라는 아내의 충고를 뒤로한 채 유대교 제사장들의 압력에 굴복했다. 그는 군중 앞에서 물을 가져와 손을 씻으며 "이 사람의 피에 대하여 나는 무죄하니 너희가 당하라.(註. 마태복음 27장 24절)"는 말로 예수의 처형을 승인하고 말았던 것이다. 이는 사도 바울이 울분에 찬 목소리로 유대인이 주 예수를 죽였다며 신약성서에서 다시 한 번 확인했다. "유대인은 주 예수와 선지자들을 죽이고 우리를 쫓아내고"(註. 데살로니가 전서 2장 15절)"

※ 로마에 가면 로마법을 따르라

≪유대교의 종교적 특성을 인정했던 카이사르와 초기 로마 황제들은 유대인들에게 일종의 특권을 부여했다. 즉 로마 세계 중 동방의 유대인들에 대해서는 그들의 율법에 따라 사는 것을 허락한 것이다. 이는 다신교였던 로마인들이 각 지방마다 다른 고유의 신앙을 인정했던 관습을 따른 것이겠지만, 특히 유대인들의 종교적 생활을 존중한 결과다. 로마인들은 속주 통치에 문제가 되지 않는다면 굳이 속주민들의 관습을 바꾸려고 하지 않았다. 이는 지배받는 속주민들의 분노에 찬 마음을 부드럽게 만드는 로마인들의 통치 방법이었다.≫

○ 민족마다 자신들이 속해 있는 사회를 유지하는 규범이 있는 것은 당연하다. 유대인은 종교, 그리스인은 철학, 그리고 로마인은 법률을

사회와 인간들의 관습과 행동 원칙의 기준으로 삼았다. 그러자면 종교는 그것을 믿어야만 했고, 철학은 그것을 이해할 수 있는 식견을 갖추어야만 했다. 그렇지만 로마 사회의 행동 규율이었던 법률은 달랐다. 그것은 종교가 다르거나 철학적 교양이 없더라도 적용될 수 있는 규범이었다.

○ BC 63년 폼페이우스가 예루살렘을 공략하고 유대를 시리아 속주로 편입했다. 그는 그곳을 억압보다는 유화 정책을 시행하여 유대 민족의 전통과 제도를 보존시켜 주었고 사법적인 처리도 정치적인 문제가 아니라면 유대 사회에게 맡겼다. 유대인들이 생활에서 직접 느끼는 본질적인 영향력은 로마법이 아니라 자신들의 율법(註. 히브리어로 '토라')이었다.

○ 이후 로마가 내전의 홍역을 치르고 있을 때 카이사르가 폰투스의 파르나케스를 진압하러 가면서 유대인들을 만나 당시 동방에서 주된 세력이었던 그리스인과 동등한 권리를 유대인들에게 주었고, 종교적 이유를 들어 유대인들의 경우에는 군 복무를 포함한 모든 공직을 면제해 주었다. 아마도 안식일이면 행군조차 거부하는 유대인들을 병사로 징집하기가 힘들었으리라. 그다음 아우구스투스도 유대인들에게 그들의 율법을 존중한 정책을 시행했으며, 아우구스투스의 정책을 철저히 따르기로 한 티베리우스는 아우구스투스가 예루살렘의 유대인에게만 허용한 사법권을 확대하여 동방의 여러 도시에 있는 유대 사회에서도 공식적으로 인정해 주었다. 또한 토요일마다 안식일을 갖고 싶다는 유대인의 요구도 인정했다. 그러나 이것은 알렉산드리아·예루살렘을 비롯한 동방에서만 해당되었다. 알렉산드리아의 경우 전체 인구 100만 명 중에 40만 명이 유대인이었으며, 그들 세력

을 무시할 수 없었기 때문이다.

○ 하지만 로마시의 유대인은 전체 인구 100만 명 중에서 2만 명에 불과했다.(註. 호민관 그라쿠스 형제가 활약했던 BC 2세기 말까지만 해도 로마시의 인구는 약 25만 명 정도였다. 그러다가 아우구스투스 치세 때 100만 명으로 늘었으며, 5세기 초에는 50만~75만 명으로 다시 감소했다. 1세기 때 로마시에 거주하는 유대인의 수를 약 6만 명으로 추정하는 학자도 있지만, 여하튼 알렉산드리아와 견줄 만한 수는 아니었다.) 호화스럽고 부가 축적되었던 동방에서는 그 매력으로 인해 유대인들의 디아스포라(diaspora離散)가 성행했지만, 1세기까지만 해도 거리가 멀 뿐 아니라 경제력도 미약했던 로마 등 서방은 디아스포라에 의한 집결지가 되지 못했던 것이다.

○ 이에 따라 유대인의 수가 적었던 로마에서는 유대 율법에 따라 제사장들이 유대인에게 사법권을 행사하는 것이 일절 인정되지 않았으며, 로마에서는 로마법을 철저히 따라야 했다. 즉 로마에 가면 로마법을 따라야 했던 것으로서 이 격언의 유래가 되었다.

│ **알아두기** │

• **바이블의 유래**

세계에서 가장 오래된 도시 중 하나로 이집트 신왕국(BC 16세기~BC 11세기)이 무너진 이후, BC 9세기경 페니키아인들이 다시 세웠던 페니키아 제일의 도시가 "비블로스(註. 현재 레바논의 '주바일')"였다. 파피루스로 만든 책을 의미하는 비블로스(Byblos)는 이집트의 파피루스를 수입해 가나안 연안의 여러 도시에 공급해 주었으며, 영어의 "바이블(Bible)"은 비블로스의 지명에서 유래했다.

▎비블로스

✢ 칼리굴라(Caligula)의 권력욕(37년)

≪권력자의 경쟁자가 될 수 있다는 것은 곧 억울한 죽음을 당할 수 있다는 의미다. 클레오파트라의 아들 카이사리온은 카이사르의 친아들이란 사실 때문에 옥타비아누스에 살해당했으며, 티베리우스는 제위에 앉자마자 아우구스투스의 외손자 아그리파 포스투무스를 죽였다. 또한 네로는 브리타니쿠스야말로 선제의 친아들이 아니냐는 아그리피나의 독설에 그를 살해하기도 했다.

하기야 솔로몬조차도 왕위에 오르자마자 제일 먼저 자신의 이복형 아도니야를 살해하지 않았던가? 솔로몬의 어머니 밧세바가 아도니야의 목숨을 지켜 주려고 했건만 그는 가장 먼저 이복형을 죽였다. 이는 그가 신으로부터 지혜를 구하기 전에 일어난 일이라고 폄하하지 않는다면, 후세에 지혜의 왕이라고 일컫는 자의 행동이 이러했으니 어찌 칼리굴라가 어리석은 만행을 저질렀다고 평할 수 있겠는가? 이렇듯 황가의 비참함은 그들의 경쟁자가 대개 가까운 피붙이라는 점이다.≫

○ 티베리우스는 양손자인 칼리굴라와 친손자인 티베리우스 게멜루스(註. 드루수스의 아내 리비아는 쌍둥이를 낳았는데 'Gemellus'는 라틴어로 쌍둥이를 의미한다. 쌍둥이 중 Germanicus Gemellus는 일찍 죽고 Tiberius Gemellus만 살아남았다.)에게 동격의 황제 계승권을 주었다. 하지만 그는 게멜루스보다는 칼리굴라에게 후계자로서의 힘을 실어 주었다. 티베리우스가 친손자 게멜루스에게 유일한 계승자로서의 힘을 실어 주지 않은 데는 게멜루스가 자신의 친손자가 아니라 며느리 리비아가 근위대장 세야누스와 바람을 피워 낳은 자식일까 의심했기 때문이다. 게다가 원로원과 시민들까지도 티베리우스의 공포 정치에 신물이 나서 그의 친손자 게멜루스보다는 다정다감했던 게르마니쿠스의 아들 칼리굴라에게 더욱 호감을 가졌다. 마침내 티베리우스가 네아폴리스 별장에서 죽자, 칼리굴라는 근위대장 마크로의 도움을 받아 제위에 올랐고 원로원과 시민들은 게르마니쿠스의 친아들 칼리굴라에게 권위와 권력 모두를 위탁하고 거침없이 승인했

| 칼리굴라

다. 그러고 나서 이 젊은 황제에게 "우리의 별, 우리의 귀여운 자, 우리의 어린아이"라며 친근함과 애정이 섞인 모든 호칭을 퍼부었다.

o 황제가 된 칼리굴라는 티베리우스와는 정반대의 정치를 펴겠다고 공언했으며, 세금을 감면하고 날마다 축제와 경기 대회로 치세를 이어 갔다. 그러자 티베리우스 치세 기간 동안에 검투사 시합이나 축제와 상여금에 굶주렸던 시민들은 열광했다. 그에 비례하여 양아버지인 티베리우스가 쌓아 둔 27억 세스테르티우스(註. 타키투스에 의하면 38억 세스테르티우스였다고 한다.)의 엄청난 국고가 점점 줄어들었다.

o 인기 절정에 달했던 칼리굴라가 등극한 지 6개월쯤 되던 어느 날 갑자기 열병에 걸리자, 사람들은 칼리굴라의 아버지 게르마니쿠스가 열병으로 죽었음을 상기했다. 로마 제국은 로마 시민들만이 아니라, 동맹국이나 속국의 주민들까지도 이렇게 행복한 시절이 다시 절망과 기근·전쟁·재산 몰수 등과 같은 시대로 돌아가지 않을까 하고 공황에 빠졌다.

o 시민과 속주민들의 모든 지지를 확인한 칼리굴라는 열병이 낫자마자 전부터 자신이 하고 싶었지만 비난받을까 봐 두려워했던 한 가지 일을 해치웠다. 어쩌면 그는 열병이 걸려 있을 때, 자신이 없어도 세상이 돌아간다는 사실과 다른 사람들이 자신의 자리를 차지하려고 기다린다는 사실에 민감하게 반응했는지도 모른다. 그가 해치운 것은 선황 티베리우스로부터 자신과 동격으로 황제 계승권을 받았던 사촌동생(註. 게르마니쿠스가 티베리우스의 양아들이었기에 사촌 간이지만, 혈연으로 보자면 육촌 동생이다.) 게멜루스를 죽인 것이다. 이렇게 하여 게멜루스는 친할아버지 티베리우스가 죽은 지 8개월도 채 지나기

전에 제거되었다.

○ 또한 칼리굴라는 레피두스가 주동하여 자신을 암살하려 했던 계획에 누이인 小 아그리피나(註. 小 아그리피나는 大 아그리피나의 딸이며, 훗날 황제가 된 네로의 어머니다.)와 율리아 리빌라가 공범이었다는 이유로 폰티아이섬에 둘을 추방하기도 했다. 그 둘은 클라우디우스 황제 때 다시 불러들였으나, 율리아 리빌라와 세네카가 불륜 관계에 있다고 하여 율리아 리빌라는 판다테리아섬으로 다시 유배를 보냈고 세네카는 코르시카섬으로 추방했다. 이 일로 세네카는 클라우디우스 황제에게 앙심을 품었고 훗날 그가 네로의 측근이 되었을 때 클라우디우스의 몰락을 주도하게 되었다.

✸ 칼리굴라의 판단

≪편집증을 가진 권력자가 현실을 바라볼 때 선한 쪽보다는 그 반대쪽으로 기울기 쉽다. 더욱 위험한 것은 그러한 생각이 수월하게 실행으로 옮겨질 수 있다는 사실이다. 이처럼 인간의 본성은 권력을 부여받았을 때 오만과 불의 없이 다스리기란 참으로 어려운 일이다.≫

○ 수에토니우스의 『황제들의 생애(De Vita Caesarum)』에 의하면 칼리굴라의 잔인함과 편집증은 병적이었다. 한번은 그가 유배지에서 돌아온 사람에게 거기서 무엇을 하며 지냈냐고 물어보았다. 그 남자는 칼리굴라 황제에게 아첨을 하기 위해 이렇게 말했다. "줄곧 티베리우스

가 죽고 난 뒤 폐하가 황제가 되기를 기도드렸습니다. 제 기도가 이루어진 셈이지요."

○ 이 말을 들은 칼리굴라는 새로 유배를 간 사람들은 자신이 죽기를 바라면서 매일같이 기도를 드릴 것이라고 생각하게 되었다. 이러한 생각은 유배 중에 있던 수많은 사람들의 목숨을 결정지었다. 칼리굴라는 부하들을 보내 여러 섬에 있던 유배자들을 모두 살해했기 때문이다.

○ 이 같은 편집과 의심으로 그는 자국의 사람들을 신뢰하지 않았고, 속주의 총독들은 제위 찬탈 음모를 꿈꾸며 군대를 진군시킬 수 있다고 생각하여 총독들보다 피보호국의 왕들을 더 좋아했다. 따라서 로마의 영향권에 있는 동방의 국가들을 속주로 만들기보다 속국으로 만든 다음 자신의 외국 친구들을 그곳의 왕으로 앉히곤 했다.

○ 언젠가 칼리굴라는 아프리카의 속국 마우레타니아의 프톨레마이오스 왕을 로마에 초청하여 왕의 지위에 걸맞게 대접하다가 갑자기 처형했다. 정확한 이유는 알 수 없으나 프톨레마이오스 왕이 검투사 경기장에 들어섰을 때 화려한 자주색 망토가 황제보다 더 시민들의 눈을 사로잡았는데, 이런 일이 그가 안토니우스의 후손이라는 것과 연상되어 칼리굴라의 비위를 거슬렸기 때문에 살해되었다고 여겨진다. 왜냐하면 프톨레마이오스는 유바 2세와 클레오파트라 셀레네의 사이에서 난 아들이었고, 클레오파트라 셀레네는 안토니우스와 클레오파트라 7세 사이에서 태어난 딸이었기 때문이다.(註. 클레오파트라 7세는 안토니우스와의 사이에 남매 쌍둥이와 아들을 낳았다.) 그런 다음 칼리굴라는 마우레타니아를 로마의 속주로 만들었다.

✳ 페트로니우스(Petronius)의 결정(41년)

≪페트로니우스가 칼리굴라 황제의 명령에 그토록 소극적으로 대처
한 것은 어리석고 위험한 모험이었다. 하지만 생각해 보면 그는 칼리
굴라의 악행이 그리 오래 지속되지 못할 것이라고 믿었으리라.≫

○ 칼리굴라는 자신을 신으로 여기며 로마 시민들과 속주민들에게 신으
로 대접받기를 원했다. 그의 신격화 정책은 마침내 유대인들의 지역에
까지 뻗쳐 신성모독의 명령과 행위가 마구 행해졌다. 칼리굴라는 시리
아 총독 페트로니우스에게 자신의 조각상을 예루살렘의 신전에 세우
라고 명령하면서 만약 이 조치에 유대인들이 항거한다면 그들을 모두
살해하고 나머지 유대인들을 노예로 팔아 버리라고 엄명을 내렸다.

○ 이렇게 된 데에는 로마 황제에게 아부하려 했던 알렉산드리아의 그
리스인들이 모든 신전에 칼리굴라의 조각상을 세우려 하자 그리스인
과 유대인 간에 분쟁이 일어났던 데 있었다. 분쟁으로 수많은 사람들
이 죽자 두 민족의 사절단이 각각 로마를 방문하여 사건의 잘잘못을
황제에게 고했다. 그리스인 사절단은 모든 민족이 제단과 신전을 통
해 황제를 숭배하고 있지만 오직 유대인들만이 고집스럽게 이를 거
부하고 있다며 비난했다. 이 말에 유대인 사절단은 제대로 항변하지
못했고, 칼리굴라는 자신이 유대인들에게 하찮은 대우를 받는다고
격분하여 페트로니우스에게 예루살렘의 신전에 자신의 조각상을 세
우라고 지시했던 것이다.

○ 황제의 명령을 받은 페트로니우스는 3개 군단을 이끌고 칼리굴라의
조각상을 실어 예루살렘으로 향했다. 로마군이 갈릴리 해안 지역의

프톨레마이스(註. 북아프리카 키레나이카 속주에도 같은 이름의 도시가 있다.)까지 왔을 때, 유대인들은 아내와 자식들을 모두 데리고 페트로니우스 진영에 와서는 목숨보다 소중한 조상의 율법을 지키게 해 달라며 끈질기게 매달렸다. 페트로니우스는 간청하는 유대인들 앞에 나서서 로마 제국의 힘에 대해 그리고 황제의 엄중한 위협에 대해 설명하고 유대인들의 요구가 헛된 망상일 뿐이라며 도리질했다. 게다가 제국의 통치하에 있는 모든 속국들이 도시 한가운데에 황제의 조각상을 그들의 신상들과 함께 세웠는데 오직 유대인들만이 거부하고 있으니, 이는 반역 행위나 다름없으며 곧 황제 모독죄라고 덧붙였다.

○ 하지만 유대인들은 페트로니우스에게 유대 율법에 대해 설명하면서 신의 조각상을 만드는 것도 율법에 어긋나거늘 인간의 조각상을 만들어 세우는 것은 유대 신전뿐만 아니라 유대의 땅 어디에서도 해서는 안 될 금지된 것이라며 호소했다. 그러면서 그들은 말했다. "우리는 황제를 위해 하루 두 번씩 제물을 바치고 있습니다. 그러나 황제께서 자신의 조각상을 유대의 땅에 반드시 세우겠다고 고집한다면, 먼저 유대 민족 전체를 제물로 삼아야 할 것입니다."

○ 페트로니우스는 유대인들의 강경하고 결사적인 태도에 놀라움과 동시에 동정심이 생겼다. 그는 며칠 동안 유대의 대표자들과 회의와 면담을 반복했으나 설득될 기미가 없었다. 게다가 곡식을 파종할 시기가 다가왔지만 유대인들은 이를 포기하고 거의 50일간이나 로마군 진영에 몰려와 있었던 것이다. 마침내 페트로니우스는 유대의 땅을 처참한 살육의 장소로 만들 것인가 아니면 자신이 명령 불복종으로 죽음을 감내할 것인가 하는 선택의 갈림길에 서게 되자, 그는 유대인들을 모아 놓고 말했다. "차라리 내가 위험을 감수하리라. 신의 도움

으로 내가 황제를 설득할 수 있다면 너희들과 내 목숨 모두를 구하는 것이 되어 기쁘겠지만, 만약 황제의 노여움을 사게 된다면 수많은 사람들을 위해 내 목숨을 내놓을 것이다." 그러자 유대인들은 페트로니우스의 말에 감읍하여 그의 앞날을 위해 한없이 축복을 빌었고, 스스로 해산하여 집으로 되돌아갔다.

○ 페트로니우스는 즉시 칼리굴라에게 서신을 보내 그동안의 경과를 보고하면서 유대인들을 계속하여 황제의 권위에 복종시키려면 그들의 율법을 지켜 주어야 하니 조각상 건립을 철회하는 것이 마땅하다고 아뢰었다. 서신을 받은 칼리굴라는 시리아 총독 페트로니우스가 유대인들의 인기를 얻으려고 황제의 명령을 거역한다며 격노했다. 그러면서 조각상 건립 명령을 철회했지만 페트로니우스에게 사실상 자살을 명하는 냉혹한 답신을 보냈다. 하지만 이 답신을 전달하는 자들은 때마침 불어온 강풍으로 바닷길이 지체되었고, 그러는 동안에 로마에서 정변이 일어나 칼리굴라가 살해되고 말았다. 그리고 유대인들의 축복과 기도 때문인지 칼리굴라가 살해되었다는 소식을 전하는 자들이 자살 명령의 답신을 전하는 자들보다 27일이나 빨리 페트로니우스에게 도착했다. 이로써 페트로니우스는 유대에서 피비린내 나는 살육도 피했고 칼리굴라의 칼날도 피할 수 있었다.

※ 칼리굴라의 악행과 기행

≪권력이란 사람의 판단을 어지럽혀 비정상적인 행위를 적절하게 지

○ 칼리굴라는 시민들의 인기를 얻으려고 안달하면서도 정작 그의 행동은 시민들에게 신처럼 보이고 싶어 했던 황제였다. 제일인자(princeps)가 아니라, 신이거나 왕이고 싶어 했던 칼리굴라는 올림푸스의 제우스 상을 포함하여 가장 큰 숭배를 받고 예술적으로도 뛰어난 그리스 신상을 가져오라고 떼를 썼다. 신상들의 머리 부분을 잘라내고 대신에 자신의 두상을 붙여야 한다는 것이었다. 즉 자신을 살아 있는 신의 반열에 올려놓으려 했다. 또한 자신의 애마 인키타투스를 알렉산드로스 왕이 타던 부케팔로스가 다시 살아난 것이라고 믿었으며, 그 말을 제사장에 임명하고 더 나아가 원로원 의원에 봉했다.(註. 훗날 인키타투스는 클라우디우스 황제에 의해 원로원 의원 명부에서 제명되었다. 그때 클라우디우스는 원로원에서 말하기를 "나는 그 말에 대해 사적인 감정도 없고, 그의 능력을 의심한 적도 없지만, 다만 원로원 의원으로서 가져야 할 재산 요건이 미달되기 때문에 부득이 제명한다."고 이유를 밝혔다. 그 이후로 인키타투스는 칼리굴라가 하사한 특별배급 대신에 보통 경주마의 배급으로 바뀌었고 호화로운 침실 대신에 보통 마구간에서 지냈으며 상아로 만든 그릇 대신 나무 여물통을 써야 했다. 하지만 단 한 가지 암말 페넬로페와 이혼시키지는 않았는데 그것은

너무 잔인한 처분이었기 때문이다. 의석을 박탈당한 이 불행한 원로원 의원은 훗날 경기 중에 다리가 부러져 결국 도살되었지만, 미망마 페넬로페는 늙었으나 건강하여 클라우디우스를 계속 태우고 다녔다.)

○ 신격 칼리굴라에 바쳐진 신전도 만들어졌다. 신전에서는 사제들이 가장 값비싼 제물을 바쳤고, 실물 크기의 금제 조각상에는 칼리굴라가 그날그날 입는 옷을 똑같이 입혔다. 부유한 시민들은 뇌물을 쓰거나 영향력을 발휘하여 이곳 신전의 사제가 되려고 애썼다. 심지어 그는 시리아 총독 페트로니우스에게 예루살렘 성전에 자신의 조각상을 세우도록 명했고, 이에 페트로니우스는 명령 불복종에 따른 죽음과 유대의 반란 중에서 하나를 선택해야 하는 위험에 처해졌다. 그러나 차일피일 미루는 중에 칼리굴라가 근위대 지휘관 카이레아에게 살해당하여 페트로니우스는 위험에서 구제되었는데 이는 앞서 이미 서술한 바와 같다.(註. 칼리굴라를 살해한 근위대 대대장 카이레아는 황제로부터 성적인 모욕을 당한 적이 있었다. 그러나 이러한 사소한 모욕으로 근위대의 지휘관 지위에 있는 자가 황제 살해를 마음먹었다고는 볼 수 없다.)

○ 달이 크고 밝을 때면 칼리굴라는 달의 여신으로 분장한 여자를 데려다가 침실에서 성관계를 가졌다. 한번은 칼리굴라가 유피테르 신을 위협하는 목소리가 들려왔다. "나를 하늘로 올려 주지 않으면, 내가 당신을 지옥에 처넣겠어!" 마침내 칼리굴라는 유피테르가 자신의 집을 함께 쓰자고 제안했음을 선언했다. 이것으로 황제의 궁과 유피테르 신전을 잇는 작업이 시작되었다. 언젠가 그가 달의 여신과 대화를 나눈다고 주장하면서 옆에 있던 관리에서 달의 여신이 보이느냐고 물은 적이 있었다. 그 관리는 보인다고 거짓말을 하자니 꼬리를 물

고 이어질 그다음 질문이 두려웠고, 그렇다고 보이지 않는다고 말한다면 과대망상증에 걸린 칼리굴라가 틀림없이 자신을 처벌하고야 말 것임을 알아차렸다. 하지만 그 관리는 매우 현명하게도 눈을 단호히 아래로 고정하고 낮은 목소리로 대답했다. "프린켑스!(註. princeps는 제일인자란 의미로 황제를 일컬었다.) 달의 여신은 오직 프린켑스와 같은 신들만이 서로를 볼 수 있을 것입니다." 이에 반해 순발력이 부족했던 칼리굴라의 친구이자 비극 배우인 아펠레스는 "유피테르와 칼리굴라 중 누가 더 위대한가?"란 황제의 질문에 더듬거리다가 잔혹하게 매질을 당했다.

○ 칼리굴라는 아그리파 혈통이 미천하다는 이유로 자신의 어머니인 大아그리피나가 아그리파와 율리아 사이에 태어난 것이 아니라, 아우구스투스와 율리아와의 근친상간을 통해 태어난 존재라는 상상을 키워 갔다. 죽은 아우구스투스가 이를 알았다면 간통죄를 입법한 아우구스투스의 명예에 제대로 먹칠할 기막힌 상상이었다.

○ 황제는 '임페라토르'란 호칭에서도 알 수 있듯이 로마군의 총사령관이었다. 그래서 칼리굴라는 전쟁에서 이겼다는 무훈을 얻고 싶었다. 때마침 아버지를 쫓아내고 왕의 자리를 탈취하려다가 실패하여 갈리아로 도망친 브리타니아의 어느 왕자가 있었다. 그가 칼리굴라에게 브리타니아를 정복한 후 자신을 왕으로 앉혀 주면 로마의 종주권을 인정하겠다고 말하며 브리타니아 원정을 부추겼다. 하지만 원정에 나섰던 칼리굴라는 원정의 고난과 위험을 견디기 두려웠는지, 이미 브리타니아 왕자가 항복했으므로 더 이상의 원정은 낭비라고 말했다. 그러면서 브리타니아를 공격하겠다며 모은 병사들에게 해안가에 가서 전리품으로 조개를 줍도록 명령했고, 그런 후에 로마에서 개선

식을 거행했다.(註. 메리 비어드에 따르면 라틴어 '무스쿨루스musculus'
가 '조개'뿐만 아니라 '군사용 이동식 엄폐물'이란 의미도 있어 엄폐물을 해
체하라는 명령이었을 수 있다고 한다. musculus의 복수형은 'musculi'.)
또한 그는 전투를 벌여 싸우지도 않은 이 개선식에서 건장한 갈리아
족 사람으로 하여금 야만족 포로로 분장시켜 포로 노릇을 연출하게
했으며, 조공의 의무를 다하지 않은 죄와 반란을 지원한 죄 등 과거
지사를 들추어내어 그 브리타니아 왕자를 처형했다.

○ 칼리굴라는 열병에서 치유된 후 어느 날 아무런 예고 없이 대대장을
보내 사촌 동생 티베리우스 게멜루스를 살해했다. 게멜루스가 티베
리우스의 친손자이므로 언제든 자신의 정적이 될 것이라고 칼리굴
라는 생각했을 것이다. 이런 일도 있었다. 장인 실라누스는 뱃멀미
가 심해 같이 배를 타고 나가자는 칼리굴라의 요청을 거절하고 뒤에
남았다. 칼리굴라는 실라누스의 이러한 행동은 자신이 폭풍우 속에
서 배를 타고 가다가 죽으면 황제의 자리를 차지할 생각이었다고 억
지를 부렸다. 칼리굴라는 실라누스에게 스스로 면도칼로 목을 그어
자살하도록 강요했다.

○ 그는 누이들과 상습적으로 근친상간을 저질렀다는 의심을 받고 있었
는데, 자신과 누이의 관계는 누이와 결혼한 유피테르 신을 모방했다
고 강변했다.(註. 유피테르 신의 아내 유노 여신은 유피테르의 여동생이
다.) 누이들 중 특히 드루실라는 그녀의 남편인 전직 집정관 루키우
스 카시우스 론기누스에게서 빼앗아 자신의 합법적인 아내인 것처럼
대했다. 칼리굴라는 드루실라가 죽자, 공식적인 애도 기간 동안 웃
거나 목욕을 하거나 부모 혹은 아내 · 자식과 함께 식사를 하는 자는
사형에 처한다고 선언했다.

○ 한번은 그가 가이우스 칼푸르니우스 피소(Gaius Calpurnius Piso)와 리비아 오레스틸라의 결혼식에 참석했다. 그때 칼리굴라는 신부의 매력에 반하여 부하들에게 그녀를 황궁으로 데려가라는 명령을 내려 남편에게서 그녀를 가로챘다. 파렴치하게도 칼리굴라는 다음 날 자신이 로물루스와 아우구스투스의 방식으로 아내를 취했음을 선언했다. 그러나 리비아 오레스틸라와는 2달도 채 못 되어 헤어졌고, 그다음 해에 롤리아 파울리아와 재혼했다. 게다가 이혼도 모자라 2년 뒤에는 피소와 연락을 한다는 이유를 들어 그녀와 피소를 모두 추방형에 처했다.

○ 사치와 향락으로 황궁의 금고가 바닥나자 칼리굴라의 패덕은 황궁 안에 화려한 매음굴을 차려 놓고 유부녀와 자유민 처녀들을 대기시킨 다음 사람들을 보내 그곳을 이용하라고 초대하는 데까지 나아갔다. 초대에 응한 남자들에게 매음굴을 구경시킨 다음 그곳에서 마음껏 정욕을 풀도록 권장했다. 그런 다음 그들에게 돈까지 빌려주며 매음을 시켰고, 나중에는 이자를 받아 챙겼다.

○ 근위대장 마르코의 아내는 애니아였다. 칼리굴라는 티베리우스가 살아 있을 때 애니아에게 접근하여 "티베리우스를 죽이고 내가 황제가 되면 애니아와 결혼하겠다."는 말로 유혹했다. 애니아는 칼리굴라의 속삭임을 그대로 받아들이고 칼리굴라가 황제가 될 수 있도록 헌신적으로 도왔다. 티베리우스가 자신의 죽음이 가까워졌음을 느끼고 은둔지인 카프레아이섬을 떠나 로마로 향하다가 미세눔에 와서 혼수상태가 되었을 때였다. 혼수상태에 있던 티베리우스가 잠시 의식을 회복하자, 황제의 자리에 욕심이 난 칼리굴라가 마크로를 시켜 티베리우스를 이불로 질식시켜 죽였다는 소문이 있었다. 그때 애니아는

마크로가 티베리우스를 살해할 수 있도록 공모했다. 그러나 칼리굴라로부터 그녀에게 돌아온 보답은 죽음이었고, 잠시 세도를 누리던 남편 마크로도 칼리굴라의 함정에 빠져 결국 자살을 강요받았다.

○ 언젠가 재무관 한 명이 범죄 혐의로 고발되자, 칼리굴라는 그의 옷을 벗기고 바닥에 깔게 했다. 그에게 채찍질하는 병사들이 그 옷을 밟고 미끄러지지 않게 하기 위해서였다. 칼리굴라의 광기는 원로원 의원들에게 자신의 누이 드루실라를 위해 목숨을 바쳐 충성할 것을 맹세하게 하고, 식탁 옆에서 노예 복장으로 시중을 들게 했으며, 당시 최고의 예복이자 정장인 토가를 입고서 전차 곁에서 구보를 하게 하고, 그것도 모자라 존경의 표시로 자신의 발에 입 맞추게 했다.(註. 상류층 남자들은 '토가'를 입었고, 기혼 부인들은 외출할 때 겉옷으로 '스톨라'를 입었다. 다만 간통죄를 선고받은 여성은 남성들과 매춘부들이 입던 토가를 입고서 자태를 그대로 드러내야 했다. 학자에 따라서는 매춘부의 경

토가

스톨라

우에 토가를 입었다기보다는 아름답고 색상이 화려하며 속이 비치는 옷을 입었다고 주장하기도 한다.)

○ 아텔라 소극을 쓰는 한 작가는 익살스런 글 한 줄이 황제를 비방하는 이중의 의미를 담고 있었다는 이유로 원형 경기장에서 산 채로 화형에 처해지기도 했다. 어떤 기사 계급 인사는 짐승에게 내던져지기 전에 자신이 결백하다고 소리치자, 칼리굴라는 그를 데려오라고 명령하여 혀를 자른 다음 다시 형을 집행하는 잔인함을 보였다.

○ 볼거리에 쓸 맹수들의 먹이로 고깃값이 너무 많이 들어간다는 이유로 범죄자의 살을 먹이기도 했으며, 아들의 처형 현장에 부모들을 참석시키기도 했다. 아들이 처형당하게 된 어떤 아버지가 아들이 죽어가는 참혹한 광경을 도저히 볼 수 없어 건강이 나쁘다는 핑계로 참석할 수 없음을 알렸을 때, 칼리굴라는 친절하게도 그 아버지에게 가마를 보냈다. 그러나 그의 이런 행동은 친절이 아니라 죄악이었다. 트로이아 성이 함락되었을 때 프리아모스가 자신의 아들이 적의 창과 검에 난자당한 후 눈앞에서 꼬꾸라져 핏덩이를 토하며 죽는 것을 보고, 아들을 죽인 그리스 장군 네옵톨레모스(註. 아킬레우스의 아들)에게 외쳤다. "너의 극악무도한 죄악을 신들과 하늘의 경건함이 결코 무심하게 놔두진 않을 게다! 왜냐하면 너는 자식의 죽음을 아비가 목격하게 했기 때문이다." 훗날 네옵톨레모스는 아버지 아킬레우스의 죽음에 대해 델포이인들에게 보상을 요구하다가 칼에 맞아 죽었고, 칼리굴라는 근위대 지휘관에게 살해당함으로써 프리아모스의 외침이 입증되었다.(註. 70년 티투스가 예루살렘을 포위 공격할 때, 성 밖의 반란군 대장 시몬은 성안의 요한과 대치하다가 마티아스의 도움으로 예루살렘 성안으로 들어올 수 있었다. 배은망덕한 시몬은 성안에 들어오자 마

티아스와 그 아들들이 로마군에 협조했다는 이유로 처형했다. 마티아스는 처형장에서 아들들의 죽음을 도저히 볼 수 없으니 성안에 들어올 수 있도록 도움을 준 것을 생각해서라도 자신을 아들들보다 먼저 처형해 달라고 간청했다. 하지만 시몬은 잔인하게도 마티아스의 눈앞에서 세 아들을 먼저 처형시키고 마티아스를 자식들의 시신 위에서 처형시켰다. 훗날 시몬은 예루살렘이 로마군에 의해 점령된 후 기념행사에서 처형됨으로써 프리아모스의 저주를 입증했다.)

○ 후세의 학자들 중에는 칼리굴라가 납중독으로 신체와 정신의 건강을 잃었다고 주장하는 사람도 있다. 그들의 주장에 따르면 로마 귀족들의 1일 납 섭취량은 250㎍이고 평민은 35㎍, 노예는 15㎍이며, 세계보건기구 권고량은 45㎍ 이하다. 로마에서는 식기류와 상수도관이 납으로 되어 있고, 게다가 귀족들은 포도즙을 납으로 된 식기류에 끓여 먹었다는 것이다. 이 통계를 그대로 믿는다면 황제가 과다한 납 성분에 노출된 것은 사실이지만, 납 성분이 황제의 음식에만 들어 있지는 않았으리라. 황후와 그 식솔들 그리고 황궁에 소속된 수많은 사람들이 동일한 위험에 노출되었을 텐데도 그 해악이 칼리굴라 황제에게만 유별나게 컸다는 것은 이해하기 어렵다. 요즘은 산업화로 공기 중에 중금속이 포함된 미세 먼지가 심각하다. 세계보건기구 권고량은 1일 25㎍/㎥인데도 서울에서는 보통의 경우에도 권고량의 2~3배이며 심할 때는 무려 5배가 훨씬 넘고 있으니, 정치인들이 이렇게 오염된 거리를 돌아다니며 바쁘게 활동하다 보니 중금속 중독으로 정신에 이상이 생겨 상식 밖의 일을 저지른다고 주장하는 것이 옳겠는가 말이다.

☀ 근위대의 역할과 폐해

≪술라 이후의 공화정 체제에서는 루비콘강 이남에서 군사력을 가질 수 없도록 규정했다. 따라서 이탈리아 내에서 유일한 군사력이던 근위대는 공화정 체제로 회귀한다는 것을 인정할 수 없었다. 결국 근위대는 칼리굴라가 죽자 공화정 체제로 복귀하고자 하는 희망을 짓밟고 또 다른 황제를 옹립했다. 이로 인해 근위대는 자신들의 정치적 영향력을 깊이 느꼈고, 그 이후 이들은 황제 선출에 막강한 결정권을 갖는 것을 당연시하며 부당한 이 권리를 마구 행사했다.≫

○ 아우구스투스는 자신의 권력을 지키기 위해 근위대를 창군함으로써 동포에게 무기를 겨누고 공포를 심어 주었다. 이는 루비콘강 이남에서 군사력을 보유할 수 없다는 원칙을 공화정의 탈을 쓴 채로 깨뜨린 것이다. 이렇듯 근위대는 창군되자마자 황제의 주변에서 황권을 옹호하고, 체제를 반대하는 자들의 의지를 꺾어 놓았다.

○ 공화정으로의 열망이 끊이질 않았던 원로원은 제3대 황제 칼리굴라가 살해당하자, 카피톨리움의 유피테르 신전에서 회의를 소집하고 역대 황제들을 비판했다. 하지만 나약한

| 근위대

원로원은 회의만 계속하고, 무기력한 시민들은 행동을 보여 주지 못했다. 그렇게 되자 근위대가 살해된 칼리굴라의 삼촌 클라우디우스를 근위대 병영으로 불러들여 황제로 옹립했다. 로마시에서 근위대의 무력에 맞서 클라우디우스를 거부할 자는 찾아볼 수 없었다. 결국 시민들에게 버림받고 군사력으로 위협받게 된 허약한 원로원은 근위대의 결정을 승인할 수밖에 없었으며, 이로써 로마는 공화정 체제로 돌아갈 수 있었던 기회를 영원히 잃어버리고 말았다.

○ 근위대의 폐해는 여기서 그치지 않았다. 그들은 무력뿐 아니라 논리적으로도 정당화시키기 위해, 공화정의 원칙에 따르면 새로운 황제를 임명할 때는 근위대의 동의를 반드시 받아야 한다고 주장하는 데까지 나아갔다. 결국 훗날 근위대는 페르티낙스 황제 이후에 황제의 자리를 경매로 낙찰시킬 만큼 무기로 거머쥔 권력을 무섭게 휘둘렀다.

| 마음에 새기는 말 |

어떤 사실이 중대한 경우 누구나 그것을 이해하지만, 그것이 대처하는 데 필요한 활력과 결부되느냐 안 되느냐는 그 내용을 읽거나 듣는 사람에게 얼마나 기분 좋은 형태로 전달되는가에 달려 있다.

_ 키케로

☀ 클라우디우스(Claudius)의 굴욕

≪근위대에 이끌려 황제가 되기 전까지 클라우디우스는 자의 반 타

○ 클라우디우스는 어린 시절 내내 많은 질병을 앓아서인지 성인이 되어서도 머리가 둔했고 육체적으로도 허약했다. 그는 움직일 때마다 몸을 뒤틀었고 언어 장애가 있었으며 침을 질질 흘리곤 했는데 이는 뇌성마비의 증세였다. 가족들조차도 그가 관직에 오르거나 국가의 중요 직책을 맡을 능력이 없다고 판단했다. 클라우디우스의 어머니 小 안토니아는 그에게 "괴물, 자연이 시작만 해 놓고 마무리 짓지 않은 인간"이라고 말할 정도였다. 클라우디우스의 누이 리비아 율리아가 클라우디우스가 언젠가는 황제가 될 것이라는 예언을 들었다고 하자, 할머니 리비아는 큰 소리로 "로마인에게 그런 잔인하고 부당한 불행이 닥치지 않기를 바란다."며 기도했다.

○ 삼촌인 티베리우스가 황제로 있을 때, 클라우디우스는 집정관직을 요구했지만 집정관 휘장만 얻었을 뿐 거절당하고 말았다. 조카인 칼리굴라가 황제로 있을 때는 원로원이 황제의 게르마니아 승전을 축하해 주기 위해 클라우디우스를 다른 사절과 같이 보낸 적이 있었다. 일설에 의하면 칼리굴라는 원로원이 삼촌을 사절과 함께 보내어 황제를 어린아이 취급하려 한다면서, 막 도착한 클라우디우스를 그대로 라인강에 던져 넣었다고 한다. 그럼에도 클라우디우스가 칼리굴

라의 폭정에서 살아남은 것은 그가 워낙 백치처럼 보여 황제에게 위해를 가할 것 같지 않다는 이유에서였다.

○ 클라우디우스의 굴욕은 여기에서 그치지 않았다. 만찬 시간에 조금이라도 늦으면, 지정 좌석이 마련되지도 않았고 빈 좌석도 없어 식당을 한 바퀴 빙 돌곤 했다. 낮잠을 즐길 때면 동료들이 올리브나 대추를 던졌으며, 익살꾼은 회초리로 소리를 내어 깨우기도 했다. 또 낮잠 자는 클라우디우스의 손에 슬리퍼를 끼워 넣어 잠에서 깨어났을 때 무심코 슬리퍼로 얼굴을 비비도록 하는 등 놀림거리로 만들었다.

○ 그럼에도 불구하고 유명 인사들이 클라우디우스를 끊임없이 방문했고, 그가 흐트러진 모습을 보이는 경우는 움직이고 있을 때뿐이므로 자세를 고쳐 잡고 있으면 근접하지 못할 위엄이 있었고 대중의 존경 또한 잃지 않았다.

제4대 황제 클라우디우스와 비서 조직

≪클라우디우스는 해방 노예로 구성된 비서실을 운영하여 국정을 맡겼다. 실무적인 측면에서 해방 노예는 친구나 지지자들에게 국정 운영을 맡기는 것보다 장점이 많았다. 그들은 주인으로부터 노예의 신분이 해방된 것이니만큼 충성심과 능력은 증명되었다고 볼 수 있었으며, 게다가 수적으로 충분했고 주인 외에는 아무에게도 보고하지 않았기에 비밀 유지가 쉬웠다. 해방 노예들의 이러한 이점을 클라우디우스뿐 아니라 아우구스투스도 활용했던 적이 있었다.

다만 노예들로 구성된 비서들이 맡은 바 업무에 충실하기는 했으나, 청원과 보고가 비서들을 통해서만 황제에게 전달되었기 때문에 그들의 권한이 막강해졌다. 그렇게 되자 비서들에게 미움을 받는다면 황제의 알현조차 힘들어졌으며, 또한 진실이 왜곡되어 황제에게 전달될 수 있었다.≫

○ 근위대 대대장 카시우스 카이레아와 코르넬리우스 사비누스는 칼리굴라를 살해하고 황제의 삼촌인 클라우디우스를 찾아내어 황제로 옹립했다. 아니, 고대의 저술에 따르면 반란의 공포로 황궁에 숨어 있던 클라우디우스를 찾아내어 로마 황제로서 끌고 나왔다고 했다. 클라우디우스는 그때까지 황제가 되리라곤 생각하지도 않은 채 50세까지 역사 저술가로서 인생을 살아왔다. 그가 등극하리라고는 아무도 생각하지 않았기에 그의 주변에는 파벌도 형성되지 않았고 두뇌 집단도 없었다. 또한 신체적 결함이 있었던 클라우디우스는 로마 최고 귀족에 걸맞는 경의를 받지도 못했다.

○ 선천적으로 물려받은 허약함으로 가족들에게 멸시당하고 있던 클라우디우스는 성인이 되어서도 나아지지 않았다. 어머니 小 안토니아는 누군가를 멍청하다고 욕할 때엔 "내 아들 클라우디우스보다도 더 멍청하군."이라며 말했고, 할머니 리비아도 그를 늘 경멸했다. 이렇게 되자 황가의 가족 모두는 클라우디우스가 행정 관료가 될 역량조차 없다고 판단했다. 따라서 클라우디우스가 황제가 되었을 때 그를 보좌해 줄 사람은 집안의 충실한 노예나 해방 노예뿐이었다.

○ 그러나 클라우디우스가 멍청하다는 것은 수에토니우스의 기록에 근거하지만, 학자에 따라서는 이를 곧이곧대로 수긍하지 않는다. 칼리

굴라가 죽자 클라우디우스는 근위대 병사들에게 일인당 1만 5천 세스테르티우스의 하사금을 약속하며 군대를 자기편으로 끌어들이고, 자신의 즉위에 대해 원로원 의원들이 항의하

▌「선언하는 클라우디우스 황제」, 로렌스 알마 타데마 作

자 근위대의 무력으로 굴복시킨 점 등을 들어 발 빠르게 제위를 향해 발걸음을 옮기는 기민한 자라고 판단했기 때문이다. 사실 클라우디우스의 등극에 원로원 의원들 중에 다수가 반대했다. 클라우디우스에 반대하는 원로원 의원들은 자신들을 지지하는 군인들과 함께 농성을 벌였다. 그들이 원하는 것은 공화정의 부활이었으나, 근위대는 황제 아래서만 존립하는 것이어서 공화정을 반대하는 입장이었고, 권력이란 농성으로써 얻어지는 것이 아니라 창검에 의해 얻기 쉬운 법이었다. 결국 농성을 지지하던 군인들이 클라우디우스가 등극하는 데 아무런 흠이 없다며 농성장을 빠져나가자 남아 있던 원로원 의원들은 곧바로 두려움을 느꼈다. 그것은 자신들이 저지른 죄를 깨달았기 때문이다. 그때 유대 왕 헤롯 아그리파 1세가 없었다면 커다란 살육이 벌어졌을 터였다. 그는 충성심을 보이기 위해 황제 승계를 반대하는 원로원 의원들을 살육하려는 군인들을 제지해야 한다고 클라우디우스를 설득했다. 만약 원로원 의원들이 살해되었다면 클라우디우스로서는 집권 초기에 큰 부담이 되었으리라. 아그리파 1세는 이때

의 공로로 클라우디우스에게 신임을 얻고 할아버지인 헤롯 왕이 다스리던 땅뿐만 아니라 그 이상을 덧붙여 다스리게 되었다.

○ 사람 보는 눈이 정확했던 아우구스투스는 일찌감치 클라우디우스가 신체적인 결함이 있음에도 머리가 비상하다는 것을 알아채고 역사가 리비우스를 가정교사로 붙여 주기도 했다. 그럼에도 아우구스투스는 신체적인 결함이 황족의 위엄을 깎아내린다고 생각했는지 경기장에서 황족들에게 배정된 특별석에 클라우디우스를 앉지 못하게 했다.

○ 클라우디우스가 황가의 가족들에게 멸시당하고 있었지만 다행히도 그의 노예들은 유능했으며 자신에게 맡겨진 임무에 충실했다. 클라우디우스는 황제가 되자 자신의 임무를 추진하기 위해 노예로 구성된 내각을 다음과 같이 구성했다. 아브 에피스톨리스(ab epistolis)는 "서신" 담당으로서 해방 노예인 나르키수스가 책임자였다. 이 기관은 보고서를 읽고 검토하고 자신의 의견과 함께 황제에게 보고했다. 보고 결과에 따라 포고문으로 대처할 필요가 있을 경우에는 문서 작성을 아 스투디이스에 의뢰하기도 하고, 법률로 정하고 싶으면 황제 입법의 형태로 원로원에 법안을 제출하기도 했다. 아 라티오니부스(a rationibus)는 "회계" 담당으로서 해방 노예인 팔라스가 책임자였다. 이 기관의 임무는 국가 재정과 세무 사항을 총괄했다. 아 리벨리스(a libellis)는 "청원" 담당으로서 책임자로 해방 노예인 칼리스투스를 임명했다. 이 기관은 황제에게 보내오는 청원서나 진정서를 접수했다. 그리고 청원이나 진정 중에 황제에게 전할 가치가 있다고 판단되는 것만을 골라 황제에게 전달했다. 수브스크립티오(subscriptio)는 "필기" 담당으로서 청원서나 진정서에 대한 회신을 담당했다. 아 코그니티오니부스(a cognitionibus)는 "지식·정보" 담당으로서 황제에게 모

여드는 모든 서류를 정리하여 참고할 수 있도록 했다. 특히 사법 관계 서류는 황제의 관심을 반영하여 잘 정비되었다. 아 스투디이스(a studiis)는 "공부" 담당으로서 황제의 이름으로 나가는 대리석이나 동판에 새겨지는 포고문을 작성했으며, 이는 세종 때의 집현전과 같은 연구실 역할이었다.

○ 해방 노예들로 구성된 클라우디우스 황제의 비서진들은 맡겨진 업무에서 탁월한 능력을 보였다. 그러면서 이들 황실 비서들은 자신들의 지위를 이용하여 기사 계급과 원로원 의원들을 깔보며 황제의 대리인이라는 확고한 자리를 다져 갔다. 로마의 기사 계급과 원로원 의원들은 비서들 앞에서는 공경하는 체하면서 가슴속의 분노를 숨긴 채 조용히 노예 출신들의 권력 앞에 고개를 숙이며 그들의 오만을 참아냈고, 뒤에서는 꺼리면서 욕했다. 그들은 황제의 비서들이 천한 신분임에도 황제 옆자리에 앉아 수많은 관리들의 승진과 재산, 심지어는 목숨까지도 좌우할 만큼 놀라운 세력을 형성하며 강력한 권한을 부리고 있다면서 경원시했기 때문이다. 전래되고 있는 역사서에는 클라우디우스가 이들의 기만에 정책이 좌우되고 있다고 했으나, 일부 역사가들은 황제가 정국을 주도했고 비서들은 충직한 해방 노예일 뿐이라고 여겼다.

○ 인기를 노리는 대부분의 사람들은 유명한 역사적 사실만을 쌓으려고 하며, 후세의 역사가들도 널리 알려진 사건만을 부각하여 기록하려는 경향이 있다. 그러나 국가란 대단한 역사적 사건으로만 운영되는 것은 아니다. 별로 표시 나지 않는 평범한 행정과 일상적인 노고가 국가라는 배를 안전한 항로로 인도하기 마련이다. 훌륭하고 맛난 음식은 가끔 먹지만 매일 먹어야 하는 일용 양식은 특별히 구미가 당기

는 음식이 아니다. 공기와 물은 잠시라도 없어서는 안 되지만 평소에 그 필요성을 절실히 느끼며 고마워하는 사람이 별로 없는 것과 같다. 이와 같이 흔히 사람들은 평범하지만 꼭 있어야 하는 것보다는 특별나고 뛰어난 것을 중시하는 오류를 범한다.

○ 이 점에서 인기에 영합한 통치와는 거리가 멀었던 클라우디우스는 후세에 좋은 평가를 받기 어려웠다. 그러나 훗날 고증학의 발달과 역사가들의 지속적인 연구에 의해 로마 황제들이 남긴 업적 가운데 두드러지지 않은 통상적인 성과까지도 밝혀졌다. 이러한 결과로 그동안 부당한 평가를 받은 클라우디우스는 재평가를 받았다. 제국을 다스리는 일이란 대부분 인기가 없는 통상적인 업무이며, 이런 업무가 얼마나 순조롭게 작동되고 있느냐가 제국이 유지되고 있느냐 아니면 쇠퇴하고 있느냐를 판단할 수 있는 가늠자인 것이다. 이 점에 있어서 고대 역사서에 악명을 떨쳤던 티베리우스 황제의 경우도 마찬가지로 부당한 평가를 받았다고 볼 수 있다.

○ 클라우디우스 이후의 황제들이 기사 계급에게 행정을 돌보게 한 경우도 더러 있었지만, 클라우디우스가 해방 노예에게 행정 업무를 맡긴 것을 계기로 기능과 효율적 측면에서 계속하여 해방 노예들에게 제국의 주요 행정을 맡겼다. 그 결과 제국은 제도 개선으로 고양되기는커녕 사회적 계급에 따른 역할이 무분별하게 자리바꿈되고 독단적이고 임의적으로 순서가 뒤바뀜에 따라 시민의 권리가 침해받는 일이 수시로 터져 나왔다.

○ 이러한 경향으로 2세기 말 콤모두스 황제 때에는 아프리카 농장의 소작인이었던 크미스라는 로마 시민권자가 해방 노예였던 농장 관리인 부루니타누스에게 타당한 이유 없이 황제의 이름을 팔아 가며 무자

비하게 내리치는 채찍질에 얻어맞는 비천한 삶을 살아가기도 했다. 신분 질서의 파괴는 이미 2세기 초 트라야누스 황제 때부터 기미를 보였다. 왜냐하면 시인 유베날리스가 로마 시민의 아들들이 이익에 눈이 팔려 돈 많은 부유한 해방 노예들에게 알랑거리며 치사하게 아부하는 모습을 보고 분노했기 때문이다. 유베날리스가 살아 있을 때에 벌써 로마는 가난한 자유민보다는 돈 많은 노예가 차라리 행복하다는 생각이 퍼졌던 것이다.

| 마음에 새기는 말 |

책임을 다하지 않는 자가 계속 보수를 받는 것만큼 국가에 해롭고 헛된 것은 없다.

_ 안토니누스 피우스 황제

메살리나(Messalina) 황후의 욕망(47년)

≪무릇 최고 권력자가 선정을 펼치려면 가족과 친인척을 돌아보아야 하는 법이지만, 클라우디우스 황제는 아내의 탐욕을 제지하지 못했다. 황제 자신의 결백함과는 상관없이 메살리나의 끝 모를 탐욕은 황제의 권위를 등에 업고 선량한 로마 시민들에게 위협으로 다가왔다. 훗날 클라우디우스에 대한 악평은 이 모두를 포함하여 평가를 받았다.≫

○ 갈리아 나르보넨시스(註. 현재 남프랑스 지역) 속주 출신으로서 순수

한 갈리아인이었던 발레리우스 아시아티쿠스는 로마의 집정관의 자리에까지 올랐다. 즉 로마 제국의 중앙 정부에서 법적으로는 최고 지위까지 오른 것이다.

○ 로마인들은 국가 유공자인 아시아티쿠스에게 인종이나 민족과 관계없이 순수한 의미에서 경의를 표했다. 따라서 시민들은 아시아티쿠스가 공화정 시대에 루쿨루스가 만든 사치스런 정원을 사들여 더욱더 아름답게 꾸민 것을 전혀 문제 삼지 않았다. 그러나 클라우디우스 황제의 아내 발레리아 메살리나(Valeria Messalina)가 이 정원을 탐냈다. 그녀는 재물로 탐욕심을 충족시킨 것이 아니라 권력을 동원하여 해결했으며 그것도 비열한 방법을 썼다. 우선 메살리나는 황제 비서관들의 도움을 받아 아시아티쿠스를 국가 반역죄로 고발했다. 아시아티쿠스의 친척 중에는 라인강 방어선에서 동맹군 지휘관으로 근무하는 사람이 많았는데 이들과 도모하여 반역을 꾀했다는 것이다. 이때 포파이아(註. 네로 황제의 아내인 포파이아 사비나의 어머니)도 함께 고발했는데 그것은 그녀가 아시아티쿠스의 정부였다고 믿고 있었기 때문이다.

○ 메살리나의 사주를 받은 클라우디우스는 근위대장 크리스피누스를 보냈고, 크리스피누스는 네아폴리스 근처의 푸테올리만 서쪽에 있는 바이아이에서 아시아티쿠스를 찾아내어 포박한 후 로마로 압송했다. 아시아티쿠스는 원로원이 아니라 황궁에서 심문을 받았고 그 자리에 메살리나도 있었다. 메살리나의 사주를 받아 그를 고발한 자는 수일리우스였다. 고대 기록에 따르면 독사의 기질로 태어난 그는 물지 않고 살짝 닿기만 해도 살이 문드러지는 지독한 주둥이를 가진 자였다. 대체로 고발자는 세심한 수사학 교육을 받은 자이기보다는 격렬한 언사와 자극적인 연설로 재판관과 배심원들을 놀라게 하고 법정의

관심을 집중시켜 피고를 공포로 몰아가는 자들이었다. 수일리우스는 자신의 손바닥을 뒤집듯 쉽게 피고의 죄를 확정시키거나 무죄 방면 시켰고, 아무리 가망 없는 사건이더라도 의뢰인이 많은 돈을 제시한 다면 무조건 맡을 만큼 악랄한 자였다.

○ 그는 아시아티쿠스가 병사들을 타락시키고 반역을 도모했음을 주장 했다. 그리고 아시아티쿠스야말로 칼리굴라의 암살자이며, 공공장 소에서 대담하게도 그것을 거리낌 없이 시민들에게 선언했다고 탄 핵했다. 하지만 진실을 살펴보면 칼리굴라가 살해되자 살인자를 찾 아내어 복수하자며 민중이 흥분하고 폭동의 기미를 보이자, 아시아 티쿠스는 "로마 시민 여러분 모두가 칼리굴라를 증오하지 않았나요? 나 역시도 칼리굴라를 직접 살해하고 싶었던 마음 간절했습니다."라 며 민중을 침묵시켰을 뿐이었다.

○ 그럼에도 불구하고 메살리나는 또 하나의 죄목을 더하려고 시도했 다. 그녀는 므네스테르라는 무언극 배우인 애인을 포파이아에게 빼 앗긴 불쾌한 경험을 생각해 냈기 때문이다. 메살리나는 질투심이 지 시하는 대로 아시아티쿠스와 포파이아와의 부정한 관계를 언급했고, 나아가 아시아티쿠스가 동성애를 즐겼으며 그것도 여성의 역할을 했 다고 고발자를 시켜 폭로했다. 아시아티쿠스는 분노하지 않을 수 없 는 모함에, 입을 다물고자 했던 결심을 깨고 자신을 변호했다. 그는 고발자 수일리우스에게 자신이 남자임을 확인받으려면 수일리우스 그대 자식에게 직접 물어보라고 했다. 왜냐하면 수일리우스의 두 아 들과 아시아티쿠스 간에 동성애 관계였다는 소문이 있었기 때문이 다. 그러고서는 클라우디우스에게 자신의 결백함과 고발의 부당성을 논리정연하게 입증했다. 클라우디우스 황제는 혐의자의 주장을 이해

했던 것 같았고 아시아티쿠스는 무사히 귀가할 수 있었다.

○ 그러나 그 이후 클라우디우스와 메살리나 간에 어떤 대화가 오갔는지 몰라도 혐의가 풀렸다고 믿고 있었던 아시아티쿠스에게 자살을 권유하는 클라우디우스의 편지가 전달되었다. 또한 포파이아에게는 감옥살이의 두려움과 협박을 가해 자살하게 만들었다.

○ 57세의 나르보넨시스 속주 알로브로게스족 출신의 로마 시민권자 아시아티쿠스는 죽기 직전 친구들에게 말했다. "죽는 것은 괜찮지만, 여자의 모함과 책략에 걸려 죽는 것이 유감이네. 차라리 티베리우스나 칼리굴라의 희생물이 되는 것이 더 명예로웠을 텐데." 그런 후 그 자리에서 손목의 동맥을 끊었다. 그리고 아름다운 정원은 메살리나의 것이 되었다. 아시아티쿠스가 여성의 역할을 했다는 것은 얼마 후 거짓임이 입증되었다. 48년 메살리나의 이중 결혼으로 역모 사건이 터졌을 때 수일리우스의 아들도 함께 연루되었는데, 그때 그는 자신이 여성의 역할을 하는 까닭에 메살리나와 간통하지 않았다고 주장했기 때문이다. 물론 그는 처벌을 피할 수 있었지만 아버지 수일리우스가 아시아티쿠스에 대해 성적으로 중상모략했다는 것을 만천하에 증명한 셈이었다.

○ 원로원은 아시아티쿠스와 포파이아를 처벌하는 데 공로를 세운 근위대장 크리스피누스에게 150만 세스테르티우스와 법무관직을 안겼다. 그러면서 포파이아의 남편인 렌툴루스 스키피오에게 의견을 제시할 것을 요구했다. 그는 "포파이아의 비행에 관해서는 다른 의원들과 똑같은 견해이므로, 내 의견도 여러분과 같다고 생각해 주시기 바랍니다."라고 답했다. 그가 말한 다른 의원들의 견해란 포파이아의 죄를 믿는다는 것이었을까, 아니면 그 반대였을까? 분명하진 않지만

남편으로서 죽은 아내에 대한 애정과 원로원 의원으로서 의무에 걸맞는 대답이었다.

○ 이러한 일을 클라우디우스 황제는 전혀 모르고 메살리나가 계획한 것 같다. 며칠 뒤 황궁에서 연회가 있었을 때 클라우디우스가 포파이아의 남편 렌툴루스 스키피오에게 아내를 왜 동반하지 않았느냐고 물었기 때문이다.(註. 정원이 탐나서 정원 소유자를 파멸로 몰아넣고 빼앗은 경우는 네로 황제의 어머니 小 아그리피나도 그러했다. 그녀는 타우루스의 정원이 탐나서 그가 아프리카 속주의 총독이었을 때 보좌관이었던 프리스쿠스를 시켜 폭정과 마법 사용죄로 고발하게 했다. 그러자 타우루스는 자살하고 말았다.)

○ 메살리나의 지시를 받은 수일리우스는 이 사건과 관련하여 페트라라는 이름의 두 형제를 추가로 고발하여 사형에 처했다. 이 두 사람이 사형에 처해진 표면상의 이유는 곡물의 기근에 대해 꿈을 꾸고 사람들에게 발설했다는 것이었다. 곡물의 배급은 황제의 역할이었고 그것이 원활하지 못할 것이란 소문은 황제 지위의 위태로움을 말하는 것이므로 곧 반역죄에 해당했다.(註. 수에토니우스에 따르면 51년 흉작으로 곡물의 재고가 바닥나고 곡물가가 치솟자, 52년 클라우디우스 황제가 로마 광장 한가운데에서 재판을 하고 있을 때 격분한 시민들에게 둘러싸여 모욕적인 말과 빵 조각으로 세례를 받고 겨우 뒷문을 통해 황궁으로 도망칠 수 있었다고 한다. 이때 황제 경호원들이 이를 말리자 시민들은 이들의 무기를 빼앗고 두들겨 팼다. 이렇듯 곡물가를 안정시키는 것은 황제의 몫이었다. BC 67년, BC 57년, BC 22년, AD 32년, AD 52년 등 시민들은 곡물 위기가 있을 때 수시로 폭동을 일으켰다.) 그러나 진짜 이유는 무언극 배우 므네스테르와 포파이아의 밀회 장소를 제공했기

때문이다. 메살리나의 불같은 질투는 자신의 애인을 빼앗은 포파이아에게 타락의 장소를 마련해 준 자들을 용서하지 않았던 것이다.

☀ 클라우디우스 황제의 연설(48년)

≪로마의 개방과 동화 정책은 시민권 부여를 넘어 원로원 의석을 배정하는 데까지 도달했다. 기성세력이란 대개의 경우 이미 획득한 이익을 다른 사람에게 나누어 주기를 꺼리기 마련이다. 나누어 주는 만큼 자신의 몫이 적어진다는 불쾌한 상실감을 견뎌 내야 하기 때문이다. 그러나 클라우디우스 황제는 로마의 관습과 전통이 무엇이었는지 그리고 로마가 번성하게 된 원동력이 무엇인지 원로원 의원들을 일깨워 주었다. 이는 막강한 권위를 가진 자가 제대로 된 교육을 받은 결과였다.≫

○ 로마는 클라우디우스 황제 때 원로원 의원이 자연 감소되어 결원된 의원을 보강할 필요가 있었다. 이를 알게 된 갈리아의 부족장들이 자신들에게 로마 원로원 의석을 돌려 달라고 원로원에 청원서를 보냈다. 카이사르의 동화 정책의 일환으로 한때 갈리아 부족장들은 원로원 의석을 갖게 되었지만, 50여 년 전 로마 상층부를 회유하기 위해 아우구스투스가 반강제적인 권유로 갈리아 부족장들로부터 원로원 의석을 반납받았기 때문이다. 이제 갈리아 부족들이 다시금 국정에 참여하고 싶다는 의지를 보인 것이다.

○ 권위와 권력의 독점을 원하는 기득
  권층인 원로원에서는 반대 일색이
  었다. 그들은 "로마의 원로원이 이
  국인으로 점령되게 할 것인가? 그
  옛날 갈리아인들이 로마의 카피톨
  리움을 점령하고 파괴했던 기억을
  잊었는가? 그리고 카이사르가 알
  레시아에서 갈리아인들에게 포위
  되어 전멸의 위기를 겪었던 기억이

┃ 클라우디우스

지금도 새롭다."며 소리 높여 외쳤다. 그러나 인류의 행적에 깊은 이
해와 통찰을 겸비한 역사가 클라우디우스 황제는 후세에 로마 문명
이 남긴 중요한 교훈의 하나라고 평가받는 유명한 연설을 하게 된다.
그것은 동화와 공존공영이라고 볼 수밖에 없는 내용이었다. 여기에
는 타키투스의 기록을 인용한다. 이 글은 1528년 루그두눔(註. 현재
프랑스의 '리옹')의 교외에서 발견된 클라우디우스 연설문의 동판과 똑
같은 문장은 아닐지라도 그 속에 담긴 의미와 전달하고자 하는 내용
은 클라우디우스 황제의 의지를 그대로 담고 있다.

　"내 선조들, 그중에서도 시조인 아투스 클라우수스는 사비니족 출
신이었습니다. 하지만 로마인들은 그에게 로마 시민권을 부여했을
뿐 아니라, 원로원 의석을 주어 귀족 계급의 반열에 올려놓았습니
다. 나는 이 선조들의 예가 국가 행정에서 동일한 방식으로 적용되어
야 된다고 생각합니다. 그것은 어느 지방 출신이든 어느 부족 출신이
든 뛰어난 사람들은 모두 로마로 데려온다는 것입니다. 이처럼 에트
루리아 지방이나 루카니아 지방, 아니 이탈리아 전역에서 원로원 의

원을 배출했고 받아들여졌습니다. 그리고 마침내 이탈리아라는 의미 자체가 카이사르에 의해 알프스 지방까지 확대되었고, 특정 개인만이 아니라 부족까지 로마라는 이름 아래 함께 발전했습니다.

이윽고 평화가 정착되고 대외적으로 국위가 선양되자, 넓어진 국토를 다스리기 위해 세계 곳곳에 군단의 퇴역병들을 정착시켰고, 이들의 후손과 속주민에서 선발된 인재들을 군단병으로 추가 배치함으로써 인적 자원의 부족을 메꾸어 나갈 수 있었습니다.

그런데 우리가 히스파니아 출신의 발부스 그리고 그에 못지않은 인물들을 나르보넨시스(註. 현재 남프랑스 지역)에서 받아들인 것을 후회한 적이 있습니까? 그들의 자손들은 지금도 로마시에 거주하며 로마에 대한 그들의 애정과 충성은 우리의 조국애를 능가하면 능가했지 결코 못하진 않습니다. 스파르타나 아테네가 막강한 군사력을 가졌지만 결국 파국을 맞이하고만 이유는 다른 데 있지 않습니다. 그들은 정복한 민족을 끝까지 이방인으로 대우했기 때문입니다. 그러나 우리의 건국자 로물루스는 현명하게도 수많은 적을 물리친 후 그들을 로마 시민으로 편입하여 동포로 대우했습니다. 그뿐만 아니라 다른 나라 출신의 인재가 로마의 왕으로서 군림하는 데 동의하기까지 했습니다. 제2대 왕 누마는 사비니족이었고, 제5대와 제6대 그리고 제7대의 왕은 에트루리아 사람이었던 것이지요. 우리의 이러한 방식은 해방 노예의 자식에게 관직을 맡겼고 이것은 어제 오늘의 일이 아니라 옛날부터 종종 벌어졌던 일입니다. 여러분이 분노하고 있는 것처럼 로마가 갈리아의 세노네스족에게 점령되어 파괴된 적이 있었던 것은 사실입니다. 그렇다면 이탈리아 내의 볼스키족이나 아이퀴족과는 전쟁을 벌인 적이 한 번도 없었습니까? 그리고 그들에게

패한 적이 없었던가요? 에트루리아의 포르센나 왕에게는 인질을 보냈고, 삼니움족에게는 카우디움 계곡에서 수치스런 굴복을 맛본 적이 있습니다. 그런 것을 모두 인정하더라도 갈리아와의 전쟁 기간은 다른 어떤 민족과의 전쟁보다도 짧았던 것을 알 수 있습니다. 그 이후 줄곧 갈리아와의 우정은 변하지 않고 있습니다. 그들은 우리의 관습과 문화에 동화되고 우리의 가족과 결혼하기도 했으므로 그들의 황금과 부를 우리에게 가져오도록 하는 것이 좋지 않겠습니까?

원로원 의원 여러분, 어떤 제도이든 아무리 오래된 것으로 보이더라도 예전에는 모두 새로운 것이었습니다. 예를 들어 로마의 귀족에 이어 평민이, 그다음에는 라틴족이 그리고는 그 밖의 이탈리아의 여러 부족이 관직을 얻게 되었습니다. 이처럼 이번에 제기된 혁신안도 언젠가는 옛것이 되고 말 것입니다. 그리고 우리가 지금 과거의 사례를 들어가며 토의하고 있는 것도 장래에는 훌륭한 선례로 인용될 것입니다."

○ 기득권을 보호하고 서로가 경쟁하는 태도는 저열한 생명체에게도 얼마든지 볼 수 있는 성향이다. 하지만 이 연설은 인류가 다른 생명체보다 고귀하며 우수한 존재임을 증명하는 표현이 아닐 수 없으며, 과거를 미루어 미래를 내다볼 줄 아는 황제의 진면목을 보여 주는 참으로 고결하고 관대한 정신의 결정체였다. 클라우디우스 황제가 갈리아의 루그두눔에서 태어났으니 갈리아 주민들에 대한 편견과 멸시를 싫어하기도 했으리라. 그러나 그의 이런 생각은 어렸을 적부터 제대로 된 교육을 받은 산물이었다. 황제의 연설이 끝난 뒤 표결에 붙인 결과, 반대일색이었던 원로원 중 대다수의 의원이 찬성표를 던졌다. 이로써 갈리아의 오랜 로마 동맹국이었던 하이두이족이 맨 먼저 로

마 원로원에 진출했다. 이들 갈리아 출신의 원로원 의원들은 로마의 전통적 귀족들보다 부유하고 많은 씨족들을 거느리고 있었다. 이들은 황제의 고귀하고 현명한 결정으로 이탈리아인들과 동등한 정치적 권력을 갖게 되었고, 클라우디우스의 충직한 지지자가 되었다.(註.

로물루스와 타티우스의 동맹에 의해 로마로 이주한 자들은 사비니족 중에서 일부였기에 로물루스 이후에도 로마인들과 사비니족은 계속 다투었다. 공화정 초기 푸블리콜라가 집정관이었을 때에도 사비니족은 로마 침공의 계획을 세우고 있었다. 이때 사비니족 사람 중에 아투스 클라우수스란 자가 있었다. 그는 부유한 덕에 권세도 컸고, 전쟁에서는 용맹을 떨쳐 명성도 얻었지만 고결한 성품과 유려한 언변으로 칭송을 받던 자였다. 친로마파인 그는 로마와의 전쟁을 반대하는 입장이었으며, 그를 질시하고 미워하던 사람들은 클라우수스가 왕이 되려는 마음이 있어 커져 가는 로마를 그냥 내버려 두려 한다며 비난했다. 전쟁에 찬성하는 자들의 무리와 나중에는 군대까지도 자신을 미워하고 의심하고 있다는 사실을 깨닫게 된 클라우수스는 두려워졌다. 그러나 막강한 영향력을 가지고 있는 많은 친구들과 친척들의 도움으로 계속 전쟁에 반대할 수 있었고, 마침내 그의 노력으로 사비니족은 전쟁을 미루고 연기하게 되었다.

이 사실을 알게 된 로마의 집정관 푸블리콜라는 클라우수스에게 은밀히 밀서를 보냈다. "당신은 고귀하고 의로운 정신을 소유한 분입니다. 원하신다면 안전을 위하여 당신을 미워하고 의심하는 나라를 떠나 로마의 품으로 오십시오. 그렇다면 로마 집정관인 나는 당신의 훌륭함과 명성에 어울리는 영예를 개인적 차원에서뿐 아니라 국가 정책으로서 당신에게 안길 것입니다."

클라우수스는 몇 번을 심사숙고한 끝에 푸블리콜라가 제안한 길이 자신이 걸어갈 수 있는 최선의 길이라고 여겼다. 그는 친구들을 불러 함께 가기를 권했고, 그 친구들은 또 다른 자신의 친구들을 불러 설득했다. 그리하여 식솔을 포함하여 5천 가구가 사비니 마을을 떠나 로마로 갔다. 푸블리콜라는 그들을 따뜻하고 다정하게 맞이했으며, 그들에게 로마 시민으로서의 모든 권리를 인정했다. 또한 로물루스가 각 시민들에게 분배했다고 전해지는 토지와 동일한 면적인 한 가구당 2유게룸의 토지를 나누어 주어 정착할 수 있게 했으며, 특히 클라우수스의 집안에는 25유게룸을 주고 클라우수스를 원로원 의원으로 임명했다. 이렇게 하여 로마는 클라우수스에게 동족인 사비니족을 방어하게 했는데, 이는 곧 '분할하여 통치하라divide et impera.'는 지배의 원칙을 따른 것이었다. 클라우수스의 후예들은 로마에서 클라우디우스家를 이루며 번성했고, 마침내 제정 시대에는 황가를 이루었다.

다만 학자에 따라 아투스 클라우수스Atus Clausus를 아피우스 클라우수스Appius Clausus 또는 아티우스 클라우수스Atius Clausus라고도 하며, 그와 함께 로마로 이주한 일족이 4천 가구라고도 하며 5천 가구라고도 한다.)

○ 클라우디우스의 이 연설에 따라 2세기 초 트라야누스 황제 때에 원로원 의원 중 속주 출신이 40%를 넘었고, 그 이후에도 계속하여 속주 출신의 의원들이 확대됨으로써, 지금 과거의 사례를 들어가며 토의하고 있는 것도 장래에는 훌륭한 선례로 인용될 것이란 그의 선견은 적중했다. 클라우디우스의 개방 정책은 시민권에서도 나타났다. 그는 속주민이 보조군(동맹군) 병사로 25년간 근무를 마치고 제대하면 로마 시민권을 부여하도록 결정했기 때문이다. 이 또한 로마 건국 이념의 뿌리였던 동화 정책의 실현이었다.

※ 로마의 동화 정책

≪찬란한 문화와 문명을 맺었던 아테네는 자신들의 달콤한 열매를 다른 부족민들과 나누기를 거절함으로써 그들을 동화시키지 못했다. 그러나 동화 정책이란 세계 국가가 되려면 반드시 좇아야 할 방향 지시등이다. 혈연에 얽매이는 공동체는 결국 인재 부족을 맞이할 것이며, 아울러 그 어떤 노력에도 뛰어넘을 수 없는 현실에 절망하는 자들의 분노에 희생되지 않을 수 없기 때문이다.≫

○ 아테네가 최고의 명성과 번영을 누리던 때조차도 시민의 수는 3만 명에서 2만 1,000명으로 오히려 줄어들었다. 아테네가 불과 3만 명의 인구로 문화의 꽃을 피울 수 있었던 것은 외부의 인재들이 아테네로 모여들었기 때문이다. 이것을 끝까지 인정하지 않고 혈연주의에 얽매였던 아테네가 쇠퇴와 몰락의 길을 걷는 것은 필연이었다고 할 수 있다.

○ 로마는 피정복민의 장점과 미덕을 자기 것으로 만드는 것을 사려 깊고 영예로운 것으로 생각하며 동화 정책을 폈다. 이리하여 카이사르 시대에 알레시아에서 카이사르를 포위하여 공격했던 갈리아인의 후손들은 로마 군대를 지휘하고 속주를 다스렸으며, 원로원에서도 받아들여졌다. 그들의 소망은 로마의 멸망이 아니라 로마의 안전과 번영이었다.

○ 다신교였던 로마인은 사회에 극렬한 부정적 해악을 입히지 않는다면, 피정복민들의 신에게도 그들의 신앙을 종전과 다름없이 지킬 수 있게 했고, 로마인이 추앙하는 로마신들의 한편을 차지할 수 있도록

배려했다. 관대한 정책은 그 영광을 더하였고, 한때 피정복민이었던 로마 시민들의 미덕과 봉사에 의해 로마는 더욱 번영했다. 로마시 안에서 대대로 살아온 사람들에게만 로마 시민권을 부여했다면, 로마라는 불멸의 이름이 지금까지 찬란하게 남아 있지는 않았으리라.

※ 메살리나(Messalina)의 이중 결혼(48년)

≪메살리나의 음행과 욕망이 상식의 선을 넘었다. 이제는 하찮은 무언극 배우를 황궁의 침실로 끌어들인 것이 아니라, 사회 지도층 인사를 불러들였을 뿐 아니라 정식 혼인까지 했다. 최후의 파국을 예견한다면 그녀는 클라우디우스 황제의 말대로 어쩌면 '가엾은 여인'이었다.≫

○ 클라우디우스의 세 번째 아내 메살리나 황후는 칼리굴라 황제가 삼촌 클라우디우스를 위해 주선한 여자였다. 메살리나의 어머니인 도미티아 레피다는 大 안토니아의 딸이었으므로 클라우디우스 황제와 이종 사촌 간이었고, 따라서 메살리나는 클라우디우스와 오촌 간이었다. 그녀와의 결혼은 그녀가 아우구스투스의 누나 옥타비아의 증손녀였기에 정략결혼이었다.(註. '메살라'라는 아그노멘은 제1차 포에니 전쟁이 한창이던 BC 263년 집정관 마니우스 발레리우스 막시무스가 시킬리아에서 승리하여 메사나를 구하자 '메사나의 사나이'란 의미로 메살라Messalla라는 별칭을 얻은 데서 비롯되었다. 승리한 지역명을 따서 별칭agnomen으로 사용한 것은 메살라가 최초의 사례였다.)

○ 그러나 메살리나는 평소에도 품행이 좋지 않았지만 이제는 실리우스라는 예정 집정관에 푹 빠져 있었다. 그녀는 실리우스를 아내와 억지로 헤어지게 만들어 간통 혐의를 받을 걱정 없이 독신의 애인을 두게 되었다. 실리우스는 메살리나와의 관계가 자신을 위험하게 할 수 있음을 알고 있었지만, 메살리나의 유혹에 거부할 경우 그녀의 분노에 희생되어 파멸이 불을 보듯 뻔했기 때문에 어쩔 수 없었다. 또한 아내의 단속에는 관심조차 두지 않는 클라우디우스 황제의 분노를 두려워할 필요가 없었고 쾌락을 위한 봉사의 대가로 큰 보수가 생겼기에 미래의 위험에 눈을 감고 현재를 즐기자며 스스로를 위로했다.(註. 메살리나의 성적 욕망은 대단했다. 그녀는 황궁에 은밀한 방을 만들어 젊은 남자들을 도구로 욕구를 충족시켰다. 그리고 그녀는 자신의 요구를 거부하는 남자들에게 가차 없이 죽음을 내렸다. 한 예로 메살리나의 어머니 도미티아 레피다와 결혼하기 위해 히스파니아에서 온 아피우스 실라누스를 들 수 있다. 전직 집정관이었던 그는 대단한 미남으로 로마에 소문이 자자했고 상처한 후에 홀아비로 지내고 있었다. 그는 클라우디우스보다 몇 살이나 더 많았지만, 메살리나는 그에게 반해 자신의 어머니와 결혼시킨다는 명분으로 히스파니아에서 근무하고 있던 그를 황궁으로 끌어들인 다음 자신의 성적 욕망을 만족시키기 위해 유혹하며 협박을 곁들였다. 하지만 실라누스는 메살리나의 요구를 거절한 결과, 그녀의 복수심에 걸려들어 황제 살해 음모자로 고발된 후 처형당하고 말았던 것이다. 황궁에서 누리는 쾌락 정도로는 욕망을 충족시키지 못하자, 마침내 그녀는 신분을 속이고 황궁 밖 매춘굴에서 '리키스카'란 가명으로 매춘 행위를 하며 서민들과 변태적 쾌락을 즐겼다고 전해진다. 로마의 풍자시인 유베날리스에 의하면 메살리나는 포주가 문을 닫고 매춘부들을 내보낼 때, 마

지막까지 남아서 마지못해 매음굴을 떠났다고 한다. 또한 大 플리니우스의 기록에 따르면 성도착증에 빠진 메살리나는 가장 욕정이 강하다고 자부하는 하녀와 내기를 했는데 하루 밤낮 동안 무려 25명의 남자와 동침한 메살리나가 전문적인 탕녀를 누르고 마침내 승리했다고 전했다.)

○ 실리우스를 만날 때 메살리나는 다른 사람들의 눈을 꺼리기는커녕 수많은 시종들을 거느리고 요란하게 실리우스의 저택을 방문하곤 했다. 그녀는 실리우스가 외출할 때면 옆에 붙어 다니며, 돈과 명예를 마구 선물했다. 마침내 황가의 노예, 가구, 비품 등이 실리우스의 저택에서 발견될 정도였다.

「메살리나」, 구스타브 모로 作

○ 그 정도에서 끝났다면 평소 메살리나의 방정하지 못하고 욕망에 쉽게 빠져드는 기질을 생각해서 그냥 지나갈 일이 될 수도 있었다. 그러나 부정한 두 연인은 은밀한 관계에만 만족할 수 없었다. 메살리나의 음탕함과 실리우스의 위기감은 황후가 이중 결혼을 하는 전대미문의 사건으로 발전했다. 실리우스는 메살리나에게 자신은 독신이고 자식도 없으므로 결혼하면 브리타니쿠스를 양자로 삼고, 메살리나에게는 이제까지와 똑같은 권력을 줄 것이라고 속삭였다. 다시 말하면 그는

황제의 지위에 야심을 가진 것이다.

○ 실리우스의 끈질긴 요청에 마지못해 결혼을 승낙한 메살리나는 클라우디우스가 제사를 치르기 위해 오스티아로 간 후 기다렸다는 듯이 정식으로 결혼식을 올렸다. 앞으로 국가의 최고 관직에 오를 예정 집정관이라는 자와 황제의 아내가 결혼할 날짜를 예고하고 결혼 계약서에 서명할 증인들을 초대해 부부의 맹세를 주고받은 후, 신부가 주례의 축복 속에 신랑의 집으로 안내되어 신들에게 제물을 바치고 마침내 부부의 의무를 다하고 권리를 행사하기 위해 함께 밤을 보낸 것이다.

○ 그것이 알려지자 황궁은 발칵 뒤집어졌다. 특히 권력을 잡고 있던 황궁의 해방 노예들이 몹시 동요했는데, 그들은 이 사건이 정권 교체로 이어질까 두려워했다. 해방 노예들은 황제가 아내에게 줄곧 휘둘려 온 사실, 그리고 메살리나가 많은 암살을 자행했다는 사실 때문에 불길한 예감에 사로잡혔다. 황제의 비서관이던 이들 해방 노예들은 서로 모여 이 일을 어떻게 처리할 것인가에 대해 의견을 나누었다. 그들은 메살리나를 위협해 실리우스와의 관계를 청산시킬 것을 요구할까도 생각했다. 그러나 청원 담당 비서인 칼리스투스는 권력을 유지시키는 것은 강경 수단보다도 오히려 권모술수임을 깨닫고 이 계획에 반대했다. 그러자 문서 담당 비서이자 비서실장격인 나르키수스는 간통을 저지른 두 사람에게 어떤 사전 지식을 제공하기보다는 단숨에 해치울 것을 제안했다.

○ 나르키수스는 클라우디우스 황제가 오스티아에서 머무르는 시일을 연장시키고, 황제의 애첩 2명에게 선물을 주면서 만약 황후를 몰락시키면 그녀들의 권력이 지금보다 더 커질 것이라는 감언이설로 포섭했다. 그리하여 애첩 중 한 명인 칼푸르니아가 황제의 발치에 엎드

려 황후가 실리우스와 결혼했다고 고했다. 그러면서 또 한 명의 애첩 클레오파트라에게도 동조를 구했다. 클레오파트라가 칼푸르니아의 고발이 사실이라며 고개를 끄덕이자 그녀는 황제에게 나르키수스의 도움을 청하라고 권했다.

○ 클라우디우스는 즉시 주요 측근들을 모두 불러들였다. 그는 우선 식량청 장관 투라니우스와 근위대장 게타에게 사실 진위를 물었다. 두 사람이 사실임을 인정하자 나머지 사람들은 모두 근위대 병영으로 가서 군사력을 장악하여 신변의 안전을 꾀해야 한다고 주장했다. 클라우디우스는 공포에 사로잡혀 "내가 아직도 황제가 맞느냐? 실리우스가 여전히 일개 시민에 지나지 않느냐?"라고 연신 되물었다. 한편 클라우디우스 측은 근위대장 게타의 충성심도 신뢰할 수 없었다. 결국 나르키수스는 황제에게 신변의 안전을 확보할 수 있도록 근위대의 지휘권을 하루만이라도 자신에게 넘겨 달라고 건의했다.

○ 근위대 지휘권을 넘겨받은 나르키수스에 의해 클라우디우스의 명령을 받은 병사들이 불륜을 벌인 자들을 압송하기 위해 로마 시내를 뒤지기 시작했다. 그러자 메살리나는 막다른 골목에 몰려 남편에게 애원해 보자고 결심하였고, 사람을 시켜 브리타니쿠스와 옥타비아가 아버지를 찾아가 어머니를 용서해 달라고 매달리게 했다. 그러면서 자신은 베스타 여사제 비비디아를 찾아

▐ 브리타니쿠스를 안고 있는 메살리나

가 황제의 관용을 구할 수 있도록 도와 달라고 애원했다. 벌써 위험을 알아차린 그녀의 주변엔 모두 떠나고 아무도 없었다. 그래서 남편을 만나러 가는 길에는 3명의 수행원만이 따라왔고, 오스티아 가도에서 정원의 쓰레기를 운반하는 수레를 겨우 얻어 탈 수 있었다.

○ 클라우디우스를 태우고 로마로 돌아오는 마차는 마침내 메살리나와 마주쳤다. 해방 노예들은 메살리나를 큰소리로 맹렬히 비난하며 황후의 비행을 기록한 문서를 들이밀었다. 로마에 있는 실리우스 저택으로 쳐들어간 황제의 일행은 클라우디우스 황제에게 메살리나가 선물로 보낸 클라우디우스家나 율리우스家의 보물들을 모두 보여 주었다. 그러자 이제껏 가만히 입을 다물고 있던 클라우디우스는 분노하며 위협적인 말을 내뱉었다. 범죄자를 처벌하라는 병사들의 함성에 실리우스를 비롯한 죄인들이 끌려 나왔다. 실리우스와 메살리나의 감시자 프로쿨루스 등이 즉시 처형되었다.(註. 정교하는 남녀는 서로 간에 감시자를 붙이는 것이 로마 시대의 상류층 풍습이었다.)

○ 하지만 메살리나는 살아남기 위해 투쟁을 포기하지 않았다. 어느 날 클라우디우스는 저녁 식사를 마친 뒤 메살리나를 '저 가엾은 여인'이라고 호칭하면서 그녀가 가여우니 내일 아침 스스로를 변론할 수 있도록 불러들일 것을 명령했다. 나르키수스는 이대로 우물쭈물하다가는 메살리나가 용서받고 오히려 메살리나의 비행을 고발한 자신들이 화를 당하지 않을까 두려웠다. 결국 그는 과감하게 황제의 명령인 것처럼 빙자하여 병사들에게 명했다. "메살리나를 처형하라. 이것은 황제의 명령이다."

○ 병사들이 루쿨루스 정원에 들이닥쳤다. 루쿨루스 정원은 메살리나가 아시아티쿠스를 죽음으로 몰아넣어 빼앗은 화려한 저택이었다. 그곳

에서 앞일을 걱정하고 있던 메살리나는 땅에 엎드려 있었고, 그 옆에 친정어머니 도미티아 레피다가 앉아 있었다. 그녀의 어머니는 메살리나가 영화를 누리고 있을 때는 냉담했지만 딸이 위기에 빠지자 동정심에 사로잡혔다. 그러면서도 그녀는 "사형 집행인을 기다리게 해서는 안 된다. 이제 네 인생은 끝났구나. 명예롭게 최후를 맞이하도록 해라." 하고 설득했다. 병사들이 문을 난폭하게 열어젖히고 메살리나를 둘러쌌다. 그녀는 단검으로 가슴을 찌르려고 했지만 용기가 부족했다. 옆에 있던 근위대 장교가 그녀를 도와 단숨에 가슴을 향해 칼을 찔러 넣었다. 아내가 죽었다는 보고를 받았지만 클라우디우스는 자살인지 타살인지 물어보지도 않았다. 16살의 어린 나이에 시집온 메살리나는 클라우디우스와 나이 차이가 무려 32살이었고, 그녀가 삶을 마감했을 때 26세였다.

| **마음에 새기는 말** |

인간의 성격은 용모보다는 그의 글과 말에서 나타난다.

_ 플루타르코스

※ 아헤노바르부스(Ahenobarbus)와 아그리피나(Agrippina)의 구애

≪네로 황제의 친아버지 그나이우스 도미티우스 아헤노바르부스는 유서 깊은 귀족 가문의 일원이었다. 그는 아그리피나의 거친 운명에

영향을 받았는지 어린 아들과 젊은 아내를 두고 일찍 숨을 거두었고, 그렇게 되자 아그리피나는 또 다른 남편을 얻어야 했다.

훗날 황제에 오른 갈바는 황제가 되지 않았다면 로마 시민 중 황제가 될 자격을 갖춘 첫 번째 사람이라는 평을 들을 만큼 평판이 매우 좋았다. 그는 아내와 사별하고 두 아들까지 모두 죽은 후에도 홀로 여생을 보낼 만큼 여자에게 무관심했다. 하지만 아그리피나의 욕망은 감히 아내 있는 갈바에게 무분별한 애정을 느끼고 다가섰다가 응징당하고 황가의 체면을 구겼다. 만일 갈바가 아내와 사별한 이후에 아그리피나가 그에게 애정을 속삭였다면, 비록 그가 여자에게 무관심한 기질의 소유자라고 해도 더 나은 결과가 있었으리라.≫

○ 네로(註. 네로는 사비니어로 '강하고 활기차다'란 의미이며, 오늘날 이탈리아어로 '검다'란 뜻이다.) 황제의 친아버지는 그나이우스 도미티우스 아헤노바르부스였다. 아헤노바르부스는 '청동 수염'이란 의미로 이 단어가 코그노멘이 된 데는 이런 이야기가 전해져 온다. BC 496년 로마는 레길루스 호수에서 왕권 복위를 꾀하는 타르퀴니우스 수페르부스와 전투가 벌어졌다. 전투가 벌어지기 전 광채가 번쩍이는 말을 탄 카스토르와 폴룩스라는 두 남자가 로마 원로원 의원 도미티우스를 만났다. 그들은 자신들을 쌍둥이 신이라고 소개한 다음 이번 전투에서 로마가 틀림없이 승리할 것이라 예견하면서, 자신들의 예견이 진실임을 보여 주기 위해 기적을 행했다. 그 기적이란 그들이 도미티우스의 턱수염을 만지자 수염이 청동색으로 변한 것이다. 쌍둥이 신의 도움을 받은 로마는 그 전투에서 승리했고 이로써 타르퀴니우스의 왕권 복위에 대한 야심에 종지부를 찍었다. 그 이후 도미티우스는

자신의 코그노멘을 '아헤노바르부스'라고 칭했다고 한다. 네로 황제의 친아버지는 바로 그 도미티우스의 후손이었다.(註. 카스토르와 폴룩스는 스파르타 왕 틴다레오스와 레다 사이에서 태어난 쌍둥이 형제다. 하지만 카스토르는 틴다레오스의 아들이므로 인간이었고 폴룩스는 백조로 변한 제우스와 통정하여 낳은 자식이어서 불사신이었다. 그들은 의좋은 형제로 카스토르는 기수이며 폴룩스는 권투 선수였다. 그러나 전쟁에서 카스트로가 창에 찔려 살해되자 폴룩스는 아버지 제우스에게 카스트로 없이는 살 수 없으니 자신도 죽게 해 달라고 간청했다. 제우스는 아들의 간청을 듣고 그 둘을 쌍둥이 별자리가 되게 했다고 한다. 따라서 로마에 퍼진 이 이야기는 그리스의 형제 신에 대한 모방으로 알려져 있다. 폴룩스의 그리스식 호칭은 '폴리데우케스'.)

○ 네로 황제의 친아버지는 이렇듯 영광스런 가문에 속했지만, 그는 무서운 난폭자여서 한번은 자신의 명령대로 술을 마시지 않는다는 이유로 어느 해방 노예를 때려죽인 일이 있었다. 그 일로 군대에서 불명예 제대되자 그는 화가 나서 아피아 가도에서 어린 소년을 마차로 깔아뭉갰다. 이 끔찍한 사건을 목격한 한 남자가 광장에서 네로의 아버지를 비난하자 그에게 달려들어 한쪽 눈을 빼 버렸다고 전한다.

○ 네로 황제의 어머니 小 아그리피나는 네로가 3살 되던 해에 시킬리아 총독으로 부임해 있던 남편 아헤노바르부스를 잃었다. 외롭게 남겨진 아그리피나는 로마 황후로서는 유일하게 저서를 남길 정도로 총명했으며, 매사에 적극적인 여자였다. 언젠가 아헤노바르부스는 "나와 아그리피나 사이에 난 아들은 괴물과 같은 인물이 될 것이다."라며 네로의 미래를 예견했다고 한다.

○ 첫 남편인 아헤노바르부스를 여의고, 둘째 남편인 파시에누스 크리

스푸스까지 먼저 세상을 떠나보낸 아그리피나는 남편이 필요했다. 그래서 그녀는 아내와 아무런 갈등 없이 잘 살고 있는 갈바에게 추파를 던지곤 했다. 이를 알게 된 갈바의 장모는 아그리피나를 꾸짖었고, 심지어 한 무리의 유부녀들 앞에서 부끄러움도 모르는 음탕한 계집이라며 그녀를 때리기까지 했다. 그런 일이 있은 직후 아그리피나가 칼리굴라 황제에게 처벌을 받아 유배를 갔으니 망정이지, 장모가 황가의 여자에게 손찌검을 한 것은 갈바를 심각한 정치적 위기에 부딪치게 할 뻔한 사건이었다. 훗날 네로에 이어 제6대 황제가 된 갈바는 기질상 아내를 제외한 그 어떤 여자에게도 관심을 보이지 않았다. 그는 아내와 사별한 후 홀로 남겨졌을 때도 마찬가지였다.

※ 아그리피나의 계책(50~51년)

≪야심 있는 자가 주변에 있으면 위험에 처해지기 마련이다. 왜냐하면 그러한 마음을 품은 자는 현재의 상황을 변화시켜 자신에게 유리한 방향으로 나아가게 하기 때문이다. 아그리피나의 야심은 클라우디우스의 무관심 속에 차근차근 실행되고 커져 갔다. 그녀는 네로가 원로원과 시민들 앞에서 황제의 친아들을 밀어내고 앞서도록 계책을 꾸몄으며, 권력의 기반인 근위대까지 손에 넣고, 그것도 모자라 브리타니쿠스 주변을 모두 자신의 첩자로 채워 넣었다.≫

○ 비서진의 책략으로 황후 메살리나가 살해된 후 클라우디우스 황제는

60세를 바라보는 나이에 홀몸이 되었다. 여자에 관한한 아내의 선택조차도 스스로 결정하지 못한 클라우디우스는 3명의 비서진으로부터 각각 아내감을 추천받았다.(註. 클라우디우스는 우르굴라닐라, 파이티나, 메살리나, 아그리피나 등 총 4번의 결혼을 했다. 어릴 때부터 삭막한 소외감에 젖어 있던 그는 아내의 따뜻한 사랑을 원했지만 4명의 아내 모두 진정으로 그를 사랑하지는 않았다.)

○ 비서실장격인 나르키수스는 과거에 아내였던 여자를 다시 아내로 맞이한다면 가정에 변화를 초래하지 않는다는 이유로 클라우디우스의 두 번째 아내였던 아일리아 파이티나를 추천했다. 청원서를 담당하고 있는 갈리스투스는 아이를 낳아 보지도 않았기에 두 의붓자식의 어머니 역할을 하기에 가장 적당하다며 한때 칼리굴라의 아내였고 상당한 미모를 갖춘 롤리아 파울리나를 추천했다. 그러면서 그녀가 칼리굴라와 이혼한 것은 칼리굴라의 변덕 때문이라고 이유를 대었다.(註. 롤리아는 황태자 가이우스 카이사르의 보좌관으로 동방에 함께 파견되었다가 동방의 군주로부터 뇌물을 받았다는 비난을 받자 이를 견디지 못하고 자살한 폴리우스의 딸이었다. 훗날 롤리아는 결혼과 관련해 점성술사나 마술사를 찾았다는 이유로 야멸찬 아그리피나에 의해 고발되었다. 결국 그녀는 재산을 빼앗기고 이탈리아에서 추방된 후 자살을 강요받았다. 아그리피나는 자신과 경쟁했고 게다가 미모까지 갖춘 롤리아를 용서할 수 없었던 것이다. 아그리피나를 더욱 악녀로 표현하는 자들은 롤리아

▌小 아그리피나

가 처형당했다고 주장하며, 그녀는 롤리아의 머리를 잘라 가져오게 하여 스스로 목을 양손으로 잡고 입을 벌려 롤리아가 맞는지 치열의 특징을 살펴보았다고 한다.) 국가 재정을 총괄한 팔라스는 시민들에게 인기 있는 게르마니쿠스의 딸이며, 율리우스와 클라우디우스 씨족 관계를 밀접하게 만들 수 있으며, 이미 아들을 낳은 경험이 있으므로 결혼하면 다시 아들을 얻을 수도 있다는 이유를 들어 클라우디우스 황제의 조카딸인 아그리피나를 추천했다. 사실 팔라스는 아그리피나의 숨겨진 연인이었다. 아그리피나가 권세욕과 필요성에 의해 팔라스를 자신의 애인으로 만들었던 것이다.

○ 추천받은 경쟁자들 중 아그리피나는 황족의 일원이었기에 황궁에 얼마든지 들락거릴 수 있는 이점을 이용했다. 그녀의 맹렬한 애정 공세로 클라우디우스는 결국 아그리피나를 자신의 아내로 선택했다. 당시의 로마법에 따르면 삼촌과 조카 사이에는 결혼을 할 수 없었기에 클라우디우스는 법까지 개정했으며, 통례를 벗어난 부도덕한 이 개정법은 342년 콘스탄티누스 황제가 폐지할 때까지 유지되었다.(註. 공화정까지 거슬러 올라가지 않아도 제정 초기인 70년 전만 해도 사촌끼리 결혼하는 것조차 생각할 수 없는 일이었다. 그러다가 2세기 초 상류층 가정에서는 사촌끼리 결혼하는 것이 드물지 않았다. 예를 들면 2세기 초 마르쿠스 아우렐리우스가 아직 차기 황제로 지목되기 전에 그의 누이동생인 코르니피키아는 고종 사촌과 결혼했다. 즉 신부의 아버지와 신랑의 어머니는 친남매 사이였다. 결혼이란 굳이 우생학적 측면을 거론하지 않더라도 풍습과 습관이 상이한 사회 간의 혼합이며, 공존 번영의 토대였다. 하지만 사회가 발전되어 기득권 세력이 경직화되고, 비슷한 부류끼리만의 세계가 중요시될 때 근친결혼이 성행하기 마련이다. 다시 말해 근친결

혼의 성행은 기존 세력의 수호를 열렬히 바라는 기득권을 가진 상류층 사회의 퇴행적 양식이라고 볼 수 있다.) 그때 34세였던 아그리피나는 황후의 자리보다는 제국의 통치에 대한 야심이 있었으며, 아우구스투스의 피를 받은 자신에게 충분히 그럴 만한 정당한 권리가 있다고 생각했다. 거기다가 훗날 그녀는 로마 역사상 처음으로 『회상록』을 쓴 황후였던 만큼 재능과 머리가 좋았고 앞을 내다볼 줄 아는 식견도 있었다.(註. 아그리피나의 『회상록Memoriae』은 유실되고 없으나, 다른 저서에 인용되어 내용의 일부가 전해지고 있다.)

○ 클라우디우스 황제의 비서 중 해방 노예 팔라스는 황후 간택 시 아그리피나를 추천한 덕택에 권세가 하늘을 찌를 듯했다. 아그리피나는 황후로 선택된 후 그와 더욱 친분을 단단히 맺고, 결국에는 불륜 관계로까지 발전되어 그를 자신의 노리개로 전락시켰다. 어느 날 아그리피나의 사주를 받은 팔라스는 클라우디우스 황제에게 고하기를 "티베리우스의 경우를 보아도 친아들이 있었지만 게르마니쿠스를 양자로 맞아들였으니, 가까운 장래에 국가 운영의 일부를 떠맡을 젊은 이를 키워 놓아야 한다."며 은근히 네로를 추천했다. 비서들의 의견을 잘 따라 주었던 클라우디우스는 팔라스의 말에 설복되어 결국은 네로를 양자로 맞이하고 친아들 브리타니쿠스보다 서열상 상위에 두고 말았다. 그때 9살이던 브리타니쿠스보다 4살이 더 많았던 루키우스 도미티우스 아헤노바르부스는 이름을 네로 클라우디우스로 바꾸었다. 그뿐만 아니라 클라우디우스 황제는 원로원에 가서도 팔라스의 의견에 따라 설복된 바를 인정하는 연설까지 했다. 그러나 이 내용을 자세히 살펴보면 후계자 구도와 관련된 중대한 것이었다.

○ 이러한 일련의 과정이 끝나자, 모든 사람들은 미래를 예측하고 브리타

니쿠스의 운명을 가엾게 여겼으며 마음 아파하지 않는 자가 없었다. 브리타니쿠스는 점차로 시중드는 노예들에게도 소홀한 대접을 받았다.

○ 제정 시대의 로마에서 성년식은 만 15~16세가 되어야 하는 것이 일반적이었으나 네로는 14세에 성년식을 올렸다. 그것은 일찌감치 황제의 후계자로 확정을 받으려는 아그리피나의 야심에 의한 것이었다. 원로원에서도 충실하게 아첨을 다했다. 그들은 네로가 21세 때 집정관직에 취임해야 한다는 것, 21세가 되기 전에는 로마시 이외의 곳에서 예정 집정관으로서 집정관 대행 명령권을 행사할 수 있다는 것, 프린켑스 유벤투티스(註. priceps juventutis를 굳이 의역한다면 '황태자'로 볼 수 있다.)로 불려야 한다는 것 등을 의결한 것이다. 그뿐만 아니라 클라우디우스는 네로의 이름으로 병사들에게 하사금을 나눠 주고 시민들에게는 축의금을 뿌렸다.

○ 언젠가 전차 경기가 벌어졌을 때, 브리타니쿠스는 미성년자 복장을 하고 네로는 황가의 예복이 된 개선복을 입고 입장했다. 로마 시민들은 두 사람의 복장을 보고 미래의 운명이 어떻게 되리라는 것을 예측할 수 있었다. 그뿐만 아니라 아그리피나는 근위대에서 브리타니쿠스를 동정하던 백인대장이나 장교들에게 억울한 죄를 뒤집어씌워 내쫓아 버렸다. 일부의 경우는 승진을 시킨다는 명목으로 그 자리에서 물러나게도 했다. 또한 그녀는 클라우디우스를 꼬드겨 브리타니쿠스 주변의 사람들을 처벌하게 함으로써 제거시켰다. 브리타니쿠스의 가정 교사들 중에서 뛰어난 자들은 모두 추방형이나 사형에 처했고, 그 자리를 자신의 충복인 해방 노예로 채워 넣은 것이다. 따라서 그들은 브리타니쿠스에게 협조자가 아니라 감시자였다.

○ 이것만으로는 네로의 지위를 확고하게 지켜 줄 수 없었다. 그래서 아

그리피나는 이탈리아 내에서 유일한 군사력을 쥐고 있는 근위대를 손안에 넣기로 마음먹었다. 근위대장 게타와 크리스피누스(註. 세야누스 다음부터 근위대장은 2명이었다.)는 메살리나에 대한 연민의 정이 있어 브리타니쿠스에게 충성을 다한다고 아그리피나는 생각했다. 그녀는 클라우디우스에게 "근위대장들이 병사들의 비위를 맞추기 위해 서로 간 경쟁하는 통에 근위대가 둘로 나뉘어 버렸어요. 그러니 새로이 충직한 한 사람을 근위대장으로 임명하여 그에게 지휘를 맡기면 군기가 바로잡힐 거예요." 하고 말했다. 그러면서 군인으로서 명성이 높았던 부루스를 추천했다. 결국 근위대장은 다시금 1인 체제로 바뀌었고, 부루스는 근위대장으로서 네로에게 무술을 가르치는 스승이면서, 이탈리아 내에서 유일한 군사력으로 네로의 지위를 지켜 주는 보좌관이 되었다. 또한 네로에게 인문학을 가르쳐 줄 사람으로 세네카를 붙여 주었다.

○ 스토아 철학자 세네카는 전제적인 폭정을 비판하고 권력에 아부하는 것을 싫어했지만, 현실에서는 폭군 네로의 가정교사로서 권력에 끊임없이 아부했다. 그는 사도 바울과 동시대인이며 사도행전 18장 12절부터 17절 사이에 나오는 갈리오 총독은 그의 친형이었다. 그 형의 본래 이름은 노바투스(Marcus Annaeus Novatus)였지만 수사학자 유니우스 갈리오(Lucius Junius Gallio)에게 입양되어 '갈리오'란 이름으로 알려졌다. 당시 세네카는 황제의 조카딸 율리아 리빌라와 간통했다는 혐의로 클라우디우스 황제에 의해 코르시카섬으로 유배되어 있었으나, 네로의 교육을 위해 아그리피나가 다시 불러들인 것이다. 이로써 황후의 간택뿐만 아니라 아들의 장래까지도 스스로 결정하지 못하고 방치한 결과, 클라우디우스는 자신과 아들의 목숨이 바람 앞

의 등불처럼 위태롭게 흔들거렸다.

| 마음에 새기는 말 |

　지식과 사치에서 우월한 사람들이 필연적으로 가지게 되는 감정이 자만심이다.

✵ 라다미스투스(Rhadamistus)의 간계(51년)

≪파라스마네스는 동생과 딸의 목숨을 권력에 대한 욕망과 맞바꾸었다. 그의 아들 라다미스투스는 야심을 이루기 위해 계책으로 숙부와 누나를 죽이고 왕권을 차지했지만 포악한 기질을 끝까지 버리지 못했다. 타고난 성품이란 몸의 일부와 같아서 쉽게 떼어 버릴 수 없기 때문이다. 게다가 그는 국민으로부터 버림을 받고 도망자 신세가 되었을 때 임신으로 몸이 불편한 아내가 낙오하자, 적에게 수치를 당하게 내버려 둘 수 없다며 비정하게도 임신한 아내를 칼로 찔렀다. 라다미스투스는 아버지에 의해 죽음을 맞았는데, 그것은 딸을 죽인 자는 아들도 죽일 수 있는 법이기 때문이다.≫

○ 아르메니아 북쪽에 있는 이베리아 왕국은 파라스마네스 왕이 다스리고 있었고 그에게는 라다미스투스라는 아들이 있었다.(註. 이베리아 왕국의 수도는 현재 조지아의 '므츠헤타'이다.) 라다미스투스는 건장하고

균형 잡힌 몸에 체력도 뛰어났고 무술도 출중했으나, 아버지가 오래도록 장수를 누리고 있는 통에 왕국의 통치를 이어받지 못하는 데 불만을 가졌다. 파라스마네스는 아들의 불만을 간파하고, 고령에 접어든 자신의 나이와 민중의 인기를 얻고 있는 아들의 야심을 견주어 보며 늘 불안감에 싸였다. 그래서 그는 아들에게 아르메니아와 관련한 이야기를 들려주면서 야망의 방향을 다른 곳으로 돌리기 위해 이렇게 말했다. "아르메니아는 원래 내가 파르티아인들을 격퇴시키고 동생인 미트라다테스에게 준 것이니 그곳을 네가 차지하도록 해라. 그러나 무력보다는 오히려 함정을 이용하고 꾀를 써서 나라를 차지하는 것이 낫느니라."

○ 아르메니아 왕 미트라다테스는 라다미스투스의 숙부였다. 숙부를 찾아간 라다미스투스는 계모의 가혹한 처사로 아버지와 다투었다며 거짓말을 했다. 숙부는 조카가 털

▌ 조지아 므츠헤타의 즈바리 성당

어놓는 거짓말을 의심 없이 받아들이고 친절히 맞아들였다. 미트라다테스의 왕궁에서 라다미스테스는 왕을 상대로 반란을 일으키도록 아르메니아 귀족들을 매수했다. 그러고서는 자신은 아버지와 화해한 듯이 하고서 아버지가 있는 이베리아로 돌아갔다. 그는 아버지 파라스마네스에게 말하기를 책략을 이용해 모든 것을 다 준비해 놓았으니 전투로써 결말만 지으면 된다고 보고했다. 마침내 파라스마네스

는 동생 미트라다테스에게 이렇게 말했다. "내가 알바니아족과 싸울 때 너는 나의 뜻을 거역하고 오히려 모욕했다. 그때의 일을 이제야 설욕하겠다." 라다미스투스를 사령관으로 앞세운 느닷없는 적의 침입에 미트라다테스는 아르메니아 평원에서 내쫓겨 고르네아이의 성 안으로 도망쳤다.

○ 이 성은 로마군에 의해 지켜지고 있었으며, 2명의 지휘관에 의해 방어되고 있었다. 성을 둘러싸고 공격하는 라다미스투스와 방어하는 로마군과 미트라다테스군은 교착 상태에 빠져 전투가 결말이 나지 않았다. 그러자 라다미스투스는 로마군을 뇌물로 매수했다. 로마가 뇌물로 동맹국 왕의 신뢰를 저버리는 것은 당치 않다는 일부 병사들을 따돌리고 수비 대장은 적과 내통했다. 그리고 미트라다테스에게는 라다미스투스와 혈연관계이니 가족 간의 화목을 위해서라도 평화 협정을 맺으라고 권했다. 즉 미트라다테스의 아내는 파라스마네스의 딸(註. 삼촌과 조카 간의 결혼)이었고, 미트라다테스의 딸은 라다미스투스의 아내(註. 사촌 간의 결혼)였던 것이다.

○ 미트라다테스는 이러한 권유에 응할 수 없었다. 로마군 수비 대장의 저의가 의심스러웠다. 그것은 수비 대장이 자신의 첩 중 한 명을 유혹했음을 알았고 적에게 매수되었다는 것도 알았기 때문이다. 하지만 적에게 매수된 로마 병사들이 집요하게 평화 조약을 맺자고 요구하며 협박하자, 미트라다테스는 굴복하고 말았다. 그는 평화 조약에 찬성하고 성 밖으로 나가 조카인 적장 라다미스투스를 만났다. 라다미스투스는 미트라다테스를 만나자 서로 간에 포옹하며 공손한 태도로 신들에게 맹세코 칼이나 독으로 생명에 위해를 가하는 짓은 없을 것이라고 말했다. 그리고는 희생제를 지내고 서로 간에 평화 조약

을 확인하기 위해 손가락을 묶었다. 묶은 손가락에 피를 내어 조약을 비준하는 관습대로의 절차를 이행하기 위해서였다. 이때 라다미스투스는 실수로 넘어지는 척하며 미트라다네스의 무릎을 꺾어 넘어뜨렸다. 그러자 다른 병사들이 달려들어 미트라다테스를 쇠사슬로 묶고는 차꼬까지 채우고 질질 끌고 갔다. 이를 구경하던 민중들은 미트라다테스의 포악한 압정에 시달렸기에 침을 뱉고 모욕을 가했다. 미트라다테스의 아내와 어린 자식들도 뒤따라 끌려가면서 오열했다.

○ 포로가 된 미트라다테스의 가족들을 처형하라는 이베리아 왕 파라스마네스의 명령이 떨어졌다. 그는 동생이나 친딸에 대한 애정보다도 왕국에 대한 야심이 더 컸던 것이다. 명령을 받은 라다미스투스는 지난번 맹세를 잊지 않은 듯 누나와 숙부에게 칼이나 돌을 사용하지 않고 땅에 넘어뜨린 후 많은 옷가지 등 물건을 쌓아 질식시켜 죽였다.

○ 이 소식을 전해 들은 시리아 총독 콰드라투스는 로마군이 개입을 해야 될지 말아야 될지 논의했다. 동맹국 국왕이 처형되었으니 복수를 해야 정당했다. 그러나 대부분의 사람들은 라다미스투스가 아르메니아를 통치하도록 내버려 두라고 했다. 라다미스투스의 기질이나 성품으로 보아 그가 통치하게 되면 얼마 되지 않아 국민들로부터 미움과 악평을 받을 것이 분명하니 그때 가서 계책을 마련하는 것이 더 좋을 것이란 의견이었다. 그러나 콰드라투스는 로마가 비겁하게 적들의 행위를 묵인하고 동맹국의 신의를 저버렸다는 비난을 피하기 위해 파라스마네스에게 군대를 철수시키라고 사절을 보내 권고했다.

○ 이를 지켜본 파르티아 왕 볼로가세스는 지금이야말로 아르메니아를 정복할 절호의 기회라고 믿었다. 그는 적자가 아닌 그리스 첩의 자식이었음에도 적자인 형제들의 양보로 왕위에 오른 자였다. 그래서 왕위

를 양보한 동생 티리다테스 4세에게 보답할 요량으로 아르메니아를 주고 싶었던 것이다. 그에게는 아르메니아가 본래 그의 조상이 점유하고 있었는데 비겁한 책략으로 빼앗겼기에 되찾아야 한다는 대의명분이 있었다. 파르티아군이 공격하자 라다미스투스는 제대로 저항 한번 하지 못하고 패퇴했다. 하지만 겨울이 찾아오고 식량 보급도 제대로 되지 않자 파르티아군은 철수해 버렸고, 라다미스투스가 다시 아르메니아를 통치하게 되었다. 재집권 후 그는 더욱 포악해져 예속에 길들여져 있던 아르메니아인들도 더 이상 견딜 수 없어 반란을 일으켰다.

○ 반란군에 쫓긴 라다미스투스는 말을 타고 도망쳤지만 아내가 임신 중이었다. 아내는 남편과 함께 도피하면서 온 힘을 다해 고통을 견뎠지만 결국에는 포기하고 남편에게 애원했다. "내가 당신과 같이 도피하지 못할 바엔 차라리 저를 죽여 치욕스런 포로 신세가 되지 않도록 해 주세요." 남편은 아내의 용기에 감동하여 그녀를 꼭 껴안고 위로하고 격려했지만, 결국 잔혹한 일에 익숙해진 남편은 검을 뽑아 아내를 찔렀다. 그러고서는 시체조차도 반란군에게 넘겨줄 수 없다며 아내의 주검을 강에 던져 버린 후 아버지가 있는 이베리아로 도망쳤다. 결국 라미스투스는 아내의 친정아버지를 죽였으며, 아내까지도 검으로 찌른 것이다.(註. 파라스마네스는 훗날 코르불로가 동방 사령관으로 있을 때 로마의 충실한 동맹자임을 증명하려고 아들인 라다미스투스를 배신자로 몰아 죽였다.)

○ 깊은 상처를 입은 라다미스투스의 아내 제노비아는 지나가는 목동들에게 발견되어 구사일생했다. 목동들은 그녀를 치료해 주고 아르메니아 수도인 아르탁사타(註. 현재 아르메니아의 '예레반')까지 바래다 주었다. 그곳에서 다시 왕의 지위를 차지하게 된 티리다테스에게 안

내되었으며, 그는 제노비아를 맞이하여 비록 적이긴 하지만 왕후로서의 대접에 소홀함이 없었다.

※ 클라우디우스의 죽음(54년)

≪권력을 향한 아그리피나의 냉혹한 야심은 마침내 남편의 목숨을 앗아갔다. 클라우디우스는 주변을 살필 줄 모르는 성품 때문에 쉽사리 음모의 덫에 희생되었고, 아내 메살리나뿐 아니라 종국에는 자신과 친아들 그리고 딸까지 모두 살해당하는 비운을 겪어야 했다.≫

○ 아그리피나는 자신의 정치적 야심을 충족시키는 데 성가시기만 한 남편을 제거하기로 마음먹었다. 아니, 처음부터 브리타니쿠스를 제치고 네로의 제위 계승이 확고히 한 후 클라우디우스를 제거하고 국정을 주물럭거리고 싶었던 것이 아그리피나의 야망이었다. 그러나 황궁 내의 실세였던 해방 노예 나르키수스가 의심스런 눈길로 감시하고 있었다. 게다가 클라우디우스가 마음에 변화가 생겼는지 아그리피나와 혼인하고 네로를 양자로 들인 것을 후회하는 기색이 역력했고, 브리타니쿠스를 만나면 "빨리 커서 내 뒤를 이어다오." 하며 어느 때보다 꼭 끌어안곤 하자 그녀는 초조해졌다.

○ 기회를 엿보던 아그리피나는 나르키수스의 감시가 없는 틈을 놓치지 않고 재빨리 이용했다. 그녀는 독약 전문가 로쿠스타를 시켜 독의 효과는 천천히 나타나되 정신 착란을 일으키는 독약을 제조하게

했다.(註. 로쿠스타는 클라우디우스 황제가 죽은 후 황제 독살 혐의로 감금되었다.) 왜냐하면 너무 일찍 독약의 효과가 나타나면 음모가 탄로날 수 있을 것이고, 정신 착란을 일으키게 한 것은 효과가 천천히 나타나는 동안 클라우디우스가 자신의 죽음을 예측하여 친아들 브리타니쿠스에 대한 애정이 되살아나 후계자로 지명할 수 있다는 우려 때문이었다. 그 독약은 황제의 식사 담당인 할로투스에 의해 클라우디우스가 즐겨 먹는 각별히 맛있는 버섯에 뿌려졌다.

○ 하지만 클라우디우스는 식사 후 구토를 하여 독을 뱉어 버렸다. 그러자 아그리피나는 황실 의사 크세노폰을 시켜 일을 재빨리 처리했다. 그는 클라우디우스가 구토하는 것을 도와주는 척하며 효과가 빠른 독약을 바른 깃털을 황제의 목구멍에 집어넣은 것이다. 결국 당초 계획한 독약의 사용에 실패한 결과, 아그리피나의 음모는 드러날 수밖에 없었다.(註. 클라우디우스의 독버섯 독살설은 아그리피나와 사이가 나빴던 大 플리니우스의 기록에서 유래했다. 따라서 역사가들 중에는 음식과 술에 탐닉한 황제가 식사 도중에 음식이 목에 걸려 질식했을 것으로 추정하기도 한다. 그러나 그것도 추측일 뿐 증명된 것은 없으므로 고대 역사가의 기록을 따르는 것이 타당할 수밖에 없다.)

○ 클라우디우스가 죽자 네로는 유명한 말 한마디를 남겼다. 버섯이야말로 '신들의 음식'이라는 것이다. 클라우디우스가 버섯 요리를 먹고 죽었고 죽음으로써 신이 되었다는 것을 조롱한 것이리라. 네로가 양아들의 자격으로 클라우디우스의 장례식에서 세네카가 작성한 추도문을 읽었을 때, 그 연설문이 클라우디우스의 선견지명에 대해서 칭송한 것이어서 장례식에 참석한 사람들 모두가 죽은 자를 조소했다. 왜냐하면 클라우디우스가 미래에 닥쳐올 위험을 예측하지 못함으로

써 적의 세력을 키웠고 혈육뿐 아니라 자신도 살해당하고 만 것을 장례식에 참석한 사람들 모두가 알고 있었기 때문이다. 그것도 모자라 세네카는 『아포콜로킨토시스(Apocolocynthosis)』라는 풍자극을 썼다. 이는 아포콜로킨토시스가 신격화(아포데오시스apotheosis)와 호박(콜로킨타colocynta)의 합성어로 호박은 아둔함을 뜻하는 것인바 클라우디우스의 신격화를 조롱한 것이었다.

○ 사도 바울은 "지식은 사람을 교만하게 하며 사랑은 덕을 세우나니." 라며 성령을 전한 바 있다.(註. 고린도전서 8장 1절) 이는 지식인에게 흔히 볼 수 있는 교만스런 언행을 경고한 것이리라. 사랑이 없는 지식은 아무 소용없으며 우쭐하게 만들거나 헛된 망상에 빠져 거드름을 피우게 할 뿐이며 사람의 인격을 향상시키려면 사랑이 담겨야 한다는 뜻이기도 하다. 이러한 점에서 세네카는 자신의 지식을 교만하게 사용했다는 비난을 면하기 어렵다. 스토아 철학자 세네카가 이미 떠난 자에게 이렇듯 불경했던 것은 그가 율리아 리빌라와 불륜 관계에 있다는 이유로 클라우디우스 황제의 명령에 의해 코르시카섬에 유배되었던 것을 잊지 않고 있었기 때문이다.(註. 클라우디우스 황제가 율리아 리빌라와 가까이 지내자 메살리나가 이를 견제하기 위해 세네카를 끌어들였다고 추측되고 있다.)

| 마음에 새기는 말 |

역사 서술은 현재와 미래에 교훈이 되기를 바라는 마음에서 서술한다. 그러나 악명을 떨치던 황제의 시절에는 그 결과에 대한 두려움에서 허위와 아첨으로 기록되고, 그들이 세상을 떠난 뒤에는 증오심을 가지고 저술되곤 한다.

✳ 클라우디우스의 악행과 기행

≪클라우디우스 황제의 악행은 무관심에서 비롯되었다. 황제라는 막중한 권위와 권력을 부여받은 자라면 당연히 관심을 가지고 살펴야 하는 것을 남에게 맡긴 결과다. 어쩌면 황궁의 비서 조직도 이와 같은 그의 성품 때문에 생겨났으리라.≫

○ 클라우디우스는 나르키수스·팔라스 같은 해방 노예와 아내에게 큰 영향을 받았다. 그들이 바라는 대로 지휘권과 명예를 주고 사면이나 처벌을 내렸기 때문에 황제라기보다는 그들의 하인으로 불리는 게 더 어울렸다는 비판을 받았다. 모든 결정이 이렇게 이루어졌으므로 나중에 왜 그런 결정을 내렸는지 황제 본인도 잘 알지 못했다.

○ 클라우디우스는 하사금 수여와 법령 제정을 근거 없이 임의로 취소하고, 자신이 발부했던 허가증을 무효화하여 새로운 허가증으로 바꾸었다. 그리고 그는 장인 아피우스 실라누스와 티베리우스의 아들인 드루수스의 딸 율리아 그리고 형 게르마니쿠스의 딸 율리아 리빌라를 증거도 불확실한 상태에서 변론할 기회도 주지 않은 채 처형하기도 했다.

○ 딸 안토니아의 남편 그나이우스 폼페이우스는 남자 친구와 침실에 있다가 동성애를 한다는 의심을 받아서인지 칼에 찔려 죽었는데 살해의 배후에 황제가 있었음에 틀림없다.(註. 안토니아는 클라우디우스의 두 번째 아내였던 아일리아 파이티나가 낳은 딸이다. 그녀가 남편으로부터 소박을 당하자 클라우디우스에게 일러바친 것으로 여겨진다.) 그리고 딸 옥타비아와 약혼한 루키우스 실라누스는 원로원 의원직과 법

무관직을 잃고 4일 뒤에 클라우디우스로부터 자살하라는 명령을 받았다. 실라누스는 누이동생과 근친상간했다는 의심을 받았는데, 이는 누이동생의 시아버지 루키우스 비텔리우스(註. 훗날 황제가 된 비텔리우스의 아버지였다.)의 농간이었다. 왜냐하면 누이동생의 시아버지는 대단한 아첨꾼으로 아그리피나가 옥타비아를 네로와 결혼시키기를 원하자 실라누스를 옥타비아와 떼어 놓고자 했기 때문이다. 또한 클라우디우스는 35명의 원로원 의원들과 300명의 기사들을 눈도 깜짝하지 않고 간단하게 처형해 버린 일도 있었다.

○ 아내 메살리나가 연인이었던 실리우스와 이중 결혼을 했을 때 클라우디우스가 그 결혼 계약서에 서명을 했다는 믿기 어려운 사실도 있다. 메살리나는 실리우스와의 결혼은 위장이고 '메살리나의 남편'에게 예고된 위험을 클라우디우스가 아닌 다른 사람에게 돌리기 위해 두 번째 결혼을 할 필요가 있었던 것이라며 클라우디우스를 속였다고 한다. 메살리나가 남편의 승인을 받고 이중 결혼을 했다면, 평소 현실에 무감각한 클라우디우스의 습관이 그대로 반영된 것이라고 볼 수밖에 없다. 그렇지 않다면 스스로 승인한 이중 결혼에 그토록 놀라고 강경하게 대응할 리가 없기 때문이다.

○ 또한 클라우디우스는 소식을 즐겨 했던 아우구스투스와는 달리 늘 배불리 먹으며 과식하는 버릇이 있었다. 그리고 나서는 누워서 볼썽사납게 입을 벌리고 잠을 청했으며, 만약 과식으로 그냥 잠들기가 어려우면 노예로 하여금 새 깃털로 목구멍을 자극하게 하여 먹은 것을 토해 내곤 했다.

○ 클라우디우스는 검투사 경기를 무척 좋아했다. 그것은 검투사의 기량을 보는 것을 좋아했던 것이 아니라, 검투사가 죽음의 고통으로 몸

부림치는 것을 즐겼기 때문이다. 심지어 그는 패배하여 처형되는 검투사의 고통스러워하는 모습을 보고자 투구를 벗기도록 명령하기도 했다. 또한 예정된 대결 외에도 목수나 무대 담당자들에게 이런저런 일로 트집을 잡아 검투사 시합을 하게 만들었다. 한번은 시종 한 명을 토가를 입은 채로 경기장에 처넣었다고 한다. 그러면서도 클라우디우스는 검투사 경기장에서 시민들의 지지와 인기를 노리고 경기장을 찾은 시민들에게 '주인님들(domini)'이라고 부르며 아첨했다.

✻ 네로(Nero)를 향한 아그리피나와 레피다의 경쟁(54년)

≪아그리피나는 네로 주변을 권력과 제위 계승으로 휘장을 친 후, 네로에게 영향력을 미칠 경쟁자들을 하나하나씩 제거해 나갔다. 그녀는 그중에서도 네로에게 영향력을 미칠 여인으로 자신 하나면 충분하다고 여겼다.≫

○ 네로를 황제의 후계자로 굳힌 아그리피나는 여성 특유의 질투심으로 첫 번째 결혼에서 시누이였던 도미티아 레피다(Domitia Lepida)와 사사건건 서로 경쟁했다.(註. 아그리피나는 첫 번째 남편인 도미티우스 아헤노바르부스를 여의고, 파시에누스 크리스푸스와 재혼했지만 그도 먼저 세상을 떠났다. 그러니까 클라우디우스는 그녀의 세 번째 남편이었다.) 레피다는 大 안토니아의 딸이며 아우구스투스의 종손녀이고 아그리피나의 첫 번째 남편 아헤노바르부스의 여동생이었으므로 네로의 고

모였다. 또한 같은 이름을 가진 메살리나의 어머니와는 자매간이었다. 그녀는 고귀한 혈통이라는 측면에서 아그리피나와 대등했고 용모나 연령 그리고 재산이라는 측면에서도 아그리피나와 비슷했다. 성품 또한 두 여자는 모두 정숙하지 못했고 세간에 악명을 떨친다는 점에서도 경쟁이 될 만했다.

○ 두 여인이 서로 간에 가장 날카롭게 대립한 것은 네로를 사이에 둔 다툼이었다. 레피다는 네로의 고모로서 아버지를 여의고 어머니가 칼리굴라 황제에 대한 반역 혐의로 폰티아이섬에 추방되어 홀로 남은 3살밖에 안 된 네로를 키웠다. 사실상 그 당시 네로는 고아일 뿐만 아니라 거지 신세였다. 왜냐하면 로마에서 가장 난폭한 자로 소문났던 아버지 도미티우스 아헤노바르부스가 죽으면서 네로와 칼리굴라 황제를 공동 상속자로 정했지만, 어머니 아그리피나가 섬으로 추방되자 칼리굴라가 네로의 상속 재산까지 모두 차지했기 때문이다. 그때 레피다는 네로가 훗날 황제가 되리란 예언을 듣고서 감언이설과 푸짐한 선물로 어린 네로의 마음을 녹였다. 이에 반해 아그리피나는 아들에게 엄격하고 위압적인 태도로 시종일관했는데 이는 그녀가 아들에게 국가 통치권을 주더라도 아들에게 통치당하는 것은 참을 수 없는 성격이었기 때문이다.

○ 이렇게 두 여인이 네로를 사이에 두고 경쟁을 벌이다가 마침내 아그리피나는 계략을 써 레피다를 탄핵했다. 탄핵의 요지는 레피다가 황제를 죽이려 했고, 이탈리아 남부 칼라브리아에서 목동 노예들이 반란을 일으켰을 때 오히려 이들을 자극하여 반란이 거세지도록 조장했으며 행정관들이 진압을 위해 파견되었을 때도 그저 수수방관함으로써 이탈리아의 평화를 어지럽혔다는 것이다. (註. 농사일을 하는 노

예보다는 목동 노예들이 자주 반란을 일으킨 것은 그들이 넓은 방목지에 퍼져 있어 주인의 감시로부터 자유로웠고 가축을 보호한다는 명목 아래 어느 정도 무기를 갖출 수 있었기 때문이다.) 나르키수스는 탄핵을 강력히 반대했지만, 그녀는 사형 선고를 받고 말았다. 사사건건 아그리피나와 부딪친 나르키수스는 이 일로 더욱 상심했고, 평소 스스로도 네로가 제위에 오르던 브리타니쿠스가 제위에 오르던 자신의 파멸은 틀림없이 예고되어 있다고 말하곤 했었다. 그 예언은 적중하여 훗날 그는 아그리피나의 압박에 못 이겨 자살로 생을 마감했다.

☀ 경쟁자 제거와 브리타니쿠스의 죽음(55년)

≪황제의 경쟁자가 될 수 있다는 운명은 대부분 비극이었다. 심지어 브리타니쿠스처럼 황제 살해 음모를 꿈꾸지 않았던 경우라도 의심의 표적을 피할 수 없어 비참한 최후를 맞았다. 하기야 사울도 자신처럼 사무엘에게 기름 부음을 받은 다윗을 죽이려고 그렇게도 노력하지 않았던가?≫

○ 아우구스투스는 이집트를 정복했을 때, 클레오파트라가 카이사르의 아들이라고 주장한 카이사리온을 죽였다. 그러나 안토니우스의 아들들에 대해서는 정치적 야망이 있을 수 있다고 판단한 큰아들만을 제거하고 나머지는 모두 거두어 키웠다. 또한 티베리우스는 아우구스투스가 죽자, 가이우스 그리고 루키우스와 함께 양자로 입적되었던

포스투무스를 제거했다.(註. 타키투스에 의하면 티베리우스가 통치권을 행사하고 나서 첫 번째 범죄는 아우구스투스의 외손자 포스투무스를 암살한 것이라고 주장했다. 포스투무스는 플라나시아섬에 추방되어 있었는데 티베리우스의 명령을 받은 백인대장이 비무장 상태인 그를 기습했다. 그럼에도 불구하고 백인대장은 포스투무스와 격렬하게 싸운 끝에 겨우 죽일 수 있었다. 그리고 이 사건은 황위의 계승과 관련된 중요한 사건임에도 티베리우스는 원로원에서 아무런 해명을 하지 않았다. 다만 암살을 담당했던 백인대장이 티베리우스에게 "명령하신 임무를 완수했습니다."라고 보고하자, 그는 "나는 그런 명령을 내린 기억이 없다. 너는 그런 일을 저지른 이유를 원로원에서 해명해야 할 것이다."며 질책했다. 사실 티베리우스는 포스투무스를 감시하고 있던 장교에게 아우구스투스가 "내가 죽으면 바로 포스투무스를 제거하라."고 명했던 것처럼 암시한 적이 있었다. 당초에 암살을 계획했던 자는 가이우스 살루스티우스 크리스푸스였다. 같은 이름을 가진 BC 1세기의 역사가 살루스티우스는 그의 양아버지이자 할머니의 오라비였다. 그는 발뺌하는 티베리우스의 이 말을 듣고 포스투무스의 죽음을 대중의 논란거리로 만들려는 티베리우스의 결정에 소스라치게 놀랐을 뿐 아니라, 자신에게 그 죄를 뒤집어씌울까 걱정이 되었다. 이렇게 되면 그가 원로원에서 진실을 말하든 거짓을 말하든 위험하기는 마찬가지였다. 그래서 리비아에게 이렇게 조언했다. "황가의 비밀, 친구의 충고, 군대가 수행한 임무 등은 결코 누설되어서는 안 되는 법입니다. 또한 티베리우스가 모든 것을 원로원에 위임하여 황제의 권위가 약화되는 것도 막아야 합니다. 독재 정치의 요점은 통치자 홀로 보고를 받지 않는 한 제대로 돌아갈 수 없기 때문이며, 계산서는 한 사람에게 제출되어야만 비로소 균형 잡힐 수 있기 때문입니다." 티베리우스는 리비아를 통해 크리스푸스의 현실적 조언을 듣고 더 이상 입을 열지 않았다. 그리하여 그 문제는 거기서 종결되었다. 타키투스에 의하면 아우구스투스가 포스투무스의 성격이나 행동을 혹평한 것에 자극받아 원로원이 추방형에 처한 것은 사실이지만, 의붓아들인 티베리우스의 걱정거리를 덜어 주기 위해 자신의 외손자를 죽이게 했을 만큼 냉혹한 사람은 아니었다고 했다. 그러나 이것은 사실에 근거한 것이 아니라, 티베리우스를 좋지 않게 평가하고 있던 타키투스의 추측일 뿐이다. 다시 말해 아우구스투스가 제국의 앞날을 염려하는 생각에 폭군의 기질이 있던 포스투무스를 제거하도록 조언했을 경우도 배제할 수 없다는 것이다.) 티베리우스는 자신이 죽인 것이 아니라고 부인했지만, 누구의 지시이든 간에 티베리우스가 포스투무스의 살해에 반대하지는 않았던 것이 분명했다. 그리고 칼리굴라는 선황 티베리우스의 친손자인 게멜루스를 죽였으며, 네로도 선황 클라우디우스의 친아들인 브리타니쿠스를 죽였다.

○ 클라우디우스의 어린 아들 브리타니쿠스의 죽음에 대해서는 이렇게 알려졌다. 브리타니쿠스는 살해될 당시 나이가 겨우 14세였으며, 천식 환자로서 몸도 약했고 재능도 없었으며 황제가 되겠다는 의지조차 없었다. 그러나 계모 아그리피나가 네로와 다툴 때 네로보다는 브리타니쿠스가 혈통으로 보아 훨씬 적자라고 쏘아붙였다. 그러면서 이제는 충분히 황제의 역할을 다할 수 있게 된 브리타니쿠스를 근위대의 병영으로 데리고 갈 것이라고 협박했다.(註. 황제가 될 자는 원로원에서 권한을 승인받고 근위대에서 충성을 서약받아 옹립되었지만, 정변이 일어났을 경우에는 근위대의 충성을 먼저 얻어 내고 원로원을 위력으로 굴복시켰다.) 협박을 당하자 유약한 네로의 마음은 얼어붙고 말았다. 이로써 보호해 줄 사람이 아무도 없는 14살짜리 브리타니쿠

스의 목숨은 결정되었다.

○ 브리타니쿠스가 자신에게 다가오는 죽음의 그림자를 깨닫지 못한 것은 아니었다. 그가 살해당하기 전 그해의 어느 축제 때였다. 그곳에는 네로의 측근들이 질펀한 축제의 즐거움을 즐기기 위해 모두 모여 있었다. 그때 네로는 브리타니쿠스를 놀려 주려고 그를 초대한 후 연회가 거의 끝나 갈 무렵 축제를 기념할 노래라도 한번 불러야 되지 않겠냐며 연회장 중앙으로 내보냈다. 그곳에 있던 사람들은 브리타니쿠스가 주눅이 들고 자존심이 상해서 아마 노래를 부르지 않을 것이라고 생각했다. 하지만 기댈 곳 없는 이 어린 고아는 모욕적인 상황에 기죽지 않고 자신의 불운한 운명을 그대로 담고 있는 시를 노래했다. 그 시는 '안드로마케'였다. 안드로마케의 남편은 트로이아 왕 프리아모스의 큰아들 헥토르였고, 비참하게 죽지 않았다면 트로이아 왕이 되었을 헥토르의 비극은 모두가 다 아는 사실 그대로다. 이 어린 고아가 자신에게 닥쳐올 운명을 미리 알고 있었다는 것은 그의 노래가 연회의 즐거움을 넘어 사무치는 슬픔을 연회장에 몰고 와서 그곳에 앉아 있던 잔인하고 부도덕한 자들을 침묵시켰기 때문이다.

○ 네로는 클라우디우스 황제의 독살죄로 감금되어 있던 로쿠스타를 시켜 독약을 제조하게 했다. 황제의 아들이었던 브리타니쿠스는 음식을 먹기 전에 먼저 노예가 시식하는 것이 관례였다. 네로는 계책을 썼다. 음료를 아주 뜨겁게 만들어 시식자가 먼저 먹게 한 뒤, 브리타니쿠스가 너무 뜨겁다며 거절할 때 독약을 탄 찬물을 섞은 것이다. 치명적인 독약을 마신 브리타니쿠스는 소리도 지르지 못한 채 온몸을 바들바들 떨며 고통스럽게 죽어 갔다. 이는 그의 아버지가 죽은지 채 4개월이 못 되어 일어난 일이었다. 같이 식사하던 아그리피나

와 옥타비아는 혼비백산한 모습으로 그 광경을 지켜보았다. 아그리피나는 자신의 아들이 언젠가는 자신도 저렇게 죽일 것이라고 믿게 되었고, 옥타비아는 오빠의 죽음 앞에 사람으로서 마땅히 표현해야 할 슬픔, 분노, 절망뿐만 아니라 애정까지도 모두 숨겼다. 네로는 브리타니쿠스가 간질 때문에 쓰러진 것이라고 말하며, 아무렇지도 않은 듯 연회를 계속하라고 명령했다.

○ 다음 날 아침 브리타니쿠스의 시신에는 독약으로 인한 섬뜩한 반점이 나타났다. 네로는 이를 숨기기 위해 사체에 석고를 발랐으나, 장례식 중에 심한 비가 내려 석고가 씻겨 버렸고 살해된 흔적은 온 세상에 드러났다. 브리타니쿠스가 살해된 것에 대해 시민들은 분노하거나 비난하지 않았다. 이것은 카이사리온을 죽인 아우구스투스에게도, 포스투무스를 제거한 티베리우스에게도, 게멜루스를 죽인 칼리굴라에게도 마찬가지였다.

▌ 브리타니쿠스

○ 사실 브리타니쿠스는 입에 거품을 물고 있는 경우가 종종 있긴 했다. 그것을 보고 네로는 사람들로 하여금 자신이 브리타니쿠스를 독살하려 한다는 의심을 갖도록 만들었다고 비난했다. 그러나 진실은 브리타니쿠스가 병약했기에 치료약을 너무 많이 먹어서 입에 거품을 물고 있는 현상이 나타난 것일 뿐이었다. 네로가 독약전문가 로쿠스타

를 시켜 브리타니쿠스에게 독약을 먹이게 했을 때, 훗날 황제가 된 티투스도 같은 식탁에 앉아 독약을 먹고는 오랫동안 위중한 상태로 있다가 겨우 깨어났다. 티투스는 그때의 충격을 잊지 못했으며, 같이 공부하며 동고동락했던 브리타니쿠스를 위해 나중에 황금상과 기마상을 세웠고, 이 조각상의 봉헌식 때 행렬을 따라 몸소 키르쿠스(註. circus는 '경기장'을 의미한다.)를 돌며 추도했다.

☀ 네로의 선정

≪집권 초기 5년 동안에 네로 황제는 여느 통치자와 다름없이 선정을 베풀었다. 훗날 5현제의 한 명으로 손꼽히는 트라야누스도 "다른 어느 황제의 치세도 네로의 초기 치세 5년에 미치지 못한다."며 격찬했다.(註. 정확하게 말하면 트라야누스가 "네로의 치세 5년에 미치지 못한다."고 말한 것을 근대 학자들이 '초기 치세 5년'으로 해석한 것이다. 이는 네로가 치세 후반에도 칭송받은 결정을 했다는 사료가 있어 논란거리다.) 네로의 행동이 악덕을 가면 뒤에 감춘 위선이었는지 아니면 본성이 선량했는지 알 수 없어도 피통치자들은 그의 선정에 기뻐했고 칭송함으로써 황제를 격려했다. 인간의 본성이란 처음부터 악정과 폭정을 일삼는 통치자는 없는 법이며, 처음부터 통치자를 비난하고 욕하는 민중은 없기 때문이다.≫

○ 클라우디우스 황제는 아내 메살리나의 탐욕에 부응했고 해방 노예의

전횡을 방치했다는 원성을 들었다. 따라서 황제에 막 오른 네로는 선제와의 선을 긋고 선정을 펼치겠다고 선언했다. 그러면서 원로원이 황제 승인을 의결해 준 것과 군대의 지지에 감사한다는 연설을 했다. 원로원 연설에서 그는 훌륭한 조언자와 인물들의 보좌를 받고 있으며, 아직 젊기 때문에 세파에 몸을 더럽히지도 않았고, 누구에게 증오심을 품은 적도 없으며, 누구에게 모욕을 당한 적이 없으니 복수하고자 하는 대상도 욕망도 없다고 말했다.

○ 아울러 반역과 같은 중대한 경우가 아니라면 황제가 모든 종류의 재판을 직접 하는 일이 없을 것이며, 기소자와 피고를 한집에 가둬 놓고 소수의 사람이 사법권을 행사하는 일도 당연히 없을 것이라고 약속했다. 또한 황가에 정실로 접근하는 모든 길을 끊고 황가와 국가 사이에 명확한 선을 긋겠다고 했다. 이러한 정책에 따라 원로원은 예로부터의 권한을 다시 누리고, 이탈리아에 거주하는 로마 시민들은 집정관에게 상소해 재판을 받으며, 집정관의 중재에 의한 원로원의 심리도 받게 될 것임을 천명했다.

○ 네로 통치 초기에 예정 재무관은 막대한 자금이 소요되는 검투사 시합의 개최 의무에서 벗어나기도 했다. 아그리피나가 섭정을 하듯이 회의장 뒤에 문을 만들고 거기에 커튼을 친 뒤 모습을 감추고서 회의를 엿들으며 이를 반대했지만 원로원 의원들이 통과시킨 것이다.

○ 또한 네로는 파르티아 왕 볼로가세스의 아르메니아 침입을 물리치기도 했다. 그는 게르마니아 전선의 명망 있는 장군 코르불로를 동방 총사령관에 임명하고 사태 해결을 지시한 것이 들어맞은 것이다. 원로원은 최고 사령관으로서 네로 황제의 능력을 유감없이 보여 주었다고 야단스럽게 칭송했다. 그리하여 네로를 위해 감사제를 열 것과

약식 개선식을 거행할 것 그리고 마르스 신상과 같은 크기의 황제상을 만들 것을 결정했다.

○ 어느 원로원 의원이 네로를 위해 순금이나 순은으로 된 조각상의 건립을 제의하자 네로는 거절했다. 그리고 원로원이 네로가 태어난 12월을 새해의 시작으로 하자는 결의를 했지만 그는 1월 1일을 새해의 시작일로 삼는 전통을 지켰다. 원로원 의원 켈레르가 노예에게 고발당했을 때도, 기사 계급 덴수스가 브리타니쿠스에 대하여 동정했다고 탄핵받았을 때도, 네로는 이를 받아들이지 않았다. 그리고 사형집행서에 서명을 해 달라는 요구를 거절하곤 했지만 한번은 어쩔 수 없이 사형을 승인할 수밖에 없는 상황에 처하자, 그는 "차라리 내가 글 쓰는 법을 배우지 말았어야 하는데."라고 말하면서 서명한 필기구를 그 자리에서 분질러 버렸다. 또한 행정관들이 여러 황제가 제정한 법령의 준수를 맹세할 때 네로는 집정관 안티스티우스로 하여금 자신의 법령에 대해 복종하도록 맹세하는 것을 금지시킴으로써 의원들의 격찬을 받았다.

○ 라테라누스 또한 네로의 관대한 조치에 혜택을 받았다. 그는 메살리나 황후의 정부였다는 이유로 원로원 의원직을 박탈당했지만 네로에 의해 원래의 신분으로 회복되었다. 네로의 선심은 클리엔스들에게도 영향을 미쳤다. 로마의 파트로누스는 찾아오는 클리엔스들에게 만찬을 베푸는 관습이 있었다. 하지만 네로는 대중 만찬을 베푸는 대신에 가난한 그들에게 차라리 현금을 선물로 나누어 주곤 했다. 이것이 관행이 되어 파트로누스는 문안 인사(註. 문안 인사를 '살루타티오 salutatio'라고 한다.)를 하기 위해 매일 찾아오는 클리엔스들에게 개인당 6~7세스테르티우스를 주었는데 이를 '선물' 또는 '선물을 나눠 주

는 작은 바구니'를 의미하는 '스포르툴라(sportula)'라고 했다. 게으르고 약삭빠른 클리엔스들 중에는 발품을 팔아 여러 권세 있는 파트로누스들에게 받은 스포르툴라로 살아가는 자들이 있었는데 양식 있는 교양인들은 이런 자들을 비난했다.(註. 하지만 세네카는 로마의 파트로누스들이 여러 가지 핑계를 대며 클리엔스들이 기다리는 접견실을 피한다고 비난했다. 그들은 잠자느라, 향락을 즐기느라 또는 인정이 없어 클리엔스들의 고충을 성가시게 생각하고 들으려 하지 않는다고 꾸짖었다.) 이러한 네로의 선정은 세네카가 네로 황제를 통하여 자신의 교육이 얼마나 현명한지를 증명해 보이고 자신의 재능을 과시하려고 한 이유에서 비롯되기도 했다.

※ 암프시바리족의 몰락(57년)

≪암프시바리족은 외교에 실패하자 무력에 호소했지만 군사력마저도 약해 결국 몰락했다. 누구나 암프시바리족을 딱하게 여기고 동정했지만, 국가 간의 경쟁은 동정에 호소되기보다는 힘과 실리에 따라 결정되는 법이다.≫

○ 라인강변 쪽에 로마 병사들이 쓰려고 마련해 둔 공터가 있었다. 이 땅을 암프시바리족이 점거했다. 게르만족의 하나인 그들은 카우키족에게 쫓겨나 살던 곳을 빼앗기고 그곳으로 피난 온 것이다. 그들은 로마 총독 아비투스에게 자기 부족들은 살 곳이 없으니 안전한 이곳

을 피난처로 달라고 탄원했다. 이들의 딱한 사정은 이웃 부족들에게도 동정을 불러일으켰으며, 결국 부근 부족들 사이에 명성이 높고 로마에 신뢰를 쌓은 보이오칼루스란 자가 이 문제를 해결하기 위해 발 벗고 나섰다.

○ 보이오칼루스는 분노 섞인 목소리로 총독 아비투스에게 말했다. "케루스키족의 아르미니우스가 로마와 전쟁을 벌일 때 나는 로마군을 편들었다는 이유로 그에게 구속되어 족쇄가 채워진 적이 있었다. 그럼에도 그 후에도 계속하여 충실한 로마의 동맹군이 되었으며, 로마의 지배권에 복종했음을 우선 밝힌다. 지금 우리의 불행한 암프시바리족이 거주할 곳을 원하고 있다. 그리고 그곳은 비어 있다. 로마는 무엇 때문에 그 방대한 땅을 쓰지도 않으면서 내버려 두고 있는가? 가축이라도 방목할 것인가? 인간이 정착할 곳을 찾지 못해 죽어 가고 있는데 가축을 위해 휴한지로 남겨 두지는 않으리라 생각한다. 더군다나 그들이 로마와 우정이 깊은 부족이라면 더욱 그럴 것이다. 더군다나 그곳은 게르마니아의 여러 부족들이 거주한 적이 있던 땅이다. 천상이 신들의 것이듯이 땅은 죽어야 하는 운명을 피할 수 없는 인간의 것이며, 빈 땅은 인류 공동의 재산이 아닌가?" 그러고 나서 그는 하늘을 향해 "신이시여, 인간이 없는 땅이 과연 좋은가?" 하며 크게 외쳤다.

○ 그러자 아비투스는 보이오칼루스에게 답했다. "인간은 누구나 뛰어난 자에게 복종하지 않을 수 없듯이 그대들은 로마인들의 결정에 따르지 않으면 안 된다. 따라서 로마가 그 땅에 거주할 수 없다는 결정을 내렸다면 그것은 곧 신들의 뜻과 다름이 없다." 그러면서 보이오칼루스에게만은 우정을 생각해 땅을 주겠다고 약속했지만, 그는 그것이 밀통한 보수와 같은 것이므로 받을 수 없다고 거절했다. 그리고

서로가 상대의 오만함에 분노와 적개심을 가지고 헤어졌다.

○ 결국 암프시바리족은 무력으로 부족의 영토를 확보하겠다고 마음먹고서 브룩테리족과 텐크테리족 등 주변의 부족들을 꾀어 로마군과 싸우자고 설득했다. 그러나 총독 아비투스는 고지 게르마니아 군단과 양동 작전을 펼쳐 암프시바리족의 동맹을 해체시켜 버렸다.(註. 라인강을 기준으로 상류 쪽에 배치된 군단을 고지 게르마니아 군단, 하류 쪽에 배치된 군단을 저지 게르마니아 군단으로 불렀다.) 암프시바리족은 동맹군이 없는 고립무원의 상태에서 로마군과 싸우다 패주하여 다른 부족의 영토로 도망쳤다. 그러나 그 땅의 부족들에게도 받아들여지지 못하고 낯선 땅을 유랑하며 거지 취급을 받았다. 비참한 타향 생활에서는 당연한 결과겠지만, 나중에는 토착 부족의 적이 되어 젊은 이들은 모두 살해되고 싸움을 할 수 없는 남은 부족민들은 전리품으로 노예가 되어 부족 전체가 파멸하고 말았다.

| 마음에 새기는 말 |

농담이 진실을 근거로 삼을 때는 훨씬 훗날까지 원한이 마음에 사무치게 마련이다.

– 집정관 베스티누스는 네로 황제와 친하게 지냈다. 그러면서도 그는 네로의 소심함을 꿰뚫어 보고 경멸했으며 종종 가시가 있는 농담으로 조롱하기도 했다. 네로는 이를 마음에 두고 베스티누스를 증오하여 피소의 황제 살해 음모 사건 때 죄를 뒤집어씌워 자살을 명령한 것에 대하여.

※ 네로의 명령(57년)과 박수 부대

≪네로는 지도층 인사들에게 관례를 벗어난 방식을 명함으로써 자신의 권력을 남용했다. 이는 통치에 전혀 도움이 되지 않을 뿐 아니라 자신에게 반감을 품는 자를 양성하는 결과만을 낳았다. 게다가 갈채와 열광을 위해서 수치스런 방법도 마다하지 않았지만, 황제가 소리를 내어 인기를 얻는 것은 경망스럽게 보이기 마련이다. 통치자의 음성은 지배받는 자에게 좀 더 깊이 있고 신중하게 들려야 하기 때문이다. 차라리 글이나 그림이라면 괜찮았으리라. 네로는 그 점을 납득하지 못했고 자신에게 보내는 환호는 지위에 걸맞는 대우였을 뿐이라는 걸 깨닫지 못했다.

황제가 위엄과 덕성의 모습만 보이며 시민들과는 다른 종류의 인간으로 군림하는 대신, 춤과 노래를 선보이게 되면 청중과 일체감을 형성하고 공감대를 느끼는 사람으로 비춰지게 될 것이라는 판단은 짧은 생각이다. 왜냐하면 무릇 황제란 그런 종류의 친근감을 포기할 줄 알아야 하는 자리이기 때문이다. 카이사르는 말했다. "높은 지위에 있는 자는 행동에 자유가 제한된다." 노래하는 대통령 노래우도 이 점을 헤아리지 못했다. 물론 다윗은 음악을 좋아하며 노래도 곧잘 했다고 한다. 허나 그것은 속된 즐거움이 아니라, 종교적 율법에 따라 다스렸던 유태족 통치자로서 종교적인 일에 충실을 기하기 위해서였다.≫

○ 네로는 바티칸 경기장에서 원로원 의원, 기사 계급 등 사회 지도층 인사로 하여금 체육 경기에 참가하도록 명령했다. 사실 청소년

기의 로마 시민들은 체력을 연마하는 데 열심이어서 로마의 젊은이들이 신체 단련에 정성을 다하는 것을 보고 시인 유베날리스는 이렇게 말하기도 했다. "건강한 신체에 건강한 정신이 깃든다Mens sana in corpore sano!"(註. 이 말은 유베날리스가 신체 단련에 여념이 없는 젊은이들을 보면서, 신체가 단련되는 만큼 정신도 단련되면 좋으련만 그렇지 못하다는 핀잔의 의미로 자신의 풍자시 10편에서 이렇게 말한 것이다. "건강한 신체에 건강한 정신까지 깃들면 바람직할 것이다Orandum est ut sit mens sana in corpore sano." 하지만 건강한 신체에 건강한 정신이 깃든다는 표현은 유베날리스보다도 훨씬 더 거슬러 올라가 BC 5세기경 그리스 철학자들이 인용했다고 한다.) 하지만 성인이 되고 나면 이를 등한시하여 배가 나와 허리가 굵어지고 몸은 축 늘어져, 거의 반나체로 참가해야 하는 체육 경기에서는 볼썽이 사나웠다. 게다가 그리스에서는 자유민이어야 된다는 것이 경기 출전자의 첫 번째 조건이었으나, 로마에서 경기 출전자는 시민권자에서 해방 노예, 외국인으로 바뀌었으며 심지어는 노예와 포로에게로 넘어가 있었다. 요컨대 체육 경기가 시민들끼리의 시합에서 시민들의 구경거리로 전락하여 사회 지도층 계급이 할 일이 아니었던 것이다.

○ 그것이 귀족들을 조롱함으로써 시민들과의 친근감을 높이려는 의도로 네로가 시도한 것인지는 모른다. 물론 시민들은 재미있게 여겼겠지만, 위엄을 자신의 근거로 생각하는 지도층 인사들의 자존심은 여지없이 무너지고 말았다. 그렇다고 황제가 명령하는 체육 경기에 참가하지 않을 수도 없고 마지못해 시키는 대로 따라했지만, 네로에 대한 감정이 쌓이게 되었다.

○ 하지만 네로는 자신의 영광과 갈채를 위해서라면 이제까지 볼 수 없

었던 방법으로 많은 노력을 더했다. 전문적으로 박수 부대가 동원되어 방청객 중에 앉아 있는 것은 네로 때부터였기 때문이다. 네로는 무대에서 리라 연주가로 등단했는데, 알렉산드리아인들이 멀리서 배를 타고 와서는 네로의 연주에 박수갈채를 보냈다. 알렉산드리아인들의 연습에 의한 이 박수 소리는 리드미컬했으며, 네로는 이에 매료되어 알렉산드리아로부터 더 많은 사람들을 불러 모아 방청석에 앉혔다.

○ 더 나아가 기사 계급의 젊은이들과 5천 명의 건장한 평민 출신 청년들을 '아우구스투스단(augustiani)'이라는 박수갈채단을 선발하여 몇 개조로 나눈 뒤 알렉산드리아식 박수를 배우게 했다. 이들은 각각 '벌 떼', '지붕기와', '벽돌' 등으로 불렸고, 네로가 리라 연주와 노래를 할 때면 밤낮으로 박수를 쳐 대며 네로의 몸짓과 노래에 신들의 이름을 들먹이고 치켜세웠으며 격려와 호응을 보냈다. 알렉산드리아 박수 부대를 이끄는 기사는 한 차례 공연에 수고비로 금화 400닢을 받았다.(註. 금화 1닢을 '1아우레우스'라고 하며, 순금 7.8~7.3g에 해당하므로 약 2돈이었다.) 이들은 방청객이면서도 직업적인 응원단이었다. 근위대장 부루스도 황제의 무너지는 권위 앞에 마음 아파하면서도 박수를 칠 수밖에 없었다.

○ 간혹 박수 부대와 관계없는 사람들, 다시 말해 먼 속주의 사절이나 개인적으로 온 사람들이 이러한 방종에 어울리지 못해 장단에 맞지 않게 박수를 쳐 박수 소리를 혼란시키면, 대기 중이던 병사들의 채찍이 여지없이 날아오곤 했다. 병사들은 극장에 모인 사람들의 이름과 얼굴을 확인하고, 네로의 연주에 황제의 지위와 품위에 걸맞는 환호를 보이지 않을 때는 기억해 두었다가 처벌했다. 네로가 공연하는 동

안에 청중들은 좌석에서 이탈하는 것이 금지되었는데 공연이 몇 시간이나 계속되어 공연장에서 출산을 하는 여인도 있었고, 어떤 자는 오랜 시간의 구속을 견디지 못해 공연장 밖으로 나가기 위해 죽은 시늉을 하기도 했다. 훗날 황제가 된 베스파시아누스는 네로가 연주할 때 눈을 감고 졸았다는 이유로 황궁의 해방 노예 포이부스에게 지적을 받았으나 가까스로 구제받을 수 있었다.

○ 하기야 박수를 치려면 잘 쳐야 한다. 2013년 북한의 장성택은 건성으로 박수를 치다 목숨까지 잃었기 때문이다. 그를 처형한 판결문에는 이런 내용이 있었다. "놈은 경애하는 김정은 동지를 중앙군사위원회 부위원장으로 높이 모신다는 결정이 선포되어 온 장내가 열광적인 환호로 끓어번질 때, 마지못해 자리에서 일어나 건성건성 박수를 치면서 오만불손하게 행동하여 군대와 인민의 치솟는 분노를 자아내게 했다." 권력 투쟁에서 패배한 것이 그가 처형된 속내겠지만, 마지못해 건성으로 박수 친 것이 회의 석상에 앉아 있던 국가 제2인자를 끌고 가 법질서를 깡그리 무시한 채 항변의 기회조차 제대로 주지 않고 판결 즉시 처형한 공식적인 이유였다.

※ 포파이아의 유혹과 아그리피나의 죽음(59년)

≪포파이아는 남편 될 사람이 저지를지도 모를 패륜 행위를 막기는커녕 오히려 어머니를 살해하도록 몰아갈 만큼 사리 분별이 없는 여자였다. 그뿐 아니라 훗날 그녀의 질투심과 시기심은 남편이 전처 옥

타비아까지 살해하도록 자극했다. 이렇듯 폭군의 근처에는 이를 부추기는 여인이 있기 마련이다.

차갑고 야무진 여인 아그리피나가 "네로가 천하를 얻으면 나를 죽여도 좋다."고 한 말은 자식이 입신양명한다면 불효조차도 용서하겠다는 부모의 어리석은 마음이 반영된 것이었다.≫

○ 포파이아 사비나는 기사 계급인 크리스피누스의 아내였는데 네로의 친구 오토가 그녀를 유혹하여 차지했고, 오토가 아내 포파이아를 자랑하자 그녀를 본 네로가 홀딱 반했다.(註. 타키투스에 따르면 크리스피누스는 44년 포파이아와 결혼하여 아들을 낳았으나, 훗날 네로의 미움을 받아 아들과 함께 처형되었다고 한다.) 포파이아의 어머니는 메살리나의 계략으로 자살했으며, 친아버지는 세야누스가 몰락한 후에 그와 돈독한 우정을 나누었다는 것이 빌미가 되어 파멸한 자였다. 하지만 그들의 딸 포파이아는 남자를 유혹하는 데 천부적인 재능을 지녔다. 뛰어난 미모, 애교스런 말, 정숙이란 가면을 쓴 방종, 풍부한 기지 그리고 외출을 삼가며 외출할 때도 언제나 베일로 얼굴을 가리는 습관 등이 그러했다. 또한 애정에 구속받지 않고 이익이 되는 것을 깨달으면 누구에게나 정을 주는 그런 여자였다. 네로가 이런 여인의 유혹에 완전히 넘어간 것이다. 처음에 그녀는 네로의 용모에 빠져 애욕을 주체하지 못하는 것처럼 가장하고, 네로의 연정이 깊어졌을 때는 오히려 태도가 바뀌어 애를 태우게 하는 방법으로 네로를 사랑의 포로로 만들었다.

○ 사랑의 늪에 떨어진 네로는 죽마고우인 오토에게 포파이아를 자신에게 달라고 요청했다. 하지만 포파이아의 미모에 빠진 오토는 진정으

로 포파이아를 사랑하게 되었고, 네로라고 하더라도 포파이아를 양보하려 들지 않았다. 오토는 포파이아를 데려오라는 네로의 명령을 받아 든 사람을 물리쳤을 뿐 아니라, 직접 찾아 온 네로조차 만나려 하지 않았다. 마침내 네로는 포파이아를 차지하기 위해 오토와의 우정과 친교를 끊고 그를 오늘날 포

▌ 아그리피나와 네로

르투칼에 해당하는 루시타니아 속주 총독에 임명하여 멀리 보내 버렸다. 방해자가 없어진 상태에서도 네로는 포파이아를 애인으로 차지할 수 없었다. 포파이아가 네로의 애인으로서만 만족하지 않고 안방을 차지하겠다고 요구했기 때문이다. 어쩌면 포파이아의 친정어머니가 메살리나 황후의 모함으로 자살했던 만큼 황후의 권력을 원했는지도 모른다.(註. 메살리나와 포파이아 어머니는 무언극 배우 므네스테르를 서로 차지하려고 했던 연적이었다. 메살리나는 아시아티쿠스를 반역죄로 모함할 때 포파이아의 어머니가 아시아티쿠스와 불륜 관계에 있다고 폭로하며 협박을 가해 결국 자살로 몰아넣었다.)

○ 그러나 아그리피나는 아들인 네로가 선황의 딸 옥타비아와 이혼하고 포파이아와 결혼하려는 것을 결코 용납하지 않았다. 그렇게 되자 포파이아는 네로에게 이렇게 말하곤 했다. "아그리피나는 내가 황후가 되면 황제의 눈을 밝게 하여 자신의 오만과 탐욕에 대해 원로원과 시민들이 얼마나 분노하고 있는지를 깨닫게 해 줄까 두려워하는 거예

요. 아그리피나가 나를 며느리로 맞이하지 않으려면 다시 나를 오토의 아내로 만들어 놓으세요!" 이럴 때 대부분의 정숙하지 못한 여인들이 그러하듯 그녀는 그럴듯한 눈물과 함께 투정을 부렸다.

○ 이렇듯 아그리피나는 포파이아와의 결혼에 반대하며 국정에 과도하게 간섭하고, 그녀 스스로는 황태후이면서도 팔라스의 애인 노릇을 하는 등 정숙하지 못했고 사사건건 아들과 대립했다. 네로가 건방진 권신 팔라스를 면직 처분하자 아그리피나는 커다란 불만에 싸이기도 했다. 그러면서도 자식인 네로를 유혹하려고 짙은 화장을 하고 교태를 부렸다.(註. 일설에 따르면 네로는 어머니의 유혹에 넘어가 천상이 정해 준 인륜의 도를 저버리고 근친상간을 저질렀다고 한다. 이러한 음행이 로마 세계에 소문으로 퍼지자 네로는 괴로워하며 어머니를 살해하기로 마음먹었다고 전해진다.) 결국 네로는 어머니의 야심에 혐오감을 느끼며 피하게 되었다. 그가 즉위할 때 어머니의 보살핌에 깊은 감사드리며 근위대에게 처음으로 불러 준 군호가 '최고의 어머니(optima mater)'였다. 하지만 어느덧 어머니가 귀찮을 뿐만 아니라 제거해야 하는 존재로 바뀌어 있었다.

○ 마침내 미세눔 함대장인 해방 노예 아니케투스가 자진해서 네로의 근심거리를 해결하겠다고 나섰다. 그는 네로의 어릴 적 가정 교사였고, 아그리피나와는 승진 문제로 증오하는 감정을 품고 있었다. 아니케투스는 바다만큼 재난이 쉽게 일어나는 곳은 없으며, 따라서 세상 사람들을 속이기 쉬우니 바다 위에서 아그리피나를 실은 배를 침몰시켜야 한다고 주장했다. 그러고 나서는 세상을 떠난 아그리피나를 위해 신전이나 제단을 건립하는 등 효심을 보여 주는 여러 가지 일로써 죄를 가리면 될 것이라고 네로를 설득했다.

○ 때마침 3월 19일~23일까지는 미네르바(註. 그리스의 '아테나' 여신에 해당) 축제가 벌어지는데 네로는 네아폴리스 근처의 푸테올리(註. 현재 지명 '포추올리')만 서쪽에 있는 바이아이로 아그리피나를 초대하기로 했다. 그러면서 "어머니의 노여움은 참아 내야만 하고 기분을 풀어 드려야 한다."는 말을 아그리피나 측근들에게 퍼뜨렸다. 드디어 아그리피나가 초대받은 곳으로 가자 네로는 해안까지 마중 나와 손을 내밀고 껴안을 듯이 하며 별장으로 안내했다. 이윽고 그녀가 저녁 식사에 초대되자 네로는 비위를 맞추려고 알랑거리며 아그리피나의 의심과 긴장감을 가라앉혔다. 그는 어린 소년처럼 까불며 떠들다가도 갑자기 진지한 표정으로 무언가 중대한 얘기라도 할 듯이 어머니에게 친근하고 가까이 대하곤 했다. 그러면서 밤늦게까지 향연을 이어 갔다. 어머니가 돌아갈 때는 예전과는 달리 마음을 담아 눈을 응시하며 가슴을 끌어안았다.

○ 축제가 끝나고, 음모를 준비해 둔 배를 타고 되돌아가는 아그리피나를 수행하는 사람은 크레페레이우스와 아케로니아 2명 뿐이었다. 아케로니아는 아그리피나가 네로와 화해한 것이 무척 기쁜 듯이 침대에 누운 아그리피나의 발치에서 몸을 구부린

▌ 네로와 아그리피나가 새겨진 금화

채 수다를 떨고 있었다. 바로 그때 모의를 한 자들이 납덩이를 천장에서 떨어뜨려 배를 부쉈다. 그 충격으로 밑에 깔린 크레페레이우스는 즉사했으며, 아그리피나와 아케로니아는 침대의 높은 부분이 낙

하물을 막아 주어 목숨을 구했다. 음모자들의 노력에도 불구하고 배는 곧바로 가라앉지 않았다. 아무것도 모르는 승무원들이 음모 가담자들의 노력을 방해했고, 음모 가담자들끼리도 호흡이 잘 맞지 않았기 때문이다.

○ 아케로니아는 자신의 목숨을 구하기 위해 위급한 마음에서 그랬는지 황제의 모후를 사칭했다. "나는 아그리피나다! 황제의 어머니를 도와다오!"라고 외쳤던 것이다. 그러나 그 외침은 어리석었음이 곧 판명되었다. 음모 가담자들이 아케로니아의 외침을 듣고서, 그녀를 아그리피나로 잘못 알게 되어 노와 선박에 있던 몽둥이 등으로 마구 두들겨 죽이고 말았던 것이다. 아그리피나는 잠자코 있었기에 음모 가담자들이 눈치채지 못했으며, 그녀는 소란통에 가벼운 어깨 부상만 입은 채 배를 탈출한 후 헤엄쳐 나갔다. 마침 지나가던 어부들의 작은 배를 보자 그녀는 위엄을 잃지 않은 말로 명령했다. "나는 황제의 모후 아그리피나다. 배를 옆으로 붙여라." 그녀는 섬에 유배되었을 때 익혀 두었는지 수영 실력이 매우 훌륭했고, 어부들에 의해 안전하게 구조되었다.(註. 네로의 아버지 아헤노바르부스가 죽고 아그리피나가 과부가 되자, 그녀는 오빠 칼리굴라의 동성애 상대인 레피두스와 관계를 맺은 뒤 칼리굴라를 살해하려고 했다. 하지만 이 일은 사전에 발각되어 레피두스는 처형되고 아그리피나는 섬으로 추방된 적이 있었다.)

○ 아그리피나는 자신의 별장에 와서 지금까지 일어났던 일을 곰곰이 되짚어 보고는 이 함정에서 빠져나가는 길은 진실을 모르는 체하는 것뿐이라고 생각했다. 그녀는 해방 노예 아게리누스를 네로에게 보내 이렇게 전달하게 했다. "나는 신들의 은혜와 행운으로 뜻밖의 재난을 피할 수 있었다. 내가 사고를 당한 데 무척 놀랐겠지만 아무런

문제가 없으니 수고스럽게 위문하러 올 필요는 없구나." 그리고서는 아케로니아의 유서를 찾아낸 뒤 상속자로 자신을 지명하도록 조작했다. 이런 와중에서도 유산의 편취만은 신속히 해치워 버린 것이다. 그러나 네로는 아그리피나의 전령이 도착하기 전에 음모가 실패했다는 보고를 받았다.

○ 네로는 넋을 잃고 놀라며 이제 어머니가 찾아와 복수에 착수할 것이라며 거듭하여 중얼거렸다. 그는 도움을 청하기 위해 자고 있는 부루스와 세네카를 깨워 불렀다. 세네카가 부루스를 바라보며 말했다. "아그리피나를 없애라고 근위대에 명령을 할 수 있겠소?" 부루스는 대답했다. "게르마니쿠스의 잔영이 아직도 근위대 병사들에게 선명히 남아 있어 그의 자녀들에게 잔학한 행위를 하지 못할 것입니다. 차라리 애초에 계획을 실행했던 아니케투스에게 맡기는 편이 나을 것입니다." 그러자 네로는 아니케투스를 불러 금지된 범죄의 마음을 털어놓았다. 아니케투스는 이 말을 듣고 조금도 망설이지 않고 자신이 이 임무를 끝내겠다고 맹세했다. 네로는 말했다. "지금 바로 출발하라. 그리고 네 명령을 가장 잘 따르는 부하들을 데리고 가라!"

○ 아그리피나가 보낸 전령 아게리누스는 네로가 계략을 써 황제를 살해하려는 현행범으로 체포되었다. 그렇게 한 이유는 아니케투스가 아그리피나를 살해한 후, 그녀가 황제를 암살하려다가 실패하여 두렵고 수치스러운 마음에 자살한 것이라며 꾸며 대기 위해서였다. 하지만 단 한 명에게 칼을 들려 보내 황제 호위병들의 삼엄한 경계를 뚫고 황제를 암살하려 했다는 말을 곧이곧대로 믿을 멍청이가 어디 있겠는가?

○ 아니케투스는 별장 주위를 병사들로 지키게 하고 문을 부순 후 별장

안으로 들어가 아그리피나의 침실 앞으로 다가갔다. 사람들은 병사들의 위세에 놀라 모두 도망치고 별장에는 2~3명의 몸종밖에 없었다. 침실 안에는 어두운 등불이 켜져 있고 시녀 한 사람과 아그리피나밖에 없었다. 아니케투스는 선장 헤르쿨레이우스와 백인대장 오바리투스를 데리고 침실로 들어섰다. 아그리피나는 말했다. "네로가 시켜 네가 문병 왔다면 이제는 좋아졌다고 전해라. 그러나 범죄를 저지르려고 왔다면 내 자식이 보냈다고는 믿을 수 없구나. 설마 아들이 어머니를 죽이라고 명령했을 리가 없다." 그 말이 끝나기도 전에 헤르쿨레이우스가 곤봉으로 아그리피나의 머리를 내리쳤다. 그리고 오바리투스가 최후의 일격을 가하려고 칼을 뽑자 그녀는 자궁이 있는 아랫배를 내밀며 말했다. "여기를 찔러라, 이곳이 네로가 태어난 곳이다." 그녀는 무수히 많은 칼에 찔려 죽음을 맞았다.

○ 앞서 서술한 대로 브리타니쿠스가 살해되는 것을 보고 네로에게 두려움을 느낀 아그리피나는 자신도 언젠가는 네로에 의해 죽게 되리라는 것을 예견했다고 한다. 이것은 네로가 황제에 오르기 전 아그리피나가 점성술사에게 미래를 물어보자 그는 네로가 제위에 오를 것이며, 그런 후 어머니를 죽일 것이라고 대답했기 때문이다. 그때 그녀는 "네로가 천하를 얻으면 나를 죽여도 좋다."며 말했다고 전해진다.

○ 권력에 굴복해 버리는 습성을 지닌 원로원은 어이없게도 앞을 다투어 아부하며 다음과 같이 의결했다. "모든 신전에서 네로의 무사함을 신들에게 감사하며 기도를 올릴 것, 미네르바 축제 기간 중에 아그리피나 음모가 발견되었으므로 매년 그 축제 기간에 전차 시합을 하고 성대하게 개최할 것, 미네르바 여신의 황금상을 원로원 안에 안치하고 그 옆에 네로 황제의 상을 세울 것, 아그리피나의 탄생

일을 흉일에 추가할 것." 다만 한 사람만 자유로운 정신으로 행동했다. 원로원 의원 트라세아 파이투스(Publius Clodius Thrasea Paetus)는 이제까지는 의원들이 아부를 해도 침묵하거나 조용히 동의하면서 무시해 왔다. 그러나 이때에는 원로원을 박차고 나와 버렸다. 이러한 그의 행동은 자신의 파멸만 초래할 뿐 다른 의원들에게 정의롭고 자유로운 정신을 촉구하는 계기는 되지 못했다. 훗날 그는 정적들로부터 반역을 도모하는 세력의 수괴라는 모략을 받아 네로의 명령으로 죽고 말았기 때문이다. 그러나 그가 네로에게 반대하기는 했으나 역모를 꾀했다는 증거는 어디에서도 찾아볼 수 없었다. 다만 그는 근위대장 티겔리누스의 사위 카피토가 킬리키아 총독으로 있을 때 저지른 죄로 고발되자, 원고 측 편을 들어 유죄 판결을 받도록 한 적이 있었는데 카피토를 포함한 정적들이 이에 앙심을 품고 중상모략한 것이 분명했다.

│ 마음에 새기는 말 │

권세가 자신의 고유한 힘으로 지탱되고 있지 않을 때만큼 불안정하고 덧없는 것은 없다.

－ 아그리피나는 한때 남편의 지위를 등에 업고 권세를 부렸으며, 남편이 죽은 뒤에는 아들의 지위를 손에 쥐고 권력을 휘둘렀다. 그러나 그녀가 네로와의 갈등을 빚자 주변 사람들로부터 버림받은 것에 대하여.

⁂ 보우디카(Boudicca)의 항전(60년)

≪로마의 패권주의는 동맹국의 호의를 깔보고 업신여겼으며 무자비한 강압 통치를 향해 나아갔다. 그러나 아직도 자유의 정신이 살아 있던 이케니족은 로마에 항전했지만 전쟁으로 다져진 로마군을 상대하기에는 역부족이었다. 이케니족 여왕 보우디카는 로마 총독의 비인간적인 폭정에 분노했고 항거하지 않는다면 살아 있는 자가 아니며 차라리 죽느니만 못하다고 여겼다.

훗날 칼레도니아(註. 현재 지명 '스코틀랜드')의 지도자 칼가쿠스는 분노에 찬 목소리를 높였다. "로마는 무차별한 대량 파괴로 더 이상 약탈할 육지가 세상에서 사라지자 바다를 뒤졌다. 그들은 적의 부유함에 탐욕을 느꼈고 적의 가난에는 자만심으로 우쭐했다. 그리고 자국의 안전이라는 미명 아래 참혹한 전쟁을 일으켜 파괴와 학살 그리고 강탈을 일삼아 그곳을 초토화시키고는 그것을 '평화'라고 불렀다."≫

○ 로마 황제가 원로원과 시민들에게 권위와 힘을 가지고 황제의 지위를 굳건히 하기 위해서는 전쟁의 승리가 필요했다. BC 55년과 BC 54년에 걸친 카이사르의 브리타니아 침공은 정복이라기보다는 정탐의 성격에 가까웠다. 그러나 클라우디우스가 등극했을 때는 달랐다. 그는 자신에게 무공이 없음을 느끼고 공격의 과녁을 브리타니아에 맞추었기 때문이다.

○ 브리타니아의 이케니족 왕 프라수타구스는 클라우디우스 황제가 브리타니아를 침공했을 때 동맹을 맺고 로마가 브리타니아를 정복하는 데 지원을 아끼지 않았으며 그 보상으로 자치를 보장받았다. 그때

까지만 해도 로마는 브리타니아 전체를 통치할 만한 여력이 없어 프라수타구스의 동맹 요청을 받아들이며 그에게 많은 재물도 빌려주었다. 프라수타구스는 죽으면서 유언하기를 왕국을 로마 황제와 2명의 딸이 공동으로 통치하게 했다. 이는 속국이 되어 자신의 가족들이 로마 제국의 보호를 받을 수 있게 하기 위함이었다.

○ 그러나 로마의 관습은 여자가 통치하는 것을 허락하지 않았다. 로마 총독 수에토니우스 파울리누스(Gaius Suetonius Paulinus)는 합병하듯이 왕국을 점령하면서, 왕국의 통치권을 로마에 넘기고 프라수타구스가 로마에서 빌려간 돈까지 갚으라고 으름장을 놓았다. 프라수타구스에게는 보우디카(註. 영식으로는 '부디카' 또는 '보아디케아 Boadicea')라는 아내가 있었다. 그녀는 자신의 부족 여자는 전쟁에서 남자와 똑같이 창검을 들고 함성을 지르며 적과 싸우므로 여자가 통치권자가 되는 것은 당연하다고 말하며, 로마 총독의 요구를 거절했다. 그녀는 키가 크고 하얀 피부에 빨간 머리, 그리고 날카로운 눈빛으로 남자를 압도하는 여인이었다. 보우디카로부터 통치권 이양이 거부되자 총독은 보우디카를 잡아들여 묶어 놓고 공개적으로 매질했으며, 두 딸을 부하들에게 강간하도록 시켰다. 또한 왕국 전체를 선물로 받은 것처럼 토지를 몰수하고 토착민들을 노예 취급했다. 정착을 위한 퇴역병들의 폭행은 특히 심했다.(註. 로마는 복무 기간이 끝난 퇴역병들에게 그곳의 여자와 결혼하여 정착시키는 것을 국가 정책 사업으로 추진했다.) 그들은 토착민을 몰아내고 토지와 집을 빼앗았으며, 자신들의 행동을 따르라고 현역병들을 부추겼다.

○ 치욕을 당한 보우디카는 부족민뿐 아니라 트리노반테스족을 비롯한 부근 부족에게 자유와 독립이 아니면 차라리 죽는 것이 낫다고 호소

했다. 그녀의 호소에 호응하여 이케니족을 중심으로 브리타니아 동맹군이 거의 25만 명이나 소집되어 로마군에 대항했다. 그들은 보우디카의 지휘 아래 로마의 제9군단을 격파하고 카물로두눔(註. 현재 영국의 '콜체스터')을 휩쓸었다. 그리고 계속하여 론디니움(註. 현재 영국의 '런던')으로 쳐들어갔다. 총독 수에토니우스는 로마군의 군사력이 열세임을 알고 론디니움을 포기했다. 보우디카의 군은 론디니움뿐만 아니라 베룰라미움(註. 현재 영국의 '세인트올번스')까지 잿더미로 만들었다. 이때 로마인과 로마에 협조적인 브리타니아인이 모두 7~8만 명이나 몰살당했다. 로마 황제 네로는 사태의 심각성을 깨닫고, 브리타니아에서 모든 로마군을 철수시키고 통치를 포기할 것을 신중히 검토하기도 했다.

○ 그러나 최종 승리는 전쟁으로 다져진 로마 제국의 것이었다. 보우디카의 동맹군은 절반 이상이 여자였으며 갑옷과 투구도 제대로 갖추어지지 않은 상태였다. 마지막 전투에서 보우디카의 동맹군은 철저히 패배했다. 모두 8만 명이 전쟁터에서 희생되었으며 반면에 로마군은 불과 4백 명만이 전사했다. 항전이 끝나자 로마인들은 마침내 브리타니아에 평화가 찾아들었다고 기뻐했지만, 브리타니아인들에게 그것은 폐허 속에 남겨진 참혹한 평화였다.

○ 두 딸마저 전사한 보우디카는 패전 후 적의 포로가 되어 치욕을 당할 수 없다며 스스로 목숨을 끊었다. 하지만 부당한 적에게 치욕적인 굴복을 거부한 그녀의 항거는 훗날 영국인의 가슴속에 '자유정신'이라는 의미로 깊이 새겨졌다.(註. 보우디카는 그들 부족의 언어로 '승리'를 의미하며, 따라서 승리의 여신인 '빅토리아Victoria'로 표현된다.)

※ 세네카(Seneca)의 사퇴 그리고 은거(62년)

≪네로는 자신에게 가르침을 주던 스승을 더 이상 곁에 두지 못하고 물리쳤다. 왜냐하면 그가 마음대로 패덕을 부리는 데 스승이 걸림돌이 되었기 때문이다. 게다가 강력한 군사력을 거느리고 있던 근위대장 부루스가 죽고 난 뒤 네로가 훨씬 더 자유로운 방종을 누릴 수 있게 되자, 세네카는 이제 자신이 물러서야 할 때임을 깨달았다.≫

○ 근위대장 부루스가 62년에 죽었다. 그의 죽음이 네로의 계책 때문이

란 소문이 퍼져 있었다. 왜냐하면 네로가 병문안을 왔을 때 황제가 연거푸 병세를 물어보는 데도 그는 다른 곳을 바라보며 "저는 대단히 기분 좋습니다."라는 대답만 했기 때문이다. 로마 시민들은 그의 미덕이 가슴에 남아 있어 때 이른 죽음을 애석하게 여겼다. 부루스가 죽고 난 후 근위대장직은 다시 2인 체제로 바뀌었다. 세야누스가 제거된 다음 2인 체제였던 과거로 다시 돌아간 것이다.

○ 부루스가 죽자 다른 한 축이었던 세네카의 세력도 약화되기 시작했다. 네로가 저급한 세력 측으로 기울게 되어 세네카가 전과 같은 힘을 유지할 수 없었기 때문이다. 본성적으로 악랄한 자들이 갖은 모략으로 세네카를 공격했다. 그들은 세네카가 일개 시민의 신분을 넘어서는 막대한 재산을 가지고 있다고 성토했고, 시민들의 충성심을 황제가 아니라 자신에게 바쳐지도록 노력하고 있다며 비난했다.

○ 사실 세네카의 재산은 3억 세스테르티우스에 달했으며, 이 정도의 재산이면 제국 내에서 몇 안 되는 최고 부자로 볼 수 있었다. 부에 대한 세네카의 생각은 이러했다. "부를 소유하는 것은 정당하며 부가 유용하고 우리의 인생에 큰 편의를 가져다준다는 것은 틀림없다. 지혜로운 사람이 가난할 때보다 부유할 때 자신 속에 있는 것들을 구현할 가능성이 더 커진다는 것을 의심할 수 있을까? 어리석은 자는 부의 노예가 되지만 지혜로운 자는 부가 유용한 도구가 된다.(註. 세네카가 말하는 어리석은 자란 일반 대중을 일컫는 것으로 일반 대중은 부의 노예가 되기 때문에 많은 재산을 가져서는 안 되며, 지혜로운 자 즉 철학자보다 더 적은 재산을 가져야 한다고 주장했다. 살펴보면 이는 일반 대중에 대한 지나친 경멸이었다.) 따라서 철학자들이 돈을 소유하지 않아야 된다는 생각은 그쳐야 한다. 지혜가 곧 가난에서 비롯되었다고

한 사람은 여태껏 한 명도 없기 때문이다." 그리고 그는 부란 일부러 피할 것이 아니라 그런 것에 매달리지 말아야 하며 그것이 떠나면 담담하게 바래다주어야 하는 것이라고 생각했다. 그러면서 스스로는 아직 악덕의 심연 속에서 살고 있으니 자신은 현인이 아니라 사악한 자보다 조금 더 나을 뿐이라고 말했다.

○ 하지만 세네카를 공격하는 자들은 그치지 않고 그가 과대망상에 빠져 연설가로서의 칭찬은 자신만이 받을 자격이 있다고 느끼며, 황제의 취미에 대해서 공공연히 혐오감을 나타내고 황제의 전차 조종술과 음악을 비웃었다고 주장했다. 그러면서 그들은 "이제 소년이 아닌 청년기의 황제에게는 가정교사가 필요 없으니 슬슬 내보내야 하지 않겠는가?"라고 제안하기도 했다.

○ 이처럼 로마 정치판의 흐름이 바뀌자 세네카는 기사 계급의 집안에서 태어난 시골뜨기가 황은을 입어 높은 명성을 날린 귀족의 후손들과 어깨를 나란히 겨루고 한도를 넘어서는 막대한 부와 영예를 누려 시기심에 둘러싸였으니, 이제는 아우구스투스가 아그리파와 마이케나스의 은퇴를 허락한 것처럼 조용히 재야에 묻혀 있도록 허락해 줄 것을 네로에게 청했다. 그러자 네로는 어린 시절 길을 잘못 들어 방황하고 있을 때 올바른 길로 안내하고, 어리석음을 깨치도록 날카로운 지성으로 자신의 정신력을 북돋워 준 스승 세네카에게 보답한 것이 입은 은혜에 비해 너무나 보잘것없어 말하기조차 부끄럽다고 말했다. 그러면서 스승의 나이가 적지는 않아도 국정을 담당할 기력이 있고, 아직도 때때로 일어나는 자신의 탈선을 막고 올바른 길로 되돌려 놓아야 하는 막중한 업무가 있다며 거절했다. 하지만 이는 마음속의 증오를 숨기는 데 천부적인 재능을 지닌 네로가 자신의 재능을 유

감없이 발휘한 것일 뿐이었다.

○ 세네카는 네로에게 감사의 말을 하며 알현을 끝냈다. 그 후로 그는 문안 오는 사람들도 거부하고 아랫사람들을 거느리고 거리를 나다니는 것도 피했다. 그리고 건강이 좋지 않다거나 철학 공부를 한다는 구실로 로마 시내에 나오지 않고 집 안에서만 틀어박혀 지냈다.

| 마음에 새기는 말 |

동정이란 현재 눈앞에 있는 결과에 대한 정신적 반응이고, 그 결과를 낳은 요인에는 생각이 미치지 않는다. 반면에 관용은 그것을 낳은 요인까지 고려하는 정신적 반응이다.

_ 세네카

- 세네카가 네로에게 이론 무장을 시키기 위해 쓴 책『관용에 대하여(De clementia)』에서. 예를 들자면 젊은 날에 게으름으로 인하여 가난하게 된 자를 동정하는 것은 결과에 대한 것이며, 이러한 동정은 젊은 날의 게으름까지 용서하는 것은 아니다.

※ 옥타비아(Octavia)의 비극(62년)

≪클라우디우스 황제는 어렸을 적부터 학문에 매진했고, 로마사를 연구한 역사가였으며 스스로도 다수의 역사서를 집필하여 후세에 남긴 학자였다. 역사란 인간성을 고찰하는 학문이라는 점에서 본다면

《클라우디우스는 아그리피나와 네로의 성향을 꿰뚫었어야 했지만 그는 무감각했다. 황제는 치세만이 아니라, 권력의 올바른 승계가 매우 중요하다. 이 점에 대해서 클라우디우스는 거의 무관심에 가까웠고, 그 결과 비극이 잉태되었다.》

○ 앞서 서술한 대로 네로의 아내 클라우디아 옥타비아(Claudia Octavia)는 클라우디우스 황제의 친딸이었으며, 네로는 클라우디우스 황제의 양아들이었다. 그러나 혈통을 중요시 여긴 네로의 어머니 아그리피나는 정략적으로 아들과 옥타비아를 결혼으로 맺어 주었다. 이 둘의 결혼으로 네로는 브리타니쿠스의 강력한 경쟁자가 되었다. 또한 이 결혼은 메살리나를 고발하여 죽음으로 몰아세운 자들이 그녀의 아들 브리타니쿠스가 제위에 오른다면 복수당할까 두려워했기에 그들의 책략 그리고 클라우디우스와 메살리나에 대한 세네카의 증오심이 작용했다.

○ 원래 옥타비아는 법무관 실라누스와 약혼되어 있었으나 아그리피나가 계책으로 이들을 파혼시켰다. 즉 실라누스에게는 시집간 누이동생이 있었는데 오누이 간에 경솔하게도 남의 눈에 거리낌 없이 애정 표현을 하곤 한 것이 누이동생의 시아버지 루키우스 비텔리우스(註. 훗날 황제가 된 비텔리우스의 아버지였다.)에게 파렴치한 근친상간으로 보였던 것이다. 비텔리우스가 옥타비아와 네로의 결혼을 염두에 두고 있던 아그리피나에게 아첨하려고 이를 클라우디우스 황제에게 일러바치자 결국 실라누스는 파혼당하고 원로원에서도 쫓겨났으며 누이동생은 이탈리아에서 추방당했다. 절망에 빠져 있던 실라누스는 아그리피나와 클라우디우스 황제가 결혼식을 올리던 날 황제로부터 자살하라는 언질을 받고 스스로 목숨을 끊었다. 이 같은 우여곡절 끝

에 애정 없이 시작된 결혼 생활에서 옥타비아는 결혼 후 최초 몇 년간을 제외하고는 남편으로부터 소박을 맞았다. 네로는 허약하고 암울한 성격의 옥타비아를 좋아하지 않았으며, 또한 둘 사이에 아기가 없었던 것도 그러한 이유에서였다. 그러나 그녀는 온후하고 조용한 성격 때문에 당시 로마 시민들에게 깊은 사랑과 온정을 받고 있었다.

○ 병약했던 오빠 브리타니쿠스가 시어머니 아그리피나와 남편의 갈등 속에 도마 위로 오르게 되어 남편에게 살해당하고 난 후 옥타비아는 더욱 우울하고 쓸쓸한 나날을 보냈다. 물론 아들과 감정의 골이 깊어진 아그리피나가 후견인 노릇을 했지만 그녀의 깊어진 슬픔을 다독거릴 수는 없었다.

○ 게다가 네로의 막가는 행동은 갈수록 심해졌다. 근위대장 부루스가 죽자 이를 계기로 자신의 권력 기반이 무너진 것을 깨달은 세네카까지 마침내 은퇴했다. 그렇게 되자 간섭할 자가 없어져 네로의 방종은 더욱 심해지고 막을 방법이 없어졌던 것이다. 네로는 옥타비아가 아이를 낳지 못한다며 내쫓고, 애인인 포파이아를 아내로 맞았다. 포파이아는 황후가 되고 나서는 네로를 자기 마음대로 조종했다. 후처의 심성은 전처의 평온조차 용납하지 못했는지, 그녀는 옥타비아가 데리고 있었던 사람을 꼬드겨 옥타비아가 피리 부는 소년 노예와 간통

▌ 포파이아 사비나

을 저질렀다고 고백하게 했다. 그리하여 옥타비아가 데리고 있던 하녀들에 대한 심문이 시작되었다. 몇몇의 사람은 고문에 굴복해 거짓을 진실이라고 인정하고 말았지만 대부분은 옥타비아의 정절을 변호했다. 그중 한 사람은 심문하는 근위대장 티겔리누스에게 "옥타비아는 적어도 당신의 입보다는 깨끗한 사람이오." 하고 반박했다. 그럼에도 옥타비아는 캄파니아 지방으로 추방되었다.

○ 시민들은 옥타비아가 이혼당한 것도 모자라 부당하게 죄를 뒤집어쓰고 추방까지 당하자 격분했다. 이혼과 추방 조치에 분개하여 시민들이 시위를 벌이자 네로는 겁을 집어먹고 다시 옥타비아를 로마로 불러들였다는 헛소문을 퍼뜨렸다. 이로써 시위는 진정되었다. 그만큼 네로는 자신이 저지른 잘못에 대해 다른 사람이 비판하는 것을 두려워한 심약한 정신의 소유자였다. 포파이아의 질투와 잔인한 욕망은 여기서 끝나지 않았다. 그녀는 로마 시민들이 옥타비아를 편들기 위해 황제에 대항하여 폭동을 일으켰다고 주장했다. 그리고 폭동 가담자들은 다시금 폭동을 일으키고 네로를 끌어내리기 위해 추방된 옥타비아가 돌아오기만을 학수고대하고 있다며 네로의 발치에 엎드려 흐느꼈다. 결국 네로는 포파이아의 교활한 호소에 굴복하고 말았다.

○ 네로는 자신의 어머니를 죽인 해방 노예 아니케투스에게 옥타비아와의 간통을 자백하게 하고, 더 나아가 국가 반란을 꾀했다는 죄를 뒤집어씌우기로 결정했다. 네로는 아니케투스에게 말했다. "자네가 옥타비아를 해치워 준다면, 지난번 못지않은 큰 은혜를 나에게 베푸는 것이네. 이번에는 옥타비아와의 부정한 행위를 자백해 주기만 하면 되네. 응한다면 막대한 사례금이 주어지고 훌륭한 여행을 보낼 수 있도록 하겠지만, 거절한다면 죽일 수밖에 없네." 아니케투스는 지

난번 아그리피나를 살해한 범죄에 또 하나의 죄를 보태기는 쉬었다. 그는 재판정에서 네로가 요구하는 이상의 거짓을 자백했다. 더군다나 앞뒤가 맞지 않게도 네로는 지난번에 옥타비아가 아이를 못 낳는다고 이혼을 하고서 이번에는 미세눔 함대장(註. 아니케투스는 미세눔 함대장이었다.)을 유혹하여 관계를 가진 후 그 증거인 아이를 낙태시켰다고 주장했다.

○ 마침내 옥타비아는 유죄 판결을 받고 판다테리아섬으로 추방되었다. 그곳에서 옥타비아는 병사들의 감시 속에 최후를 예감하고 삶의 희망을 버리고 있었다. 며칠 후 네로의 명령을 받은 병사들이 섬으로 들이닥쳤다. 그들은 옥타비아를 밧줄로 묶은 뒤 사지의 혈관을 절단했다. 공포로 인해서 혈관이 수축되었는지 피가 뿜어져 나오는 시간이 많이 걸렸다. 그러자 병사들은 그녀를 증기탕에 가두어 놓고 질식시켜 살해했다. 사형 집행인들은 잔혹하게도 그녀의 머리를 자른 뒤 로마로 운반하여 포파이아에게 보여 주었다. 이제는 노예처럼 예종하며 자유로운 정신이 사라져 버린 원로원 의원들은 이 일을 신전에 감사드리자고 아첨하며 결의했다. 옥타비아는 어머니가 반역죄로 처형되었고, 아버지 클라우디우스 황제는 계모 아그리피나에게 독살당했고, 오빠는 네로에게 독살당했으며, 자신도 네로에게 이혼을 당한 후 살해된 비운의 여자였다.(註. 네로는 포파이아와 62년 결혼했다. 수에토니우스의 기록에 의하면, 포파이아가 네로와 관계해서 낳은 첫딸이 4개월밖에 살지 못했고, 그녀가 65년 다시작 임신해 몸이 무거울 때 네로가 발로 차 죽였다고 했다. 네로가 포파이아를 죽이려고 한 것은 아니었지만, 전차 경기를 보느라 집에 늦게 들어온다고 포파이아가 불평을 하자 분노가 폭발하여 터진 사고였다. 아내를 잃자 네로는 원로원의 동의를 얻

어 그녀를 신격화시켰다. 카시우스 디오에 따르면 대단한 사치를 부렸던 포파이아는 거울에 자신의 못난 모습이 보이는 각도로 비치자 "늙기 전에 죽고 싶어." 하고 말했다고 한다. 그런 사고로 죽음을 맞았으니 소원이 이루어진 셈이었다. 그 이후 네로는 스타틸리아 메살리나와 결혼했는데 그녀에게는 남편이 있었다. 스타틸리아의 남편은 당시 집정관 아티쿠스 베스티누스였으며, 네로는 스타틸리아와의 결혼을 위해 남편을 살해했다.)

| **마음에 새기는 말** |

불행이나 역경에 시달리는 사람들에게 최후의 구원이고 위안이 되는 것은 희망이다.

_ 세네카

※ 코르불로(Corbulo)의 협상(63년)

≪파르티아는 로마와 패배와 승리를 주고받은 후 또다시 동일한 선택이 주어지자 평화의 목소리로 화답했다. 이 평화는 로마 장군 코르불로가 구태여 전쟁을 치르지 않고도 전쟁의 형식을 빌려 화평 조약을 체결하고자 원했던 까닭에 가능했다. 그는 '승리'라는 동일한 결과를 위해 명분을 세워 형식만 달리한 것이다. 그 형식은 아르메니아 왕이 왕관을 벗어 놓고 로마 황제로부터 왕관을 수여받는 절차였다.

공화정기 때 폼페이우스는 아르메니아 왕 티그라네스 2세가 항복하자 화평을 위한 모든 결정을 즉시 내릴 수 있었다. 그때 그는 카이사르 그리고 크라수스와 힘을 합치기 전까지 원로원의 승인을 받지 못했지만 이는 정적들의 시기심에 따른 것이었고, 대개의 경우 원로원의 승인이 필요하긴 해도 그것은 요식 행위에 가까웠다. 하지만 제정기에 와서는 로마군 사령관이 확정할 수 있는 것은 거의 없었고 모든 결정이 로마 황제의 권한에 귀속되었다.≫

○ 58년 코르불로(Gnaeus Domitius Corbulo)는 네로의 명령으로 아르메니아를 침공했다. 이 전쟁을 위해 네로는 코르불로의 임지를 게르마니아 전선에서 카파도키아와 갈라티아로 바꾸었고, 특히 그중에서도 카파도키아는 아르메니아와 접하고 있어 중요한 거점이 되는 속주였다. 코르불로가 부임했을 때 그곳의 로마군들은 오랫동안 평화로웠던 탓에 기강이 해이해져 흉갑이나 투구조차 제대로 갖추지 못하고 있었다. 이 상태로는 전투에서 승리할 수 없다고 판단한 그는 나이가 많거나 병든 병사들을 제대시키고 남은 병사들을 정비하고 훈련시켜 정예군으로 만들었다. (註. 기강이 해이해진 군을 쇄신시켜 정예군으로 만들었다는 것은 명망 있는 장군을 치켜세우기 위해 로마사에서 흔히 볼 수 있는 상투적인 표현이다.)

○ 당시 아르메니아는 라다미스투스를 밀어내고 티리다테스(Tiridates) 4세가 이복형인 파르티아 왕 볼로가세스(Vologases) 1세의 도움으로 왕의 자리를 차지하고 있었다. 이

▌ 볼로가세스

내용은 앞서 서술한 그대로다. 볼로가세스는 게르마니아에서 명성을 떨치던 코르불로가 부임하여 전쟁을 준비하자 볼모를 보내며 평화의 손짓을 보내기도 했지만, 티리다테스가 직접 로마 황제를 알현한 다음 왕관을 하사받아야 된다는 코르불로 측의 요구를 거절함으로써 평화적인 해결 방법은 멀어졌다. 그렇게 되자 코르불로는 로마군을 이끌고 아르메니아 깊숙이 진격하여 아르메니아 수도 아르탁사타와 티그라노케르타를 포위하여 항복을 받아 낸 후, 마침내 티리다테스를 몰아내고 친로마파인 티그라네스 5세를 복위시킬 수 있었다. 그러나 볼로가세스는 이복동생 티리다테스 4세를 아르메니아 왕으로 앉히고자 했던 의지가 매우 굳었다. 그는 자신이 선왕의 적자가 아님에도 연장자라는 이유로 파르티아 왕의 자리를 양보한 티리다테스에게 보답하고자 했던 것이다. 그리하여 62년 로마의 지원을 받고 있던 아르메니아 왕 티그라네스와 로마 연합군은 파르티아의 공격을 받게 되었다.

○ 로마에서는 파이투스를 아르메니아 공략 사령관으로 그리고 코르불로를 시리아 주둔 사령관으로 각각 임명하여 대항했다. 하지만 파이투스는 파르티아의 공격에 고전을 면치 못했다. 그는 볼로가세스의 주력 부대에 두려움을 갖고 있던 차에 소규모 전투에서 몇 차례 패하자, 깜짝 놀라며 그 두려움이 엄청난 공포로 변하여 전

▌ 코르불로

체 병사들에게 번지고 말았다. 지원군을 속히 보내 달라는 서한을 코르불로에게 보냈지만 미처 지원군이 오기도 전에 파이투스는 군량과 요새를 고스란히 적에게 넘긴 채 아르메니아 땅을 도망쳐 나왔다.

○ 그럼에도 그는 전쟁의 대세가 로마군의 승리로 끝난 것처럼 꾸며 로마 원로원에 보고했다. 전쟁이 소강상태에 접어들자 볼로가세스는 사절을 로마로 보내어, 티리다테스를 로마 군영과 네로 황제의 상이 놓여 있는 곳에 보내 로마 군단병들이 지켜보는 앞에서 대관식을 거행하고 아르메니아 왕위에 오르겠다는 뜻을 전했다.

○ 사절이 보여 준 볼로가세스의 편지를 읽어 본 네로는 파이투스의 보고와는 사뭇 다르다는 것을 알았다. 그는 파르티아 사절을 안내해 온 지휘관에게 전황을 물었다. 그 지휘관은 네로에게 로마군은 패퇴하여 아르메니아의 모든 땅에서 철수했고 티리다테스가 왕이 되었다고 대답했다. 그러자 네로 황제는 파르티아 왕 볼로가세스가 이미 아르메니아를 정복해 놓고서 동생 티리다테스의 머리에 왕관을 씌워 달라는 것은 로마를 농락하는 것임을 알았다. 게다가 로마는 티리다테스가 직접 로마 황제를 찾아와 왕관을 씌워 달라고 청하기를 바라고 있었다.

○ 논의를 거친 결과, 네로는 코르불로를 동방 총사령관에 임명하여 다시 한 번 파르티아와의 전쟁을 맡기기로 결정했다. 그러면서도 파르티아 사절에게는 선물을 주어 돌려보냈다. 그렇게 한 이유는 같은 청원이라도 티리다테스가 직접 왔다면 뜻을 이루었으리라는 인상을 주기 위해서였다. 코르불로는 동방의 모든 군단병뿐 아니라 동맹군의 명령권까지도 손에 넣었다. 그는 실로 과거에 해적 토벌전에서 폼페이우스가 가졌던 권한에 필적하는 힘을 가지게 되었다.

○ 파이투스는 로마로 귀환 명령을 받았고 패장으로서 최악의 처분까지

각오하며 떨고 있었다. 그러나 네로는 파이투스가 자신을 알현하자 이렇게 비꼬는 것으로 만족했다. "내가 지금 즉시 그대를 용서해 주겠다. 그토록 쉽게 깜짝 놀라는 그대를 오랫동안 걱정하게 내버려 두면 병들어 버릴 것이기 때문이다." 이는 파이투스가 파르티아 볼로가세스와 전쟁 중에 적의 병력을 정찰하기 위해 먼저 떠났던 병사 몇 명이 소규모 전투에서 전사하자 깜짝 놀라 전체 병력을 되돌렸고 그것이 패전의 한 원인이 되었는데, 네로가 그것을 알고 조롱한 것이었다.

○ 막강한 군사력을 거느리게 된 코르불로는 전투보다는 싸우지 않고 이길 수 있다면 그 방법을 택하는 사람이었다. 유프라테스강을 건너기 위해 진군하던 그는 티리다테스와 볼로가세스가 보낸 평화 교섭 사절을 맞이하게 되었다. 국가 간의 예의에 따라 사절을 맞아들인 다음 그는 온건하게 권고했다. "사태는 피비린

| 티리다테스

내 나는 전투를 필요로 하는 데까지 오지는 않았소. 서로 간에 승리와 패배를 주고받았으니, 티리다테스는 아르메니아가 폐허로 되기 전에 순순히 로마로부터 왕위를 인정받는 것이 좋을 것이오. 또한 볼로가세스는 파르티아인들의 목숨을 아낀다면 로마와 동맹을 맺는 것이 현명한 방법이오. 로마 황제는 모든 곳에서 평화를 누리고 있으나 오직 이곳에서만 전쟁이 일어나고 있을 뿐이오." 그러고서는 로마에 모반을 기도한 아르메니아의 영주들을

추방하겠다는 등 협박도 병행했다. 그러자 아르메니아 모든 곳에서는 전쟁과 위험의 공포가 물결처럼 일어났다.

○ 볼로가세스는 코르불로를 증오심이나 적개심의 대상으로 여기지 않았을 뿐만 아니라, 그의 목적은 동생 티리다테스가 아르메니아 왕의 자리를 보장받고자 하는 데 있었다. 그래서 그는 코르불로의 충고에 대해서 신뢰를 가지고 쉽게 받아들였으며 타협적인 태도를 보였다. 이처럼 파르티아 왕 볼로가세스가 코르불로의 타협안을 받아들이자, 로마군과 아르메니아군의 두 진영은 평화적인 해결에 합의하고 의식을 거행할 장소를 정했다. 아르메니아와 파르티아 측은 자신들의 승리를 기념하는 곳이라는 이유로 파이투스와 그 휘하의 로마군이 패배하여 도망쳤던 곳에서 의식을 가지자고 제의했다. 코르불로는 운명이란 수시로 바뀌는 변화무쌍한 것이라며 장소에 개의하지 않고 적들이 하자는 대로 했다. 또한 기사 계급 한 명과 자신의 사위 한 명을 티리다테스에게 보내어 적의 왕에게 경의를 표했다. 코르불로와 티리다테스는 식을 개최할 장소에서 말을 타고 서로 만났다. 티리다테스가 먼저 말에서 내리자 코르불로도 즉시 내려 악수를 교환했다.

○ 두 사람은 왕위의 표장을 네로의 손을 거쳐 다시 받을 때까지 네로 황제의 조각상 앞에 두기로 미리 결정했다. 며칠 뒤 대관식 날 양측 군대는 화려하게 치장하여 늘어섰다. 병사들이 네로의 조각상 앞에서 제물을 바치고 티리다테스는 네로 상 앞으로 다가가서 왕관을 벗어 네로 조각상의 발밑에 내려놓았다. 로마군에게는 참으로 감개무량한 광경이었다. 이로써 로마군은 아르메니아 왕위에 오를 권리가 로마 황제의 승인에 달려 있다는 사실을 공식적으로 인정한 것이며 티리다테스가 로마에 가면 포로와 똑같을 것이라고 생각했고, 아르

메니아 측은 자신들이 전쟁에서 승리한 후 승자의 관용에 따라 평화를 정착시키기 위한 행사로 여겼다.

○ 로마의 면목을 세워 준 이런 의식 뒤에 연회가 이어졌다. 티리다테스는 신기한 것을 발견하면 어린애처럼 궁금해하며 코르불로에게 연신 묻곤 했다. 그러면 코르불로는 짐짓 점잔을 빼며 대답해 주었다. 티리다테스는 코르불로와의 대화가 길어지는 만큼 로마의 오랜 관습에 경외감을 나타냈다. 티리다테스는 어머니와 형제인 파코로스와 볼로가세스를 만난 후 로마로 떠났다. 파르티아 왕 볼로가세스는 코르불로에게 특별히 이렇게 요구했다. "티리다테스에게 투항자와 같은 태도를 강요하지 말고 항상 칼을 찰 수 있게 해 주시오. 그리고 로마의 관리들이 저택 앞에서 그를 기다리게 하고 집정관에게 주어지는 명예를 모두 그에게 주기 바라오." 이러한 요구는 어떻게 보면 볼로가세스가 화려한 겉모습에 익숙해져 실력을 존중하고 허식을 경멸하는 로마의 정신을 이해하지 못했다고 경멸될 수 있겠으나, 오히려 현실에서는 형식이 실질을 따르게 할 수 있다는 점을 현명하게도 그가 잘 알고 있었다고 보아야 했다.

○ 66년 티리다테스는 로마에서 네로를 알현했다. 길가에는 시민들이 의식을 구경하기 위해 길게 늘어서 있었고, 네로는 임페라토르의 함성을 외치는 근위대를 도열시킨 다음 개선장군의 복장으로 각종 군기와 깃발로 둘러싸인 높은 의자에 앉아 티리다테스를 맞았다. 티리다테스가 계단을 걸어 올라와 네로 앞에 무릎을 꿇고 자신이 아르메니아 국왕임을 밝히며 간절히 탄원하자 네로가 그의 터번을 벗기고 왕관을 씌워 주었다. 후세의 로마 역사가들은 이 엄숙한 대관식 장면을 로마와 황제의 권위를 드높인 멋진 장면이라고 평가했다.

※ 로마 대화재와 네로의 그리스도교인 박해(64년)

≪통치자는 정책을 입안할 때 피통치자에게 그 정책의 필요성과 시급성 등을 충분히 설명하고 정책의 효과에 대해 믿음을 가지도록 납득시켜야 한다. 왜냐하면 피통치자들은 정책을 좋게 보기보다는 의심의 눈으로 바라보기 쉬운 법이기 때문이다. 요즘이라면 도시를 녹색으로 가꾸겠다는 계획을 쉽게 받아들이겠지만, 네로 황제 시절에는 조금만 교외로 나가면 온통 들판과 숲이었다. 결국 화재 진압을 위한 네로의 모든 노력도 시민들에게 의혹만 증폭시켰다. 더군다나 네로는 방화의 의혹이 불거지자 자신에게 쏟아지는 의혹을 돌리기 위해 인명을 경시하고 인간성을 짓밟는 참혹한 방법을 사용했다. 그는 통치자란 남의 목숨에 대한 문제를 신중하게 생각하여 결정해야 된다는 것을 깨닫지 못했던 것이다.≫

○ 근위대장 티겔리누스는 마르스 광장(Campus martius) 안에 있는 아그리파 호수를 사치스런 유흥 장소로 사용했다.(註. 로마시에는 두 개의 인공 호수가 있었는데 하나는 아그리파 호수였고 다른 하나는 티베리스 강 건너편에 있는 아우구스투스 호수였다.) 호수의 물을 빼내 맹수 사냥을 벌였고 다시 물을 채워 모의 해전을 치렀으며, 또다시 물을 뺀 뒤 검투사 경기를 벌였다. 마침내 티겔리누스는 그곳에 구역질나는 향연을 차려 놓고 네로 황제를 초청했다. 아그리파 호수 중앙에 거대한 수상 무대를 만든 다음 은밀한 장소를 꾸미고 온갖 사치와 낭비 그리고 음행이 티겔리누스의 향연에서 저질러졌다. 호숫가에 선술집과 사창가가 들어섰고 밤이 되면 호수 주변의 작은 숲들은 조명으로 밝

혀지며 노랫소리가 울려 퍼졌다. 귀부인, 처녀, 유부녀 할 것 없이 모두들 사창가에 모습을 드러내고 이제껏 지켜 왔던 사회 통념과 관습을 무너뜨렸다. 노예가 여주인과 몸을 섞고, 고귀한 신분의 처녀가 검투사와 정사를 나누었다. 벌거벗은 여자들은 자신이 공동의 소유라도 되는 양 놀아났으며, 노인들은 소년처럼 소년들은 소녀처럼 행동하며 타락의 늪에 빠졌다. 쾌락과 향연의 난장판은 여기서 그치지 않았다. 세계의 대제국 황제 네로는 그 향연에서 여장을 하고 남자와 혼례를 올렸던 것이다. 신부 지참금도 준비되었고, 증인도 있었으며, 초야용 침대도 있었고, 신부 들러리와 함께 행진도 했다. 이것은 로마 황제로서 할 유희가 아니었다.(註. 네로의 동성애 대상은 피타고라스와 스포루스였다. 네로는 피타고라스에게는 아내 역을 맡았고, 네로가 거세시킨 스포루스에게는 남편 역을 맡았다고 한다.)

○ 네로 황제가 티겔리누스의 패덕한 향연을 즐기고 난 후 신이 벌을 내렸는지, 로마는 화재로 인한 엄청난 재앙을 맞았다. 로마의 건축물이 세계의 도시에 걸맞게 석조를 많이 사용하긴 했으나 바닥과 보 등은 목조 그대로였다. 화재는 팔라티누스 언덕과 아벤티누스 언덕 사이에 있는 대경기장(키르쿠스 막시무스circus maximus)부터 시작되었다. 대경기장의 외측 최하층 아케이드 하부에는 노점상이 늘어서 있었는데, 그곳에는 불에 타기 쉬운 상품들이 많이 진열되어 있었고 때마침 불어온 강풍으로 불길의 기세는 순식간에 멀리까지 번지고 말았다. 6일 동안 타오른 불길은 소강상태가 되었다가 다시 타올랐다. 이 화재로 로마의 14개 구 중 중앙의 3개구가 전소되었고, 7개 행정구가 반소되는 엄청난 피해를 가져왔다.

○ 네로는 로마에서 남쪽으로 수십 킬로미터 떨어져 있는 안티움(註. 현

재 지명 '안치오')에서 급보를 받고 화재 현장으로 달려왔다. 그는 망
연자실하고 있는 이재민을 위해 마르스 공원, 아그리파 기념 건축
물, 나아가서는 자신의 정원까지 개방했고 거주할 곳이 없는 자를 위
해 긴급하게 임시 가건물을 건립하여 이재민을 수용했다. 또한 근교
의 도시에서 식량을 구해 와 곡물의 가격을 1모디우스당 5세스테르
티우스에서 3세스테르티우스로 낮추었다. 그러나 네로가 화재를 부
추겼다는 소문이 파다하게 퍼져 시민들은 네로의 조치를 진정으로
고마워하지는 않았다.

○ 고무로 된 호스가 없었던 시대에는 일일이 손으로 물을 날라 진화하
는 것이 고작이었다. 이런 상황에서 소방대원이 적극적으로 불길을
잡을 수 있는 일은 불이 번지는 것을 막기 위해 아직 불타지 않은 건

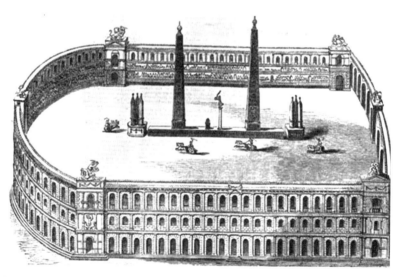

대경기장
(가운데 두 개의 기둥은 BC 9년 이집트 헬리오폴리스에서 가져온 오벨리스크다.)

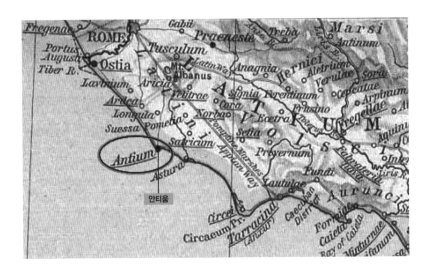

안티움

물을 부수는 일이었다. 로마 대화재가 발생했을 즈음 네로는 도무스
아우레아(註. domus aurea. '황금 궁전'으로 번역되는 이 궁전은 팔라티
누스 언덕과 에스퀼리누스 언덕 사이의 486,000㎡를 차지했다. 다만 수
에토니우스는 당초 그곳에 연결 궁전domus transitoria을 완공했으나, 로
마 대화재로 불타 버리자 황금 궁전을 다시 건립했다고 한다.) 건립을 추
진하고 있었다. 이는 도심을 녹색 환경 도시로 만드는 도시계획사업
이었다. 규모도 어마어마했기에 부지 매입 비용도 만만치 않았다.
네로는 이 비용을 국고에서 충당했다. 역사가 타키투스와 풍자시인
마르티알리스는 수많은 시민들로부터 빼앗은 집 위에 도무스 아우레
아가 건립되었다고 주장했지만 민중의 인기에 민감했던 네로가 그들
의 거주지를 강제로 빼앗아 궁전을 건립하지는 않았으리라. 다만 궁
전 부지가 부유한 자들의 거주지였음을 감안하면 건립 부지 내에 있

던 귀족들의 저택을 이주시켰으리라고 추측된다.

○ 하지만 로마 시민들은 네로가 도무스 아우레아를 추진하는 데 비용을 적게 들게 하고 시간을 절약하기 위해 고의로 화재를 냈다고 믿었다. 불이 난 이후에 폐허가 된 토지는 소유주로부터 더 싼 가격에 매입할 수 있기 때문에 시민들이 그렇게 믿은 것도 무리가 아니었다. 더군다나 네로는 화재로 인한 폐허의 재건과 동시에 도무스 아우레아의 재건에도 박차를 가하는 실책을 저질렀다. 엎친 데 덮친 격으로 소강상태였던 불길이 다시 치솟은 곳은 네로에게 사치스럽고 패덕한 향연을 베풀었던 티겔리누스의 소유지에서 시작되었기에, 시민들은 네로에게 아부하려고 티겔리누스가 자기 소유물에 일부러 불을 지른 것이라고 여겼다. 또한 당시 역사가들은 이 화재가 그 옛날 로마가 갈리아의 세노네스족에게 점령당하고 화재가 난 날과 똑같다며 우연한 일치가 놀랍다고 두려워했다.(註. 로마 대화재는 AD 64년 7월 18일이며, 갈리아 세노네스족에 의한 화재는 BC 390년 7월 18일이었다.)

○ 심약한 네로는 이 일로 인하여 로마 시민의 민심이 떠나고 있음을 알고서 언젠가는 화가 자신에게 미칠 것이라고 불안해했다. 어떻게 해서든지 사람들의 적개심을 다른 곳으로 돌려야 한다는 압박감을 느낀 데다 측근들까지 꼬드기자 그는 그리스도교인에게 눈을 돌렸다. 같은 일신교도일지라도 유대교인의 경우는 황후 포파이아의 사치를 만족시켜 주면서 황후의 보호를 받고 있었다. 그러나 당시 그리스도교인들은 로마의 사회에 불안을 줄 만큼 세력이 크지 않았으며(註. 3세기 초까지만 해도 그리스도교인들은 로마시에서 3%에도 미치지 못했을 것이며, 로마 제국 전체에서는 겨우 0.3%밖에 되지 않아 20만 명을 넘지 않았을 것이라고 학자들은 추정한다.), 다신교인 로마의 눈에는 일신교

「네로의 횃불들」, 헨릭 지미라즈키 作

인 그리스도교인들이 불경한 무신론자를 넘어서 인간의 절제와 도리까지 결핍되었다고 보였다. 즉 그들은 남몰래 자기들끼리만의 공동체를 구성하여 영아 살인, 인육 섭취, 근친상간 등의 패덕을 저지르고 있다고 믿었던 것이다. 그러한 사회 분위기를 대변하듯 그리스도교인을 뜻하는 크리스티아니(christiani)란 말조차 매우 부정적이며 경멸적인 의미를 담고 있었다.

○ 네로는 그리스도교인들에게 방화죄가 아니라 인류를 증오한 죄를 물었다. 그는 그리스도교인들이 국가의 종교 활동에 참여하기를 거부하자 참다못한 신들이 분노하여 로마를 잿더미로 만든 것이라고 주장하며, 그들을 반사회적 행동에 대한 책임과 신성모독에 대한 속죄의 의미로 처형한다고 규정한 것이다. 200~300명의 그리스도교인이 야수의 모피를 뒤집어쓴 채 개에게 물리고 찢겼으며 십자가에 매

달려 야간에 등불 대신 불태워지는 등 참혹한 방법으로 처형되었다. 이처럼 네로는 범죄자의 처형을 오락거리로 삼았다. 차마 눈뜨고 볼 수 없는 처참한 광경에 시민들은 증오가 동정으로 바뀌어 불운하고 가엾은 자들이 질투가 많은 폭군의 잔인성에 희생되었다고 믿었다. 이는 기독교 세상이 된 오늘날 네로를 카이사르보다도 아우구스투스보다도 더 유명하게 만든 사건이었다.(註. 새로운 주장에 따르면 네로의 말대로 그리스도교인들이 방화를 저지른 것이 틀림없다고 한다. 이는 천년 왕국설을 추종하는 그리스도교의 한 분파가 하늘에 태양과 犬星 시리우스가 함께 나타나는 날 로마가 멸망한다는 예언을 맹신한 것과 관련되어 있다. 그런데 64년 7월 18일 정말로 하늘에 시리우스가 태양과 함께 나타났다. 그러자 맹신자들은 로마에 불을 질러 하나님의 천년 왕국이 도래했음을 알리려고 했다는 것이다. 시리우스는 밤하늘에서 가장 밝은 별로서 견성으로 불리는 이유는 그 별이 큰개자리에 있기 때문이며 이 별은 재난, 외적의 침입, 홍수 등 대체로 불길한 징조와 관련되어 있다.)

| 마음에 새기는 말 |

박해는 증오를 낳고 증오는 반드시 복수의 기회를 엿본다.

✸ 네로의 로마 재건

≪도시가 불타고 잿더미가 되었을 때 네로는 새로운 도시 건립의 기

회로 삼았다. 로마는 자연 발생적인 도시이므로 기반 시설이 열악했고, 따라서 거대 도시에서 발생할 수 있는 모든 위험이 도사리고 있었다. 그 점에서 네로는 환경 운동가였고 도시 계획가였고 건축가였다.≫

○ 아우구스투스 시대의 건축가 비트루비우스(Marcus Vitruvius Pollio)에 따르면, 로마의 수많은 거주지가 인구 증가에 따라 도시 경계 밖으로까지 퍼져 나갔지만, 도시의 사면이 정원과 별장으로 둘러싸여 땅이 부족한 탓에 불편을 감수하고서라도 집들을 상당한 높이로 올리는 일이 보편화되었다고 한다. 그러나 이러한 고층 건물들은 제대로 된 자재를 쓰지 않고 날림으로 지은 경우가 많아 대형 사고가 자주 일어났으며, 이에 따라 아우구스투스는 로마 시내에서 사유 건축물을 건립할 경우에는 건축물 높이를 대지에서 약 20m 이상 올리지 못하도록 하는 법을 입안한 적이 있었다.

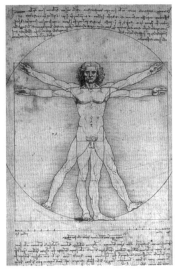

레오나르도 다 빈치가 그린 비트루비우스의 인체 비례도

○ 페트로니우스와 유베날리스는 로마 극빈층의 고통에 대해 언급한 바가 있는데, 빈민들이 해마다 어둡고 비참한 셋집에 내는 집세 정도면 이탈리아의 작은 도시에서 쾌적하며 적당한 규모의 거처를 구할 수 있을 것이니, 하루빨리 그들을 로마

에서 이주시키는 정책을 시행하여야 한다고 주장했다. 집세는 지나치게 비쌌고 대부분의 로마 시민들은 좁은 공간에 오글거리며 살았으며, 거대한 대도시에서 흔히 그러하듯이 건물의 방과 층을 나누어 몇 가족이 거주했다. 그럼에도 부자들은 엄청난 규모의 저택과 정원들을 조성했으며, 로마 시내는 많은 노예 방들이 있는 대리석의 대저택(domus)과 기와지붕에 바로 면한 다락방의 셋집이 있는 공동 주택(insula)으로 나뉘었다. 공동 주택의 경우는 한 채당 평균 25명이 살았으니, 요즘의 다가구 주택이나 다세대 주택과 같았다고 할 수 있다.

○ 로마는 계획도시가 아니라 자연스럽고 무질서하게 발전한 도시여서 거대한 제국의 수도라는 이미지와는 사뭇 달랐다. 큰 도로도 없고 로마 광장(forum romanum)과 보아리우스 광장(forum boarium)을 제외하면 빈 공간도 없었다. 대개의 도로는 비좁아 마차들이 서로 비켜 가기도 힘겨웠다. 그러다가 64년 로마의 14개구 가운데 3개구가 전소되고, 7개 행정구가 반소되는 화재가 발생하자 네로는 로마의 도시 계획을 새로 수립하고자 했다. 그는 로마를 재건하는 작업을 진두지휘했으며, 현대적 의미에서 도시 계획가였던 그는 화재에 강하면서도 쾌적한 도시로 로마를 탈바꿈하고자 했다. 로마 시내의 도시 문제는 교통 체증, 거리의 소음과 혼란(註. 이런 이유로 부자들의 저택은 도시 소음을 피하고자 저택 바깥으로 난 창이 없었다. 대신에 저택 안쪽으로 아트리움이 있었다.), 긴 이동 시간, 도시 오염, 물가 폭등과 주택난, 보도를 점령한 노점상, 건축물 붕괴와 같은 시설물의 안전사고, 야간 치안 문제 등이었다. 실로 오늘날의 대도시 문제와 유사했다.

○ 로마 대화재 이후에 네로가 명령한 건축과 도시 계획은 다음과 같았다. 놀라운 것은 2천 년 전의 도시 계획 사업이 약간의 변경만 있을

뿐 지금도 그대로 시행되고 있다는 점이다. 괄호 안은 오늘날의 건축법 등 유사한 관련 법령 및 정책을 표기했다. 요즘의 시각에서 보면 대부분 훌륭한 계획이지만, 당시 사람들은 도로의 폭이 넓어져 건물에 의한 그늘이 줄어들고 이에 따라 햇볕이 도로를 달구게 되어 오히려 좋지 않다고 보는 견해도 있었다. 요즘의 서울 시민이라면 일조권 확보와 높은 건물의 위압감을 줄이기 위해서라도 도로의 폭이 넓어지는 것을 환영했으리라고 생각된다.

- 도로 폭을 전보다 넓게 정하고, 시내 도로도 가능한 직선으로 계획한다.(토지구획 정리 사업)

- 주거용 건축물은 높이가 60보(약 17m)를 넘어서는 안 된다.(건축물의 높이 제한. 아우구스투스의 경우는 70보 즉 약 20m로 규정했다. 그럼에도 불구하고 대지가 절대적으로 부족했던 로마에서 최대 수익을 얻기 위해 건축주와 건설업자들은 법령에 아랑곳하지 않고 거리낌 없이 탐욕과 무분별함을 서로 경쟁하듯이 계속해서 현기증이 날 정도로 하늘을 향해 지어 댔다. 그 이후 이 규정은 네로가 정한 약 17m를 거쳐 트라야누스가 다시 약 18m로 정했으나 전혀 지켜지지 않았다. 요즘도 건축주들은 건축법을 두려워하기보다는 무단 증축과 용도 위반 등 위법을 아주 쉽게 여긴다. 게다가 건축 정책은 도시의 안전, 미관, 편리, 효율에 따라 결정되어야 함에도 정치적 인기를 높이기 위해 법에 위반된 건축물에 대해 잔칫날 떡 주듯이 관련 법령을 완화하거나 서민을 돕는다는 명목하에 합법화시키며 선심을 베풀고 있어 위험성 증가와 환경 악화를 초래하고 있다.)

- 건축물 사이의 공간은 12표법 제7표에 규정된 2.5보(약 70㎝)를 엄수하고, 여유가 있으면 공간을 더 넓힌다. 그리고 모든 건축물은 외벽을 공유하는 것을 엄금하며 각각 별도의 외벽을 설치하여야 한다.(건

축물 건립 시 대지 안의 피난 통로 및 공지 규정. 2세기 마르쿠스 아우렐리우스는 건물과 건물 사이를 3m 이상 띄우게 했고, 5세기 동로마 황제 제노는 콘스탄티노폴리스에 건립하는 건물의 간격을 4m 이상 띄우게 했다.)

- 건축물에 사용하는 들보는 목재가 아니라, 가비이산이나 알바산의 석재로 한다. 또한 신축 시에는 현관과 1층을 불연성 재료인 석재로 건립한다.(건축물 주요 구조부의 내화구조 또는 불연재료 사용)

- '인술라(註. 임대용 공동 주택)'에도 안뜰을 갖출 것.(건축물 건립 시 조경 면적과 공개 공지 확보)

- 도로에 면한 주택은 방화 대책으로 도로 쪽에 기둥이 있는 포치를 설치한다. 다만 포치의 건축비는 국고에서 부담한다.(인센티브 사업, 국비지원 사업)

- 잔해를 철거하기 위해 사용한 토지는 작업이 끝나는 대로 원래의 주인에게 반환한다.(토지 임시 수용, 국가 동원령)

- 거주할 주택 또는 임대주택을 기한 내에 재건하면 포상금을 준다.(소형 임대주택 건설)

- 저택(도무스domus)의 소유자는 소화용 기구를 비치하고 안뜰에 저수조를 설치하여, 거기에 언제나 물을 채워 두어야 한다.(소방 시설 확보)

- 수도관 복구 작업은 각자 마음대로 해서는 안 되고, 수도 담당자에게 일임하여 적정 수압이 유지되도록 한다.(수도 시설의 보호·관리)

- 화재 잔해는 모두 티베리스강으로 운반한다. 오스티아에서 밀을 실어 온 배는 이 잔해를 실어 오스티아 늪지대 매립 공사에 활용한다.(폐기물 관리)

○ 로마 재건을 위한 네로의 노력은 비판적인 타키투스와 카시우스 디오에게도 칭찬을 받았다. 타키투스는 로마가 390년 갈리아족 침입으

로 폐허가 된 후 무질서한 재건과 비교하면서, 네로가 도시의 안전과 편의를 위해 계획적이고 질서정연하게 재건했다고 평가했다.

☀ 피소의 모반과 세네카의 죽음(65년)

≪네로의 폭정은 자연스럽게 모반자를 키웠고 그들은 음모 세력으로 뭉쳐졌다. 하지만 모반자들은 과감한 기백을 보여 주지 못했으며, 근위대 지휘관들 중에는 가당찮게도 모반에 가담한 자가 오히려 자신의 결백함을 보여 줄 요량으로 드러난 공모자를 가혹하게 다루었다. 그러자 피고로 몰려 있던 자들은 격분하여 근위대 지휘관들도 공모자임을 폭로했다. 이렇듯 음모의 싹은 처음부터 굳건하지 않았고 결단과 추진력도 부족했다. 모반을 도모하려면 추진력과 신속성이 필요한 법이거늘 피소의 모반은 실패 요소만 가지고 시작했던 것이다. 마침내 분노에 싸인 네로는 스승이 모반에 연루되었다는 의심을 받자 스승에 대한 존경심까지도 모두 떨쳐 버리고 스승에게 죽음을 명했다.≫

○ 가이우스 칼푸르니우스 피소(Gaius Calpurnius Piso)는 고귀한 혈통을 타고나서 수많은 명문가와 세력가들을 친인척으로 두고 있었을 뿐 아니라 민중 사이에서도 높은 명성을 떨치고 있었다. 게르마니쿠스와 다투었던 그나이우스 칼푸르니우스 피소(Gnaeus Calpurnius Piso)는 그의 할아버지였다. 그는 명성에 걸맞게 시민들의 억울함에는 자

신의 변론 재능을 발휘했고 친구들에게는 관대했으며 잘 알지 못하는 사람에게도 예의 바르고 친절하게 대했다. 그러나 그는 쾌락에 대한 자제심이 부족했고 경솔했으며 종종 방탕에 빠지곤 했다. 과거에 그가 리비아 오레스틸라와 결혼식을 올릴 때 칼리굴라 황제에게 자신의 신부를 가로채이고 유배지로 쫓겨난 적이 있었다. 그 이후 클라우디우스 황제에 의해 복귀되긴 했지만 그는 황실에 깊은 적의를 품고 있었다. 네로 암살에 대한 주동자가 피소라고 알려졌지만 사실 음모는 피소로부터 태어나지 않았다. 오히려 음모의 행동 주역이 된 자는 근위대 지휘관 플라부스와 백인대장 아스페르였으며 가장 큰 세력은 근위대장 루푸스였다.(註. 부루스 이후에 근위대장은 다시 2명이 되었으며, 루푸스 외에 다른 한 명은 네로에게 온갖 아첨과 충성을 다하는 티겔리누스였다. 티겔리누스는 생선 도매상과 말 사육사로 일하다가 네로에게 발탁되어 소방대장, 경찰대장 그리고 근위대장까지 겸직했으며 반역자 색출이 그가 살아가는 낙이었다고 한다.)

○ 음모를 계획하는 자들이 여전히 두려워하며 주저하고 있을 때 과거 네로의 애인이었던 해방 노예 에피카리스라는 여자가 이 음모를 눈치챘다. 그녀는 음모자들을 부추기며 빨리하라고 재촉했고 그들의 우유부단한 태도를 못마땅하게 여겼다. 그때 그녀는 미세눔 함대의 지휘관 프로쿨루스를 알게 되었다. 프로쿨루스는 아그리피나의 살해에 가담한 자였으나 그에 상응하는 대우를 받

▌ 네로

지 못하여 불만에 싸여 있었다. 그러면서 그는 자신의 공로가 보답받지 못한 것에 대해 기회가 닿으면 네로에게 반드시 분풀이를 하겠다고 벼르곤 했다. 에피카리스는 이자를 포섭하면 많은 힘을 얻게 되리하고 생각하고서는 자신이 아는 대로 음모의 내용을 말했다. "로마를 파멸로 이끈 네로를 벌할 모든 준비는 되어 있습니다. 우리를 도와주세요. 휘하의 병사들을 우리 편으로 끌어들이기만 하면 됩니다. 그렇게만 해 준다면 그에 상응하는 보답은 확실히 기대해도 좋습니다."

○ 하지만 프로쿨루스는 위험에 뛰어들어 명예를 얻기보다는 배신으로 단맛을 맛보려고 했다. 그는 네로를 찾아가서는 에피카리스에게서 들은 얘기를 모두 까발렸다. 에피카리스는 소환되어 프로쿨루스와 대면했으나 프로쿨루스는 어떠한 증거도 제출하지 못했다. 그러나 그녀는 병사들의 삼엄한 감시 속에 감금되었다.

○ 이 소식을 전해 들은 음모자들은 배신자가 나타날까 초조해하며 피소의 별장에서 모의하기를, 신속히 네로를 해치우기로 결정했다. 그런 와중에서도 피소는 거사에 성공한다면 통치권을 실라누스에게 빼앗기지 않을까 내심 저울질했다. 실라누스는 높은 학식과 인망으로 어떤 높은 지위에도 어울리는 사람이었기 때문이다. 공모자들은 얼마 후 대경기장에서 있을 곡물의 여신 케레스 축제일에 일을 치르기로 했다. 네로는 평소에는 황궁에 처박혀 있었지만 민중의 인기를 얻기 위해 행사에는 자주 참석했기 때문이다. 그리고 축제 때는 야단법석이어서 황제에게 접근하기 쉽다는 장점도 있었다.

○ 그들은 라테라누스가 어려움을 호소하며 지원을 간청하는 체하며 끈덕지게 네로를 따라다니다가 기회를 봐서 네로를 쓰러뜨리고 꼼짝 못 하게 한다는 계획을 세웠다. 그런 다음 원로원 의원 스카이비누스

가 최초의 일격을 가하기로 약속했다. 이 일에 자청하고 나선 스카이비누스는 이런 일에 쓰려고 신전에서 훔친 단검을 소중한 물건처럼 항상 품에 지니고 다녔다.(註. 로마인들은 신전에 봉헌된 물건을 성스러운 것으로 여겼다.)

○ 스카이비우스는 해방 노예 밀리쿠스를 시켜 단검을 날카롭게 갈도록 명하고 상처에 감을 붕대를 준비시켰다. 그리고 거느리고 있던 모든 노예들을 해방시키고 그들에게 돈을 주었다. 주인의 행동과 말이 평소와는 다르게 너그럽다는 것을 느끼자 밀리쿠스는 전부터 어렴풋이 알고 있던 음모에 확신을 가졌다. 그는 자신에게 자유를 준 주인에 대한 고마움 그리고 의무감을, 범죄를 고발하고 나서 주어질 막대한 돈 그리고 권력과 비교했다. 그러면서 둘 중 하나를 결정해야 하는 걱정거리를 아내에게 상의했다. 그의 아내는 여성 특유의 성향으로 공포심까지 자극하면서 남편을 부추겼다. "그 자리에는 많은 노예와 해방 노예가 같이 있었어요. 당신 혼자 침묵을 지킨다고 해도 무슨 소용이 있겠어요? 늦어지면 포상은 다른 자에게 돌아가고 당신을 기다리고 있는 것은 고문과 쇠사슬밖에 없을 거예요."

○ 밀리쿠스는 날이 밝자 주인이 갈아 놓으라고 명했던 단검을 가지고 네로에게 갔다. 그는 위험이 임박했다는 것, 그리고 음모의 규모가 엄청나다는 것 등을 상상을 섞어 고발했다. 그리고 단검이 증거물로 제출되었으며 스카이비우스는 즉시 병사들에게 체포되어 압송되었다. 스카이비우스는 음모에 대해서는 아는 바가 없다고 했으나, 밀리쿠스는 자신의 기억을 더듬어 나탈리스가 이 음모와 관련되었다고 거명했다. 나탈리스는 소환되어 쇠사슬에 묶인 채로 무시무시한 고문 기구들이 있는 곳으로 끌려갔다. 그것을 보자 그는 잠시도 버티지

못하고 자백하고 말았다. 나탈리스는 피소에 대해 먼저 증언하고 세네카의 이름도 거명했다. 나탈리스가 자백했다는 말을 듣자마자 스카이비누스도 이제 와서는 입을 다물고 버티더라도 소용없다고 생각해서인지 공모자들의 이름을 밝혔다. 그의 거명에 따라 심문을 받게 된 자 중 루카누스는 자신의 어머니 아킬리아를, 퀸티아누스와 세네키오는 절친한 친구 갈루스와 폴리오를 모반 가담자로 지명했다.(註. 아킬리아는 처벌받지 않고 불문에 붙여졌으며, 갈루스와 폴리오는 범죄가 확인되지 못했지만 혐의를 받은 것만으로 추방형에 처해졌다.)

○ 그러는 동안 네로는 감금된 에피카리스를 생각해 내고 그녀를 가혹하게 다루려고 마음먹었다. 여자의 몸으로는 무시무시한 고문의 고통을 견뎌 내지 못해 쉽게 자백할 것이므로 음모의 진실을 빨리 알 수 있겠다고 생각했기 때문이다. 하지만 그녀는 채찍과 불 등 온갖 고문에도 굴하지 않았다. 하루 동안의 심문이 아무런 성과를 이루지 못하자 다음 날 그녀를 다시 불렀다. 전날의 고문으로 사지 관절이 빠져 버린 그녀는 의자식 가마를 타고 또다시 고문을 받으러 갔다. 그녀는 가는 도중 가슴의 띠를 풀어 올가미를 만들고 이미 희미해진 생명을 스스로 끝냈다. 해방 노예가 그것도 여자가 소름 끼치는 고문을 견디며, 잘 알지도 못하는 사람을 위해 목숨을 버린 것이다. 이것은 자유의 몸으로 태어나 기사 계급이나 원로원 계급으로 사회 지도층에 있으면서 고문을 받지 않는데도 육친과 친구들을 팔아넘기는 자들이 있었으므로 그녀의 행동은 더욱 빛났다.

○ 국문의 규모는 점점 커져 갔다. 로마시 전체가 감금되고 병사들에 의해 점령되어 산도 강도 의심의 눈초리를 벗어나지 못했다. 쇠사슬에 묶인 자들이 끊임없이 열을 지어 질질 끌려와서는 재판정 앞에 멈추

어 섰다. 그들은 '모반자에게 미소를 보냈다. 그들과 우연히 서로 얘기를 나누었다. 우연히 만나 저녁을 같이하거나 구경거리를 함께 보았다.'는 것조차 범죄로 간주되었다. 근위대장 티겔리누스는 원래부터 그런 자라고 치부해 버리더라도 또 다른 근위대장 루푸스도 모반자들에게 잔혹했다. 루푸스는 공모자였음에도 아직 모반에 가담했다는 것이 드러나지 않았기에, 네로로 하여금 자신의 충성심을 의심하지 않도록 모반자들을 더욱 모질게 다루었다. 그는 군인으로서 기본적인 기개라고 볼 수 있는 결단의 기백조차 없었다. 근위대의 지휘관 플라부스는 네로가 심문을 한창 하고 있을 때 네로를 제거하자고 루푸스에게 신호를 주었지만 루푸스는 고개를 흔들며 금세라도 검을 빼 들고 네로에게 다가서려는 그를 제지했기 때문이다.

○ 음모가 들통나던 초기에 피소의 행동도 결연하지 못했다. 누구나가 피소에게 근위대 병영으로 가서 병사들의 충성을 받아 내던가 아니면 광장으로 가서 연단에 올라 시민들의 궐기를 일으켜야 되지 않겠느냐고 물었을 때도 잠자코 있기만 했다. 모반자들은 피소에게 말했다. "조만간 네로가 보낸 자들이 당신에게도 찾아와서 쇠사슬로 묶고 고통스런 고문을 가한 뒤 치욕스런 죽음을 줄 것이오. 그렇게 죽느니 차라리 조국의 자유를 외치며 죽는 것이 훨씬 낫지 않겠소? 그렇게 한다면 계획이 실패한다고 해도 후손들은 당신의 죽음을 칭송할 것이오." 하지만 그런 충고에도 피소는 움직이지 않았다.(註. 피소가 적극적으로 대응하지 못했던 것은 결단과 용기가 부족하기도 했지만, 네로를 향한 평민들의 열렬한 지지를 잘 알고 있었기 때문이라고 추측하는 학자도 있다.)

○ 결국 피소의 저택에 병사들이 쳐들어왔다. 피소는 혈관을 자르는 자

살을 선택했다. 그의 유서는 아내에게 애정을 듬뿍 담아 네로에게 아첨하며 선처를 호소하는 글로 가득 찼다. 피소의 아내는 원래 비천한 태생이었으며 친구의 아내였던 그녀를 미모만 보고 빼앗은 여자였다.

○ 네로는 자신의 스승 세네카도 없애 버리려고 마음먹었다. 그러나 증인은 나탈리스 한 사람뿐이었고 증언도 빈약했다. 나탈리스는 피소의 심부름으로 세네카를 문병 갔을 때 "왜 피소와 만나지 않습니까?"라고 묻자, 세네카가 "피소와 내가 빈번히 만나 의견을 교환하는 것은 이롭지 않네. 내가 무사할 수 있을지는 피소의 무사 여부에 달려 있지만."이라고 대답했다는 것뿐이었다. 근위대 지휘관 실바누스(註. 실바누스도 모반 공모자였다.)가 심문하라는 네로의 명령을 받고 세네카를 찾아갔다. 세네카는 나탈리스의 진술에 대해 반박했다. "나탈리스가 찾아와서 내가 피소를 방문하지 않는 것에 대해 푸념한 것은 사실이다. 그래서 나는 건강을 위해 조용히 휴식하고 싶어서 그렇게 했다고 말했을 뿐이다. 나는 경망스럽게 아첨을 늘어놓을 수 있는 성격이 못 되며, 내가 비굴하게 아부하기보다는 직언하는 것을 더 좋아한다는 것을 네로도 알고 있을 것이다." 실바누스는 황후 포파이아와 근위대장 티겔리누스가 배석한 자리에서 네로에게 세네카를 만나고 온 결과를 보고했다. 네로는 "세네카가 죽음을 각오하고 있던가?" 하고 묻자, 실바누스는 "세네카는 죽음을 두려워하지 않았고 비장한 기색조차 없습니다."라고 잘라 말했다. 네로는 "세네카에게 죽음을 선고하라."고 실바누스에게 명령했다. 실바누스는 황제의 명령을 받았지만 근위대장 루푸스에게 명령을 따라야 할지를 물었다. 루푸스는 모반의 공모자였음에도 비겁하게 황제의 명령이니 따르라고 말했다.

———— 로마의 선택과 결정 ④ 카푸트 문디

○ 그러나 그 대단한 실바누스도 세네카를 만나 자기 입으로 황제의 명령을 전달하지 못하고, 부하 백인대장을 시켜 네로의 명령을 알렸다. 세네카는 유언 서판을 요구했으나 백인대장으로부터 거절당했다. 아마도 네로에 대한 상속을 수정할 수 있다는 우려 때문이리라. 세네카는 눈물을 흘리고 있는 친구들과 가족들에게 말했다. "네로의 잔인한 성격을 몰랐단 말이오? 동생을 죽이고 어머니까지 살해했으면 스승을 죽이는 것 외에 무엇이 더 남아 있겠소?"(註. 스승의 죽음을 전해 듣고 기뻐한 네로가 이어지는 이 말에는 가슴 아파했다고 한다.) 아내 폼페이아 파울리나에게는 "내가 죽더라도 굳세게 살아 주시오."라고 했다. 그러나 아내는 남편과 함께 죽겠다고 단호하게 버텼다. 두 사람은 동시에 동맥을 절단했다. 사실 세네카는 어릴 적부터 천식과 기관지염을 앓아 몸이 부실했다. 한때 그는 탁월한 연설 때문에 칼리굴라 황제의 시샘을 받아 거의 처형될 위험에 처했으나 건강이 좋지 않아 어차피 오래 살지 못할 것이란 주위의 만류로 겨우 죽음을 면할 만큼 허약했다. 그렇지만 이제 세네카는 나이가 많은 데다가 바싹 말라 피가 너무 천천히 흘러나왔다. 그래서 발목과 무릎의 혈관까지 잘랐다.

○ 일이 그렇게 되고 있다는 것이 네로에게 보고되었다. 그러자 네로는 파울리나에게는 전혀 원한이 없었을 뿐 아니라 자신의 잔혹성을 비난하는 소리가 두려워 그녀의 죽음을 막으라는 명령을 급히 내렸다. 명령을 받든 병사들은 노예들을 재촉해 파울리나의 팔을 묶어 피를 멈추게 했다.(註. 파울리나는 그 후 몇 년을 더 살았다.) 한편 세네카는 죽음이 좀처럼 찾아오지 않고 시간이 걸리자 독을 마셨지만 그것도 효과가 없었다. 마지막으로 그는 한증실로 옮겨지고 뜨거운 열기로

질식해 숨졌다. 부당한 국가 권력에 반항하지 않고 가족과 친구들이 지켜보는 가운데 의연한 죽음을 맞이한 그의 행동은 소크라테스에 비견될 만했다. 그는 숨을 거두기 전 이런 말을 남겼다. "어느 누구도 지혜롭게 살려고 노력하지 않는다. 모두가 오래 살려고만 노력한다. 하지만 분명한 것은 누구나 지혜롭게 살 수 있는 길은 열려 있지만 그 누구도 원하는 만큼 오래 살 수 없다는 것이다. 자신이 태어났을 때처럼 평온하게 죽는 사람이야말로 지혜를 깨달은 사람이거늘." 이것이 인간의 기본적 덕성에 관심을 가지고 일관된 도덕주의자로서 인간 사회의 부조리나 잔인성을 서슴없이 비판했던 철학자가 죽음을 눈앞에 두고 남긴 마지막 말이었다.

○ 근위대 지휘관들의 공모 사실도 마침내 들통났다. 근위대장 루푸스가 모반 공모자임에도 가혹하게 모반자들을 다루는 데 참을 수가 없게 된 피고들이 고발했기 때문이다. 루푸스는 힘이 센 황제 호위대원 카시우스에게 붙잡혀 묶였다. 근위대 소속의 지휘관 플라부스와 백인대장 아스페르 등도 죄인으로 잡혀서 묶였다.

○ 로마의 귀족들은 핏물이 흥건한 도시에서 질척거리며 공포 속에 살아가야 했다. 로마는 장례식으로 가득 찼고, 카피톨리움은 네로의 무사함을 경축하는 제사의 제물로 가득 찼다. 저 사람은 자식이, 이 사람은 형제

▐ 「세네카의 죽음」, 클로드 비뇽 作

가 그리고 친척과 친구가 죽었는데도, 그들은 신들에게 황제가 무사함에 대해 감사 기도를 드리고 경축하는 의미에서 집을 월계수 잎으로 장식했다. 그리고 주인과의 의리를 배신한 고발자 밀리쿠스는 포상을 듬뿍 받고 '구제자'란 의미의 그리스어를 자신의 이름에 가져다 붙였다.

○ 네로는 무고한 인사들을 질투심과 공포심에서 죽였다는 세간의 시끄러운 소문을 잠재우기 위해 음모와 관련한 기록서를 출판하고 대중 앞에서 연설하기도 했다. 그러나 굳이 네로가 그렇게 하지 않아도 음모가 있었던 것은 사실이었고, 진실을 파헤치는 사람들도 그리고 네로가 죽고 난 후에 로마로 되돌아온 추방자들도 음모가 있었음을 부인하지 않았다.

○ 모반이 분쇄된 후 원로원은 신들에게 감사제를 거행하고 특히 태양신에게 특별한 명예를 바치자고 결의했다. 왜냐하면 모반자들이 대경기장 안에서 황제를 살해하려고 했으나, 대경기장에는 오래된 태양신전이 있어 태양신의 뜻에 따라 음모가 탄로났다고 믿었기 때문이다. 그리고 대경기장에서 곡물의 여신 케레스의 축제 때 특별히 많은 전차가 참여할 것, 4월은 네로의 이름을 붙일 것, 스카이비누스가 단검을 훔친 장소에 태평무사 신의 신전을 건립할 것 등을 동시에 결의했다. 네로는 스카이비누스의 단검에 "복수자(빈덱스Vindex) 유피테르에게 바친다."는 명문을 새기고 카피톨리움 신전에 봉납했다.(註. 훗날 루그두넨시스 총독 빈덱스가 반란을 일으켰을 때, 이것이 미래의 복수를 암시했다고 후세 사람들은 해석했다.) 그리고 예정 집정관 케레알리스는 황제란 지상의 어떤 존재보다도 탁월한 존경의 대상이기 때문에 네로의 신전을 가능한 한 빨리 짓자고 아부했다. 그러

나 네로는 이를 거절했다. 왜냐하면 신전을 지어 신격화하는 것은 황제가 죽어야만 비로소 주어지는 영광이었기 때문이다. 하마터면 케레알리스의 아첨은 네로의 의심 많고 소심한 성격이 발휘되었다면 다른 의미로 해석되어 아첨하려다가 오히려 파멸당하고 말았으리라.

| **마음에 새기는 말** |

대중은 악의적인 설을 언제나 받아들이고 싶어 한다.

– 세네카의 아내 파울리나는 남편을 따라 동맥을 끊고 동반 자살을 시도했다. 그러나 파울리나에게 원한이 없을뿐더러 세간의 평이 두려워 네로는 그녀의 자살을 억지로 막았다. 그럼에도 세간에는 파울리나가 네로를 두려워하고 있을 때는 차라리 남편과 함께 죽어 명예를 얻고자 했지만, 자신에 대한 네로의 호의가 조금 내비치자마자 삶에 희망을 가지고 자살을 포기한 것이라고 파울리나에게 악의적인 소문이 퍼진 것에 대하여.

※ 네로의 제국 순방

≪황제라면 자신이 다스리는 지역을 직접 발로 밟아 보아야 한다. 통치 지역에 대한 결정은 그곳을 경험하는 것만큼 도움 되는 것이 없기 때문이다. 네로는 속주 순방과 군대 시찰을 경시한 결과, 훗날 속주에서 드리워지는 불온한 기세를 미리 감지하여 방어하지 못하고 종

국에는 파멸의 길로 들어섰던 것이다. ≫

○ 제국을 안정시키고, 자기의 뜻대로 정책을 펴 나간 황제들은 즉위하기 전의 직업 때문이든, 즉위하고 난 후의 의지에 의해서든 대부분 통치 지역의 순방에 적극적이었다. 그렇게 하는 것은 그곳의 주민들과 교감하여 선정을 펴고 있다는 평가를 받을 수 있을 뿐만 아니라, 통치 지역을 순방할 때는 로마군 총사령관으로서 당연히 국경의 군사 기지나 군부대의 방문이 잇따랐고 이런 활동은 황제에 대한 친근감으로 병사들의 충성도를 높였기 때문이다. 이는 2세기 초 하드리아누스 황제가 제국 전역을 돌아다니며 속주의 문제점을 해결하고 국경선을 견고하게 재정비하며 황제에 대한 병사들의 충성심을 얻었던 것을 보면 알 수 있다.

○ 하지만 선제로부터 군사적으로나 경제적으로나 안전하고 견실한 제국을 물려받은 제5대 황제 네로는 즉위하기 전까지는 물론이거니와 황제가 되어서도 놀라울 만큼 통치 지역 순방을 적게 한 로마 역사에서 몇 안 되는 황제였다. 그가 자신이 통치하는 속주를 방문한 것은 그리스에 간 것이 전부였다. 그것도 병사들과 속주민들을 달래고 그곳의 문제점과 갈등을 파악하여 개선하는 등 통치를 위한 순방이 아니라 자신의 리라 연주를 당시 선진 문명국이었던 그리스에서 자랑하고 싶어서였다.

○ 직접 그곳을 방문하게 되면 현지의 사정과 분위기를 직접 확인하고 느끼게 되어 그 지역에 대한 감각을 키울 수 있는 법이다. 게다가 사람은 멀리서 소문으로만 들을 수 있는 황제보다는 가까이서 볼 수 있는 권력자에게 더 큰 애정과 충성심을 보이기 마련이다. 그만큼 권력

이란 지위에서만 나오는 것이 아니라 지위에 기반한 활력이 얼마나 뒤따르느냐가 중요한 요소이기 때문이다.

○ 하지만 네로는 매우 안정되고 군사적으로도 막강한 제국을 이어받았기 때문인지 순방의 중요성을 깨닫지 못했고 통치 지역에 대한 호기심도 모자랐다고 볼 수밖에 없다. 제국의 최고 권력을 지닌 로마 황제이므로 마음만 먹는다면 속주 방문을 쉽사리 실행할 수 있었을 것이고, 황제의 방문을 받은 변방 속주의 병사들이나 주민들은 열렬히 환영을 보냈을 터였기 때문이다.

네로의 방종

≪젊은 통치자의 방종은 국가 기강을 해치고 시민들의 밤을 불안하게 만들었다. 게다가 지도층 인사가 함부로 행동하면 그것을 모방하는 사람들이 무수히 나타나기 마련이라는 점에서 더욱 그러했다.≫

○ 네로는 황제의 신분을 숨기고 친구들과 밤중에 로마 시내를 싸돌아다니기를 좋아했다. 그는 노예 복장을 하고 길거리, 홍등가, 술집 등을 돌아다니면서 가게에 진열된 물건들을 훔치거나 길에서 만나는 사람들에게 폭력을 사용하기도 했다. 상대는 아무것도 모르기 때문에 함께 폭력을 휘둘러 네로의 얼굴에 깊은 상처를 남기기도 했다. 마침내 로마 시내에서 무리를 이루어 행패를 부리는 자가 황제라는 사실이 알려지고 그것이 상류의 신사숙녀 사이에서 일종의 유행이

되어 이러한 난폭한 짓을 모방하게 되었다. 이러한 방종을 너그럽게 용서하는 분위기가 되자 많은 무리들이 네로의 이름을 사칭하며 시내에서 행패를 부렸고, 로마의 밤거리는 폭력이 판치는 도시로 변했다.(註. 로마에서는 젊은이들이 환락가의 밤거리를 술에 취해 싸돌아다니면서 행인들에게 시비를 걸고 못된 짓을 일삼는 악습이 있었다. 이러한 젊은이들을 '그라사토레스grassatores'라고 불렀으며 이는 그리스로부터 받아들여졌다고 한다. BC 5세기 때 킨킨나투스의 아들 카이소도 그러한 행동을 하다가 살인을 저질러 국외로 도피해야만 했다. 따라서 네로 이전부터 있었던 악습이 네로로 인하여 더욱 유행처럼 번졌으리라 여겨진다. 그라사토레스의 단수형은 '그라사토르grassator'.)

○ 어느 날 젊은 원로원 의원 몬타누스가 네로와 부딪쳐 어둠 속에서 서로 주먹을 주고받았다. 한참을 싸운 후에 상대가 네로 황제임을 알게 된 몬타누스는 진심으로 사죄했다. 그러나 네로는 이 사죄를 오히려 비꼬거나 비웃는 비난의 의미로 받아들이고 그에게 자살할 것을 명령했다. 이런 일이 있고 나서 네로는 자신의 신변이 걱정되었는지 병사나 검투사로 하여금 주변을 지키게 했다. 병사나 검투사로 구성된 호위대원들은 네로가 싸움을 시작해도 별것이 아니거나 네로가 이기고 있으면 그냥 내버려 두고, 네로가 얻어맞거나 끈질기게 저항하는 자를 만나면 즉시 개입했다.

○ 난폭한 행동에 아량을 베풀던 네로는 무언극 배우들이 제멋대로 굴면서 다른 패거리와 말다툼을 벌여도 벌을 내리기는커녕 상을 주거나 극장을 전쟁터와 같은 상태가 되게 했다. 극장에서 혼란이 극심해지자 이를 가라앉히기 위해 배우들을 이탈리아에서 추방하고 또다시 병사들에게 극장 경비를 맡길 수밖에 없을 정도였다.

❋ 훗날의 생계 수단

≪네로가 황제의 지위에 있을 때는 모든 연주회에서 상을 휩쓸 수 있
겠지만, 권좌에서 떨어진다면 그것은 보장될 수 없다. 네로의 생계 수단
은 그가 황제의 자리에 있을 때만 유효한 법이기 때문이다. 하지만 그
는 망상으로 자아도취에 빠져 세상의 냉정한 이치를 깨닫지 못했다.≫

○ 네로는 올림피아 경기에 황제의 권위와 힘으로 음악 경기를 추가시켰
다. 그것은 자신의 리라 연주를 뽐내고 싶었기 때문이다. 그는 그리스
에 머물면서 올림피아 경기, 피티아 경기 등에 참여하여 우승자에게
수여하는 관을 총 1,808개나 받았다. 또한 67년 그리스의 환대와 호평
에 매우 만족하며 그리스의 도시들을 마케도니아 총독으로부터 해
방시켜 자유와 면세의 혜택을 누리는 자유 도시가 되게 했다.(註. 훗
날 베스파시아누스 황제는 자유 도시가 된 그리스의 도시들을 다시 원로원
속주에 편입시켰다. 마케도니아는 원로원 속주에 속했다.) 올림피아 경
기의 승리자가 고향에 돌아왔을 때처럼 그는 백마가 끄는 개선 전차

를 타고 입성하면서 네아폴리스의 성벽도 뚫었고 로마의 성벽도 뚫었다.(註. 성벽은 도시를 적으로부터 지켜 주는 시설이었다. 그러나 올림피아 경기에서 우승한 자는 자신의 체력과 의지력만으로도 고향을 충분히 지킬 수 있다는 존경의 뜻에서 성벽을 무너뜨리고 입성하는 관습이 있었다.) 그리하여 네로는 스스로도 위대한 예술가라는 망상에 빠졌다.

○ 네로가 음악에 천재성은 없었으나 상당한 재능을 보여 청중들을 매료시켰던 것은 틀림없는 사실이다. 그는 음악에 대한 열정도 대단하여 황제로 즉위하자 리라 연주의 대가인 테르푸누스를 모셔다 스승으로 삼고 개인 지도를 받기도 했다. 또한 그는 리라 연주 기량을 갈고닦았을 뿐 아니라, 목청을 좋게 하기 위해 무거운 납으로 가슴판을 만들어 눌러 주었고 하제를 사용하는 등 온갖 노력을 기울였다.

○ 공연 무대에서 그가 보였던 진지함은 남달랐다. 혹시나 있을지도 모를 불상사를 피하기 위해 원로원이 네로에게 승리의 상을 미리 수여하고자 했지만 그는 이를 거절하고 기꺼이 다른 연주자와 함께 공연 경기 무대에 올랐다. 공연 무대에 올라서는 피곤해도 앉지 못한다든지, 땀을 자신이 입고 있는 옷으로만 닦아야 한다든지, 침이나 코를 흘리는 것을 관중에게 보여서는 안 된다든지 하는 세세한 공연 경기 규칙을 어기지 않고 순종했다. 연주가 끝났을 때는 다른 연주자와 마찬가지로 무릎을 꿇고 관중들에게 손으로 경의를 표한 다음 짐짓 불안한 표정으로 심판관들이 내리는 경기 결과를 조용히 기다렸다.

○ 언젠가 점성가들이 네로에게 훗날 권좌에서 제거될지도 모른다고 일러 주었다. 그러자 네로는 "얼마간 재능만 있다면 어디서든 살 수 있는 법이 아니겠는가?"라고 답했다. 이 대답은 네로가 후세에 남긴 유명한 말이 되었다. 여기서 말한 재능이란 네로 자신의 리라 연주를

▌ 리라

▌ 리라를 켜는 모습

말하는 것이리라. 현재의 리라 연주는 황제의 소일거리에 불과할지 모르겠지만, 권좌에서 물러나 일개 시민의 신분이 된다면 생계 수단이 될 수도 있다는 말이었다.

○ 네로의 망상은 그가 갈바 추종자들의 추적과 반란군의 공격을 피해 해방 노예 파온의 별장에 피신해 있을 때에도 변함이 없었다. 수행원들이 적들에게 사로잡혀 치욕을 당한 끝에 죽느니보다 차라리 자결할 것을 암시하자, 네로는 자결을 독촉하는 수행원들에게 시체를 묻을 땅을 파고, 관과 시신 처리를 위한 나무와 물 등 자재를 가져오라고 지시했다. 그리고 눈물을 흘리며 이렇게 탄식했다. "죽어야 하다니! 이렇게 위대한 예술가가! 세상 사람들은 정말 아까운 예술가를 잃는구나."(註. 권력으로 빚어진 오해가 어디 한둘이겠는가? 어느 동작구청장이 자신의 저서에 대한 출판 기념회를 가졌다. 정치인들의 출판 기념회는 정치 자금을 모으는 방편으로 흔히 이용했는데, 여기에는 모금 한

도의 제한이 없었고 회계 보고의 의무도 없었기 때문이다. 게다가 기념회에 참석하는 사람들은 책 가격의 몇 배를 주고 사는 것이 통상적인 관례였다. 기념식장에는 1층 입구부터 사람들로 북새통을 이루어 발 디딜 틈도 없이 성황을 이루었다. 기념회에 참석한 사람들은 축하금이 담긴 돈 봉투와 책을 주고받으며 바삐 오고 갔다. 현직 구청장의 출판 기념회는 칭찬 일색의 각종 구호가 난무했고, 비판하거나 반대의 목소리는 전혀 들리지 않았다. 식장에서는 저자의 공적이 끊임없이 발표되었고 그때마다 박수가 터져 나왔다. 그 모양새란 열광에 휩싸인 종교 행사와 다름이 없었다. 이렇게 하여 그의 작품은 엄청난 인기를 얻으며 순식간에 초판이 동이 나 버렸다. 초판 3천 부가 모두 팔리자 구청장 측은 이 저서가 이렇게 열광적인 호응을 얻으리라고는 생각하지 못했지만, 이제 저서의 훌륭함이 입증되었으니 이 인기 있는 책을 또다시 찍어 내야 할지 깊이 고민 중이라고 너스레를 떨었다. 그러나 그가 구청장의 지위에서 물러난 후에도 그 책이 계속 인기를 누렸다는 이야기를 듣지 못한 것으로 보면, 권력이나 지위에 의해 얻어지는 명성으로 판단이 흐리게 되는 것이 어디 네로뿐이겠는가?)

| 알아두기 |

- **그리스의 4대 경기**

그리스에는 4개의 큰 경기 대회가 있었다. 그것은 4년마다 올림피아에서 제우스에게 바쳐진 올림피아 경기, 4년마다 델포이(註. 델포이의 과거 이름은 '피토')에서 아폴론에게 바쳐진 피티아 경기, 2년마다 이스트모스에서 포세이돈에게 바쳐진 이스트미아 경기, 2년마다 네메아(註. 나중에는 인근 도시 아르고스에서 개최)에서 제우스에게 바쳐진 네메아 경기였다.

※ 율리우스-클라우디우스 왕조 몰락의 징조(68년)

≪황제가 권좌에 오를 때 신성한 전조가 나타나듯이 죽음에 이를 때는 불길한 징조가 보인다고 사람들은 믿고 싶어한다. 왜냐하면 제위에 오르거나 폐위되는 것은 인간으로서는 어찌할 도리가 없는 하늘의 뜻이라고 생각했기 때문이다. 더군다나 하나의 왕조가 끝났으니 엄청난 이변과 괴변이 한꺼번에 일어났다고 시민들은 기억했다.≫

○ 68년 갈리아에서 빈덱스의 반란이 터지고 곧 진압되긴 했으나 한번 금이 가기 시작한 네로의 권좌는 끊이지 않는 동요 속에 히스파니아 타라코넨시스 총독 갈바의 도전에다 근위대와 원로원의 배신까지 더해지자 완전히 무너져 내렸다. 권력의 꼭대기에 올라타 기존의 관습, 도덕, 규율, 제도, 배려를 얕잡아 보고 온갖 패덕을 부렸던 이 젊은이는 마침내 권력의 고삐를 놓아야 했다. 그리고 율리우스-클라우디우스 왕조는 제5대 황제 네로의 자살로 막을 내렸다. 이 왕조의 파국을 예고하는 두 가지의 두드러진 전설은 다음과 같다.

○ BC 38년 리비아 드루실라가 아우구스투스와 결혼 후, 베이이 근처의 집으로 돌아올 때 독수리가 발에 쥐고 있던 흰 암탉을 리비아의 무릎 위에 떨어뜨렸다. 암탉의 부리에는 월계수 가지를 물고 있었는데, 리비아는 그 암탉을 키우고 월계수 가지는 땅에 정성들여 심었다. 곧 암탉은 많은 알을 낳아 병아리로 부화시켰으며 월계수 가지는 뿌리를 깊이 내리고 잎이 무성하게 자랐다. 카이사르 가문의 사람들은 개선식 때면 여기서 딴 월계수 가지와 잎으로 관을 만들었으며,

이 나무에서 꺾꽂이하여 새로운 나무를 자라게 하는 것이 황실의 관
례가 되었다.

○ 놀랍게도 황제들의 죽음은 그녀가 꺾꽂이한 월계수가 시들면서 미리
예고되었으며, 네로 통치 말기에는 모든 월계수의 뿌리가 말라 죽었
으며 모든 닭들이 죽고 말았다. 그 경고도 모자란 듯이 벼락이 카이
사르 신전을 내리쳐 모든 조각상의 목이 단번에 잘려 나갔고, 아우구
스투스 상에서는 홀이 떨어져 나갔다고 전한다.

부 록

⁂ 토지 임차(BC 367년)

리키니우스–섹스티우스 법(註. 이때 평민도 집정관이 될 수 있는 길이 열렸다.)에 의거 원로원 의원의 경우 국유지 보유 상한선이 500유게룸(125㏊ 378,000평 1,890마지기)이었다.

* 1유게룸(jugerum) = 0.25㏊(2,500㎡, 약 756평). 1유게룸은 농부 1명이 소 2마리와 한 조가 되어 하루 낮 동안 갈 수 있는 밭의 넓이에 해당한다.

⁂ 농지의 가격

1세기 중반에 농지 1유게룸의 가격은 1,000세스테르티우스 정도였다. 또한 大 플리니우스에 의하면 라티푼디움(latifundium, 거대 농장)을 소유하려면 130만 세스테르티우스 정도가 필요하다고 계산했고, 이만한 돈이면 1,300유게룸의 농장을 구입할 수 있다. 하지만 대개의 학자들은 500유게룸 이상이면 대규모 농장으로 구분한다.

⁂ 이자율

12표법에 따르면 연간 이자가 원금의 1/12(약 8.3%)을 넘지 못했으며, 한때는 호민관의 노력으로 원금의 1/24(약 4.2%)까지 내려간 적도 있었다. 세금을 대신 내주고 받는 이자율은 보통 연 12%였다. BC 51년에 킬리키아 총독이었던 키케로는 키프로스섬의 도시 살라미스에게 돈을 빌려주고 연 48% 이율로 갚도록 자신에게 압력을 가

한 자가 마르쿠스 브루투스(註. 훗날 카이사르 암살의 주모자였다.)라
는 사실을 알고는 어이없어 했다.

☀ 해방 노예의 로마 시민권 획득 요건

만 5세 이상의 아들이 있고, 3만 아스 이상의 재산을 가졌을 경우
해방 노예도 시민권 획득이 가능했다. 이는 BC 2세기 후반 호민관
티베리우스 그라쿠스가 제정했다.

☀ 화폐가치

로마가 이탈리아를 통일하기 전, 북부와 중부 이탈리아의 도시들
은 구리 화폐를 사용했고, 남부 이탈리아에서는 대부분 은화를 사용
했다. 그러다가 로마가 이탈리아 반도를 통일한 그다음 해인 BC 269
년 이탈리아 전체에 통용되는 표준 화폐(은화)가 도입되었고 그 주조
권을 로마가 가졌다. 다만 카푸아는 로마의 명의로 된 독자적인 은화
를 만들었다. 화폐의 비교 가치는 아래와 같다.

■ 1세기 아우구스투스 당시
- 1아우레우스(금화, 복수형은 'aurei') = 25데나리우스(은화, 복수형은
  'denarii') = 100세스테르티우스(청동화, 복수형은 'sestertii') = 200두폰
  디우스(청동화, 복수형은 'dupondii') = 400아스(동화, 복수형은 'asses')
  = 800세미스(동화, 복수형은 'semisses') = 1,600콰드란스(청동화, 복수
  형은 'quadrantes')
* BC 5세기의 역사가 헤로도토스에 따르면 당시 금과 은의 가격 차이가 13
  배라고 했다. 아우레우스와 데나리우스의 무게를 고려하면 1세기의 로마

제국에서 금과 은의 가격 차이도 거의 비슷했다.

* 1세기 때 노동자의 일당이 4세스테르티우스(1데나리우스) 정도였다. 또한 노동자는 1개월에 60세스테르티우스 정도를 벌었는데, 이는 한 달 동안 매일 수입을 올릴 수 없었기 때문이다. 다만 BC 1세기 때 大 카토는 노동자의 일당을 2세스테르티우스로 추정할 수 있는 기록을 남겼는데, 이는 그 이후 인건비나 화폐 가치가 변동되었다고 볼 수 있다.

* 1세스테르티우스 = 2유로화 = 약 3,000원

* 1탈란톤(그리스 통화 단위)= 24,000세스테르티우스(약 72,000,000원)= 6,000데나리우스, 또한 탈란톤은 약 26kg을 뜻하는 무게 단위로도 쓰였다.

* 1드라크마(그리스 통화 단위)= 1/100므나= 1/6,000탈란톤(따라서 로마 화폐 1데나리우스와 같다. 약 12,000원)

■ 금화와 은화의 환산치

− BC 23년~AD 214년(아우구스투스에서 카라칼라)

1아우레우스 = 25데나리우스

* 1아우레우스는 7.8~7.3g 순금이었고, 1데나리우스는 3.9~3.4g 함유율 100~50%은화였다. 아우구스투스 때에는 100%의 은화가 트라야누스 때에는 90%, 마르쿠스 아우렐리우스 때에는 75%, 셉티미우스 세베루스 때에는 50%가 되었다.

* 은화의 은 함유율이 떨어지는 것은 로마 제국이 은본위제였고, 재원의 확보를 위해 통화 가치를 낮추었기 때문이다.

− 215년~294년(카라칼라에서 디오클레티아누스)

1아우레우스 = 전쟁 통에 은화와의 환산치가 일정하지 않음.

* 1아우레우스는 6.5~6g 순금이었고, 1안토니니아누스는 5.5~3g 은 함유

▌데나리우스 은화

율 50~5%은화였다. 카라칼라는 '안토니니아누스'라는 은화를 찍어냈으며, 이는 215년~219년에 처음 주조했고 238년 재주조되었다.

- 295년(디오클레티아누스)부터
  1아우레우스=1,200아르겐테우스

* 1아우레우스는 5.4g 순금이었고, 이때의 아르겐테우스는 3.4g 순은이었기에 시장에 나오자마자 사라졌다. 이것은 '악화는 양화를 구축한다'는 그레샴의 법칙을 입증했다.

* 301년 디오클레티아누스가 최고 가격령을 공포할 당시 밀의 가격은 2세기 전보다 200배나 올라 있었다. 그 당시 상인들은 데나리우스의 가치가 떨어진 시점으로부터 한 달이 지나서야 알게 되어 그때서야 물품 가격을 올린 탓에 황제들은 화폐 가치를 떨어뜨릴 때마다 그나마 잠시 숨을 고를 수 있었다고 한다.

- 334년(콘스탄티누스 1세)
  1솔리두스 = 4,500아르겐테우스

* 1솔리두스는 4.5~4g 순금이었고, 1아르겐테우스는 3.4g이었지만 은 함유량이 감소되었다.
* 콘스탄티누스 이후에 금화는 아우레우스(aureus)에서 솔리두스(solidus)로 바뀌었으며, 콘스탄티누스는 기축통화를 은화에서 금화로 정하여 은본위제에서 금본위제로 바꾸었다.
- 337년(콘스탄티누스 1세 사망, 콘스탄티우스 2세 즉위)

  1솔리두스 = 275,000아르겐테우스
* 1솔리두스는 4.5~4g 순금이었고, 1아르겐테우스는 3.4g이었지만 은 함유량이 더욱 감소되었다.
- 357년(콘스탄티우스 2세)

  1솔리두스 = 4,500,000아르겐테우스
* 1솔리두스는 4.5~4g 순금이었고, 1아르겐테우스는 3.4g이었지만 은 함유량이 더더욱 감소되었다.
- 4세기 후반

  1솔리두스 = 무려 30,000,000아르겐테우스!
* 1솔리두스는 4.5~4g 순금이었고, 1아르겐테우스는 3.4g이었지만 은 함유량이 너무 적어 은화라고 보기에도 힘들 정도였다고 한다. 하지만 1솔리두스는 한 돈이 조금 넘는 무게이므로 요즘 가치로 보면 25만 원 정도인 반면, 3천만 아르겐테우스는 1아르겐테우스가 3.4g이므로 총 102톤에 달하여 재료가 은이 아닌 철이더라도 톤당 철스크랩이 30만 원 정도인 점을 고려하면 3천만 원이나 된다. 그렇다면 이 기록은 3.4g 은화의 액면가가 1아르겐테우스가 아니거나, 그렇지 않다면 다른 오류가 있는 것이 분명하다.

○ 로마 제정 초기에 금화와 은화의 주조권은 황제에게 있었으며 주전

소는 루그두눔이었고, 동화의 주조권은 원로원에 있었으며 주전소는 로마에 위치했다. 하지만 주화는 무엇보다도 병사들의 급료 지불에 필요했으므로 훗날 소규모 주전소는 황제가 병사들을 이끌고 머물던 장소 근처의 도시들에 있었으며, 특히 페르시아 전쟁 시에는 황제의 정복로를 따라 늘어선 도시들에 있었다. 셉티미우스 세베루스 황제 때에만 해도 제국 전체에 무려 약 360군데의 주전소가 있었다.

☀ 세제

○ 직접세 : 로마 시민들은 특별세인 트리부툼(tributum)을 제외하고는 직접세가 없었고, 군 복무가 직접세나 다름없었다. 그러던 것이 아우구스투스가 6년에 상속세 5%를 부과한 것이 시초였다. 상설화된 직접세는 예속의 징표였기에 원로원 의원들은 저항했지만 결국에는 받아들였다.

* 네로 황제 때 세금의 소멸 시효 기간을 1년으로 공포하여 정했다. 즉 세금 발생 시점부터 1년 이상이 지난 세금의 청구는 무효로 한 것이다.(현재 한국은 일반 세목일 경우 소멸 시효 기간이 5년)

– 소득세 ⇒ 소득의 10%(로마 시민은 병역 의무가 부과되어 직접세 부담을 대신했으며, 속주민일 경우 안전비용 부담으로 소득의 10% 부과한다는 개념이었으므로 속주세였다. 이를 데키마decima라고 하며 10분의 1세를 의미했다.)

– 상속세 ⇒ 상속액의 5%(단, 6촌 이내의 친족에게는 제외.)

– 노예 해방세 ⇒ 노예 가격의 5%(BC 357년 만리우스 법에 따라 제정된 노예 해방세는 카라칼라에 의해 10%로 올랐다가 마크리누스에 의해 다시 5%로 환원되었다. 이 세금은 노예가 주인과 약속에 따라 자유를 매입하

면 노예가 세금을 부담했고, 주인의 유언에 의해 자유가 주어진다면 주인
이 부담했을 것으로 여겨진다.)
- 소작세 ⇒ 국유지에 부과되던 사용료이며, 수확량의 3분의 1
- 경매세 ⇒ 낙찰 금액의 1%
- 매춘세 ⇒ 하루에 한 명의 고객으로부터 받은 화대(칼리굴라 때 처음
  부과했으며, 학자에 따라서는 매일 1명의 손님으로부터 받을 화대를 세금
  으로 부과하면 세율이 거의 10~20%에 달해 과중하므로 매월 1명의 손님
  으로부터 받은 화대를 세금으로 부과했다고 주장하기도 한다.)
* 화대는 거리의 매춘부의 경우 2아스밖에 되지 않았으며, 값비싼 매춘부는
  1데나리우스까지 받았다.

○ 간접세
- 관세(포르토리움portorium) ⇒ 5%(베스파시아누스 전에는 지역 경제력
  에 따라 1.5~5% 차등 부과)이며, 이를 비케시마(vicesima)라고 하며
  20분의 1세를 의미했다. 다만 향료 · 비단 · 보석 등 사치품의 경우는
  25%를 부과했다.
- 매상세 ⇒ 1%(주식인 밀의 경우 비과세), 이를 켄테시마(centesima)라
  고 하며 100분의 1세를 의미했다.

○ 유굼(jugum)과 카푸트(caput)
- 유굼 ⇒ 일정한 소출을 낼 수 있는 토지나 과수원의 과세 단위.(1유굼
  의 토지가 내는 조세의 양은 일정한 것이 아니라, 매년 정부가 필요한 전체
  안노나에서 유굼의 수로 나누어 산정했다. 한 사료에 따르면 1유굼은 1안
  노나를 납부해야 하는 5유게룸의 토지였다. 하지만 1안노나가 병사 1인이

1년 동안 필요한 곡물의 양이라면 5유게룸은 너무 많은 것으로 여겨진다.)

* 라틴어 유굼(jugum)의 또 다른 의미는 기둥처럼 벌려 세운 두 개의 창을 땅에 박고 다른 창을 낮게 가로지른 것을 말하기도 한다. 이는 패전한 적을 무장 해제시키고 굴욕의 표시로 그 아래를 허리 굽혀 지나가게 할 때 사용했다.

  - 카푸트 ⇒ 남자 1인의 노동력에 부과되는 과세 단위.(여자는 남자의 1/2로 산정했다.)

  - 유굼 단위로 내는 세금을 유가티오(jugatio토지세), 카푸트 단위로 내는 세금을 카피타티오(capitatio인두세)라고 했다.

* 안노나(annona)는 노임으로 주는 식량으로 주로 병사들의 급료로 주는 식량을 의미했다. 1안노나는 병사 1인이 1년 동안 필요한 곡물의 양이었다. 이는 로마가 기근이 발생하거나 전쟁 시에 특정한 속주에 부과했지만, 3세기에 와서는 정규 조세처럼 변화했다.

※ 변호사의 수임료

상한선이 10,000세스테르티우스이며, 이는 군단병의 10년치 연봉에 해당하는 금액이었다. 또한 변호인은 선임될 때 60%, 판결이 나온 뒤에 40%를 받게 되어 있었다.

※ 학원비

초등학교(루두스 리테라리우스ludus litterarius) 1달치 수업료
⇒ 8아스

* 1아스는 약 750원

※ 목욕장 입장료

○ 남자 0.25아스, 여자 0.5아스(註. 어느 광산촌의 목욕장 입장료는 남자 0.5아스, 여자 1아스였다. 현대와 마찬가지로 로마 제국의 목욕료는 여자가 남자보다 비쌌다. 오늘날 여탕의 목욕료가 남탕과 같다고 하더라도 수건 · 드라이기 등의 부대시설 사용이 제한되고 있어 남자보다 비싸다고 보는 것이 타당하다. 남녀 구분은 장소로 구분하지 않고 여자가 오전에 남자가 오후에 사용했다. 아그리파는 조영관으로 있을 때 로마 최초 공공 목욕장인 아그리파 목욕장을 건립했고, 이 목욕장은 개장 후 1년간 시민들을 위해 무료로 개방했다.)

○ 목욕료는 때를 밀어 달라고 하면 2배를 내야 했다. 이런 일화가 전한다. 2세기 초 하드리아누스 황제는 공중 목욕장에서 시민들과 함께 목욕하기를 꽤나 즐겨 했다. 하루는 목욕장에서 어느 노인이 열탕실 돌벽에다 등을 비비고 있는 것을 보았다. 이를 이상하게 여긴 하드리아누스가 그 노인에게 왜 그렇게 하느냐고 묻자, 자신은 퇴역 군인인데 너무 가난해서 등을 밀어 줄 노예가 없어 돌벽에다 등을 비벼 때를 밀고 있다고 고했다. 하드리아누스가 그 노인을 자세히 보자 지난날 자신과 함께 군 복무를 했던 백인대장이었다. 그는 곤궁하게 된 옛 전우에게 노예뿐 아니라 돈까지 보내 주었다. 이 같은 소문이 퍼지자 그다음 날 하드리아누스 황제가 목욕장에 온다는 소식을 듣고 목욕장에 있던 수많은 노인들이 돌벽에다 등을 비비고 있었다. 어이없는 광경에 하드리아누스는 "그렇다면 이 가난한 노인들이 서로 간에 등을 밀어 주게 하는 것이 좋겠다."고 말했다. 이를 계기로 로마의 목욕장에서 서로 등을 밀어 주는 문화가 정착되었다고 한다. 요즘도 등을 밀어 주는 풍속이 있지만 이는 동양보다는 서양에서 먼저 퍼

진 풍속이 아닌가 한다.

○ 여하튼 로마의 목욕 문화는 수많은 질병으로부터 건강을 지켜 주었음에 틀림없다.(註. 이러한 목욕 문화로 시민들의 건강이 유지되었다고 주장되지만 한편으로 목욕장은 온갖 질병의 온상 역할을 하기도 했다. 왜냐하면 당시의 의사들이 말라리아, 이질, 성병, 기생충 감염자 등 모두에게 목욕을 권했으며, 게다가 하드리아누스 황제는 환자들이 건강한 사람보다 먼저 목욕장을 이용하도록 지시했기 때문이다. 또한 욕조 안의 물은 자주 갈지 않아 때가 그대로 잔존했고 심지어는 욕조에서 볼일을 보는 경우도 있었다.)

※ 5세기 초의 부자들

○ 큰 부자는 연간 수입 금괴 4,000리브라 정도였고, 중간 부자는 연간 수입 금괴 1,500~1,000리브라(1리브라 = 327.45g, 즉 87돈)가 되었다.

○ 5세기 로마 원로원 의원 중 1%~2% 정도가 큰 부자, 5% 안팎이 중간 부자, 나머지는 부자로 부를 수 있는 사람이거나 여유로운 생활을 할 수 있는 사람들이었다. 또한 원로원 계급의 자격은 100만 세스테르티우스, 기사 계급의 자격은 40만 세스테르티우스의 재산이 필요했으며, 지방 의회 의원은 10만 세스테르티우스의 재산이 있어야 했다.(註. BC 18년 아우구스투스는 원로원 계급의 최소 재산을 40만 세스테르티우스로 명문화했으나, 그 이후 그는 80만 세스테르티우스로 올렸다가 통치 후반기에 또다시 100만 세스테르티우스까지 올렸다.) 시인 유베날리스에 의하면 현자가 갖고 싶은 재산은 40만 세스테르티우스였으며, 그는 1년에 2만 세스테르티우스 이하를 번다면 가난하다고 여겼다. 이는 기사 계급에 속하려면 1년에 2만 세스테르티우스 이상을

벌어야 했던 것으로 추정되는데, 이를 기준한 것으로 보인다. 부의 편중도 심하여 인구의 5% 이하가 부의 80% 이상을 차지하고 있었다.(註. BC 480년 살라미스 해전 당시의 아테네는 최상위층 재산이 곡식 500메딤노스, 차상위층 재산이 곡식 300메딤노스, 제3계급의 재산은 곡식 200메딤노스 정도였다. 1메딤노스 = 52.53ℓ)

☀ **1모디우스(modius) = 8.49 ℓ** (밀 1모디우스의 시가는 BC 1세기경 기준으로 4~6세스테르티우스), 복수형은 '모디이modii'

☀ **1밀리아레(miliare)**

　1로마 마일을 의미하며, 약 1.485㎞로서 천 걸음을 말한다. 여기서 한 걸음이란 같은 발이 땅을 두 번째로 딛는 데까지를 말하는 것이므로 사실은 보폭의 2배에 해당한다.(1로마 피트는 29.6㎝)

＊　1리는 360걸음이며 392m이므로 천 걸음은 약1.09㎞, 1로마 마일은 1.485㎞, 1마일은 약1.61㎞이다. 즉 신체의 크기에 따라 천 걸음이 각각 달라 신체가 작은 조선인의 천 걸음이 가장 작고, 그다음 로마인이며 가장 신체가 큰 게르만족의 천 걸음이 가장 길다.

☀ **1규빗 = 45.6㎝**(히브리어로 '팔'을 '암마'라고 하며, 이는 팔꿈치부터 가운데 손가락까지다. 히브리어 '암마'를 라틴어로 번역하면 "팔 또는 팔꿈치"를 의미하는 라틴어 '쿠비툼cubitum'이 되며 이를 다시 음역하여 성서에서 규빗으로 사용했다. 크기는 일정하지 않아 유대·이집트·로마·그리스·페르시아 등지에서 각각 정해진 규정대로 사용했으며, 대략 44㎝ ~54㎝ 사이였다.)

아우구스투스　　　BC 27~AD 14
　　　　　　　　　카이사르의 양아들로서 내전을 거쳐 권력 획득. 자연사.

티베리우스　　　　14~37
　　　　　　　　　아우구스투스에 의해 지명. 자연사.

칼리굴라　　　　　37~41
　　　　　　　　　게르마니쿠스의 아들로서 원로원과 시민들이 옹립. 근위대 지휘관
　　　　　　　　　카이레아가 살해.

클라우디우스　　　41~54
　　　　　　　　　칼리굴라의 삼촌이며, 근위대가 옹립. 아그리피나에 의해 독살.

네로　　　　　　　54~68
　　　　　　　　　小 아그리피나가 클라우디우스와 결혼할 때 전남편인 아헤노바르부스에
　　　　　　　　　게서 태어난 아들을 데려와 클라우디우스를 살해하고 황제로 등극시킴.
　　　　　　　　　갈바의 반란과 시민 및 원로원으로부터 공공의 적으로 선언되어 자살.

연대표

BC 27	로마 원로원에서 옥타비아누스에게 '아우구스투스' 칭호 부여. 아그리파가 판테온 건립. 속주에 관한 법(Lex de provinciis)이 제정되어 원로원 속주와 황제 속주를 공식적으로 구분.
BC 25	율리아와 마르켈루스 결혼.
BC 23	아우구스투스가 상급 통치권(마이우스 임페리움maius imperium)과 종신 호민관 권력을 부여받음. 마르켈루스 요절.
BC 21	아그리파와 율리아 결혼. 로마와 파르티아 간에 강화 조약 체결.
BC 20	아우구스투스가 파르티아와 평화 협정을 맺고 카르하이 전투에서 잃어버린 군기 반환받음.
BC 19	시인 베르길리우스 죽음. 아우구스투스가 종신 집정관 권한을 부여받음.
BC 18	'간통 금지에 관한 율리우스 법'과 '계층 간의 혼인에 관한 율리우스 법' 제정.
BC 17	가이우스와 루키우스가 아우구스투스의 양자가 됨. 세기제(루디 사이쿨라레스Ludi Saeculares) 정례화.
BC 13	티베리우스가 집정관에 취임.
BC 12	아우구스투스가 대제사장이 됨. 판노니아 원정으로 건강을 해친 아그리파가 심장 질환으로 죽음.
BC 11	티베리우스가 빕사니아와 이혼하고 율리아와 결혼. 아우구스투스 누나 옥타비아 죽음.
BC 10	로마시를 14개 구역으로 행정 구역 분할.
BC 9	드루수스 죽음. 평화의 제단(Ara Pacis) 준공.
BC 8	호라티우스와 마이케나스 죽음.
BC 6	티베리우스가 로도스섬에 은둔.
BC 5	유벤투스를 조직화하고 가이우스 카이사르를 총재에 보함.

BC 4	친로마파 유대 왕 헤롯 사망.
BC 2	아우구스투스에게 '파테르 파트리아이(pater patriae國父)'란 칭호 부여. 아우구스투스의 외동딸 大 율리아를 간통죄로 판다테리아섬으로 종신 유배형에 처함.
AD 2	티베리우스가 로도스섬에서 귀환. 루키우스 카이사르가 병으로 죽음.
AD 4	가이우스 카이사르가 아르메니아를 공격하다가 입은 부상이 악화되어 죽음. 아우구스투스가 티베리우스를 양자로 삼음.
AD 7	아그리파 포스투무스가 유배형에 처해짐.
AD 8	아우구스투스의 외손녀 율리아(小 율리아) 유배.
AD 9	토이토부르크 숲에서 바루스가 이끄는 3개 로마 군단이 아르미니우스에게 섬멸됨.
AD 13	게르마니아 전선 총사령관을 티베리우스에서 게르마니쿠스로 변경.
AD 14	아우구스투스 죽음. 아그리파 포스트무스 살해됨. 티베리우스 즉위. 판노니아와 게르마니아 주둔 병사들 동요. 세야누스 근위대장에 취임. 국세조사 실시. 大 율리아 유배지에서 죽음.
AD 16	반역죄로 고발된 리보 드루수스 자살.
AD 17	티베리우스가 황제 승계를 수락. 게르마니쿠스 동방에 파견. 피소는 시리아 총독으로 부임.
AD 18	게르마니쿠스 이집트 방문.
AD 19	게르마니쿠스가 안티오키아에서 죽음. 아르미니우스 동족들에게 살해됨.
AD 20	피소 재판 중 자결.
AD 23	티베리우스의 아들 드루수스 죽음.
AD 26	폰티우스 필라투스가 유대 총독으로 부임.
AD 27	아틸리우스가 검투사 경기장을 부실 공사하여 붕괴 사고 발생. 티베리우스가 카프레아이섬에 은둔.
AD 29	리비아 드루실라 죽음.

AD 30	大 아그리피나와 네로 카이사르가 유배됨. 드루수스 카이사르는 유폐. 네로 카이사르 유배지에서 죽음.
AD 31	근위대장 세야누스 처형됨.
AD 33	大 아그리피나 유배지에서 죽음. 드루수스 카이사르 죽음. 예수 처형 추정.
AD 37	티베리우스 죽음. 티베리우스의 친손자인 게멜루스가 칼리굴라에게 살해됨.
AD 38	칼리굴라의 여동생 드루실라 죽음.
AD 39	반역죄로 칼리굴라 황제의 동생인 小 아그리피나와 율리아 리빌라 추방됨.
AD 41	칼리굴라와 아내 그리고 딸이 모두 살해됨. 세네카 추방됨.
AD 47	아시아티쿠스가 메살리나의 무고를 받고 자결.
AD 48	메살리나 처형. 국세조사 실시. 세기제 거행.
AD 49	클라우디우스와 아그리피나 결혼. 세네카 코르시카에서 로마로 복귀하여 네로의 스승이 됨.
AD 50	네로가 클라우디우스의 양자가 됨.
AD 51	부루스 근위대장에 취임. 네로의 성년식 거행.
AD 53	네로와 옥타비아 결혼.
AD 54	클라우디우스가 죽고 18세의 네로가 제위에 오름.
AD 55	브리타니쿠스 독살됨. 코르불로 동방 사령관에 취임.
AD 57	네로가 원로원 의원들을 체육 대회에 강제로 참여시킴.
AD 59	네로가 아그리피나 살해.
AD 60	브리타니아에서 보우디카 반란 발발.
AD 62	부루스가 죽고 티겔리누스가 근위대장이 됨. 네로가 옥타비아와 이혼하고 살해함. 파이투스가 파르티아에 항복.
AD 63	코르불로가 파르티아 왕 볼로가세스와 화평 조약 체결.
AD 64	도무스 아우레아 착공. 로마 대화재 발생. 네로 황제가 그리스도교인 처형.

AD 65   피소 음모 발생. 세네카 죽음. 포파이아 죽음.

AD 66   티리다테스가 로마에서 네로 황제에게 왕관을 받음. 유대 전쟁 발발.

AD 67   비니키아누스가 네로를 죽이고 장인 코르불로를 제위에 앉히려는 모반이 실패하자, 코르불로는 네로의 명령을 받고 자살. 요세푸스가 베스파시아누스에게 항복.

AD 68   빈덱스 반란 발발. 베스파시아누스 예루살렘 공격. 네로 죽음. 갈바 제위에 오름.

로마 제국

다른 자들의 지혜를 위해 여백을 남긴다

Ad sapientias aliarum marginem relinquo

참고문헌

○ Edward Gibbon 저, 김희용 외 2 역,『The History Of The Decline And Fall Of The Roman Empire』(로마 제국 쇠망사), 민음사, 2008~2010

○ Publius Cornelius Tacitus 저, 박광순 역,『Annales』(연대기), 종합출판 범우(주), 2005

○ Publius Cornelius Tacitus 저, 김경현 외 1 역,『Historiae』(타키투스의 역사) 한길사, 2011

○ Theodor Mommsen 저, 김남우 외 2 역,『Römische Geschichte』(몸젠의 로마사) 푸른역사, 2013~2015

○ Plutarchos 저, 이다희 역,『Bioi Paralleloi』(플루타르코스 영웅전), Human & Books, 2010~2015

○ Gaius Julius Caesar 저, 김한영 역,『Commentarii De Bello Civil』(내전기) 사이, 2005

○ Gaius Julius Caesar 저, 김한영 역,『Commentarii De Bello Gallico』(갈리아 전쟁기), 사이, 2005

○ Fritz M. Heichelheim, Cedric A. Yeo 공저, 김덕수 역,『A History Of The Roman People』(로마사) 현대지성사, 1999

○ Donald R. Dudley 저, 김덕수 역『The Civilization Of Rome』(로마 문명사), 현대지성사, 1997

○ 시오노 나나미 저, 김석희 역,『Res Gestae Populi Romani』(로마인 이야기), 한길사, 1995~2007

○ Niccolo Machiavelli 저, 권혁 역,『Il Principe』(군주론), 돋을새김, 2005

○ Niccolo Machiavelli 저, 강정인 외 1 역,『Discorsi sopra la prima deca di Tito Livio』(로마사 논고), 한길사, 2003

○ Peter Heather 저, 이순호 역,『The Fall of the Roman Empire : a new history of Roman and the Barbarians』(로마 제국 최후의 100년), 뿌리와이파리, 2008

○ Philip Matyszak 저, 박기영 역,『Chronicle of the Roman Republic』(로마 공화정),

갑인공방, 2004

○ Alberto Angela 저, 주효숙 역, 『Una Giornata Nell'antica Roma』(고대 로마인의 24시간) 까치, 2011

○ Chris Scarre 저, 윤미경 역, 『Chronicle of the Roman Emperors』(로마 황제), 갑인공방, 2004

○ Jérôme Carcopino 저, 류재화 역, 『Rome à l'apogée de I'Empire : la vie quotidienne』(제국의 전성기 고대 로마의 일상생활), 우물이있는집, 2003

○ Alberto Angela 저, 김효정 역, 『Amore e sesso nell'antica Roma』(고대 로마인의 성과 사랑) 까치, 2014

○ Marcus Tullius Cicero 저, 허승일 역, 『De Officiis』(의무론), 서광사, 2006

○ Marcus Tullius Cicero 저, 김창성 역, 『De Re Publica』(국가론), 한길사, 2007

○ Marcus Tullius Cicero 저, 김남우 역, 『Tusculanae Disputationes』(투스쿨룸 대화), 아카넷, 2014

○ Anthony Everitt 저, 조윤정 역, 『The First emreror』(아우구스투스 : 로마 최초의 황제), 다른세상, 2008

○ Gaius Suetonius Tranquillus 저, Robert von Ranke Graves 영역, 조윤정 역, 『De Vita Caesarum』(열두 명의 카이사르), 다른세상, 2009

○ Frank McLynn 저, 조윤정 역, 『Marcus Aurelius』(철인황제 마르쿠스 아우렐리우스), 다른세상, 2011

○ Marcus Tullius Cicero 저, 천병희 역『Cato maior de senectute』(노년에 관하여), 숲, 2011

○ Marcus Tullius Cicero 저, 천병희 역, 『Laelius de amicitia』(우정에 관하여), 숲, 2011

○ Publius Vergilius Maro 저, 천병희 역『Aeneis』(아이네이스), 숲, 2004

○ Publius Ovidius Naso 저, 천병희 역『Fasti』(로마의 축제일), 한길사, 2005

○ Herodotos 저, 천병희 역, 『Histories Apodexis』(역사), 숲, 2009

○ Thucydides 저, 천병희 역, 『Ho Polemos Ton Peloponnesion Kai Athenaion』(펠로폰네소스 전쟁사), 숲, 2011

○ Publius Cornelius Tacitus 저, 천병희 역, 『De origine et situ Germaniorum』(게르마니아), 숲, 2012

○ Publius Vergilius Maro 저, 김남우 역『Aeneis』(아이네이스), 열린책들, 2013

○ Adrian Goldsworthy 저, 백석윤 역,『Caesar』(가이우스 율리우스 카이사르), 루비박
스, 2007

○ Adrian Goldsworthy 저, 하연희 역,『The Fall of the West』(로마 멸망사), 루비박스,
2012

○ Adrian Goldsworthy 저, 강유리 역,『In the Name of Rome : The Men Who Won the
Roman Empire』(로마전쟁영웅사), 말글빛냄, 2005

○ Ronald Syme 저, 허승일 외 1 역,『Roman Revolution』(로마 혁명사), 한길사, 2006

○ Charles de Montesquieu 저, 김미선 역,『Considérations sur les causes de la grandeur
des Romains et de leur décadence』(로마의 성공, 로마 제국의 실패), 사이, 2013

○ Aurelius Augustinus 저, 추인해 역,『De civitate dei』(신국론), 동서문화사, 2013

○ Ray Laurence 저, 최기철 역,『Roman Passion』(로마 제국 쾌락의 역사), 미래의 창,
2011

○ Gaius Sallustius Crispus 저,『Bellum Jugurthinum』(유구르타 전쟁기)

○ Cassius Dio Cocceanus 저,『Historia Romana』(로마사)

○ Titus Livius Patavinus 저,『Ab Urbe Condita Libri』(로마사)

○ Augustus 저,『Res Gestae Divi Augusti』(업적록)

○ Gaius Sallstius Crispus 저,『Bellum Catilinae』(카틸리나 전쟁기)

○ Homeros 저, 천병희 역,『Ilias』(일리아스), 숲, 2012

○ Homeros 저, 천병희 역,『Odysseia』(오딧세이아), 숲, 2006

○ Platon 저, 천병희 역,『Πολιτεια』(국가), 숲, 2013

○ Menandros 저, 천병희 역,『메난드로스 희극(심술쟁이, 중재판정, 사모스의 여인,
삭발당한 여인)』, 숲, 2014

○ Euripides 저, 천병희 역,『에우리피데스 비극 전집(안드로마케)』, 숲, 2009

○ Lucius Annaeus Seneca 저, 천병희 역,『Dialogorum Libri Duodecim : De brevitate
vitae(인생의 짧음에 관하여), De tranquillitate animi(마음의 평정에 관하여), De
providentia(섭리에 관하여), De vita beata(행복한 삶에 관하여)』(인생이 왜 짧은가 :
세네카의 행복론), 숲, 2005

○ Lucius Annaeus Seneca 저, 김혁 외 3 역,『De Beneficiis』(베풂의 즐거움), 눌민,
2015

○ Platon 저, 박종현 역,『Pratonis Opera : Κριτων, Φαιδων』(플라톤의 대화 편 : 크리

톤, 파이돈), 서광사, 2003

○ Ramsay MacMullen 저, 김창성 역,『Roman Government's Response to Crisis』(로마 제국의 위기:235~337년 로마 정부의 대응), 한길사, 2012

○ Flavius Josephus 저, 박정수 외 1 역『Historia Ioudaikou Polemou Pros Romaious』(유대 전쟁사), (주)나남, 2008

○ B.H. Liddell Hart 저, 박성식 역,『Scipio Africanus : Great than Napoleon』(스키피오 아프리카누스), 사이, 2010

○ Tom Holland 저, 김병화 역,『Rubicon』(루비콘 : 공화정에서 제정으로, 로마 공화국 최후의 날들), 책과함께, 2017

○ Tom Holland 저, 이순호 역,『Dynasty(다이너스티 : 카이사르 가문의 영광과 몰락), 책과함께, 2017

○ Philipp Vandenberg 저, 최상안 역,『Nero』(네로 : 광기와 고독의 황제), 한길사, 2003

○ Gaius Petronius Arbiter 저, 강미경 역,『satyricon』(사티리콘), 공존, 2008

○ Lucius Apuleius 저, 송병선 역,『Metamorphoses』(황금 당나귀), 매직하우스, 2007

○ Barry Strauss 저, 최파일 역,『Spartacus War』(스파르타쿠스 전쟁), 글항아리, 2011

○ Jean Yves Boriaud 저, 박명숙 역,『Histoire de Rome』(로마의 역사), 궁리, 2007

○ Reinhart Raffalt 저, 김이섭 역,『Grosse Kaiser Roms』(로마 황제들의 눈물), 찬섬, 1997

○ Pamela Marin 저, 추미란 역,『Blood in the forum』(피의 광장 : 로마 공화정을 위한 투쟁), 책우리, 2009

○ K.R. Bradley 저, 차전환 역,『Slaves and Masters in Roman Empire : A Study in Social Control』(로마 제국의 노예와 주인 : 사회적 통제에 대한 연구), 신서원, 2001

○ Jean-Marie Engel 저, 김차규 역,『L'Empire romain』(로마 제국사), 한길사, 1999

○ Karl Wilhelm Weeber 저, 윤진희 역,『Nachtleben im alten Rom』(고대 로마의 밤문화), 들녘, 2006

○ 장진쿠이 저, 남은숙 역,『흉노제국 이야기』, 아이필드, 2010

○ 시부사와 다츠히코 저,『세계 악녀 이야기』, 삼양미디어, 2009

○ Robert Knapp 저, 김민수 역,『Invisible Romans』(99%의 로마인은 어떻게 살았을

까), 이론과실천, 2012

○ Tomas R. Martin 저, 이종인 역,『Ancient Rome : From Romulus to Justinian』(고대
로마사), 책과함께, 2015

○ Carl Richard 저, 이광일 역,『Why We're All Romans : The Roman Contribution to
the Western World』(왜 우리는 로마인의 후예인가? : 고대 로마와 로마인의 입문
서), 이론과실천, 2014

○ Simon Baker 저, 김병화 역,『Ancient Rome』(처음 읽는 로마의 역사), 웅진지식하우
스, 2008

○ Stephen Dado Collins 저, 조윤정 역,『Caesar's legion』(로마의 전설을 만든 카이사르
군단), 다른세상, 2010

○ Indro Montanelli 저, 김정하 역,『Storia di Roma』(로마 제국사), 까치, 1998

○ Ivar Lissner 저, 김지영 · 안미라 역,『So Lebten Die Roemischen Kaiser』(로마 황제의
발견 : 천의 얼굴을 가진 사람들의 이야기), ㈜살림출판사, 2007

○ Procopius 저, 곽동훈 역,『Απόκρυφη Ιστορία』(프로코피우스의 비잔틴제국 비사), 들
메나무, 2015

○ Titus Lucretius Carus 저, 강대진 역,『De Rerum Natura』(사물의 본성에 관하여), 아
카넷, 2011

○ Christopher Kelly 저, 이지은 역,『The Roman Empire : A Very Short Introduction』(로
마 제국), 교유서가, 2015

○ 김덕수 저,『아우구스투스의 원수정』, 길, 2013

○ 김진경 외 저,『서양고대사강의』, 한울, 2011

○ 배은숙 저,『강대국의 비밀』, 글항아리, 2008

○ 배은숙 저『로마 검투사의 일생』, 글항아리, 2013

○ 임웅 저,『로마의 하층민』, 한울, 2004

○ 정태남 저,『로마 역사의 길을 걷다,』마로니에북스, 2009

○ 차전환 저,『고대 노예제 사회 : 로마 사회경제사』, 한울, 2015

○ 한국서양고대역사문화학회 엮음,『아우구스투스 연구』, 책과함께, 2016

○ 허승일 저,『로마 공화정 연구』, 서울대학교출판부, 1985

○ 허승일 외 저,『로마 제정사 연구』, 서울대학교출판부, 2000

○ 최정동 저,『로마제국을 가다』, 한길사, 2007

○ Bernard Haisch 저, 석기용 역,『The God Theory』(신 이론), 책세상, 2010

○ Victor J. Stenger 저, 김미선 역,『God The Failed Hypothesis』(신 없는 우주), 바다출판사, 2013

○ 미치오 카쿠 저, 박병철 역,『Parallel Worlds』(평행 우주), 김영사, 2006

○ Martin Bojowald 저, 곽영직 역,『Once Before Time』(빅뱅 이전), 김영사, 2011

○ Stephen Hawking 저, 김동방 역『The illustrated a brief history of time』(그림으로 보는 시간의 역사) 까치글방 1998

○ Brian Greene 저, 박병철 역,『The Hidden Reality』(멀티 유니버스), 김영사, 2012

○ 이지유 저『처음 읽는 우주의 역사』(주)휴머니스트 2012

○ 강성길, "티베리우스 그라쿠스 농지법의 수혜 대상'"『경북사학』12(1989), pp.139~173

○ 강성길, "로마 공화정 후기와 제정 초기 선거 민회의 '입후보 신고(professio)"『대구사학』72(2003), pp.277~310

○ 강성길, "로마 공화정 후기 트리부스 선거민회의 투표 결과 공표를 위한 절차와 '집단 투표의 공정성'"『서양고대사연구』14(2004), pp.117~151

○ 강성길, "로마 동맹국 전쟁과 내전 시기(기원전 91~82년) 신시민의 투표권"『서양고대사연구』17(2005), pp.91~129

○ 강준창, "아우구스티누스와 국가권력 : 농민반란을 중심으로"『역사와담론』15(1987), pp.121~140

○ 김경현, "129년 : Gracchani에 의한 Equites 정책의 맹아기? : 공마 반환법(plebiscitum equorum reddendorum) 및 극장법(lex theatralis)과 관련하여(上)"『사총』27(1979), pp.49~75

○ 김경현, "기원전 2세기 로마의 정치와 스토아 사상 : 티베리우스 그라쿠스의 개혁의 이념적 배경과 관련하여"『서양사론』27(1986), pp.1~42

○ 김경현, "공화정 후기에서 제정 전기 사이 로마 상류층에서 '여성 해방'의 실제"『서양고전학연구』11(1997), pp.325~357

○ 김경현, "제정기 로마시의 주택사정"『에피스테메』창간호(2007), pp.104~146

○ 김경현, "공화정기 도시 로마의 수로 건설 배경에 관한 연구"『중앙사론』30(2009), pp.79~108

○ 김경현, "율리우스 카이사르의 신격화 : 그리스·로마 전통의 종합"『서양고대사연구』26(2010), pp.251~280

○ 김경현, "고대 로마의 페티알리스(fetialis)와 정당한 전쟁"『역사학보』216(2012), pp.137~163

○ 김경현, "로마 제국의 흥망"『서양고대사연구』33(2012), pp.33~96

○ 김경현, "팍스 로마나 시대, 로마 제국의 지배 원리 : 식민지 엘리트의 시선"『역사학보』217(2013), pp.3~36

○ 김경희, "로마의 지참금 제도에 관한 연구"『서양고대사연구』6(1998), pp.71~103

○ 김덕수, "프린키파투스의 위기와 아우구스투스의 원로원 재편(23-18 B.C)"『서양사연구』15(1994), pp.1~43

○ 김덕수, "아우구스투스의 혼인법들과 프린켑스"『서양고전학연구』11(1997), pp.295~324

○ 김덕수, "옥타비아누스와 레피두스의 권력 분쟁"『서양사연구』21(1997), pp.1~31

○ 김덕수, "아우구스투스 시기 켄투리아 민회에서의 정무관 선출권"『서양고전학연구』14(1999), pp.163~183

○ 김덕수, "로마 공화정에서 프린키파투스 체제로의 이행과 기사 신분(equester ordo)"『역사교육』105(2008), pp.165~184

○ 김덕수, "아우구스투스와 기사 신분 : 기능과 역할에 대하여"『서양고대사연구』25(2009), pp.147~174

○ 김덕수, "'로마 공화정의 교사' 리비우스와 역사의 모범 사례(exemplum) : 브루투스와 아우구스투스를 중심으로"『역사교육』123(2012), pp.217~242

○ 김병용, "서기 476년 중세의 시작? : 로마 제국과 게르만족의 관계를 중심으로"『독일연구』9(2005), pp.133~156

○ 김상수, "로마 공화정의 붕괴 원인에 관한 일고"『서양사론』9(1969), pp.94~100

○ 김상엽, "로마 공화정기의 곡물 문제와 정치"『서호사학』38(2004), pp.213~246

○ 김상엽, "로마 제정 초기 황제들의 곡물 정책"『서양고대사연구』15(2004), pp.79~102

○ 김상엽, "고대 로마의 저출산 현상과 아우구스투스의 결혼 법령 : 한국의 저출산

현상에 대한 대책과의 비교를 중심으로"『호서사학』44(2006), pp.121~141

○ 김상엽, "서기 2세기 로마 제국의 알리멘타(alimenta) 프로그램"『역사와담론』
54(2009), pp.185~203

○ 김상엽, "로마 공화정 말기와 제정 초기 곡물 배급과 정치적 소통의 관계"『서양고
대사연구』35(2013), pp.175~218

○ 김선정, "원시 기독교의 사회적 정황 : 로마 황제 제의를 중심으로"『신약논단』
12:1(2005), pp.197~217

○ 김영목, "로마 공화정 말기 정치와 사적 관계"『서양고대사연구』8(2000),
pp.39~62

○ 김창성, "로마 공화정기 사적소유농지에 대한 과세와 그 귀결 : 기원전 111년 농지
법 19~20행 분석"『서양사연구』17(1995), pp.137~162

○ 김창성, "로마 공화정 후기 마리우스의 '군제개혁'과 국가재정"『역사학보』
62(1997), pp.95~122

○ 김창성, "로마 공화정기 이탈리아 동맹국의 사회구조와 토지보유 관계 : 통일의
사회 · 경제적 지평 "『역사학보』165(2000), pp.177~210

○ 김창성, "로마 동맹국 전쟁 이후 이탈리아 자치도시의 구조와 중앙의 통제"『역사
학보』184(2004), pp.247~280

○ 김창성, "폴리비오스의 발전관과 혼합정체 국가들 : 이탈리아 동맹의 관점에서 다
시 읽기"『서양고대사연구』26(2010), pp.225~250

○ 김창성, "로마 최초 식민시 오스티아 건설의 목적"『서양고대사연구』28(2011),
pp.207~235

○ 김창성, "로마의 속주 지배와 징세 청부 : 공화정 후기를 중심으로"『서양고대사연
구』35(2013), pp.141~173

○ 김칠성, "프린키파투스 체제 성립기의 급수 제도"『서양고대사연구』31(2012),
pp.103~142

○ 김학철, "마태복음서와 로마의 통치 : 로마 제국과의 관계 설정의 문제를 중심으
로"『성서학술세미나』5(2008), pp.1~21

○ 김혜진, "망각된 얼굴들 : 제정기 로마 미술에서 기록 말살형에 드러난 정치적 금
기의 (역)효과"『미술사학보』42(2014), pp.7~28

○ 남성현, "로마법과 기독교 : 간통 및 이혼에 관한 로마법 전통과 4~6세기 기독교

시대의 칙법 전통"『서양고대사연구』29(2011), pp.195~260

○ 류호성, "자색 옷에 관한 역사적 고찰(눅 16:19-31)"『신약논단』19:1(2012), pp.1~36

○ 박창식, "삭개오의 회개와 로마의 조세제도"『로고스경영연구』7:1(2009), pp.159~176

○ 배은숙, "전쟁을 통해 본 로마의 역사"『계명사학』22(2011), pp.93~137

○ 배은숙, "왕정기에서 3세기까지 로마 군대의 규모"『서양고대사연구』31(2012), pp.143~182

○ 배은숙, "율리아 추방의 정치적 의미"『대구사학』60(2000), pp.251~277

○ 서동진, "초기 기독교 공동체의 사회구조 변화"『서양고대사연구』5(1997), pp.53~69

○ 송유례, "역사속의 철인왕 : 율리아누스 황제의 인간애"『철학사상』34(2009), pp.143~178

○ 신명주, "로마 가족 내에서의 부모-자녀 관계"『서양고대사연구』7(1999), pp.43~67

○ 신미숙, "기원전 2세기 로마의 동방 정책과 '그리스인의 자유'"『서양고대사연구』창간호(1993), pp.87~116

○ 신미숙, "제2차 마케도니아 전쟁의 원인"『서양사론』51(1996), pp.31~68

○ 신상화, "셉티미우스 세베루스의 군대개혁"『서양고전학연구』3(1989), pp.73~123

○ 안희돈, "로마 황제 베스파시아누스의 임페리움에 관한 법(A.D. 69)"『역사교육』54(1993), pp.113~152

○ 안희돈, "율리우스-클라우디우스 황실기 로마시의 곡물 문제"『서양사론』64(2000), pp.5~26

○ 안희돈, "네로 황제와 황금 궁전"『서양고대사연구』19(2006), pp.201~229

○ 안희돈, "로마제정 초기 왕조지배 정치선전의 구체적 양상"『서양고대사연구』25(2009), pp.193~216

○ 안희돈, "고대 로마 교육에서 학생 체벌의 문제"『역사교육』115(2010), pp.199~220

○ 안희돈, "로마 공화정 후기 교육 환경의 성숙 : 도서관 건립과 그리스 지식인의 활동을 중심으로"『역사교육』126(2013), pp.277~301

○ 안희돈, "로마 공화정 중기 문학과 정치 : 리비우스 안드로니쿠스의 활동을 중심으로"『서양고대사연구』35(2013), pp.112~140

○ 안재원, "고대 로마의 이상적 연설가(orator perfectus)론"『서양고전학연구』20(2003), pp.119~140

○ 염창선, "초기 기독교와 로마 제국의 정치적 갈등과 대응"『서양고전학연구』51(2013), pp.107~144

○ 오만규, "콘스탄티누스 체제의 등장과 그리스도교 군복무관의 체제화"『서양사론』35(1990), pp.31~67

○ 오흥식, "로마의 튀케(τυχη)에 대한 폴리비오스의 견해"『서양사론』60(1999), pp.1~19

○ 이광 · 박영태, "로마 제국 시대에서 납의 생산 및 사용과 납중독"『환경과학논집』4:1(1999), pp.343~364

○ 이송란, "폼페이 출토 유리용기와 로마인의 화장 문화"『인문과학연구논총』35:1(2014), pp.305~336

○ 이승문, "로마 공동체의 경제적 갈등과 공존 : 로마서 14:1-15:13, 15:25-16:2을 중심으로"『신약논단』18:2(2011), pp.557~598

○ 이은혜, "암브로시우스는 콘스탄티누스주의적 감독(Constantinian Bishop)인가? : 대립과 결탁(감독 암브로시우스와 3명의 황제들)"『장신논단』45:4(2013), pp.117~140

○ 이지은, "로마 제정 초기의 황제 숭배"『서양고대사연구』25(2009), pp.217~250

○ 임웅, "고대 로마의 기아와 빵 그리고 정치 : 공화정 후기와 원수정기를 중심으로"『서호사학』38(2004), pp.247~285

○ 정기문, "디오클레티아누스 황제의 최고 가격령"『서양사론』63(1999), pp.5~30

○ 정기문, "디오클레티아누스 황제의 세정 개혁 : 예산 개념의 도입과 형평성 제고를 중심으로"『역사교육』72(1999), pp.79~99

○ 정기문, "후기 로마 제국은 쇠퇴와 몰락의 시기였는가?"『서양고전학연구』13(1999), pp.277~300

○ 정기문, "로마 제정의 조세제도 정비와 그 한계"『서양고전학연구』14(1999), pp.217~240

○ 정기문, "서로마 제국의 멸망"『서양사연구』25(2000), pp.139~162

○ 정기문, "로마의 후마니타스와 인본주의" 『서양고대사연구』30(2012), pp.103~130

○ 정기환, "콘스탄티누스의 종교 정책(I)" 『종교와문화』4(1998), pp.179~195

○ 정기환, "콘스탄티누스의 종교 정책(II)" 『종교와문화』5(1999), pp.99~117

○ 정기환, "데키우스의 기독교 정책" 『한국교회사학회지』9(2000), pp.165~212

○ 조남진, "스토아 사상과 로마법" 『서양고대사연구』2(1994), pp.23~78

○ 조영식, "원수정기 로마 황제와 군대" 고려대 박사 학위 논문, 2005

○ 조영식, "임페라토르(imperator)로서의 로마 황제" 『서양고대사연구』17(2005), pp.171~195

○ 조영식, "3세기 로마의 제국방어 군사전략" 『서양사연구』35(2006), pp.3~28

○ 조은정, "방문객의 시선 : 로마 저택의 실제와 허상" 『서양미술사학회』30(2009), pp.163~190

○ 조인형, "대박해(303~312)와 유세비우스의 서술" 『사총』34(1988), pp.103~154

○ 조인형, "유세비우스와 콘스탄티누스 대제에 관한 연구 : Vita Constantini를 중심으로" 『강원사학』5(1989), pp.119~187

○ 조인형, "콘스탄티누스 대제의 황태자 처형의 배경과 그 여파" 『서양고대사연구』2(1994), pp.79~110

○ 지동식, "초기 로마 연구에 있어서의 제문제" 『사총』11(1966), pp.1~12

○ 지동식, "Etrusci의 동방기원 서설 : R.S.Conway와 R.Blosh의 연구를 중심으로" 『사총』12(1968), pp.35~58

○ 차영길, "로마 노예의 특유 재산(peculium)에 관한 연구 : 공화정말~제정초의 노예제에 미친 영향을 중심으로" 『사총』28(1984), pp.99~130

○ 차영길, "로마 노예 해방과 경제적 배경 : 기원 1,2세기 이탈리아의 농업 노예를 중심으로" 『사총』30(1986), pp.347~368

○ 차영길, "로마 가족사 연구(I) : '파밀리아'(familia)의 상층구조" 『서양고대사연구』3(1995), pp.77~102

○ 차영길, "로마 노예 공급원과 '쓰렙토스(θρεπτος)'" 『부산사학』28(1995), pp.237~257

○ 차영길, "로마 경제의 '노예 대리인'(I) : 빌리쿠스(vilicus)" 『부산사학』29(1995), pp.139~153

○ 차영길, "로마 상업에서 '노예 대리인(actor)'의 역할과 존재 형태" 『부산사학』

32(1997), pp.157~177

○ 차영길, "기원 1세기 로마 가족의 특징과 존재 형태"『역사와경계』49(2003), pp.61~86

○ 차영길, "로마 해상무역에서 노예대리인(mercator)의 역할"『중앙사론』32(2010), pp.307~335

○ 차영길, "고대 로마의 임산과 피임에 대한 이론과 실제"『역사와경계』76(2010), pp.233~258

○ 차전환, "기원전 2세기 전반 로마의 농장 경영 : 카토의 농업서를 중심으로"『역사학보』116(1987), pp.61~98

○ 차전환, "로마 공화정 말 제정 초기의 노예 가족"『호서사학』27(1999), pp.163~185

○ 차전환, "로마 제정 초기 북아프리카 황제령의 경영"『서양사론』76(2003), pp.5~32

○ 차전환, "기원전 4세기 로마인들은 어떻게, 무엇을 위해 전투했는가?"『서양고대사연구』25(2009), pp.119~145

○ 차전환, "로마 제정 초기 타키투스의 역사 서술"『서양사론』110(2011), pp.352~377

○ 차전환, "포에니 전쟁 : 카르타고 문명의 몰락"『서양고대사연구』35(2013), pp.77~110

○ 최온, "원수정기 로마 지배 하의 아테네 : 헤로데스 아티코스(Herodes Attikos)와 그의 가문"『서양고대사연구』20(2007), pp.147~200

○ 최주연, "기원전 1세기 도시 로마의 곡물 문제와 정치 : 클로디우스 곡물법을 중심으로"『서양고대사연구』30(2012), pp.67~102

○ 최화선, "로마 공화정 말기의 '종교religio'와 '미신superstitio' 개념"『서양고전학연구』17(2001), pp.133~154

○ 최혜영, "율리아누스 황제의 이교주의"『대구사학』41(1991), pp.185~233

○ 최혜영, "크로노스의 황금 시대"『대구사학』56(1998), pp.141~163

○ 최혜영, "로마 황제 숭배와 기독교"『서양고대사연구』19(2006), pp.87~115

○ 최혜영, "고대 로마의 지식인"『서양사연구』34(2006), pp.5~35

○ 한도령, "건강한 신체에 건건한 정신이 깃든다 : 플라톤과 아리스토텔레스를 중심

으로"『한국웰니스학회지』9:2(2014), pp.1~11

○ 허승일, "Tiberius Gracchus의 농지 정책 : 로마 혁명의 발단과 연관하여"『서양사학』7(1967), pp.105~109

○ 허승일, "티베리우스 그라쿠스의 로마시 곡물수급계획"『역사학보』142(1994), pp.273~330

○ 허승일, "그라쿠스 형제 개혁 시대의 도시 로마의 경제 위기"『서양고전학연구』19(2012), pp.51~79

○ 허중권, "세계사에서의 무기 발달과 전술 전략의 변화"『국방과기술』259(2000), pp.64~67

○ Heinz Bellen, 조인학 역, "로마 황제 이념의 기독교화에 대하여 : 콘스탄티누스 황제에서 테오도시우스 황제까지"『서양고대사연구』2(1994), pp.129~152

○ Internet Britanica 백과사전

○ Internet 한국어 Wikipedia 등 그 외